KB189349

불교에서 유래한

상용어 지명 사전

감수 정병조・최명환
편저 박호석

불광출판사

불교에서 유래한

상용어
지 명
사 전

▷ 목차

불교에서 유래한 상용어

불교에서 유래한 지명

찾아보기

▷ 감수의 글

생활 속에 스며든 불교문화를 찾는 일은 소중한 작업입니다. 그리고 이를 찾아내어 정리하고 집필한 이가 불교학이나 국어학자가 아니라 자연과학을 전공한 전직 교수라는 점이 더욱 뿌듯합니다. 그래서 감수에 앞서 저자의 그간의 노력과 열정 그리고 그동안 누구도 하지 않았던 일을 해준 점에 감사하는 마음이 앞섭니다.
이러한 이유 때문에 원고를 검토하는 일을 소홀히 할 수 없었습니다. 다만 감수 과정에서 선정된 어휘가 불교용어인지, 그 용어의 정의가 불교학적으로 합당한 표현인지 살펴보고 수정하는 것과 윤문에 중점을 두었습니다.
불교용어의 경우, 이미 그 출전이 잘 정리되어 있기 때문에 어원을 살피는 것은 그리 어렵지 않습니다. 그러나 선정된 어휘가 모두 불교에서 먼저 사용했느냐 아니냐의 문제는 판단하기가 쉽지 않습니다. 그래서 저자 역시 이 문제에 대해서는 불교경전이 도입된 시기를 유추하는 것으로 대신하고 상용어가 불교용어가 분명한 어휘로 한정한 것이라고 생각합니다.
우리가 쓰는 일상의 말과 지명 가운데에 불교에 뿌리를 두고 있는 어휘를 사전식으로 정리한 이 책은 불교, 국어, 민속 분야의 귀중한 자료로서 크게 활용될 것으로 기대합니다. 그리고 아직 발굴되지 않은 많은 불교어휘나 지명이 이 책의 출간과 함께 세상에 드러나게 되기를 기대합니다.

금강대학교 총장 정병조

▷ 감수의 글

감수란 책의 저술이나 편찬 따위를 지도하고 감독한다는 뜻입니다. 《불교에서 유래한 상용어 · 지명 사전》을 감수하려면 세 가지 요건을 갖추어야 합니다. 그 요건이 이 사전 이름에 잘 나타나 있습니다. 불교와 관련된 인사, 불교 연구자, 문장 기술의 전문가라야 이 사전의 감수자가 될 수 있을 것입니다.

이러한 관점에서 나는 이 사전 감수 적임자가 못됩니다. 불교와 먼 사람이고, 불교를 연구한 적이 없으며, 겨우 글쓰기 연구의 끝자락을 차지하는 사람이기 때문입니다. 그럼에도 저자 박호석 박사가 굳이 나를 끌어들이려는 의도는 분명해 보입니다. 자연과학을 전공한 그가 최근에 내 《글쓰기 원리 탐구》를 읽고 느낀 바 있어서이겠습니다.

지식인은 지식으로 소통하고 구조로 공감합니다. 박 교수는 2001년에 《한국의 농기구》를 펴낸 바 있습니다. 자연학문의 견고성을 이 책에서 읽은 나는 그의 옹골찬 문장과 튼실한 구조에 공감하였습니다. 그가 두툼한 《불교에서 유래한 상용어 · 지명 사전》 원고를 필자에게 넘겨줄 때 선뜻 받아들인 까닭은 그의 봉사하는 삶과 학문적인 열의와 수행의 태도에 공감하였기 때문입니다.

날마다 쓰이는 불교어 사전을 내는 작업은 이중의 부담을 떠안는 일입니다. 우리가 쓰는 말에서 불교어를 찾아내는 일이 쉽지 않거니와 찾아낸 불교어를 요즘 사람이 알기 쉽게 풀이하는 일이 더 어려워서입니다. 그럼에도 박호석 박사는 여러 해에 걸쳐 이 작업에 몰두하여 일상의 불교어를 찾아 분류하였고, 이들의 어원과 맥락, 의미와 기능을 쉬운 문체로 설명하였습니다.

사전은 개념을 분명히 하여 소통을 돕는 언어 도구입니다. 불교어를 쉽게 풀이하여 소통을 도우려면 정의의 방식에 기대야 합니다. 그런데 정의의 방식은 간단하지 않습니다. 불교와 관련된 단어를 관례적 용법의 특징을 어느 정도 드러내는 일, 다소 모호한 낱말을 더욱 명확하게 만드는 일, 외연이 아주 분명한 낱말의 내포적 정의를 마련하는 일, 이론적으로 아주 중요하고 유용한 낱말을 만드는 일을 목적으로 삼고, 다각적으로 진행해야 하기 때문입니다(《논리학》, W.C. 새먼, 곽강제 역, 2008. 318~319쪽).

그래서 나는 감수 관점을 세 층위로 잡았습니다. 첫째 불교어 정의를 충실히 하였습니다. 둘째 문체를 현대화하였습니다. 셋째 알기 쉽게 풀이하였습니다. 그래서 간명한 정의 양식에 따랐고, '-에 있어서', '의해서, 인해서, 접해서, 통해서' 따위의 외래적 표현을 극복하면서 문장부호 사용의 정확성까지 살폈습니다. 그리고 저자의 의도를 살리고자 유창성을 드러내었습니다.

《불교에서 유래한 상용어 · 지명 사전》은 누구나 외연을 잘 알고 있는 불교어에 대하여 내포적 정의를 마련함으로써 사전의 구실을 잘 살렸습니다. 이런 의도를 살리고자 설명 방식을 논증 구조로 짰습니다. 그래서 불교어 이해로 신앙과 문화를 논리화하도록 풀이하는 데 초점을 맞추었습니다. 이 사전의 보급으로 불자의 설득 언어가 논증 언어로 거듭나기를 바랍니다.

공주교육대학교 명예교수 최명환

산스크리트어나 팔리어로 된 부처님의 말씀을 중국에서 한문으로 번역하기 시작한 때가 대략 2세기 정도로 1,800여 년 전입니다. 불교가 전래되면서 불교 경전이 우리나라에 들어오기 시작한 시기는 이보다 늦은 4세기 무렵으로 추정됩니다. 또한 세계에서 그 유례를 찾을 수 없을 만큼 경전의 간행과 편찬이 왕성했던 고려시대를 거치면서, 당시 식자층의 언어는 당연히 불교용어가 그 기반이 되었을 것임은 누구도 의심할 여지가 없습니다.

고려 말부터는 성리학(性理學)이 들어오면서 유학(儒學)의 언어가 등장하기 시작했으나 이 말들도 이미 불교의 영향권에 있었음은 두말할 나위가 없습니다. 그리고 개화기에 신학문과 함께 유입된 것으로 보이는 지금의 일상어도 대부분은 고전의 표현을 응용하고 있음을 미루어 그 뿌리는 불교에서 찾아야만 합니다.

그럼에도 우리말의 어원을 바르게 이해하지 못하고 무분별하게 사용한 관계로 원뜻과 다르게 쓴다거나, 경우에 따라서는 전혀 다른 의미로 변질된 경우를 종종 발견하게 됩니다. 이런 현상은 불교를 배척하던 조선시대를 거치면서 더욱 심화되었고, 최근에는 종교간의 경쟁과 갈등이 고조되면서 우리가 쓰는 일상의 언어에서조차 편을 가르고, 그것이 내 말이라고 우기거나 왜곡하여 국어사전까지 오염시키고 있음을 보게 됩니다.

사실 '교회', '성당', '천당', '장로', '집사', '전도'와 같은 기독교의 기본용어조차 불교에 뿌리를 둔 말임에도 '심금'이니 '건달'이니 '다반사'니 하는 말은 불교용어라서 기독교인이 써서는 안 된다고 대놓고 우기는 목사도 있습니다. 또, '참회'라는 불교용어가 국어사전에는 '죄를 뉘우쳐 하느님에게 고백하는 일'로 정의하고 있을 만큼 우리말의 왜곡과 오염이 심각한 수준입니다.

이처럼 안타까운 현실을 접하면서, 과연 불교에서 유래한 우리말이 어떤 것이 있고, 또 얼마나 되는지 궁금했습니다. 그러나 안타깝게도 우리말 어원사전이나 일부 신문과 잡지에서 밝혀놓은 것들이 고작 50여 단어를 넘지 않았고, 우리말 속의 불교용어를 따로 모은 책에서도 200여 어휘가 전부였습니다.

불교학은 물론, 어문학을 다루어 본 일이 없는 문외한이지만, 그저 이런 호기심과 사명감 때문에 여러 종류의 우리말 사전을 샅샅이 뒤지고 이를 불교사전과 그 뜻을 비교하면서 불교에 뿌리를 둔 우리말 어휘 630여 단어를 정리하였습니다.

집필이 끝날 무렵, 문득 불교에서 유래된 지명은 어떤지 궁금했습니다. 불행하게도 전국의 불교지명을 따로 정리한 자료는 없었고, 일부 지방자치단체에서 그것도 근년에 조사된 지명유래에서 언급되는 정도가 고작이었습니다. 그래서 한자 표기가 된 지도에서 상당한 분량의 불교지명을 수집하고, 향토사 관련 자료와 현지 확인을 통해 그 유래를 확인하였습니다. 그리고 엄연한 불교지명이 조선시대의 박해과정에서 엉뚱하게 변질된 경우를 비롯해, 근대화 이후에는 행정구역의 통폐합과정에서 아주 사라졌거나 왜곡된 불교지명이 적지 않다는 사실도 알게 되었습니다. 더욱이 도로명 주소라는 새로운 주소체계가 전면 시행을 앞두고 있는데, 이것은 기존의 주소에서 동(洞) · 리(里)와 지번을 삭제하고 도로명과 건물번호로 대체하는 것입니다. 새로운 도로명 주소 체계에서는 오랫동안 내려왔던 많은 지명들이 사라지게 되는 상황입니다.

그래서 지금까지의 작업만이라도 우선 알려야 우리의 전통과 문화를 계승하고 보전하는 데 일조할 수 있을 것이란 생각에서, 우리가 일상 쓰는 말 가운데 불교용어와 불교에서 유래한 지명을 사전식으로 편찬한《불교에서 유래한 상용어 · 지명 사전》을 출간하게 되었습니다. 처음 선을 뵈는 것이라서 어설프고 부족하며, 때로는 억지가 있을 것으로 생각되지만, 이는 후일에 여러 선지식들이 바로 잡아줄 것이라 믿습니다.

일련의 과정에서 부족한 원고를 꼼꼼히 살펴 저의 모자람을 채워주신 금강대학교 정병조 총장님(불교학)과 공주교육대학교 최명환 명예교수님(국어학)께 진심으로 감사를 드립니다. 그리고 이를 훌륭한 사전으로 편집하여 출판해 주신 불광출판사의 지홍 스님께도 깊은 감사를 드리는 바입니다.

불기 2555년 7월

박호석

〔 상용어편 〕

1. 불교에서 유래한 상용어의 수집은 분명하게 불교적 의미를 담고 있거나 일반적 용례보다 시기적으로 앞선 불전(佛典)에서 발견되는 어휘로 하였다. 다만 불전의 출처는 확인하였으나 일반적 용례의 사용 시기는 추정한 경우가 많다.

2. 우리말에서 유래한 불교용어도 함께 수록하였다.

3. 어휘의 유래와는 상관없이 일반용례와 불교용례가 확연히 다른 상용어도 함께 수록하였다.

4. 대부분의 어휘의 출전(出典)은 《불교대사전》(길상 편, 홍법원) 등에서 자세하게 밝히고 있으므로 여기서는 생략하였다.

5. 어휘의 설명은 일반적 의미를 먼저 설명하고, 그 다음 불교적 의미와 불교의 용례를 소개하였고, 이해를 돕기 위해 어려운 불교 용어의 간단한 설명을 수록하였다.

6. 사전식 편집을 원칙으로 하였지만, 처음부터 읽어도 흥미를 가질 수 있는 내용과 편집이 되도록 하였으며, 특히 이 사전만으로도 불교의 대의를 파악할 수 있도록 하였다.

▷ 참고문헌

〔 사전 〕

『가산불교대사림』, 지관, 2009, 가산불교문화원.

『국어대사전』, 이희승, 1982, 민중서림.

『국어어원사전』, 서정범, 2000, 보고사.

『뜻도 모르고 쓰는 우리말 사전』, 박숙희, 2003, 책이 있는 마을.

『만물유래사전』, 박영수, 1995, 프레스빌.

『불교대사전』, 길상, 2008, 홍법원.

『불교사전』, 운허용하, 1990, 동국역경원.

『불교용어사전』, 곽철환, 1998, 경인문화사.

『불교용어사전』, 불교성전편찬위원회, 2007, 문예마당.

『불전해설사전』, 정승석, 1994, 민족사.

『빠알리어사전』, 전재성, 1994, 한국불교대학출판부.

『새국어사전』, 동아출판사 편집부, 1995, 동아출판사.

『시공불교사전』, 2003, 시공사.

『우리말 어원 사전』, 김민수, 1997, 태학사.

『우리말 어원 500가지: 뜻도 모르고 자주 쓰는 우리말 사전』, 이재운, 2008, 예담.

『우리말의 뿌리를 찾아서: 한국어 어원 사전』, 백문식, 2006, 삼광출판사.

『충남토속지명사전』, 최문휘, 1988, 민음사.

『한국문화상징사전』, 한국문화상징사전편찬위원회, 1994, 동아출판사.

『한국불교문화사전』, 한국불교문화연구원, 2009, 운주사.
『한국어 어원사전』, 조영언, 2004, 다솜.
『한국언어문화사전: Korean Langage and Culture』, 사전편찬위원회, 2003, 한세본.
『梵和大辞典』, 1988, 講談社.
A Sanskrit-English Dictionary, M. Monier Williams, 2008 revision, Oxford.

〔 단행본 〕

『불교어원산책』, 반야샘 편집부, 1987, 반야샘.
『불교어원산책』, 이덕해, 2010, 집옥재.
『불교에서 나온 우리말』, 대원정사 편집부, 1987, 대원정사.
『사전 따로 말 따로』, 배우리, 1994, 토담 .
『사전 속에 잠자는 보배로운 우리말』, 이응백, 2007, 파워북.
『사전과 같이하는 생활』, 김세익, 1993, 보성사.
『사전에 없는 토박이말 2400』, 최기호, 1995, 토담.
『어원의 오솔길』, 최창렬, 1987, 한샘.
『이판사판 야단법석』, 안길모, 1993, 한강수.
『지명의 지리학』, 한국문화연사지리학회, 2008, 푸른길.

〔 소논문 〕

「국어 어휘 속의 불교 용어」, 이정일, 2002, 「불교어문논집」 7권, 동국대 한국불교문학사연구회.
「불교용어의 의미변화: 일상생활에서의 쓰임을 중심으로」, 윤미옥,

1998,『용운언어』, 대전대학교 용운언어편집부.
「우리말 가운데의 禪語 -주변의 불교어의 의미와 유래를 찾아서」, 법련사, 1982,「불일회보」18호
「현관(玄關) - 민속에 깃든 불교어원 산책」, 동봉 1986,「金剛」, n.24.

〔 인터넷 검색자료 〕

『두산백과』, http://www.doopedia.co.kr
『표준국어대사전』, 국립국어원, http://124.137.201.223/main.jsp
『한국역사지명사전』, 한국역사지명사전 편찬위원회, http://www.krpia.co.kr
『한국향토문화전자대전』, http://www.grandculture.net
시도, 시군 및 읍면동 홈페이지의 '지명유래', '마을소개', '마을이름유래', '연혁', '향토사' 등의 자료.

불교에서 유래한 상용어

● 불교에서 유래한 상용어

가명(假名)

①임시로 지어서 부르는 이름. ②자신의 실제 이름이 아닌 가짜의 이름.

* 일반적으로 가명은 실명(實名)을 내세우기가 떳떳하지 못한 경우에 쓰이기 때문에 다소 부정적인 의미를 내포함. 그러나 연예인이나 작가들이 사용하는 가명은 예명(藝名) 또는 필명(筆名)이라고 한다.

불교 ▽

산스크리트어 프라즈냡티(prajñapti)의 의역이다. 실체(實體)가 없는 것을 가리켜 방편으로 부르는 이름을 말한다. 사람의 이름에만 한정되지 않고 모든 사물(事物)에 붙여진 실답지 않은 헛된 이름, 곧 실체(實體)가 없는 것에 임시로 붙여진 이름이 가명이다. 모든 사물이 처음부터 이름이 있었던 것이 아니라 나중에 사람이 편의에 따라 지은 것이므로 모두 실체와는 다른 가짜 이름에 불과하다는 의미이다.

또한 삼라만상(森羅萬象)이 인연의 화합으로 생긴 것이므로 모두가 진실한 실체가 있는 것이 아니다. 그래서 실체가 없는 자리는 모든 법(法)을 차별할 수 없지만 이름을 빌린 자리는 차별이 있다. 이름을 떠나서는 차별이 없으므로 가명(假名) 또는 제법(諸法)이라 한다. 사실, 본명(本名)으로 알고 있는 우리의 이름도 따지고 보면 부모가 지어준 가명이고, '책상'이니 '자동차'니 하는 사물의 이름도 자세히 들여다보면 나무와 쇠붙이 등의 재료로 구성된 것으로 그 실체가 존재하지 않는 가명에 불과하다. 나무와 쇠붙이 또한 어떤 원소로 구성되어 실체가 없는 것이고, 원소 역시 궁극에는 가명이다.

용례 ▽

가명보살(假名菩薩) : 수행이 덜 되어 이름만 보살인 사람, 또는 대승(大乘)의 가르침을 들어도 그 뜻을 알지 못하는 사람.

가명상 (假名相) : 실체가 없는 가명에 집착하여 생긴 마음의 분별.

가명세간(假名世間) : 임시로 붙여진 이름을 가진 여러 가지 요소로 집합된 중생세계.

보충 ▽

대승(大乘) : 성불(成佛)이라는 원대한 이상에 이르는 교법(敎法). 보살(菩薩)의 큰 근기가 불과(佛果)인 열반(涅槃)을 얻는 가르침. 많은 중생이 열반으로 타고 가는 수레라는 의미로 대승이라 함. ↔ 소승(小乘).

보살(菩薩) : 위로는 진리를 구하고 아래로는 중생교화를 발원하며 수행에 힘쓰는 이. 소승(小乘)에서 부처는 석가모니불과 미륵불뿐이므로, 보살도 성불(成佛) 이전의 미륵보살과 호명보살(護明菩薩)뿐이다. 그러나 대승(大乘)에서는 대승의 교법을 닦는 모든 이를 보살이라 한다.

가반(加飯)

여럿이 밥을 나누어 먹을 때, 나누어 주는 사람이 준 만큼 받은 다음에 자기의 양에 따라 밥을 더 받는 일. 또는 그 밥.

불교 ▽

발우공양을 할 때, 밥을 나누는 진지(進旨)를 하고 나서 자기가 먹을 만큼 밥을 더하는 것을 가반이라고 한다. 이와는 반대로 받은 밥을 덜어 내는 일이나 덜어낸 밥을 감반(減飯)이라고 한다.
가반과 감반은 절에서 많은 대중이 한꺼번에 음식을 먹을 때, 음식을 빨리 나누며, 음식이 적어 배를 곯거나 많아서 버리는 일이 없게 하는 방법이다. 이와 같이 음식을 나눈 다음 남은 음식을 다시 나누는 일이나 그 음식을 절에서는 '더도리'라고 한다.

가설(假說)

경험과학에서 어떤 현상을 설명하거나 어떤 이론을 구체적으로 펴기 위하여 우선 이용하는 아직 증명되지 않은 이론이나 명제(命題)

를 말한다.

* 가설이 실험이나 논리에 따라 보편타당한 것으로 실증되어야 비로소 진리가 된다. 따라서 모든 과학적 실험과 연구는 바로 이 가설을 진리로 실증하기 위한 과정이라고 할 수 있다.

불교 ▽

'헛된 말'이라는 뜻으로, 어떤 것을 명확히 하기 위해 임시로 설정한 명제, 임시로 설명하는 이론, 비유적인 표현 따위를 말한다. 다시 말해 실재를 그대로 나타낸 것이 아니라는 뜻이다. 그리고 이 말이 과학에 들어와 어떤 학설을 논리적으로 구성하는 명제라는 의미로 쓰이게 되었다. 그러나 불교에서는 과학에서보다 비교적 의미가 단순하다.

가책(呵責)

자신이나 남의 잘못에 대하여 꾸짖어 책망하는 것.

불교 ▽

산스크리트어 아바사다나(avasādanā)를 의역하여 '가책(訶責)'으로 쓴다. 남의 잘못을 야단하거나 비난하는 것을 가리키는 말이다. 불교에서는 수행자가 지켜야 할 계율을 율장(律藏)에 정해 놓았는데, 이를 어길 경우에 자기의 잘못을 대중(大衆)에게 고백하고, 그에 합당한 벌을 받아야 한다. 불교의 가책은 남에게 주는 것임에 반해, 일반에서는 스스로 받는 것을 일컫는다. '양심의 가책을 받다.'라는 표현처럼 남보다 자신의 잘못을 책망하는 의미로 쓰인다. 그리고 남에 대하여는 '문책(問責)'이라고 한다.

용례 ▽

가책건도(呵責犍度) : 악행을 일삼는 수행자들을 가책하여 처벌하는 법. 『사분율(四分律)』「건도품(犍度品)」

가책갈마(呵責羯磨) : 승가에 다툼이 있을 때, 잘못을 가리고 처벌하는 법.

가풍(家風)

한 집안에 전해 내려오는 풍습이나 범절(凡節).

불교 ▽

어떤 선가(禪家)에서 내려오는 행위의 규범, 즉 청규(淸規)를 말한다. 또한 어떤 종파나 문중에서 내려오는 독자적인 가르침의 방식을 말하며, 이를 종풍(宗風) 또는 문풍(門風)이라고 한다. 이를테면 '임제가풍(臨濟家風)'은 임제종에 전해지는 선풍(禪風)으로 임제(臨濟, ?~867)와 그의 제자들을 따라 전해 내려온 독특한 공부방법이나 지도방법을 가리킨다.

가호(加護)

①보살피고 돌봄. ②신 또는 부처가 힘을 베풀어 보호하고 도와줌.

불교 ▽

부처나 보살이 자비(慈悲)의 힘으로 중생을 보호하고 돕는 것을 말한다. 힘을 쓰는 것을 '가(加)'라고 하고, 중생을 돕는 것을 '호(護)'라고 한다. 같은 뜻으로 '가피(加被)'도 많이 사용하고 있다. 일반적으로 사용하는 가호도 신이나 부처가 돌본다는 뜻으로도 쓰이는 말이지만 '신의 가호가 있기를 빌다'와 같이 본래의 뜻을 잘 드러내기 위해 '하늘'이나 '신' 따위를 수식어로 사용하는 경우가 많다.

용례 ▽

가호력(加護力) : 부처와 보살이 중생을 보살펴 두둔해 주는 힘.

각색(脚色)

①시나 소설 또는 실화(實話) 따위를 희곡이나 시나리오의 각본(脚本)으로 고쳐 쓰는 일. ②흥미나 강한 인상을 주기 위하여 실제로는 없었던 것을 보태어 사실처럼 꾸미는 것.

불교 ▽

각하색물(脚下色物)의 준말로, 특히 승려의 수행이력(修行履歷)을 기재한 문서를 지칭하는 말이었으나 지금은 거의 쓰지 않는다. 이 말은 옛날에 중국에서 관리(官吏)의 이력서를 가리키는 말로 처음 쓰였고, 뒤에는 승려의 수행이력을 기록한 문서를 가리키기도 하였다. 그리고 원(元)나라 이후에는 연극에서 배역과 분장을 뜻하는 용어가 되었다. 관리의 이력서나 승려의 수행이력을 필요에 따라 고치는 것처럼 극의 상황에 따라 분장과 배역을 바꾼다는 의미로 변한 말이 지금은 '대본을 고쳐 쓰거나 없는 사실을 보태어 사실인 것처럼 꾸미는 일'이라는 의미가 되었다.

각오(覺悟)

①앞으로 닥칠 일에 대한 마음의 준비를 말함. ②도리를 깨우쳐 아는 것.

불교 ▽

잠에서 깨어 있는 상태를 말한다. 다시 말해, 잠에서 깨어난 것처럼 진리를 환하게 깨닫는 것이다. 이와 같이 번뇌에서 벗어나 진리를 깨닫는 것, 즉 도(道)를 통달(通達)한다는 뜻이다. 그릇된 미혹(迷惑)을 벗어나 진리를 깨닫는 것을 마치 잠에서 깨어나 세상을 훤히 아는 것에 비유한 말이다. 따라서 일반적으로 어떤 다짐이나 마음가짐을 의미하는 각오는 '잠에서 깨어난 것처럼 정신이 든 상태'라는 불교적 의미가 포함되어 있다.

용례 ▽

각오지(覺悟知) : 훤히 깨달아서 세상을 아는 것.

각오유가(覺悟瑜伽) : 잠이 깨어 계속 수행하는 것.

간격(間隔)

①물체와 물체 사이의 거리인 공간적인 틈. ②때와 때의 사이인 시간적인 틈. ③사람과 사람 사이의 관계가 벌어진 것.

불교 ▽

일반적인 의미와는 달리 불교에서의 간격은 인생관이나 세계관에 대한 잘못된 견해를 의미한다. 바로 근본적인 어리석음, 즉 근본무명(根本無明)이 간격이다. 다시 말해서 평등의 이치, 중도(中道)의 이치를 깨닫지 못하고 차별을 고집하는 망념(妄念)을 간격이라고 한다.

갈등(葛藤)

①칡[葛]과 등나무[藤]처럼 줄기가 서로 엉켜 있음을 비유하여, 어떤 의견이나 이해가 서로 뒤엉킨 복잡한 관계를 가리킴. ②마음에서 일어나는 두 가지의 욕구가 서로 충돌하는 상태.

불교 ▽

번뇌(煩惱)를 말한다. 그리고 일반에서의 의미와 같이 서로 이해가 뒤엉켜서 풀 수 없는 상태나, 말과 글에 속박되어 자꾸 꼬이게 됨을 비유적으로 이르기도 한다.

용례 ▽

갈등단구(葛藤斷句) : 선종(禪宗)에서, 복잡하게 얽혀 있는 것을 단번에 푸는 한마디.

갈등선(葛藤禪) : 문자에 걸려 본의(本意)를 알지 못하는 선. 문자선

(文字禪).

보충 ▽

선종(禪宗) : 참선(參禪)을 통해 자성(自性)을 보는 것으로 부처에 이르는 것을 종지(宗旨)로 하는 종파. 선문(禪門). 보리달마(菩提達磨, Bodhidharma, ? ~528)가 인도에서 중국에 전함. 우리나라에는 신라 선덕왕 5년(784) 도의(道義)가 당나라에서 법을 받아 와서 가지산문을 개창하였고, 고려 말엽 태고보우(太古普愚, 1301~1382)가 중국 선종의 정맥인 석옥청공(石屋淸珙, 1272~1352)의 법맥을 계승하였다.

갈애 (渴愛)

목이 말라서 물을 찾듯이, 이성(異性)을 애타게 사랑하거나 사랑을 애타게 원하는 마음.

불교 ▽

산스크리트어 트리슈나(tṛṣṇā)의 번역. 목마른 사람이 간절히 물을 구하는 것처럼 오욕(五欲)을 몹시 탐하여 집착한다는 뜻이다. 오욕은 눈 · 귀 · 코 · 혀 · 몸의 다섯 가지 감각기관[五根]이 각각 색(色) · 성(聲) · 향(香) · 미(味) · 촉(觸)의 감각대상[五境]에 집착하여 생기는 욕망과 다섯 가지 감각대상을 향락하는 것을 말한다. 한편 재욕(財欲) · 성욕(性欲) · 식욕(食欲) · 명예욕(名譽欲) · 수면욕(睡眠欲) 등 다섯 가지 욕망을 오욕이라고도 한다. 일반적으로 갈애는 이성 관계에서 쓰지만, 불교에서는 더 광범위하게 쓰인다.

감로(甘露)

①세상이 평화로울 때 하늘에서 내린다는 단 이슬. ②생물에게 이로운 이슬. ③여름철 단풍나무나 떡갈나무 따위의 나뭇잎에서 볼 수 있는 달콤한 맛의 액즙. 이것은 나뭇잎에 기생하는 진드기의 배설물이지만 그 맛이 달아서 감로라고 함.

불교 ▽

산스크리트어 암리타(amṛta)의 번역. 암리타(amṛta)는 죽지 않음, 즉 불사(不死)를 뜻하는데, 신들이 마시는 음료의 이름이기도 하다. 이 음료를 마시면 불로불사(不老不死)한다고 한다. 이 관념이 불교에 수용되어, 욕계(欲界) 육천(六天)의 두번째 하늘인 도리천(忉利天)에 있는 달콤하고 신령스런 물을 뜻하게 되었다. 한 방울만 마셔도 온갖 괴로움이 사라지고, 살아 있는 사람은 오래 살 수 있고, 죽은 이는 좋은 곳으로 환생한다고 하여 불사주(不死酒)라고도 부른다. 이런 뜻에서 생사를 되풀이하는 윤회에서 벗어나게 하는 부처님의 가르침을 비유하여 표현하는 말로도 쓰인다.

용례 ▽

감로문(甘露門) : 열반에 도달하는 문, 즉 부처님의 가르침을 말함.

감로미(甘露味) : 깨달음을 얻은 마음을 맛에 비유한 말.

감로법(甘露法) : 부처님의 가르침.

보충 ▽

욕계(欲界) : 끊임없이 윤회하는 욕계 · 색계 · 무색계로 이루어진 삼계(三界)의 하나. 지옥 · 아귀 · 축생 · 아수라 · 인간 · 천상 등의 중생계를 말함. 이 세계는 식욕(食欲) · 수면욕(睡眠欲) · 음욕(淫欲) 등 욕망이 지배하는 세계이다.

육천(六天) : 욕계(欲界)에 딸린 여섯 가지의 하늘. 육욕천(六欲天). 사왕천(四王天) · 도리천(忉利天) · 야마천(夜摩天) · 도솔천(兜率天) · 화락천(化樂天) · 타화자재천(他化自在天). 인간세상보다 행복한 하늘의 세계.

감로수(甘露水)

①정갈하고 맛이 좋은 물. ②꿀이나 설탕을 달게 타서 끓인 물. 갈증이 날 때 마시면 갈증도 해소되고 피로도 풀리는 효과가 있어 그렇게 부름.

불교 ▽

관세음보살이 중생제도를 위해 내리는 물을 말한다. 관세음보살은 한 손에는 버드나무 가지나 연꽃을 들고 다른 한 손에는 감로수가 담긴 감로병(甘露甁)을 항상 몸에 지닌다. 감로수는 불사(不死)의 물로, 마(魔)의 구름을 없애고 상서로운 바람을 일으키며, 중생의 열과 번뇌를 제거하여 청량을 얻게 한다.

보충 ▽

관세음보살(觀世音菩薩) : 산스크리트어 아발로키테슈바라(Avalokiteśvara) 보디삿트바(Bodhisattva)를 옮긴 말로, 경전에 따라 관자재(觀自在), 광세음(光世音), 관음(觀音) 등 여러 가지 번역어가 사용되고 있다. 대자대비(大慈大悲)를 근본서원으로 하는 보살이다. 세간(世間)의 소리를 관찰하고, 지혜로 관조(觀照)하여 자재한 보살이라는 뜻인데, 중생의 근기에 맞추어 여러 가지 모양으로 나타나서 대비심

(大悲心)과 무외시(無畏施)을 베푼다.

근기(根機) : 교법(敎法)을 듣고 닦아 증득(證得)하는 능력. 교법을 받아들이는 중생의 능력.

무외시(無畏施) : 무외(無畏)를 베푸는 것. 온갖 재난과 사나운 동물, 도적 등으로부터 사람을 구해서 무서움이 없도록 하는 것.

감사(監事)

오늘날 공공단체에서 서무(庶務)나 감사(監査)의 업무를 맡아 보는 직책이나 그 직책의 사람. 또는 법률상 법인(法人)의 감독기관으로 재산이나 업무 상태를 감사하는 기관.

불교 ▽

절에서 주지(住持)를 도와 그 절의 온갖 일을 감독하는 소임이나, 소임을 맡은 사람을 일컫는 말이다. 감원(監院)이라고도 하며, 감무(監務)·법무(法務)와 함께 삼직(三職)의 하나였다. 요즈음에는 쓰지 않으며, 삼직의 이름도 총무(總務)·재무(財務)·교무(敎務)라고 한다.

보충 ▽

주지(住持) : 절의 살림을 책임진 승려. 절에 머물면서 권속(眷屬)들과 재산을 지킨다는 뜻이 있음.

감응(感應)

①마음으로 느껴서 반응함. ②과학에서 전기장이나 자기장 속에 있는 어떤 물체에 그 영향을 받아서 전기나 자기를 띠는 것. 또는 그 작용.

불교 ▽

감응도교(感應道交)의 준말이다. 중생의 감(感, 느낌)과 부처의 응(應, 받아들임)이 서로 통하여 융합하는 상태, 즉 부처의 마음이 중생의 마음속에 들어가고 중생이 이것을 느껴 서로 통하는 것을 말한다. 이를테면 구원을 받으려 기도하는 사람의 마음과 그를 구원하려는 부처의 마음이 서로 통하는 것을 감응이라 하고, 가르치는 스승과 가르침을 받는 제자의 의기가 서로 통하는 상태도 가리킨다.

용례 ▽

감응납수(感應納受) : 중생의 마음에 부처가 응답하여 부처와 중생이 긴밀히 맺어지는 일.
감응부사의(感應不思議) : 부처와 중생의 감응을 범부는 감히 어림할 수 없다는 뜻.

강당(講堂)

강연 · 강의 · 의식 따위를 하기 위하여 특별히 마련한 큰 방.

불교 ▽

사찰에서 경(經)과 논(論)을 연구하고 학습하는 곳으로 경당(經堂)

이라고도 한다. 큰 절에서는 경 · 율 · 론 삼장(三藏)을 학습하고 연구하는 일종의 학교인 강원(講院)을 가리키기도 한다.

강당은 사찰에 없어서는 안 되는 일곱 가지의 시설인 칠당(七堂) 가운데 하나이다. 그래서 우리나라의 지명 가운데 사찰의 강당이 있었던 곳에서 유래한 '강당'이라는 지명이 많이 있으며, 충남 서산시 운산면 강당리에는 강당사(講堂寺)라는 절도 있었다.

용례 ▽

중각강당(重閣講堂) : 인도 중북부의 바이샬리(Vaiśālī) 근처 마하바나(Mahavana, 大林)에 있던 수행처로 부처님이 우기에 안거(安居)를 하기도 하며 교화를 베풀었다.

보충 ▽

삼장(三藏) : 불교 전적(典籍)의 총칭. ①경장(經藏): 부처님의 말씀을 모은 경전. ②율장(律藏): 부처님이 정한 수행자의 생활 규칙. ③논장(論藏): 경에서 말한 의리(義理)를 논술한 전적.

칠당(七堂) : 사찰의 일곱 가지 시설로, 금당(金堂) · 강당(講堂) · 탑(塔) · 식당(食堂) · 종루(鐘樓) · 경장(經藏) · 승방(僧坊)을 말한다. 선가에서는 불전(佛殿) · 법당(法堂) · 승당(僧堂) · 고리(庫裡) · 삼문(三門) · 욕실(浴室) · 서정(西淨)을 말한다.

강사(講師)

①학교나 학원 또는 강습회 같은 곳에서 수업이나 강의를 맡아 하는 사람을 통틀어 부르는 말. ②대학이나 중 · 고등학교에서 임시

로 촉탁을 받아 강의하는 사람.

불교 ▽

강원(講院)이나 강당(講堂)에서 경론(經論)을 가르치는 승려인 경스승을 지칭한다. 특히 천태종(天台宗)에서는 논의(論議)를 할 때, 질문에 대답하는 사람을 말한다. 그리고 종파에 따라서는 승려의 품계를 지칭하기도 한다.

보충 ▽

천태종(天台宗) : 『법화경(法華經)』과 용수(龍樹)의 사상을 종의(宗義)로 하는 불교의 한 종파. 중국 수나라 때 천태지의(天台智顗, 538~597)가 절강성 천태산에서 개창하였고, 우리나라에서는 고려 때 대각국사(大覺國師) 의천(義天, 1055~1101)이 초조(初祖)이다.

강좌(講座)

①대학에서 교수가 담임하는 학과목을 가리키는 말. ②대학의 강좌형식을 빌어 어떤 주제의 내용과 그 전달과정을 체계적으로 편성한 강습회나 출판물 또는 방송의 프로그램.

불교 ▽

강원에서 경론을 가르칠 강사가 앉는 자리를 말한다. 강석(講席)이라고도 부른다. 다른 자리보다는 조금 높아서 강의를 듣는 대중을 내려다볼 수 있기 때문에 고좌(高座)라고도 한다.

개발(開發)

'개척하여 발전시킴'을 뜻하지만 쓰임에 따라 다소 의미의 차이가 있음. 이를테면 '제품개발'은 새로운 물건을 창안하여 실용화하는 것이고, '국토개발'은 자원이나 황무지 따위를 사람에게 유용하게 만드는 것이며, '재능개발'은 잠재된 재능을 계발하는 것을 의미함.

불교 ▽

다른 사람을 깨닫게 하는 일, 또는 그런 사람을 지칭한다. 불성을 열어[開] 깨닫거나 깨닫게 하는 것[發]이라는 의미이다. 스스로 불성(佛性)을 깨달아 명백하게 하는 것, 또 그렇게 노력해서 만들어 가는 것을 뜻한다. 또한 마음의 밭을 갈아 번뇌라는 잡초를 뽑아서 지혜라는 훌륭한 열매를 얻는 것이 개발이다.

용례 ▽

개발우심(開發愚心) : 어리석은 마음을 깨닫게 하는 것.

숙집개발(宿執開發) : 과거세의 선근공덕(善根功德)이 현세에 좋은 열매를 맺게 하는 것.

개시(開示)

①보이지 않게 둔 것을 열어서 보임. ②무엇을 분명히 나타냄. ③사람을 가르쳐서 타이름.

불교 ▽

부처님의 가르침을 설(說)하여 인도하는 것을 말한다. 즉, 말문을 열어 진리를 이해시키거나, 보이지 않는 진리를 드러내어 밝힌다는 뜻이다.

용례 ▽

개시오입(開示悟入) : 열어 보여 깨닫게 하고 도(道)에 들게 하는 것. 즉, 번뇌가 사라지면 지혜가 드러나 우주의 만덕이 보이고, 드러난 그대로가 진리이고 본체임을 아는 깨달음에 이르게 하는 것.

개안(開眼)

①먼눈이 보이게 됨. ②보지 못하는 눈을 볼 수 있게 함. ③깨달아서 아는 일.

불교 ▽

육체적인 눈인 육안(肉眼)을 연다는 의미가 아니라 지혜의 눈인 혜안(慧眼)을 연다는 뜻이다. 사찰에서 새로 불상(佛像)이나 불화(佛畵)를 조성하고 처음 드리는 불공 의식을 개안공양(開眼供養)이라고 하는데, 줄여서 개안(開眼)이라고도 하며, 우리나라에서는 이를 점안(點眼)이라고 한다.

용례 ▽

개안법회(開眼法會) : 새로 불상(佛像)이나 불화를 조성하고 거기에 부처의 영혼을 불어넣는 의식. 점안법회(點眼法會)라고도 함.

개안공양(開眼供養) : 새로 불상이나 불화를 법당에 안치하고 처음 올리는 공양의식.

개종(改宗)

믿던 종교를 그만두고 다른 종교로 바꾸는 것.

불교 ▽

어떠한 종파(宗派)에서 종지(宗旨)가 다른 종파로 소속을 바꾸는 것을 말한다. 개종 또는 전종(轉宗)이라고 한다. 여기서 종파는 교리의 해석이나 수행하는 방법의 차이에 따라 형성된 집단을 말하며, 크게는 교종(教宗)·선종(禪宗)·율종(律宗) 따위로 나누지만, 세부적으로는 조계종(曹溪宗)·천태종(天台宗)·진언종(眞言宗) 따위를 말한다.

보충 ▽

조계종(曹溪宗) : 한국불교 최대의 종파. 신라 때 도의(道義)를 종조(宗祖)로, 고려 때 태고보우(太古普愚)를 중흥조로 함. '조계'는 중국의 육조혜능(六祖慧能)이 주석했던 산의 이름인데, 태고보우가 선문의 9산을 통합하면서 '조계종'이라고 하였다. 부처님의 '자각각타(自覺覺他) 각행원만(覺行圓滿)'의 근본교리를 받들어 수행·실천하고, '직지인심(直指人心) 견성성불(見性成佛)'의 법을 전하여 중생을 제도하는 것을 종지로 한다.

진언종(眞言宗) : 밀종(密宗)의 다른 말이다. 법신(法身)인 대일여래(大日如來, 비로자나불)의 자내증(自內證)을 개현하는 것을 종지로 한다. 즉신성불(卽身成佛)을 주장함과 동시에, 한편으로는 현세의 이익을 추구하는 데에 그 특색이 있다. 우리나라에는 신라 때 전해졌으나 조선시대에는 자취를 감추었다가, 근년에 다시 등장하였다.

개화(開化)

사람의 지혜가 깨이고 사상과 풍속이 진보하는 것. 개명(開明)과 같은 뜻.

* 우리나라에서는 1876년 강화도 조약 이후를 기점으로 서구 문물의 영향으로 봉건적인 사회질서에서 탈피하여 전근대적인 사회로 진화한 시기를 개화기(開化期)라고 한다.

불교 ▽

어리석은 중생을 타일러서 이끄는 것. 즉 괴로움의 바다에 빠져 있는 중생들을 구제하여 생사 번뇌를 떠난 불도(佛道)의 길로 이끄는 것을 말한다. 또한 도(道)를 구하려는 마음을 일으키게 한다는 의미에서 교화(敎化)와 같은 뜻이다.

용례 ▽

개화삼매(開化三昧) : 관세음보살이 극락에 왕생하는 중생이 머물 연꽃을 피우기 위해 들어간 선정(禪定)의 이름.

개회(開會)

어떤 모임에서 회의나 회합 따위를 시작함.

불교 ▽

부처님이 여러 유형의 중생들에게 각각의 근기(根機)에 맞는 서로 다른 교설이나 수행방법을 설하였지만 궁극적으로는 오로지 불법을 깨닫게 하기 위한 것이므로 여러 가지 방편도 결국은 하나라고 할 수 있다. 여기서, 여러 가지 방편을 명백하게 연 것을 '개(開)'라 하고, 그 방편이 하나로 통하는 것을 '회(會)'라고 일컫는다. 다시 말해서, 성문(聲聞) · 연각(緣覺) · 보살(菩薩)의 입장이 서로 다르다는 잘못된 생각을 버리고 일승(一乘)으로 돌아가는 것, 즉 모든 것을 대승(大乘)으로 통합하는 것을 개회라고 한다.

용례 ▽

개회귀입(開會歸入) : 소승(小乘)이 대승(大乘)의 밖에 있다는 생각을 버리고 모두 대승으로 들어가게 하는 것.

보충 ▽

성문(聲聞) : 사성제(四聖諦)의 이치를 깨닫고 성인의 지위에 오른 이.

연각(緣覺) : 연기법(緣起法)의 이치를 깨닫고 해탈에 이른 이.

일승(一乘) : 일체 중생이 모두 성불한다는 견지에서 이것을 이루는 교법이 오직 하나이며 또한 그 교법이 절대 진실한 것이라는 주장으로, 『법화경(法華經)』의 요지이다.

갱생(更生)

①거의 죽은 상태에서 다시 살아남. ②나쁜 길에서 바른 삶을 되찾음.

불교 ▽

과거를 버리고 새롭게 태어나는 환생(還生)을 의미한다. 『열반경(涅槃經)』에는 죽기 직전의 제석(帝釋)이 부처님의 설법을 듣고 다시 살아난 일을 갱생이라고 하였다.

보충 ▽

『열반경(涅槃經)』 : 『대반열반경(大般涅槃經)』의 준말. 석가모니 부처님이 열반하였을 때의 일을 서술한 경전. 불신(佛身)의 상주, 열반의 상락아정(常樂我淨), 모든 중생은 불성(佛性)이 있다는 사상을 요지로 한다.

제석(帝釋) : 인드라(Indra) 신을 말하는데, 그의 이름이 팔리어로 사카(Sakka)여서 석(釋)으로 음역되었고, 신들의 왕이라서 제(帝)라고 한다. 수미산 꼭대기에 있는 하늘인 도리천(忉利天)의 왕으로, 사왕천(四王天)을 통솔하면서 불법(佛法)과 불법에 귀의하는 사람들을 보호하고 아수라의 군대를 정벌한다.

거래(去來)

①상품을 사고파는 영리목적의 경제행위. ②단순히 오고 가는 일, 즉 왕래하는 것.

* 거래는 상업용어만 아니라 서로의 이해득실에 관련되는 교섭과 같이 사람이나 국가 사이의 관계에서도 쓰임.

불교 ▽

과거와 미래를 나타내는 말로, '거(去)'는 지나간 과거를, '래(來)'는 다가올 미래를 말한다. 그리고 일반에서와 같이 어떤 집을 방문한다는 왕래의 의미로도 쓰인다.

용례 ▽

거래동전(去來動轉) : 지금의 사정이나 상황.

거래현불(去來現佛) : 과거와 미래, 현재의 모든 부처

거래금(去來今) : 과거, 미래, 현재의 삼세(三世)

거래세(去來世) : 전세(前世)와 내세(來世).

거사(居士)

공직(公職)에 나가지 않고 사회적 명리를 멀리하며 살아가는 선비를 일컫는 말. 처사(處士).

불교 ▽

산스크리트어 그리하파티(gṛhapati)를 의역한 말인데 직역하면 집에 있는 남자, 즉 집주인이란 뜻이다. 석가모니 부처님 당시의 인도에서는 상공업에 종사하는 자산가(資産家)를 말한다. 바라문교의 사성(四姓) 제도에서는 3번째에 해당하는 바이샤(vaiśya)이지만, 도시국가가 번성하던 당시에는 이러한 자산가들이 새로운 힘을 얻어가던 때였다.

걸사(乞士)가 변한 말이란 주장도 있지만, 걸사는 걸식(乞食)하는 사람을 뜻하는 말로 본래 비구(比丘)를 가리킨다. 위로는 부처의 법(法)을 구하고 아래로는 시주에게 밥을 얻는 사람이라는 뜻을 가진다. 또한 그리하파티(gṛhapati)를 한역에서는 거사(居士) 외에도 장자(長者), 재가(在家), 백의(白衣) 등으로도 옮겼다.

거사는 보통 출가하지 않고 불교에 귀의한 남자를 가리키며, 여자의 경우에는 여거사(女居士)라고 한다. 여거사라는 말은 지금은 거의 사용하지 않고 그 대신 '불도(佛道)를 구하는 사람'이라는 뜻의

'보살'이 쓰이고 있다. 거사와 처사(處士)가 혼용되기도 하지만, 일반적으로 처사는 유가(儒家)에서 쓰는 말로 불교에 귀의한 거사와는 의미에 차이가 있다. 물론 유가에서도 거사와 처사를 혼용한다. 불교 경전에서는 바이살리(Vaiśālī)의 비말라키르티, 즉 유마(維摩) 거사(居士)가 유명한데, 가공의 인물이다. 실존 인물로는 중국에서는 방(龐) 거사, 우리나라에는 부설(浮雪) 거사가 널리 알려졌다.

용례 ▽

방(龐) 거사(居士) : 중국 당나라 때, 마조(馬祖, 709~788)의 재가 제자. 방 거사가 마조에게 "온갖 법과 더불어 짝하지 않는 이가 누구입니까?"라고 물었을 때, "네가 서강(西江)의 물을 한 입에 다 마시고 오면 일러주마."라는 대답에 크게 깨달았다고 한다.

부설(浮雪) 거사(居士) : 신라 선덕여왕 때의 재가 신도. 어려서 출가하여 법명을 부설이라고 하였으나, 구무원(仇無寃)의 딸 묘화(妙花)와 혼인하여 재가가 되었다. 함께 출가한 도반들보다 먼저 도(道)를 이루었다고 하며, 여러 가지 글과 행적이 전하고 있다.

거양(擧揚)

①어떤 물건을 높이 들어 올림. ②사람을 칭찬하여 치켜세우는 것.

불교 ▽

불교에서는 '거량'으로 읽는다. 선문(禪門)에서 고칙(古則)과 공안(公案)을 받들어 대중(大衆)에게 들어 보이고 불교의 진수를 설하는 것을 말한다. 특히 수행자가 자신이 깨달은 바, 즉 견처(見處)를 스승이나 대중에게 보이기 위해 나누는 대화를 거량, 법거량(法擧揚) 또는 선문답이라고 한다. 또한 청혼(請魂)과 같은 뜻으로, 설법(說法)을 할 때 죽은 사람의 영혼을 청하는 일도 거량이라고 한다.

보충 ▽

고칙(古則) : 옛 조사(祖師)들이 여러 가지 문답으로 종지(宗旨)를 드러낸 원칙. 정해진 법문(法門)이라는 의미이다. 화두(話頭), 공안(公安)과 같은 말이다.

공안(公案) : 공문서(公文書)라는 의미로, '나라가 확정하여 백성이 따라야 하는 법'에서 나온 말이다. 옛날에 선사들이 깨달은 기연이나 수행자를 인도하여 깨닫게 한 일화 등을 기록하여 후세의 규범이 된 것을 비유하여 일컫는 말이 되었다. 고칙(古則), 화두(話頭)와 같은 말이다.

건달(乾達)

①하는 일이 없이 빈둥거리고 돌아다니며, 남의 일에 트집 잡기를 잘하는 사람. ②밑천을 다 잃고 빈털터리가 된 사람. 한 푼도 가진 것 없이 빈둥대는 사람은 백수건달(白手乾達)이라고 함. ③행색이나 성품이 좋지 않은 불량한 사람을 가리킴. 불량배.

불교 ▽

산스크리트어 간다르바(gandharva)를 음역한 말로, 식향(食香) · 향음(香陰) · 심향(尋香) · 심향행(尋香行)이라고도 옮긴다. 건달바는 사자의 갈기와 같은 관을 쓰고, 수미산의 남쪽에 있는 금강굴에 살면서 긴나라(kiṃnara)와 함께 제석천의 음악을 담당하는 신이다. 고기와 술을 먹지 않고 향을 먹으며, 부처님이 설법하는 자리에 항상 나타나 정법을 찬탄하고 불교를 수호한다.
인도 신화에서 천상의 신성한 물인 소마(soma)를 지키는 신(神)이자 의사(醫師)를 건달바라고 하기도 하고, 사람이 죽어서 다음 몸을 받기 전의 영혼(靈魂)을 가리키기도 한다. 또한 인도에서 악사(樂士)나 배우와 같은 직업을 가진 사람도 건달바라고 부른다. 이 가운데 어느 것에도 불량배라는 의미는 없는데, 다만 악사나 배우를 뜻하는 건달바가 지금의 건달이 된 것으로 추측된다. 과거 우리나라에서 악사나 배우를 광대라고 천시한 데서 부정적인 의미의 말이 파생된 것으로 생각된다.

보충 ▽

수미산(須彌山) : 우주 세계의 중심에 위치한 산의 이름. 산꼭대기에는 도리천이 있고, 중턱에는 사천왕(四天王)이 산다고 한다.

긴나라(緊那羅) : 산스크리트어 긴나라(kiṃnara)를 음역한 말로, 노래하고 춤을 추는 천상의 음악신을 가리킨다. 새의 몸에 사람 머리를 하거나, 사람의 몸에 말 머리를 하는 등 모양이 일정하지는 않다. 천신, 용, 야차, 아수라, 가루라, 건달바, 마후라가 등과 함께 불법을 수호하는 팔부중(八部衆)의 하나이다.

제석천(帝釋天) : 욕계의 두 번째 천인 도리천(忉利天)의 다른 이름이다. 도리천의 왕이 제석(帝釋)이라서 붙여진 이름이다. 또한 제석을 달리 부를 때 제석천이라고 하기도 한다.

걸망

등에 걸머지고 다닐 수 있게 망태기처럼 얽어 만든 바랑. 두 가닥의 밀삐가 있어 양 어깨에 멜 수 있고, 천이나 가는 끈을 엮어 자루처럼 만듦.

불교 ▽

스님들이 옷 · 발우 · 경전 따위를 넣어 등에 걸머지고 다니는 큰 주머니로 보통은 '바랑'이라고 한다. 바랑은 '발우(鉢盂)를 넣는 자루'라는 뜻의 '발낭(鉢囊)'이 변한 말이다. 바랑은 무명천에 먹물을 들여 자루처럼 만들고, 주둥이를 오므린 끈을 양쪽 어깨에 걸어서 매는 것이다. 스님들이 쓰는 바랑은 망태기처럼 생긴 민가의 걸망과는 크기나 재질이 다르다.

걸식(乞食)

음식을 남에게 빌어먹는 일.

불교 ▽

산스크리트어 핀다파타(piṇḍapāta)를 의역한 말로 분위(分衛)라고 음사한다. 탁발(托鉢)이라고도 한다. 수행자가 자신의 몸과 목숨을 지키기 위하여 일정한 규율에 따라 밥을 비는 일을 말한다. 걸식은 부처님 당시부터 행해지던 것으로, 어떤 경제활동도 할 수 없었던 당시의 출가 수행자가 지켜야 하는 규율이기도 하다. 직업을 가지고 가정생활을 하는 사람들은 이곳저곳 유행하는 수행자에게 음식을 베풀고 보호해야 할 의무가 있었다. 걸식을 통해 수행자는 수행에 장애가 되는 아집(我執)과 아만(我慢)을 없애고, 보시하는 이에게는 선업의 공덕을 쌓을 기회를 준다는 의미이다. 불교에서 걸식은 열두 가지 두타행(頭陀行) 가운데 하나이기도 하며, 팔정도(八正道)에서 정명(正命)을 수행하는 것이 된다. 우리나라에서는 조선시대 숭유억불 정책에 따라 걸식의 풍속이 단절되었는데, 현재에는 대부분의 불교 종단에서 걸식을 금지한다.

보충 ▽

두타행(頭陀行) : 번뇌와 탐욕이 없이 청정하게 불도를 수행하는 것.

팔정도(八正道) : 깨달음과 열반으로 이끄는 여덟 가지의 올바른 길. 정견(正見), 정사유(正思惟), 정어(正語), 정업(正業), 정명(正命), 정정진(正精進), 정념(正念), 정정(正定)의 여덟 가지 방법이 있다.

정명(正命) : 팔정도(八正道)의 하나로, 몸과 마음으로 악업(惡業)을 짓지 않고 바른 생활을 하는 것을 말한다.

겁(劫)

①시간의 단위로 한없이 길고 무한한 시간. ②우주가 성립되어 존속하고 파괴되어 공무(空無)가 되는 하나하나의 시간, 즉 성(成) · 주(住) · 괴(壞) · 공(空)에서 각각의 시간을 겁이라고 하고 그 전체의 시간은 일대겁(一大劫)이라고 한다.

불교 ▽

산스크리트어 칼파(kalpa)를 음사한 말로, 겁파(劫波)라고도 한다. 측

정할 수 없는 긴 시간, 즉 몇억 만 년이나 되는 극대한 시간의 한계를 가리키는 말이다. 1겁은 범천(梵天)의 하루인데, 이것이 인간계에서 4억 3천 2백만 년이라고 한다.

『잡아함경』에서는 사방과 상하의 둘레가 1유순(由旬, 약 15km)이 되는 철성(鐵城) 안에 겨자씨를 가득 채우고 1백 년마다 한 알씩 꺼내기를 반복하여 씨가 다 없어질 때까지의 시간을 1겁이라고 하며, 이것을 개자겁(芥子劫)이라고 부른다. 또, 사방이 1유순이 되는 큰 반석(盤石)을 1백 년마다 한 번씩 흰 천으로 닦아 반석이 모두 마모될 때까지의 시간을 1겁이라고 하고, 반석겁(盤石劫)이라고 부른다.

겁과 반대로 가장 짧은 시간을 찰나(刹那)라고 한다.

용례 ▽

아승지겁(阿僧祇劫) : 헤아릴 수 없는 무수(無數)의 겁을 말함. 부처님이 발심해서 성불할 때까지 수행한 시간이 3아승지 겁이라고 함.

보충 ▽

범천(梵天) : 산스크리트어 브라흐마(Brahmā)의 음역. ①색계(色界) 초선천(初禪天). 색계는 욕계의 음욕을 여의어서 항상 깨끗하고 조용하기 때문에 범천이라고 한다. ②색계 초선천의 왕인 범천왕을 가리키도 한다.

『잡아함경』 : 남방의 팔리어로는 5부 니까야가 전해지고, 북방의 한역으로는 4아함이 전해지는데, 『장아함경』, 『중아함경』, 『잡아함경』, 『증일아함경』이 있다. 『잡아함경』은 4아함 중 짧은 소경이 가장 많이 들어 있는 경전으로, 부처님의 초기 교설을 담고 있다. 유송시대에 구나발다라가 번역한 50권본이 있고, 이역본으로 『별역잡아함경』 등 여러 가지가 있다.

견고(堅固)

①어떠한 물건이나 시설이 단단하고 튼튼함. ②무엇이 확실함을 가리키는 말.

불교 ▽

일반적인 의미와 같이 단단하고 튼튼하다는 의미와 함께, 항구적인 본질이 있음을 뜻한다. 궁극적으로는 강하고 실(實)한 것, 또는 그런 사람을 말하는데, 이는 곧 부처님을 가리키는 말이다. 부처님의 법신이 튼튼하고 단단하여 그 무엇에도 파괴되지 않기 때문에 그렇게 부른다.

용례 ▽

견고법신(堅固法身) : 어떠한 것에도 파괴되지 않는 부처님의 법신.

견고정념(堅固正念) : 생각을 굳고 바르게 하거나, 또는 그런 생각.

견문(見聞)

보고 들은 것, 또는 보고 들어서 얻은 지식.

불교 ▽

눈으로는 부처를 보고, 귀로는 법을 듣는다는 뜻이다. 여기서 견문은 단순히 보고 듣는 것이 아니라 부처를 친견하고 불법을 들어서 성불(成佛)하는 종자를 얻는다는 뜻이다.

용례 ▽

견문각지(見聞覺知) : 보거나 듣거나 생각하여 아는 것, 즉 안(眼) · 이

(耳) · 비(鼻) · 설(舌) · 신(身) · 의(意)로 아는 것. 또, 염불하는 사람을 보고 염불을 알고 이해한다는 뜻이다.

견문성불(見聞成佛) : 부처를 친견하고 설법을 들어 장차 부처가 되는 것을 말한다.

견지(見地)

사물을 관찰하거나 판단하는 관점.

불교 ▽

삼승(三乘)이 닦는 열 가지 수행 단계의 하나를 말한다. 중생의 세계인 삼계(三界)의 사상적 또는 관념적인 미혹(迷惑)을 끊고 사제(四諦)의 이치를 분명하게 보고 비로소 성인의 지위를 얻는 단계를 이른다.

보충 ▽

삼승(三乘) : 성문(聲聞), 연각(緣覺), 보살(菩薩)에 대한 교법(敎法). 중생을 열반으로 실어 나르는 수레라는 뜻으로 승(乘)이라 함.

사제(四諦) : 불교의 근간인 고(苦) · 집(集) · 멸(滅) · 도(道)의 네 가지 진리를 말한다. 사성제(四聖諦)를 줄인 말이다. ①고제(苦諦) : 삶은 괴롭다는 진리. ②집제(集諦) : 괴로움의 원인은 번뇌와 집착이라는 진리. ③멸제(滅諦) : 집착이 소멸된 열반의 세계는 안온하다는 진리. ④도제(道諦) : 열반에 이르는 방법에 대한 진리.

결계(結界)

어떠한 장소에서 안팎을 구분하여 출입을 금하거나, 무엇을 하지 못하게 하는 것. 금제(禁制).

불교 ▽

산스크리트어 시마반다(sīmābandha)를 번역한 말이다. 수행을 할 때 방해받지 않도록 수행자의 의 · 식 · 주에 제한을 가하는 것을 말한다. 또한 일정한 지역에 결계를 하는 결계지(結界地)의 경우, 이 지역 안으로 수행에 방해가 되는 물건이나 사람, 동물 등은 들어오지 못하게 막는 것을 말하기도 한다. 이밖에 밀교에서 마군의 장난을 없애서 도량을 정결하게 하기 위해 인명법에 따라 정한 도량의 구역을 말하기도 한다. 일반적으로는 사찰에서 승(僧)과 속(俗)을 구분하기 위해 목책(木柵)과 같은 낮은 울타리를 두르는 것, 또는 둘러친 울타리를 결계라고 부르기도 한다.

용례 ▽

결계지(結界地) : 수행에 방해가 되는 것은 들어오지 못하게 막아놓은 구역.

결루(缺漏)

①여럿 가운데 함께 들어 있던 것이 빠져서 없어지거나 그렇게 없어진 것. ②있던 것이 없어서 부족하다는 의미로 탈락(脫落)과 같은 뜻임.

불교 ▽

수행자가 계율을 지키지 않아서 그 허물이 밖으로 새는 것을 의미한다. 계율을 지키지 않는 것을 결(缺)이라고 하고, 계율을 지키지 않아 생긴 허물이 밖으로 새는 것을 누(漏)라고 한다. 따라서 결루는 곧 번뇌(煩惱)이며 결함(缺陷)을 말한다. 계율을 지키지 못하면 물이 새는 것과 마찬가지로 그 허물이 밖으로 드러난다는 불교적 의미가 일반에서는 새어 나갔기 때문에 부족하다는 뜻으로 쓰이고 있다.

결박(結縛)

①두 손이나 몸을 움직이지 못하게 묶는 것. 계박(繫縛)이라고도 함. ②자유롭지 않게 속박하는 것.

불교 ▽

번뇌(煩惱)의 다른 말이다. 번뇌가 몸과 마음을 속박하여 자유롭지 못하게 하므로 결박이라고 한다. 탐내고 성내고 어리석은 마음에서 끊임없이 일어나는 번뇌가 심신을 속박하여 해탈을 방해한다는 뜻이다.

결연(結緣)

무엇이 서로 인연관계를 가지는 것. 이를테면, 자매결연(姉妹結緣)

은 사람이나 단체 따위가 자매와 같이 서로 친밀한 관계를 가지기로 하는 약속을 말함.

불교 ▽

중생이 불문(佛門)에 들어가는 인연을 맺는 것이며, 또한 부처와 보살이 세상을 구제하기 위하여 먼저 중생과 관계[緣]를 맺는 일을 말한다. 또한 이 세상에 살면서 관계하는 모든 것, 부모·형제·부부·친구·동료·도반·스승은 물론, 모든 유정(有情)과 무정(無情)들도 오랜 행업(行業, 지은 업)의 결과로 존재하는 것이므로 이것도 결연이라고 할 수 있다.

용례 ▽

결연중(結緣衆) : 사중(四衆)의 하나로, 설법의 자리에 모여 부처님의 가르침을 들었으나 현생에 직접적인 이익을 얻지 못하고, 내세(來世)에 반드시 해탈할 인연을 맺은 사람을 말한다.

화속결연(化俗結緣) : 세속의 사람들을 교화하여 부처님과 인연을 맺게 하는 것을 말한다.

보충 ▽

유정(有情) : 감정이나 의식이 있는 것을 말한다. 중생과 같은 뜻이다. ↔ 비정(非情), 무정(無情).

무정(無情) : 감정이나 의식 등 정신작용이 없는 것, 즉 초목이나 산, 강 등을 말한다. ↔ 유정(有情).

사중(四衆) : ①부처님이 설법하는 자리에 있던 대중을 그 인연에 따라 넷으로 나눈 것으로, 발기중(發起衆)·당기중(當機衆)·영향중(影向衆)·결연중(結緣衆)이 있다. ②부처님의 네 부류의 제자로, 비구·비구니·우바새·우바이를 말하기도 한다. 사부중(四部衆) 또는 사부대중(四部大衆)이라고도 한다.

결정(決定)

어떠한 일을 결단하여 확정하거나 확정한 것. 법률에서, 법원이 행하는 판결이나 명령 이외의 재판.

* 결정은 확정된 약속과 같은 의미를 가짐.

불교 ▽

반드시 정해져 있어서 추호의 의심이 없는 것, 실재로 존재하는 것, 올바른 지식을 얻은 것 등을 말한다. 또한 아미타불이 서원한 48가지의 본원(本願)을 굳게 믿고, 그 믿음이 흔들리지 않는 것도 결정이라고 한다.

용례 ▽

결정분별(決定分別) : 무엇을 명확하게 한정하는 것.

결정성문(決定聲聞) : 천태지의가 『법화론』에서 세운 오종성문(五種聲聞) 가운데 하나이다. 오랜 과거세부터 소승의 가르침을 익혀오다가 현생에 소승의 가르침을 듣고 아라한과를 깨달은 이를 말하는 것으로, 구습소성문(久習小聲聞)과 같은 뜻이다.

결정왕생(決定往生) : 반드시 극락정토에 왕생하는 것을 말한다.

보충 ▽

아미타불(阿彌陀佛) : 산스크리트어로 아미타바(Amitābha) 붓다(Buddha) 또는 아미타유스(Amitāyus) 붓다(Buddha)를 옮긴 말로, 아미타불 또는 무량수불로 불린다. 법장 비구로 있던 과거세에 48가지 큰 원을 세워 모든 중생이 성불하기를 소원하며 수행하였으며, 극락세계의 교주로 중생을 교화하고 있다.
본원(本願) : 부처와 보살이 과거세에 세운 본래의 서원(誓願). 특히 아미타불이 모든 중생을 구제하려고 발원한 맹세.

결집(結集)

여러 사람이 어떤 일로 한 곳에 모여 뭉치거나 한 곳에 모아서 뭉치게 하는 것. 결속(結束)과 같은 의미.
불교 ▽
본래 합송(合誦)·합주(合奏)·집회(集會)를 뜻하는 말이었으나 '부처님의 경전을 편찬하기 위한 모임'의 뜻으로 사용되었다. 부처님이 열반하신 다음 제자들이 모여 그의 언행을 결합하고 집대성하여 경전으로 편찬한 일을 말한다. 불교사에서 경전의 결집은 모두 네 차례 있었던 것으로 알려져 있다.
①제1차 결집은 부처님께서 돌아가신 해에 라자그리하(Rājagṛha, 王舍城)의 삽타파니(Saptapārṇi, 七葉窟)에서 마하카샤파(Mahākāśyapa) 장로의 주도 아래, 아난다(Ānanda) 장로가 경장(經藏)을, 우팔리(Upāli) 장로가 율장(律藏)을 암송하여 이루어졌다. 이 때문에 경전은 반드시 "나는 이와 같이 들었다."라는 말로 시작된다. ②제2차 결집은 1차 결집이 있은 지 100년 뒤에 바이샬리(Vaiśālī)에서 야사(Yasas) 비구의 제의로 레바타(Revata) 장로를 상수로 한 700명의 장로비구들이 모여서 율에 관한 십사(十事)를 비법(非法)으로 심의하면서 경

장을 새롭게 편집하였다고 한다. 이 결집의 결과 교단이 보수파와 진보파로 나뉘게 되었다고 한다. ③제3차 결집은 제2차 결집 이후 100여 년이 지난 다음, 아쇼카(Aśoka) 왕 시절에 마가다국의 수도인 파탈리푸트라(Pāṭaliputra)에서 목갈리풋타 팃사(Moggaliputta-Tissa) 장로의 주도로 1,000명의 비구가 모여 이루어졌다. 당시 인도는 물론 스리랑카 등 외국에 정통 교의를 전하게 한 성전을 편찬했으며, 논서들을 논장(論藏)으로 집성하여 경 · 율 · 론 삼장이 갖추어지게 되었다. ④제4차 결집은 부처님 입멸 후 600년 경(2세기 전반)인 카니슈카(Kaniṣka) 왕 시절에, 파르슈바(Pārśva, 脇尊者)와 바수미트라(Vasumitra, 世友)의 주도로 논장에 정통한 500명의 비구들이 모여 삼장의 주석서인 『대비바사론』을 완성하였다고 한다. 제1차 결집과 제2차 결집에 관해서는 남 · 북방 모두 이의가 없으나, 제3차 결집에 관해서는 북방불교가, 제4차 결집에 대하여는 남방불교가 사실을 부정한다.

보충 ▽

마하카샤파(Mahākāśyapa) : 대가섭(大迦葉)으로 한역한다. 석가모니 부처님의 십대제자(十大第子) 가운데 한 사람이다. 바라문 출신으로 부처님이 심인(心印)을 전한 전법 제자이다. 부처님 입멸 후 제1차 결집을 주도하였고, 두타(頭陀) 수행에 가장 뛰어났다고 전해진다.

아난다(Ānanda) : 아난(阿難) 또는 아난타(阿難陀)로 음사하고, 무염(無染), 환희(歡喜), 경희(慶喜) 등으로 한역한다. 석가모니 부처님의 십대제자 가운데 한 사람이다. 부처님의 사촌동생으로 가장 오랫동안 부처님을 시봉하였다. 다문(多聞) 제일의 제자이며, 뛰어난 기억력으로 부처님의 말씀을 가장 많이 기억하여서 제1차 결집에서 경장을 송출하는 중요한 역할을 하였다.

우팔리(Upāli) : 우바리(優婆離) 등으로 음사한다. 석가모니 부처님의 십대제자 가운데 한 명이다. 부처님이 출가하기 전에 부처님의 이발사였는데, 후에 아난다 등이 출가할 때 함께 출가하였다. 지계(持戒) 제일로 알려졌으며, 제1차 결집에서 율장(律藏)을 송출하였다.

아소카(Aśoka) **왕** : 아육왕(阿育王)이라고 음사하고, 무우왕(無憂王)이라고 번역한다. 마우리아 왕조의 제3대 왕으로 B.C. 2세기에 인도를 통일하고, 불교를 보호하였다. 처음에는 매우 포악하였으나 불교에 귀의한 다음부터 인도 전역에 8만 4천의 사찰과 탑을 세우고, 스리랑카와 그리스 등 외국에 전도승(傳道僧)을 파견하고, 불경의 3차 결집을 주도하는 등 많은 업적을 남겼다.

경(經)

어떠한 종교의 지침이 되는 전적(典籍)을 말함. 불경(佛經) · 성경(聖經) · 삼경(三經) 따위.

* 천주교에서는 기도문을 경이라고 하고, 무속신앙에서 판수(점을 치는 맹인)가 외는 주문이나 기도문도 경이라고 한다.

불교 ▽

산스크리트어 수트라(sūtra)의 의역으로 선(線), 연(綖), 계경(契經)이라고도 옮겨진다. 인도에서 수트라(sūtra)는 실[絲]을 뜻하는 말이었다. 불교에서 이 단어를 받아들여, 꽃을 실에 꿰어 화환을 만드는 것과 같이, 부처님 말씀의 온갖 이치를 흩어지지 않게 하나로 묶는다는 의미로 쓰기 시작했다. 중국에서도 옷감의 날실이라는 뜻을 살려 경(經)으로 번역하였다. 따라서 경은 부처님이 말씀하신 교법(敎法)과 이를 기록한 책을 말한다. 그러나 넓은 의미에서 부처님의 말씀은 물론 그 말씀에 관한 제자들의 논서와 율을 기록한 율장까지 포함한 모든 경서(經書)를 총칭하며, 그럴 때는 대장경(大藏經)을 말한다.

경각(警覺)

경계(警戒)하여 각성(覺醒)시키는 것, 타일러서 깨닫게 하는 것을 말함. 정신을 가다듬어 조심하는 마음은 경각심(警覺心)이라고 함.

불교 ▽

마음이 어지러워지는 것을 경계하여 스스로 깨닫는다는 뜻이다. 사실 우리 마음은 항상 온갖 번뇌로 들끓고 있다. 오욕(五欲)에 탐착하거나 성내거나 어리석음에서 비롯되는 번뇌는 깨달음으로 향하는 길을 방해하는 마(魔)와 같은 존재로 수행자가 꼭 항복을 받아야 하는 대상이다. 그러므로 이들을 잘 살피고 경계하는 것이 필요하고 또 그렇게 하여 스스로 깨닫는 것이 경각이다.

보충 ▽

오욕(五欲) : 우리 몸의 눈 · 귀 · 코 · 혀 · 몸의 다섯 가지 감각기관인 오근(五根)이 각각 색(色) · 성(聲) · 향(香) · 미(味) · 촉(觸)의 다섯 가지 감각대상인 오경(五境)에 집착하여 생기는 욕망과 그 오경을 향락하는 것. 또는 재욕(財欲) · 성욕(性欲) · 식욕(食欲) · 명예욕

(名譽欲) · 수면욕(睡眠欲)의 다섯 가지 욕망.

경계(境界)

사물이 어떠한 기준에 따라 서로 맞닿는 자리. 이를테면 네 것과 내 것을 구분하는 한계가 경계이고, 그 경계와 경계를 이은 선을 경계선(境界線)이라고 함. 그리고 지적(地籍)에서는 계역(界域)을 나타냄.

불교 ▽

①경지(境地)와 같은 의미로 깨달은 마음의 상태. ②자기의 세력이나 인식이 미치는 범위. ③모든 감각기관이 지각할 수 있는 대상. 이를테면 눈의 경계가 곧 안식(眼識)의 대상이 된다. ④인과(因果)의 이치에 따라 각자가 받는 지위나 처지 등을 의미한다. 간단히 말하면, 경계는 어떤 세력이나 영향력이 미치는 경지 · 대상 · 범위 · 상태 · 환경 · 권속 등의 의미를 가진다.

용례 ▽

경계상(境界相) : 주관 앞에 나타나는 객관의 경계.

경계유대(境界有對) : 육근(六根)과 육식(六識)이 각각 대상에 구속되어 다른 것과는 상응(相應)하지 못하는 것. 예를 들어 눈이 안식(眼識)에만 상응할 뿐, 이식(耳識)이나 설식(舌識)과 같이 다른 식(識)과는 상응하지 못하는 것과 같음.

보충 ▽

육근(六根) : 대상[경계]을 인식하는 여섯 가지의 근원, 곧 안(眼) · 이(耳) · 비(鼻) · 설(舌) · 신(身) · 의(意).

육식(六識) : 객관적 인식의 대상인 색(色) · 성(聲) · 향(香) · 미(味) · 촉(觸) · 법(法)의 육경(六境)에 대하여 보고 듣고 냄새 맡고 맛보고 닿고 아는 인식작용을 말한다. 즉, 안식(眼識) · 이식(耳識) · 비식(鼻識) · 설식(舌識) · 신식(身識) · 의식(意識)이 그것이다.

경례(敬禮)

어떠한 대상에게 공경의 뜻을 나타내는 일 또는 그 동작.

* 경례에는 어른에게 인사하는 큰절이나 반절, 손을 들어 모자 테에 대는 거수(擧手), 무릎을 꿇고 머리를 조아리는 계수(稽首), 국기를 보고 가슴에 손을 얹는 것 따위가 있음.

불교 ▽

불(佛) · 법(法) · 승(僧) 삼보를 공경하여 예배하는 일을 통틀어 하는 말이다.

경상(經床)

작은 크기의 책상으로, 앉아서 책을 읽을 때 씀.

불교 ▽

경전 한 권을 펼쳐 놓을 수 있는 크기의 작은 책상을 말한다. 상판(床板)의 양 가에는 턱을 두고 네 다리는 호랑이 다리 모양으로 멋을 내기도 하고, 서랍을 두는 것이 보통이다. 우리나라의 경상은 중국의 영향을 받았지만, 중국 것에 비하여 날렵하고 세련미가 있는 것이 특징이다.

경애(敬愛)

사람을 존경하고 사랑하는 것. 애경(愛敬).

불교 ▽

공경하고 사랑한다는 의미는 일반과 같지만 그 쓰임은 다르다. 부처와 보살의 가호(加護)를 청하며 권속(眷屬)의 화평(和平)을 비는 수행법으로 존경과 사랑으로 두 사람의 화합을 이끄는 것을 경애 또는 경애법(敬愛法)이라고 한다.

경전(經典)

성인의 가르침이나 행실 또는 종교의 교리를 적은 책.

불교 ▽

'근거가 되는 가르침', '언제나 변하지 않는 법도(法度)'라는 의미로, 부처와 보살의 가르침이 전하여 기록된 책을 말한다. 경(經)을 부처님의 말씀을 기록한 책이라고 하면, 경전은 경은 물론 제자들이 부처님의 말씀을 논(論)한 책을 포함하여 이르는 말이다. 따라서 불교에 관한 모든 전적(典籍)이 경전이다. 좀 더 구체적으로는, 경은 불교 교리에 대한 책인 교전(教典)을, 전은 항상 지켜야 할 불변의 도리인 전상(典常)과 각종 불교 의식의 규칙인 의칙(儀則)을 일컫는다.

경책(警責)

정신을 차리도록 꾸짖는 것. 이를테면 '자식을 경책하다'는 딴전피는 자식을 꾸짖어 정신 차리게 한다는 뜻임.

불교 ▽

법구(法具)의 하나로, 길이 1m 남짓한 대나무나 버드나무로 만든 납작하고 긴 막대를 경책(警策)이라고 한다. 흔히 장군죽비(將軍竹篦)라고 한다. 선방에서 좌선할 때, 입승이 졸거나 자세가 흐트러지는 사람의 어깨를 이것으로 두드려서 정신을 차리게 하는 데에 쓰며, 독경이나 문답을 할 때도 죽비 대신 사용한다. 이러한 경책의 기능이 정신을 차리게 하는 것이어서, 불가에서 스승이 제자에게 정신을 차려 공부하도록 타이르는 일을 경책(警策)한다고 한다. 따라서 경책(警責)과 경책(警策)은 같은 뜻이다.

보충 ▽

죽비(竹篦) : 길이 40cm가량 되는 나무 방망이를 손잡이 부분을 남기고는 가운데를 타서 두 쪽으로 만든 법구(法具)이다. 이를 한 손에 들고 다른 손의 바닥에 쳐서 소리를 낸다. 행사나 수행을 할 때,

대중을 지도하는 신호용으로 사용한다.

입승(入繩) : 선방에서 참선에 들고 나가는 시각을 알리고, 졸거나 자세가 흐트러지는 수행자를 바로잡아 주는 사람을 가리키는 말이다.

계금(戒禁)

타일러서 옳지 않은 일을 하지 못하게 하는 것.

불교 ▽

외도(外道)의 수행자가 지키는 계율을 불교에서 말할 때, '하지 말아야 할 것'이라는 의미로 계금이라고 한다. 옳지 아니한 모든 행동을 못하게 하는 것, 또는 악을 경계하여 금지한다는 뜻이다.

용례 ▽

계금취견(戒禁取見) : 외도의 계율이나 서약이 옳다고 생각하는 잘못된 견해를 말한다. 즉, 원인이 아닌 것을 원인이라고 여기거나, 도(道)가 아닌 것을 도라고 여기는 것이다. 이를테면 개나 소가 죽은 다음 하늘에 태어난다고 하여 개나 소처럼 행동하고, 그렇게 하는 것이 하늘에 태어나는 원인이고 바른 길이라고 생각하는 잘못된 견해 등을 말한다.

계수(稽首)

남을 공경하는 태도로 머리를 숙여 하는 인사.

불교 ▽

이마가 상대방의 발에 닿을 정도로 머리를 숙여서 하는 절이다. 인도 전통의 경례법으로 예나 지금이나 최상의 예절이다. 무릎을 꿇고서 이마를 땅에 댄 다음, 받들어 모신다는 의미로 손바닥을 위로 향하게 한다. 그리고는 상대의 발을 잡고 거기에 얼굴을 댄다. 이렇게 하는 경례법을 계수례(稽首禮)라고 일컫는다.

용례 ▽

계수불족(稽首佛足) : 부처님의 발에 머리를 대고 하는 경례.

고뇌(苦惱)

괴로움과 번뇌.

불교 ▽

몸과 마음의 괴로움을 말한다. 몸의 괴로움을 고(苦)라고 하고, 마음의 괴로움을 뇌(惱)라고 한다. 일체가 원인과 조건에 따라 나타난 것이어서 상주하는 실체가 없어 몸과 마음이 괴로운 것이 고뇌이다.

고행(苦行)

몸으로 견디기 힘든 어려운 일을 하는 것. 또는 그런 일을 통해 수행하는 것.

불교 ▽

마음은 선(善)한 것이고 육체는 악한 것이라는 이원론적 사상에 근거하여, 자신의 육신을 괴롭힘으로써 물욕(物慾)을 끊고 번뇌를 이길 수 있다는 믿음으로 하는 수행법이다. 인간의 삶이 즐거움과 고통으로 이루어져 있기 때문에 내세(來世)에 즐거움을 얻기 위하여, 또는 과거에 지은 업(業)을 씻어내기 위하여 자신의 몸을 학대하는 일종의 수행법으로, 동서양을 막론하고 거의 모든 지역에서 종교적 행위의 하나로 고행이 존재한다.

고행의 방법은 굶거나, 불 속에 몸을 던지거나, 높은 곳에서 떨어지거나, 한쪽 발로 서거나, 가시덤불이나 깨진 유리 위에 눕거나, 불 위를 걷거나, 자신의 몸에 상처를 내는 따위가 있는데, 부처님도 출가 후 6년 동안 설산(雪山)에서 치열하게 고행했다. 그러나 고행으로는 궁극의 깨달음을 이룰 수 없다는 사실을 깨닫고, 즐거움과 고통의 양 극단을 버린 중도(中道)를 택하였다. 따라서 불교에서 고행은 깨달음에 이르기 위해서 정진하는 치열한 수행을 가리킨다. 자신의 몸을 극단적으로 괴롭히는 인도 전통의 고행은 불교에서 배척한다.

이외에, 요즘은 출가하려는 수행자가 절에서 온갖 심부름이나 잡다한 일을 맡아 하는 일종의 예비수행기간의 일을 고행이라고도 한다.

곡차(穀茶)

곡차는 술을 금기해야 하는 사람들이 술을 비유적으로 이르는 말.

불교 ▽

조선시대 중엽 진묵(震默) 대사가 처음 사용한 말이라고 한다. '마셔서 정신이 몽롱하게 취하게 하면 술이고, 정신이 맑아지게 하면 차라고 한다.'는 게송이 전한다. 술을 마셔서는 안 되는 수행자가 술을 비유적으로 부르는 이름이다. 선가(禪家)에서는 같은 뜻으로 반야탕(般若湯)이라고 한다.

공(空)

①속이 텅 비어 있는 것, 또는 아무것도 없는 상태를 말함. ② 숫자 '0(영)'을 이르는 말.

불교 ▽

일체의 모든 것이 인연에 따라 생긴 가상(假相)이고 영구불변한 실체(實體)가 없음을 뜻하는 말이다.

공에는 인공(人空)과 법공(法空)이 있는데, 인공은 사람이 자기의 실체로서 자아(自我)가 없다는 것이고, 법공은 삼라만상이 모두 인연에 따라 나타난 것이기 때문에 그 실체로서의 자아가 없다는 것이다. 따라서 공은 고정적인 실체가 없다는 의미이고, 궁극에는 공도 공이다.

용례 ▽

공견(空見) : 공에 집착하여 공에 얽매인 생각. 일종의 허무론과 같이 선악이나 인과의 도리, 만유의 이법(理法) 따위를 부정하는 생각을 말함.

공병(空病) : 공견이 지나쳐 병적인 상태.

공경(恭敬)

남에게 공손히 하고 존경함.

불교 ▽

의미의 차이는 없으나 일반에서는 '부모를 공경하다'와 같이 공경하는 대상이 윗사람이지만 불교에서는 부처와 보살은 물론 아랫사람도 공경의 대상이 된다. 자신을 공손하고 온순하게 하는 것을 공(恭)이라고 하고, 남을 존중하는 것을 경(敬)이라고 한다.

용례 ▽

공경수(恭敬修) : 마음을 겸허히 하여 공경함을 닦고 익히는 일종의 수행법.

공경예배(恭敬禮拜) : 공경하는 마음으로 드리는 불공(佛供).

공계(空界)

비어 있는 세계라는 뜻으로 공간(空間), 공중의 세계, 하늘의 세계를 말함.

불교 ▽

끝이 없는 허공, 아무것도 존재하지 않는 세계를 말한다. 그러나 만유(萬有)가 운동하는 마당으로서, 만유의 구성요소 가운데 하나를 공계라고 한다. 불교에서 우주 세계를 구성하는 유형, 무형의 여섯 가지 기본 요소를 육계(六界)라고 하는데, 그 가운데 하나가 공계이다.

용례 ▽

공계무물(空界無物) : 공계에는 어떠한 물질도 존재하지 않는다는 뜻.

보충 ▽

육계(六界) : 우주 세계를 구성하는 여섯 가지 요소. 지계(地界) · 수계(水界) · 화계(火界) · 풍계(風界) · 공계(空界) · 식계(識界)를 말한다. 육대(六大)라고도 한다.

공공(空空)

①아무것도 없이 비어 있는 것. ②사람이 사려가 없고, 생각이 모자란 것을 비유적으로 하는 말.

불교 ▽

일체의 법(法)은 인연 따라 임시로 화합한 것이므로 모두 실체가 없고 자성(自性)이 공한 것이며, 공(空) 또한 공한 것이어서 집착할 것이 없다는 심오한 뜻이다. 결국, 어떤 집착이나 번뇌가 없는 것을 공공이라 한다.

용례 ▽

공공의(空空義) : 진여(眞如)는 본래 공적(空寂)이어서 그 진실의 의의를 표현할 수 없다는 말이다.

공공적적(空空寂寂) : 삼라만상이 모양이 있거나 없거나, 모두 실체가 없으므로 아무것도 생각하고 분별할 것이 없다는 뜻이다.

공덕(功德)

공적(功績)과 덕행(德行).

불교 ▽

산스크리트어 구나(guṇa)의 의역으로, 현재 또는 미래에 행복을 가져올 선행(善行)을 이르는 말이다. 착한 일을 하여 쌓이는 것이 공(功)이고, 그런 수행을 통해서 얻어지는 것을 덕(德)이라고 한다. 선행의 공은 좋은 결과를 가져오고, 덕은 공을 닦음으로써 얻어진다. 그래서 공덕을 누덕(累德) 또는 적공누덕(積功累德)이라고도 한다. 예부터 냇물에 다리를 놓아 다른 사람들이 쉽게 건널 수 있게 하는 월천공덕(越川功德), 가난한 사람에게 옷과 음식을 베푸는 구난공덕(救難功德), 병든 사람에게 약을 주어 살리는 활인공덕(活人功德)을 장려한 것도 이런 이유 때문이다.

용례 ▽

공덕법신(功德法身) : 여러 가지 수행의 공덕으로 얻은 부처의 법신을 말한다.

무공덕(無功德) : 선가(禪家)에서 마음이 순수하지 못하여 자신을 내세우거나 바라는 마음이 있다면 비록 선행을 하더라도 참다운 공덕이 되지 않음을 가리키는 말이다.

공력(功力)

무엇에 공(功)을 들이고 애쓰는 힘 또는 그 공(功).

불교 ▽

불도(佛道)를 수행하여 얻은 공덕의 힘, 즉 공덕력(功德力)을 말하며, 이는 수행의 결과로 얻어진다. 그리고 부처와 보살이 중생을 가호(加護)하는 힘도 공력이라 하며, 이때는 작용의 힘이 된다.

공리(空理)

실제로 소용되지 않거나 사실과 동떨어진 이론. 공리공론(空理空論)을 말함.

불교 ▽

공의 이치, 즉 일체가 실체가 없고 자성(自性)이 없다는 공(空)의 의리(義理)를 말한다. 다시 말해 주관적 생각인 '나'라는 고집을 없애고, 또 그런 고집이 생긴 근본, 즉 무명(無明)을 없애는 데서 나타나는 진리를 공리라고 한다. 이와 같이 철학적이고 심오한 뜻을 가진 말이 일반에서는 글자대로만 해석하여 '실현성이 없는 헛된 이론'이란 의미로 쓰고 있다.

공부(工夫)

학문이나 기술을 배우고 익히는 것.

불교 ▽

선가(禪家)에서 불도를 열심히 수행하는 것을 공부(功夫) 또는 주공부(做工夫)라고 한 데서 나온 말이다. 품과 공을 들여 열심히 참선(參禪)에 정진하는 것이 공부다.

용례 ▽

공부순일(工夫純一) : 잡념 없이 좌선에 몰두하는 것.

공부변도(工夫辨道) : 깨달음에 이르기 위해 노력함.

공상(空想)

①이루어질 수 없는 헛된 생각. ②심리학에서 외계(外界)에 상응(相應)하는 객관적 사실이 없는 생각.

불교 ▽

공(空)에 집착하는 생각, 즉 공견(空見)을 말한다. 공에 집착하는 것 또한 망상(妄想)이라는 뜻으로, 공상은 망상의 한 가지가 된다. 그러나 일반에서 '이루어질 수 없는 헛된 생각'이라는 정의에는 '공상'보다는 '망상'이라는 말이 더 적절한 표현이다.

공생(共生)

①동식물이 서로 같은 곳에서 생활하는 것, 즉 공동생활을 말함. ②죽을 곳에서 함께 살아나는 것. ③다른 종류의 생물이 서로 이익을 주고받으며 한 곳에서 함께 사는 것. 이를테면 진딧물과 개미와 같은 관계를 말함.

불교 ▽

자기의 원인과 다른 것에서 온 조건이 공통되게 작용하여, 또 다른 어떤 것이 생기는 것을 말한다. 즉, 인(因)과 연(緣)이 서로 작용하여 어떤 결과가 생성되는 것을 공생이라고 한다. 이를테면 좋은 씨앗이 있다고 해서 반드시 많은 열매를 거두는 것이 아니라, 좋은 토양과 좋은 생육환경이 어우러져야만 수확도 많은 것처럼, 이런 관계를 공생이라고 한다.

공안(公案)

공적(公的)인 일에 관한 문서, 즉 공문서(公文書)나 공론(公論)에 따라 결정한 안건(案件)을 일컫는 말이지만 잘 쓰이지 않음.

불교 ▽

옛날 중국 관공서에서 일단 확정되면 백성이 따라야 하는 법률안을 공부안독(公府案牘)이라고 했는데, 이 말이 선문(禪門)에는 참선하는 수행자가 참구하거나, 수행자의 깨달은 바를 점검할 때 내놓는 일종의 시험문제를 가리키게 되었다. 이 문제는 사적(私的)으로 정하는 것이 아니라 조사(祖師)들이 공적으로 정한다고 해서, 또 관청의 공문서와 같이 공정하여 옳고 그름을 판단하는 기준이 된다고 해서 공안이라고 한다. 따라서 공안은 부처님은 물론 조사들의 말, 어구, 문답, 동작 따위를 가리키고, 이를 참선하는 수행자가 참구하는 대상으로 삼는다. 공안을 화두(話頭) 또는 고칙(古則)이라고도 한다.

보충 ▽

조사(祖師) : 어떠한 종(宗)이나 파(派)를 세운 스승을 부르는 말. 선종(禪宗)에서는 달마(達磨)를 조사라고 한다.

공양(供養)

웃어른께 음식을 대접하는 일, 또는 그 음식.

불교 ▽

산스크리트어 푸자나(pūjanā)를 의역한 말로, 물건을 공급(供給)하여 돌본다는 뜻이다. 원래는 불법승 삼보, 스승, 부모, 죽은 이의 영혼 따위에게 향 · 등 · 꽃 · 과일 · 차 · 쌀 따위를 올리는 일, 또는 그 물건을 공양이라고 했다. 그러나 지금은 절에서 필요한 여러 가지 물품을 기부하는 일과 절에서 먹는 하루 세끼의 식사를 가리킨다. 공양은 물질적인 것을 두고 하는 말이었으나 지금은 유형, 무형의 것을 모두 포함한다. 이를테면 음성공양(音聲供養), 예배공양(禮拜供養), 찬탄공양(讚嘆供養) 따위를 들 수 있다.

용례 ▽

대중공양(大衆供養) : 불교신자가 여러 스님들에게 음식을 차려 대접하는 일을 말한다.

육법공양(六法供養) : 부처님께 향 · 등 · 꽃 · 과일 · 차 · 곡식 따위의 여섯 가지 공양물을 올리는 일이다.

공염불(空念佛)

말만 앞세우고 실천이 없는 것. 실행이나 내용이 따르지 않는 주장이나 선전을 비유적으로 표현하는 말.

불교 ▽

원래는 사물의 자성이 공(空)함을 깨닫는 염불수행을 가리키는 말이었으나 지금은 신심(信心)이 없이 입으로만 외는 염불(念佛)을 말한다. 신심 없이 하는 염불이다 보니 아무리 해 봐야 효과가 없기 때문에 공염불이라고 한다.

과거(過去)

①이미 지나간 때. ②지나간 일이나 생활, 즉 이전의 경험이나 경력. ③문법에서, 현재보다 앞선 시간 속의 사건을 나타내는 시제(時制)의 하나.

불교 ▽

유위(有爲)의 모든 법(法)이 그 작용을 끝낸 자리를 말하기도 하고, 삼세(三世)의 하나인 과거세(過去世)의 준말이다. 과거세는 전세(前世)를 말한다. 여기서 유위법은 여러 가지 조건이 모여 형성된, 즉 인연에 따라 생멸하는 현상계의 모든 존재를 말한다.

용례 ▽

과거칠불(過去七佛) : 석가모니 부처님을 포함하여 그 이전에 계셨던 여섯 부처님을 함께 일컫는 말로, ①비바시불, ②시기불, ③비사무불, ④구류손불, ⑤구나함모니불, ⑥가섭불, ⑦석가모니불을 말한다.

『과거현재인과경(過去現在因果經)』 : 부처님이 과거세와 현재세의 인과(因果)를 설한 경전의 이름이다.

과목(科目)

①사물을 분류하는 조목(條目)으로서 과(科)와 목(目)을 합친 말. 과는 큰 분류이고, 목은 과 안에서 작은 분류임. ②학문의 구분이나 교과를 구성하는 단위. ③학교에서 학과목을 이르는 말.

불교 ▽

경전(經典)의 뜻을 알기 쉽게 추리어 그 뜻을 나타낸 문장과 구절(句節)을 말한다. 이를테면, 어느 경전의 내용을 일목요연하게 나타내기 위해 그 경전의 차례와 각각의 내용을 요약하여 적은 것을 과목이라고 한다.

과실(過失)

①부주의나 태만에서 온 잘못이나 허물, 실패를 가리킴. ②법률에서, 어떤 사실을 인식할 수 있었음에도 부주의로 인식하지 못하고 범한 잘못.

불교 ▽

과오나 결점, 허물의 뜻과 함께, 집착이나 향락에서 일어나는 번뇌도 과실이다.

관념(觀念)

서양철학에서 이데아(idea)의 번역으로, ①어떤 일에 대한 생각이나 견해. ②자극이 사라진 뒤에도 의식 속에 남아 있는 심상(心象). ③사람의 마음속에 나타나는 표상 · 상념 · 개념 또는 의식내용.

불교 ▽

마음을 가라앉혀 모든 법(法)을 관찰하고 부처를 생각하는 것을 말한다. 또한 부처와 보살의 모습을 마음속에 떠올려서 생각한다고 하여 관찰사념(觀察思念)이라고 한다. 불교에서 흔히 사용되는 관(觀)의 의미는 선정(禪定)을 통하여 상대되는 경계를 지식이 아닌 지혜로 관찰하여 식별하는 것을 말하고, 염(念)은 여러 가지 의미가 있지만 '마음' 또는 '생각'으로 설명할 수 있다.

용례 ▽

관념염불(觀念念佛) : 부처님을 관(觀)하고 억념(憶念)하는 것 또는 부처님의 명호를 칭념하는 것.

관조(觀照)

①고요한 마음으로 사물이나 현상을 관찰하거나 비추어 보는 것. ②대상의 본질을 주관을 떠나서 냉정하게 응시하는 것. ③미학에서, 아름다움을 직접적으로 인식함을 이르는 말.

불교 ▽

참된 지혜로 개개의 사물이나 이치를 비추어 보는 것을 말한다. 작은 구멍으로 들어온 빛이 방안의 먼지를 드러나게 하는 것과 같이, 지혜로써 사물의 참모습을 살피는 것을 관조라고 한다.

용례 ▽

관조반야(觀照般若) : 현상계의 실상, 즉 사물의 참모습을 비추어 보는 지혜를 말한다.

관찰(觀察)

①사물을 주의하여 자세히 살펴 본다는 뜻. ②자연과학의 연구방법 가운데 하나로, 자연에서나 실험에서 어떤 사물의 현상을 주의깊게 살펴 보는 것을 말함.

불교 ▽

어떠한 대상을 지혜로 바르게 보는 것을 의미한다. 정토종(淨土宗)

에서는 아미타불이나 극락세계를 마음속에 떠올려 일념으로 살피고 생각하는 것을 관찰이라고 하고, 이런 수행법을 관찰문(觀察門)이라고 한다.

용례 ▽

관찰법인(觀察法忍) : 일체법의 체성(體性)이 불생불멸(不生不滅)함을 관찰하고 인정하여 마음에 흔들림이 없는 것을 말한다.

관찰정행(觀察正行) : 오로지 아미타불과 극락세계의 삼종장엄(三種莊嚴)을 일심으로 관찰하는 수행이다.

보충 ▽

아미타불(阿彌陀佛) : 산스크리트어 아미타바(Amitābha) 붓다(Buddha) 또는 아미타유스(Amitāyus) 붓다(Buddha)를 옮긴 말로, 아미타불 또는 무량수불로 불린다. 법장 비구로 있던 과거세에 48가지 큰 원을 세워 모든 중생이 성불하기를 소원하며 수행하였으며, 극락세계의 교주로 중생을 교화하고 있다.

삼종장엄(三種莊嚴) : 아미타불의 정토인 극락세계에 대한 세 가지 장엄. 불장엄(佛莊嚴) · 보살장엄(菩薩莊嚴) · 국토장엄(國土莊嚴)이 있다.

광명(光明)

①밝고 환한 빛. ②어려움에 처했거나 갈피를 잡지 못할 때 발견하는 어떤 희망이나 해결의 실마리를 비유적으로 표현하는 말.

불교 ▽

산스크리트어 프라바(prabhā)를 의역한 말로, 부처님과 보살의 몸에서 나타나는 빛이나 지혜를 상징한다. 스스로 빛을 내는 것을 광(光)이라고 하고, 그 빛이 사물을 비추는 것을 명(明)이라고 한다. 또한 번뇌와 죄악의 어둠을 비추어서 지혜를 드러내기 때문에 광명이라고 한다.

광명에는 지혜의 광명인 심광(心光)과 몸의 광명인 색광(色光)이 있는데, 심광은 지혜 그 자체에서 나오는 빛으로 심안으로만 볼 수 있고, 색광은 부처나 성인의 몸에서 나오는 빛으로 육안으로 볼 수 있다.

용례 ▽

광명변조(光明遍照) : 아미타불의 공덕의 빛이 온 우주의 중생에게 두루 비추는 것이다.

광명지상(光明智相) : 부처님의 광명 또는 그 광명이 지혜의 본체에서 나오는 모양을 말한다.

광택(光澤)

어떠한 물체가 빛을 받아 번쩍이고 윤기가 나는 것.

불교 ▽

부처님의 광명이 비추어 중생이 제도(濟度)받는 것을 말한다. 비가 초목을 적시는 것처럼 부처의 자비로운 광명이 중생을 이롭게 한다는 뜻이다.

보충 ▽

제도(濟度) : 미혹한 세계에서 생사를 거듭하는 중생을 건져서 열반의 세계로 이르게 하는 것을 말한다.

교당(教堂)

종교단체의 신자들이 모여 예배를 보거나 포교하는 집.

불교 ▽

포교당(布教堂)을 줄여 교당이라 한다. 사람이 많은 곳에 포교를 위해 설치한 일종의 사원이다. 예부터 일반인들의 접근이 어려운 산에는 사원을 지어 수행에 전념하고, 또 중생제도를 위해 사람이 많이 사는 곳에 교당을 지어 전법하였다. 이것은 위로는 진리를 구하고[上求菩提], 아래로는 중생을 구제하는[下化衆生] 수행자의 목표를 구현하기 위한 것이다. 예전에는 많은 교당이 사람이 많고 번화한 도회지에 있었는데, 조선시대의 배불정책에 따라 점차 교당이 사라지고 산에만 절이 있게 되었다. 최근에는 도시지역에 많은 교당과 사원이 들어서고 있다.

교도(教導)

①사람을 가르쳐서 바르게 지도하는 일. ②교육기관에서 학생들의 생활을 지도하는 일. 선도(善導).

불교 ▽

중생을 가르쳐서 깨달음의 세계로 인도한다는 뜻이다. 즉 교화(教

化)하여 인도(引導)한다는 말이다. 석가모니 부처님을 삼계도사(三界導師)라고 부르는 것은 온 세상, 즉 욕계 · 색계 · 무색계의 모든 중생을 불법의 세계로 인도하는 스승이라는 뜻이다.

용례 ▽

교도자(教導者) : 가르쳐서 인도하는 스승.

교리(教理)

종교상의 원리나 이치. 경문(經文)의 이치와 도리(道理), 즉 말이나 글로 하는 교설의 내용 또는 그 도리(道理)를 말함.

불교 ▽

경전에 설해진 이론은 물론 불교의 한 종파에서 세운 종의(宗義)를 말한다. 또한 교(教)와 이(理)를 별개로 볼 경우, 교는 문자로 표현한 부처님의 말씀이고, 이는 교에서 나타나는 진리의 내용을 가리킨다.

용례 ▽

교리행과(教理行果) : 수행으로 깨달음을 얻은 순서. 가르침[教]에 따라 이치[理]를 깨닫고 실천[行]하여 그 이상을 실현[果]한다는 말이다.

교만(驕慢)

잘난 체하며 뽐내고 건방짐.

불교 ▽

거만(倨慢)과 같은 뜻으로, 교만(憍慢)으로 쓴다. 자기 자신을 뽐내는 것을 교(憍)라고 하고, 남에게 자랑하는 것을 만(慢)이라고 하는데, 자신을 높이고 남을 경멸하는 마음 상태를 말한다. 또한 삼독(三毒)의 하나인 우치(愚癡)가 자기 본성을 보지 못하고 헛것에 매달려 교만에 빠지는 것을 가리키므로 교만은 곧 우치가 된다.

교만한 마음을 만심(慢心)이라 하는데, 거기에는 알지 못하면서 아는 체하는 증상만(增上慢), 나를 높이기 위해 남을 얕보는 비하만(卑下慢), 나와 나의 것을 고집하는 아만(我慢), 덕이 없음에도 덕이 있는 체하는 사만(邪慢)이 있다.

교묘(巧妙)

썩 잘되고 묘함. 세련되고 오묘함.

불교 ▽

매우 훌륭하고 신기하다는 뜻으로, 부처님의 지혜를 찬탄하는 말이다. 사물을 올바르게 받아들여 진리를 판별하고, 일체를 다 알아 깨달음으로 이끄는 부처님의 지혜가 참으로 신기하고, 훌륭하다는 뜻이다.

용례 ▽

교묘지(巧妙智) : 부처님의 지혜를 훌륭하고 신기함에 비유한 말. 교지혜(巧智慧), 일체지지(一切智智)와 같은 뜻.

교법(教法)

①교육학에서 학생을 가르치는 방법. ②종교의 가르침인 교의(教義)를 말함.

불교 ▽

부처님의 가르침으로, 경 · 율 · 론 삼장을 말한다. 깨달음에 이르는 수행실천의 첫 번째 단계로, 글이나 말로 하는 가르침이다. 즉 삼장 십이부교의 가르침이 교법이다.

보충 ▽

삼장(三藏) : 불교 전적(典籍)의 총칭. ①경장(經藏): 부처님의 말씀을 모은 경전., ②율장(律藏): 부처님이 정한 수행자의 생활 규칙. ③논장(論藏): 경에서 말한 의리(義理)를 논술한 전적.

교사(教師)

학교에서 학술(學術)이나 기예(技藝)를 가르치는 사람을 지칭하는 말. 또한 종교에서, 교화(教化)를 맡은 사람.

불교 ▽

가르치는 분, 교화하는 스승이라는 의미로, 부처님을 지칭하는 말이다. 그리고 강원(講院) 따위에서 경전(經典)의 교리(教理)를 연구하는 승려나 또는 그런 스님의 품계(品階)를 일컫는 말로도 쓴다.

교수(教授)

대학에서 학술을 연구하고 가르치는 사람을 통틀어 이르는 말. 또 이들 가운데 급수가 가장 높은 교원의 직급.

불교 ▽

수행자를 가르쳐서 이끌고 길을 열어주는 것을 말하거나, 교수아사리(教授阿闍梨)를 줄여서 부를 때 사용한다. 교수아사리는 간략하게 교수 또는 교수사(教授師)라고 하는데, 계를 받는 사람에게 작법과 규모를 지도하는 승려를 말한다. 교수는 동행(同行), 외호(外護)와 함께 삼선지식(三善知識)에 포함된다.

보충 ▽

동행(同行) : 함께 수행하는 도반(道伴).

외호(外護) : 주위에서 수행자를 도와주는 이.

교외별전(教外別傳)

종교나 교파 또는 어떠한 가르침에서 범위 밖의 지침이나 진리를 뜻하는 말.

불교 ▽

부처님이 말씀으로 가르친 교(教) 외에 따로 전한 것이라는 뜻이다. 선종(禪宗)에서 말이나 글을 쓰지 않고 마음에서 마음으로 법을 전하는 것, 또 그렇게 전한 심오한 뜻을 일컫는 말이다. 달마(達磨) 대사가 인도에서 중국으로 전한 선종(禪宗)에서는, 만유(萬有)의 진리는 말이나 글에 따르지 않고 마음에서 마음으로 직접 체험으로만 전해진다고 한다. 또한 교외별전은 불립문자(不立文字), 직지인심(直指人心)과 함께 선종의 종지(宗旨)를 나타내는 대표적인 말이다. 부처님이 말씀으로 전한 법이 교내(敎內)의 법이고, 마음으로 전한 법이 교외의 별전(別傳)이 된다.

교주(敎主)

종교단체의 최고의 지도자나 그 종교의 창시자를 지칭하는 말. 교조(敎祖).

불교 ▽

우주에는 수많은 세계가 있는데, 각각의 세계에서 정법(正法)으로 중생을 제도하는 부처를 교주라고 한다. 이를테면, 우리가 사는 사바세계에서는 석가모니 부처님이 교주이고, 극락세계에서는 아미타 부처님이 교주이며, 동방만월세계에서는 약사여래가 교주가 된다. 석가모니 부처님은 사바교주(娑婆敎主), 아미타 부처님은 서방교주(西方敎主), 약사여래는 동방교주(東方敎主)라고 한다.

교화(敎化)

가르쳐서 착한 사람이 되게 하는 것. 이를테면 '청소년 교화'는 청소년이 삿된 길로 빠지지 않고 착한 사람이 되도록 계도하는 것을

말함.

불교 ▽

범부를 가르쳐서 성인이 되게 하고, 바른 법을 의심하는 이에게 그를 믿게 하고, 그릇된 사람을 바르게 인도하는 것을 말한다. 곧, 가르쳐 인도하여 성인이 되게 하는 교도전화(教導轉化)를 의미한다.

용례 ▽

교화지(教化地) : 보살의 수행지위의 하나. 스스로 성불(成佛)하여 다른 사람을 교화하는 이타행(利他行)을 말한다.

교회(教會)

기독교의 교의(教義)를 가르치고 펴며, 또 예배나 미사를 보기 위한 건물이나 조직.

불교 ▽

원래는 부처의 가르침을 믿는 사람들이 예불(禮佛)하고 법문(法門)을 듣는 모임을 말한다. 교회라는 말이 본래 불교 용어임에도 기독교의 전용어처럼 정착되면서, 국어사전에서조차 기독교 용어로 정의하고 있다. 근래에 불교에서는 교회보다는 법회(法會)라는 말을 쓰고 있다.

구결(口訣)

한문의 구절 끝에 이해를 쉽게 하기 위하여 토로 달아 놓은 약호(略號).

불교 ▽

스승이 제자에게 은밀하게 말로 전한 가르침, 또는 그것을 기록한 문서를 말한다. 은밀하게 말로 전해 받은 비밀의 가르침이라서 자신만이 알 수 있는 약호로 쓰는 풍습이 일반에 전해져 구결이 된 것이다. 구결은 그를 달아 놓은 사람만이 그 뜻을 이해할 수 있었으나, 뒤에는 통일된 약호를 써서 다른 사람도 이해할 수 있도록 변화하였다.

구경(究竟)

극도에 달함, 마지막, 궁극(窮極)과 같은 의미.

불교 ▽

산스크리트어 웃타라(uttara)를 의역한 말로, 최상(最上)·무상(無上)·구극(究極)·필경(畢竟)으로 번역한다. 원어의 의미가 매우 다양해서 불교에서의 용례도 역시 다양하며, ①지극히 높은 경지, ②사리(事理)의 마지막, ③모든 법의 실상(實相), ④지고(至高)의 목적이나 진리, ⑤궁극의 도달, ⑥철저한 체득(體得) 따위의 뜻을 가진 수식어로 쓴다. 또한 구경위(究竟位)의 준말로 깨달음을 얻어 부처가 되는 지위를 나타내기도 한다.

용례 ▽

구경법신(究竟法身) : 진여(眞如)를 완전히 깨달은 법신.

구경열반(究竟涅槃) : 궁극의 깨달음, 곧 부처의 자리인 구경각(究竟覺)을 가리킨다.

구도(求道)

①도(道)를 구함. ②기독교에서, 처음으로 하느님을 믿기로 작정함.

불교 ▽

불법(佛法)의 정도(正道)와 안심입명(安心立命)의 길을 구한다는 뜻이다. 즉, 부처의 바른 가르침을 찾는 것, 믿음으로 마음의 평화를 얻어 하찮은 일에 마음이 흔들리지 않는 경지를 구하는 것이 구도다.

용례 ▽

구도법회(求道法會) : 절에서 참선이나 염불 등의 수행을 위주로 열리는 법회.

구세(救世)

종교의 힘으로 인류를 불행 · 죄악 · 결함 등으로부터 인간을 구원하여 행복 · 선량 · 원만의 경지로 인도하는 일.

불교 ▽

세상의 중생을 제도하는 것 또는 제도하는 이를 가리킨다. 따라서 구세는 부처와 보살을 통칭하는 말인데, 특히 석가모니 부처님과 관세음보살의 별칭이기도 하다. 석가모니 부처님과 관세음보살이 이 세상과 인연이 깊고 믿는 이가 많아서 그렇게 부른다. 관세음보살은 구세관음(救世觀音)이라고 하는데, 이것은 『법화경』에서 관세음보살의 지혜가 능히 중생을 구제한다고 한 데서 나온 말이다.

용례 ▽

구세존(救世尊) : 세상을 능히 구제하는 존귀한 분이라는 의미로 부처님의 별칭이다.

보충 ▽

『법화경(法華經)』 : 『묘법연화경(妙法蓮華經)』의 별칭. 대표적 대승경전으로 7권 28품으로 되어 있다. 부처님이 세상에 출현한 것은 모든 중생이 성불하는 대도(大道), 즉 일승(一乘)를 보이기 위함이고, 그 대도를 실천하는 이는 누구라도 성불한다는 것이 중심 사상이다.

구제(救濟)

불행이나 재해 등으로 어려운 지경에 빠진 사람을 건져주는 일.

불교 ▽

사바세계에서 고통 받는 중생을 제도(濟度)하는 일, 즉 중생을 구원하는 것을 말한다. 구제의 궁극적인 목표는 인간을 고통으로부터 해방시키는 것, 즉 열반과 해탈에 이르게 하는 것이다. 불교의 구제

방식은 수행을 통한 자력구제(自力救濟)가 중심이지만, 정토종과 같이 아미타불의 본원(本願)에 의지하여 극락왕생하는 타력구제(他力救濟)도 있다. 자력구제는 참선이나 주력 따위의 수행으로 스스로 자기 자신을 구제하는 것이고, 타력구제는 모든 중생을 성불시키겠다는 아미타불의 본원력을 믿고 의지하여 구제받는 것이다.

보충 ▽

사바세계(娑婆世界) : 산스크리트어 사하로카(sahā-loka)의 번역으로, 인토(忍土) · 인계(忍界)라고도 옮긴다. 사하(sahā)는 참는다는 뜻인데, 이 세계의 중생은 여러 가지 내적인 번뇌와 외적인 고난을 참고 견뎌야 하기 때문에 이렇게 이름하였다.

정토종(淨土宗) : 아미타불의 구제로 극락정토에 왕생하여 성불하는 것을 종지로 하는 불교의 한 종파. 정토문(淨土門).

구족(具足)

어떠한 사물이나 형태 등이 부족함이 없이 충분히 갖추어짐.

불교 ▽

다 갖추어져서 부족함이 없고, 원만하고, 완전함을 가리리키는 말이다. 부처님은 지혜와 복덕을 모두 구족하였기 때문에 양족존(兩足尊)이라고 한다. 이는 지혜와 복덕이 부족함이 없이 갖추어져 있어서 존귀한 분이라는 뜻이다.

용례 ▽

구족색신(具足色身) : 삼십이상(三十二相) 팔십종호(八十種好)의 모습을 잘 갖춘 부처님의 몸을 말 함.

구족계(具足戒) : 출가한 비구와 비구니가 지켜야 하는 계율. 비구 250계, 비구니 348계를 말함. 모든 계율이 빠짐이 없고 교단(教壇)이 정한 완전한 계율이라는 의미임.

보충 ▽

삼십이상(三十二相) : 부처님과 같은 성인(聖人)이 갖춘 32가지의 신체적 특징을 말한다. 삼십이상은 겉으로 현저하게 드러나는 신체적 특징을 말하고, 팔십종호는 미세해서 보기 어려운 80가지의 신체적 특징을 말한다. 구체적인 내용은 경전마다 조금씩 다르게 전해진다.

구천(九天)

①하늘의 가장 높은 곳. ②옛날 중국에서 하늘을 아홉 개의 방위로 구분하여 나타낸 말. ③제왕(帝王)이 머무는 궁궐을 비유적으로 나타내는 말.

불교 ▽

대지(大地)를 중심으로 그 주위를 운행하는 아홉 개의 별을 말한다. 즉, 일천(日天) · 월천(月天) · 수성천(水星天) · 금성천(金星天) · 화성천(火星天) · 목성천(木星天) · 토성천(土星天) · 항성천(恒星天) · 종동천(宗動天) 따위이다.

국민(國民)

한 나라의 통치권 아래에서 국가를 구성하는 사람으로 그 나라의 국적을 가진 사람.

불교 ▽

'나라의 백성'이란 뜻으로 불교경전에 등장하는 말이다. 국민이란 말이 일반화된 것은 근세부터인 것으로 알려져 있으나, 『무량의경(無量義經)』의 첫머리에 국왕, 왕자, 국신(國臣), 국민이라는 말이 나오는 것으로 미루어 오래 전부터 사용되었을 것으로 보인다.

보충 ▽

『무량의경(無量義經)』: 중국 제(齊)나라 때(481), 인도의 승려인 담마가타야사가 번역한 경전으로 『법화경』의 서설(序說)이라고 할 수 있다. 『묘법연화경』, 『관보현보살행법경』과 함께 법화삼부경(法華三部經)의 하나에 속한다. 「덕행품」, 「설법품」, 「십공덕품」의 3품으로 이루어져 있다.

국토(國土)

한 나라의 통치권이 미치는 땅. 즉 영토(領土)를 말함.

불교 ▽

일체 중생을 거주시키는 산하대지(山河大地)의 모든 것을 말한다. 국토세간(國土世間)의 준말이다. 그리고 불교에서 국토는 단순히 영토의 의미만이 아니라 불신(佛身)과 일체라는 뜻을 가진다. 그래서 부처의 땅을 불국토(佛國土)라고 하고, 청정국토(淸淨國土)는 그 땅에 사는 중생뿐만 아니라 국토 스스로도 청정해야 한다는 것이고, 국토성불(國土成佛)은 중생은 물론 국토도 성불해야 한다는 말이다. 국토에는 네 종류가 있는데, 범부와 성인이 함께 사는 땅으로 예토(穢土)와 정토(淨土)가 있고, 완벽한 열반에 이르지 못한 아라한(阿羅漢)이 다음 생에 태어나는 방편유여토(方便有餘土), 아무런 장애가 없는 보살이 태어나는 실보무장애토(實報無障碍土), 그리고 완전히 무명(無明)을 끊은 부처의 땅인 상적광토(常寂光土)가 있다.

군맹무상(群盲撫象)

모든 사물을 자기 주관과 좁은 소견으로 잘못 판단한다는 뜻.

불교 ▽

'장님 코끼리 만지기'로 알려진 고사성어이다. 올바른 이치를 깨닫지 못한 범부는 사물을 자기 주관대로 판단하거나 그 일부밖에 파악하지 못함을 비유적으로 이르는 말이다. 이 고사는 부처님의 입멸 사실을 기록한 경전인 『열반경(涅槃經)』에 나온다.

어떤 왕이 대신에게 "코끼리 한 마리를 끌고 와서 맹인에게 보여라."라고 명령하였다. 맹인들은 각자 손으로 코끼리를 만져 보았다. 왕이 맹인들을 불러 모아서 물었다. "그대들이 코끼리를 만져보니 무엇과 비슷한가?" 그러자 상아를 만져본 사람은 코끼리의 모양이 무와 비슷하다고 하고, 귀를 만져 본 사람은 키와 같다고 하고, 다리를 만져본 사람은 절구와 같다고 하고, 등을 만져본 사람은 침상과 같다고 하고, 배를 만져본 사람은 독과 같다고 하며, 꼬리를 만져본 사람은 새끼줄과 같다고 하였다.
여기서 코끼리는 부처를, 맹인은 어리석은 중생을 말한다. 맹인들이 코끼리를 만져보고 그 전체 모습을 다 본 것처럼 말하고 있지만, 실제로는 코끼리를 부분적으로 이해한 것에 불과하므로 온전히 이해했다고 할 수 없다. 그러나 비록 코끼리의 전체 모습은 아니라 하더라도 이들의 견해를 떠나서 또 다른 코끼리가 있는 것이 아니라는 해석을 하기도 한다.

보충 ▽

『열반경(涅槃經)』:『대반열반경(大般涅槃經)』의 준말. 석가모니 부처님이 반열반하였을 때의 일을 서술한 경전이다. 불신(佛身)의 상주, 열반의 상락아정(常樂我淨), 모든 중생은 불성(佛性)이 있다는 사상을 요지로 한다.

군생(群生)

같은 종류의 식물이 무리지어 군락을 이루는 것.

불교 ▽

중생과 같은 말이다. 군(群)이 중(衆)과 같은 뜻이어서 군생과 중생을 동의어로 쓴다. 따라서 군생은 세상 사람들, 또는 많은 생물을 가리키는 말이다.

용례 ▽

군생류(群生類): 중생의 부류.

군생해(群生海) : 중생이 한이 없음을 바다에 비유한 말.

권선(勸善)

착한 일을 권하고 장려하는 일.

불교 ▽

착한 일을 권한다는 뜻으로, 선심(善心)이 있는 이들에게 보시(布施)를 청하는 것을 말한다.

용례 ▽

권선보시(勸善布施) : 보시를 하여 선업을 닦을 것을 권함.

권선문(勸善文) : 권선하는 이유를 적은 글.

보충 ▽

보시(布施) : 지계(持戒) · 인욕(忍辱) · 선정(禪定), 정진(精進) · 지혜(智慧)와 함께 대승불교에서 보살의 대표적인 수행 덕목으로 손꼽히는 육바라밀의 하나이다. 다른 사람에게 조건 없이 재화(財貨)나 불법(佛法)을 베풀거나, 두려운 마음을 없애주는 것을 말한다.

권속(眷屬)

①한 집안의 식구, 일가친척을 말함. ②아내를 다른 사람에게 낮추어 부르는 말.

불교 ▽

산스크리트어 파리바라(parivāra)를 의역한 말로, '권고(眷顧)하는 예속(隷屬)', 즉 추종자라는 뜻이다. 불교에서는 부처와 보살을 따르고 복종하는 사람들을 가리킨다. 권속에는 두 종류가 있는데, 부처님이 출가할 때 수행한 마부 찬나와 부처님이 설산에서 수행할 때 함께하던 다섯 사람의 도반과 부처님이 반열반에 들 때 따르던 아난다를 내권속(內眷屬)이라고 하고, 샤리푸트라 등 모든 성인과 미륵보살을 외권속(外眷屬)이라고 한다. 오늘날 종교적 가족의 뜻으로 많이 사용되고 있다.

용례 ▽

권속반야(眷屬般若) : 딸린 식구나 무리를 뜻하는 권속에 비유하여, 일체법을 관조(觀照)하는 모든 종류의 지혜를 말한다.

보충 ▽

샤리푸트라(Śāriputra) : 사리불(舍利弗)로 음역하고, 사리자(舍利子)·추로자(鶖鷺子) 등으로 번역한다. 마가다국 왕사성 출신으로 마우드갈랴야나(Maudgalyāyana), 즉 목건련과 함께 외도를 섬기다가 부처님께 귀의하여 십대제자 가운데 한 명이 되었다. 지혜 제일로 일컬어진다.

권청(勸請)

신령(神靈)을 청하거나 또는 청하여 맞이하는 일.

불교 ▽

권하고 청한다는 의미이다. 지성으로 부처님께 설법을 청하는 것이나, 반열반(般涅槃)에 드시려는 부처님께 세상에 더 오래 머무시길 청하는 것을 말한다. 또한 부처나 보살의 위신(威神)을 청하여 절에 봉안(奉安)하는 일도 권청이라고 하는데, 이러한 의미가 일반에 전달되어 신령을 청하거나 맞이하는 일을 말하게 되었다.

용례 ▽

권청개산(勸請開山) : 절을 건립할 때, 특별한 이유로 돌아가신 분을 개산주(開山主)로 하는 것.

보충 ▽

반열반(般涅槃) : 산스크리트어 파리니르바나(parinirvāṇa)의 음사이다. 완전한 열반, 완전한 깨달음을 뜻하는데, 일반적으로 부처님이 입적하는 것을 의미한다. 적멸에 들어 생사를 벗어나는 것을 말한다.
* 반열반(般涅槃)은 주로 죽음을 뜻하는데 종종 깨달은 상태를 의미한다. 이와 반대로 열반은 주로 번뇌에서 벗어나 깨달은 상태를 뜻한다.

개산주(開山主) : 절을 짓거나 종파를 처음으로 세운 사람을 말한다. 불교의 수행처는 사람이 많이 있는 번화한 곳을 피하면서도 마을과 왕래하기 어렵지 않은 한적한 곳을 선택하여서 주로 산속에 절을 짓는 경우가 많았기 때문에 개산(開山)이라고 하였다.

귀신(鬼神)

①사람이 죽은 뒤에 남는다고 하는 넋, 즉 혼령을 말함. ②미신(迷信)에서는 사람을 해친다고 하는 무서운 존재를 일컫음. ③어떤 일을 남보다 뛰어나게 잘하는 사람을 가리켜 비유적으로 이르는 말.

불교 ▽

눈에 보이지 않는 초인적인 힘을 가진 존재로 선신(善神)과 악신(惡神)이 있으나 일반적으로는 사람에게 피해를 주는 저급한 존재를 말한다. 또한 사람을 먹는다는 두억시니나 수목(樹木)에 머무르는 신을 말하기도 한다.

용례 ▽

귀신팔부(鬼神八部) : 사천왕(四天王)에 딸려 있는 여덟 가지의 귀중(鬼衆)으로 불법을 수호하는 역할을 하며, 팔부귀중(八部鬼中)이라고도 한다. 지국천에 딸린 건달바 · 비사사, 증장천에 딸린 구반다 · 폐례다, 광목천에 딸린 나가 · 부단나, 다문천에 딸린 야차 · 나찰 따위가 있다. 불법을 수호한다는 점에서 역할은 같지만, 천룡팔부와 구성원은 다르다. 천룡팔부에는 천 · 용 · 야차 · 아수라 · 가루라 · 건달바 · 긴나라 · 마후라가 등이 속한다.

귀의(歸依)

뛰어난 사람에게 가서 몸과 마음을 바쳐 의지하는 것.

불교 ▽

산스크리트어 샤라나(śaraṇa)를 의역한 말로 보호 · 피신 · 피난 · 비호물(庇護物) 등의 의미가 있다. 부처님의 가르침, 즉 진리의 집으로 돌아가 모든 재난을 피한다는 뜻이다. 목숨을 바쳐 지극한 마음으로 믿고 의지한다는 뜻의 귀명(歸命)과 같은 의미이다. 불교에서 귀의는 바로 불(佛) · 법(法) · 승(僧) 삼보(三寶)에 귀의하는 것이며, 이것을 삼귀의(三歸依)라고 한다.

보충 ▽

삼보(三寶) : 불교의 세 가지 보배. ①불(佛): 부처님. ②법(法): 부처님의 가르침. ③승(僧): 불문에 출가한 수행자.

극락(極樂)

지극히 안락하여 아무 걱정이 없는 경우나 처지, 또는 그런 곳을 말함.

불교 ▽

산스크리트어 수카바티(sukhāvatī)를 의역한 것으로, 안양(安養) · 안락(安樂) · 안온(安穩) · 묘락(妙樂) · 일체락(一切樂)이라고도 한다. 최상의 행복과 안락이 있는 곳으로, 모든 것이 원만하고 괴로움이 없는 세계여서, 대부분의 불교신자들이 다음 생에 태어나기를 원하는 이상세계를 말한다.

『아미타경』에 따르면 아미타불이 상주하는 극락세계는, 사바세계에서 서쪽으로 10만 억 국토를 지난 곳에 있으며, 아미타불의 전신인 법장(法藏) 비구가 자신의 이상을 실현한 국토를 말한다.

극락에서는 모든 일이 원만하고 구족하여 즐거움만 있고 괴로움이 없으며, 모두가 자유롭고 안락하다고 한다. 또한 그곳에는 칠보로 된 연못에 여덟 가지 공덕수가 항상 넘쳐흐르고, 연못 바닥에는 금모래가 깔려 있으며, 금 · 은 · 유리 · 적주 · 마노 등으로 화려하게 장엄한 누각이 있다고 한다. 그래서 아미타불의 세계인 극락을 청정한 국토라는 뜻으로 극락세계 또는 극락정토라고 부른다.

보충 ▽

『아미타경(阿彌陀經)』: 부처님이 기원정사에서 샤리푸트라에게 아미타불과 그의 국토인 극락세계의 공덕장엄에 대하여 설한 내용의 경전이다. 『무량수경』 · 『관무량수경』과 함께 정토삼부경의 하나이다.

극미(極微)

지극히 작고 미소함.

불교 ▽

물질의 최소단위로, 더 이상 쪼갤 수 없는 크기의 초미립자를 말한다. 극미에는 지(地) · 수(水) · 화(火) · 풍(風)의 네 종류가 있고, 각각이 단단함, 습함, 따뜻함, 움직임의 성질을 가진다고 한다. 극미는 더 이상 쪼개려야 쪼갤 수 없는 상태이므로 그 자체를 공(空)이라고 하지만 실재한다고 하여 극미가실(極微假實)이라고 한다.

극악(極惡)

더없이 악함. 예를 들어, 극악무도(極惡無道)는 몹시 악독하여 인륜이나 도덕을 모른다는 뜻임.

불교 ▽

불교에서는 극악의 범위가 구체적으로 정해져 있다. 바로 사중죄(四重罪)와 오역죄(五逆罪)가 극악이다. 또한 더없이 악한 세상을 가리켜 극악이라고 한다.

보충 ▽

사중죄(四重罪) : 네 가지의 무거운 죄. 살생(殺生) · 투도(偸盜) · 사음(邪淫) · 대망어(大妄語)를 말한다.

오역죄(五逆罪) : 다섯 가지의 중죄. ①어머니를 죽인 죄. ②아버지를 죽인 죄. ③성인을 죽인 죄. ④부처의 몸에 피를 낸 죄. ⑤승단의 화합을 깬 죄를 말한다. 또는 ①부모를 죽인 죄와 ③, ④, ⑤에 계율을 지키지 않은 죄를 더하기도 한다.

근본(根本)

초목의 뿌리라는 의미로, 사물이 생겨나는 데 바탕이 되는 것 또는 사람이 자라온 환경이나 경력을 일컫는 말. 이를테면 '근본 문제'의 근본은 바탕을 의미하고, '근본이 안 좋은 사람'에서 근본은 환경이나 경력을 의미한다.

불교 ▽

인간 존재의 기초가 되어 윤회의 과정에서도 변화하지 않는 것을 근본이라고 한다. 다른 말로 근본업도(根本業道)라고 한다. 근본지(根本智)도 같은 의미로 궁극의 진리를 깨달은 지혜, 즉 무분별지(無分別智)를 말한다. 그러나 근본무명(根本無明)은 진여(眞如)의 실성을 알지 못하는 어리석음으로, 여기서 근본은 바탕이라는 뜻이다.

근성(根性)

타고난 성질 · 심보 등의 뜻.

불교 ▽

근(根)은 어떠한 작용을 일으키는 힘, 즉 기력의 근본이 되고, 성(性)은 선악의 습관을 말한다. 이 경우 근성은 각자의 근기(根機) · 능력 · 자질 · 성질을 뜻하는 말이다.

또한 근(根)은 사람의 감각기관, 즉 안(眼) · 이(耳) · 비(鼻) · 설(舌) · 신(身) · 의(意)인 육근(六根)을 의미하고, 성(性)은 깨달음에 이르는 소질을 말하며, 이때 근성은 육근이 청정하고 성품이 착해 도를 이룰 수 있는 소질이라는 뜻이다.

용례 ▽

근성성문(根性聲門) : 소질로 보아 성문인 사람이라는 뜻.

금강(金剛)

매우 단단하여 부서지지 아니하거나 그런 물건. 금강석(金剛石)의 준말.

불교 ▽

산스크리트어 바즈라(vajra)를 의역한 말로, 가장 굳고 예리하다는 뜻이다. 부처님이 증득한 지혜와 덕행이 위없이 견고하여 일체의 번뇌를 다 깨트릴 수 있다는 의미로, 부처님의 교설을 찬탄하는 말이다. 또한 최고 · 최상 · 최강이라는 의미의 접두어로 쓰이며, 『금강경(金剛經)』, 금강산(金剛山), 금강저(金剛杵), 금강좌(金剛座) 등이 그 예다.

용례 ▽

금강지(金剛智) : 능히 번뇌와 습기(習氣)를 부술 수 있는 지혜.

『금강경(金剛經)』 : 『금강반야바라밀경(金剛般若波羅密經)』을 줄인 말이다. 경전 가운데 최고의 경전이라는 의미로, 부처님께서 제자 수보리에게 모든 경계가 공하고 지혜가 공하며, 보살이 공함을 밝히고, 일체법이 무아임을 설한 경전이다. 중국 당나라 때, 현장(玄奘, 622~664)이 번역한 『대반야경』 가운데 「능단금강분(能斷金剛分)」이 동일한 내용이다.

금강저(金剛杵) : 제석(帝釋)이 소지한 무기로 어느 것에도 부서지지 않는다는 무기이다.

금언(金言)

생활의 본보기로 할 만큼 귀중한 내용을 담은 짧은 글이나 어구(語句), 즉 격언(格言)을 말함.

불교 ▽

부처님의 입인 금구(金口)에서 나온 불멸의 법어(法語)라고 하여 금언 또는 금구(金句)라고 한다. 부처님의 몸이 금빛이라서 그 입을 금구(金口)라고 하는데, 거기에서 나온 말이라서 금언이다. 또한 부처님의 말씀은 금강과 같이 만고에 불변하기 때문에 금언이라고 한다.

기관(機關)

①물리학에서, 일종의 에너지 변환기를 말함. 이를테면, 내연기관, 외연기관 따위. ②어떠한 목적을 이루기 위해 설치한 조직이나 법인과 단체에서 의사를 결정하고 실행하는 지위에 있는 개인이나 집단. 이를테면, 교육기관, 행정기관 따위.

불교 ▽

기구 · 장치를 뜻하는 산스크리트어 얀트라(yantra)를 의역한 말로, 사람의 손, 발과 같은 행동 부위를 일컫는다. 이는 몸이 주체이고 손과 발은 작용하는 기능을 가진 것으로 보기 때문이다. 선문(禪門)에서는 스승이 제자를 이끌기 위한 수단과 방편, 또는 언어와 문자 따위에 따라 의도적으로 주어지는 수단과 방법을 기관이라고 한다. 다시 말해 스승이 제자를 위해 그때그때 형편이나 근기(根機)에 따라 마련하는 관문(關門), 즉 공안(公案)이 기관이다.

용례 ▽

기관목인(機關木人) : 사람의 몸이 오온(五蘊)으로 합하여진 일시적이고 거짓의 존재임을 비유적으로 이르는 말.

기관선(機關禪) : 공안(公案)을 사용하여 여러 단계를 거쳐 깨달음으로 이끄는 선풍(禪風).

보충 ▽

오온(五蘊) : 생멸변화하고 조건으로 모인 다섯 가지. ①색온(色蘊): 스스로 변화하고 다른 것을 장애하는 대상. ②수온(受蘊): 대상을 인지하여 느끼는 마음의 작용. ③상온(想蘊): 대상을 마음으로 받아들여 상상하는 마음의 작용. ④행온(行蘊): 인연으로 생겨 시간적으로 변천하는 것. ⑤식온(識蘊): 의식하고 분별하는 마음의 작용.

기도(祈禱)

어떠한 목적을 가지고 자신이 신앙하는 대상이나 인간보다 능력이 뛰어난 어떤 존재에게 소원을 비는 일.

불교 ▽

부처나 보살 또는 신중(神衆)에게 정성을 다하여 소원을 비는 일을 말하며, 기념(祈念)·기청(祈請)·기원(祈願)과 같은 의미다. 기도는 불교가 성립되기 이전 고대 인도에서부터 있었던 것으로 알려져 있지만, 대승불교가 성립되기 이전의 초기불교에서는 기도를 하지 않았다고 한다. 이는 부처님이 기도를 금했기 때문이다. 그러나 대승불교에 접어들면서 서원(誓願)이나 본원(本願)의 사상, 조탑(造塔)·송경(誦經)의 공덕과 회향에 대한 사상이 발전하면서 부처와 보살에게 가호를 구하기 시작하였다. 이것은 힌두교의 기도법을 받아들여 정착된 것이라고 할 수 있다.

기도를 크게 구분하면, 온갖 재앙이나 고액을 없애거나, 자신이나 남의 이익을 구하거나, 나라와 권속의 화평을 원하거나, 원수나 악마 등의 항복을 받으려고 하는 기도가 있다. 그러나 불교적인 기도는 절실히 염원하는 맹목적인 기도보다는 스스로 서원(誓願)하고 실천하는 의지를 담아야 한다. 또한 기도는 수시로 하는 경우도 있고, 3일, 7일, 1개월, 100일, 1,000일 등의 기간을 정하여 하기도 한다.

용례 ▽

가지기도(加持祈禱) : 부처와 보살의 도움으로 병이나 재앙을 피하기 위해 올리는 기도.

천일기도(千日祈禱) : 1천 일 동안 날마다 소원을 비는 기도.

기도법사(祈禱法師) : 신도들의 기도를 맡아서 대신하는 수행자를 말한다.

보충 ▽

신중(神衆) : 부처님과 불법을 수호하는 신장(神將)의 무리 또는 『화엄경』을 수호하는 신장의 무리를 말한다. 일반적으로 화엄신중(華嚴神衆)과 같은 말이다.

기별(奇別)

떨어져 있는 사람에게 소식을 전하여 알려주는 것, 또는 그 소식을 적은 쪽지.

불교 ▽

일일이 따로 일러준다는 의미로, 내세(來世)에 대한 부처님의 예언을 말한다. 부처님이 그 제자들에게 오는 세상에 부처가 될 것을 일일이 알려주는 것, 즉 수기(受記)를 일컫는 말이다. 또한 스승이 제자의 깨달음을 인정하는 것, 즉 인가(認可)를 말하며 기별(記別) 또는 기별(記莂)로 쓴다.

이 말은 조선시대에 승정원(承政院)에서 처리한 일을 아침마다 각 부서에 일일이 알리던 일, 즉 조보(朝報)를 알리는 일을 기별이라고 한 데서 유래된 것으로 알려져 있다. 그러나 시기적으로 볼 때, 불교의 기별(記別, 記莂)이 먼저 사용되었고, 또한 의미를 살펴보았을 때 불교에서 유래한 말로 판단된다.

용례 ▽

『기별경(記別經)』: 부처님이 제자들에게 수기한 사실을 기록한 경.

기부(寄附)

어떠한 일에 보조의 목적으로 금품을 자진하여 내는 일.

불교 ▽

집안의 번창이나 조상의 음덕(陰德)을 빌기 위하여 불전(佛前)에 재물을 바치는 것, 즉 어떤 대가를 바라고 바치는 것을 말한다. 그런데 기부나 보시가 베푸는 것은 같지만 기부는 의탁하거나 더부살이한다는 말뜻에서도 알 수 있듯이 반대급부가 전제되는 베풂이고, 보시는 어떤 대가나 생색내기도 허락하지 않는 무조건의 베풂을 의미한다.

기부는 무주상(無住相)을 이상으로 여기는 불교에 적합한 말이 아니지만, 재가신도가 지켜야 하는 계율을 말씀한 『우바새계경(優波塞戒經)』에는 기부를 하지 말아야 할 곳을 설명하는 대목이 나오는 것으로 보아 오래 전부터 쓰인 말로 보인다.

보충 ▽

무주상(無住相) : 행위의 결과에 대한 어떠한 모습이나 작용이 없는 상태.

『우바새계경(優波塞戒經)』: 재가의 남자가 지켜야 하는 계율에 대한 경전으로 중국에서 담무참이 번역하였고, 전부 7권이다.

기술(技術)

일을 정확하고 능률적으로 해내는 솜씨, 그리고 과학 지식을 생산과 가공에 응용하는 방법이나 수단.

불교 ▽

기예(技藝)의 의미와 함께, 기적을 보이는 일이나 주술(呪術)을 말한다.

기연(機緣)

무슨 일이 일어나게 되는 계기, 즉 어떤 기회로 맺어진 인연.

불교 ▽

부처님의 교화를 받을 인연과 그 교화를 받아들일 중생의 자질을 뜻하는 말이다. 또한 선문(禪門)에서는 기회와 인연에 따라 제자를 가르치는 스승의 솜씨를 말한다. 시기인연(時機因緣)의 준말로, 동기와 기회를 의미하고 수행자가 부처나 스승의 가르침을 얻은 인연을 뜻한다.

기와[蓋瓦]

지붕에 비가 새지 않도록 흙이나 시멘트로 굽거나 성형하여 만들어 지붕에 이는 물건.

불교 ▽

산스크리트어 카팔라(kapāla)를 음역하여 개와(蓋瓦)라고 쓴다. 개와가 변하여 기와가 되었다. 인도에서 카팔라는 접시와 같은 그릇을 지칭하는데, 이것이 지붕을 이는 물건으로 사용되면서 중국을 거쳐 우리나라에 전래되었다. 재미있는 사실은 일본의 기와가 백제에서 전래한 것임에도 원음의 발음과 훨씬 유사한 '가와라'라고 하는 것을 볼 때, 우리의 '기와'라는 말은 삼국시대 이후에 생긴 말이 아닐까 생각된다.

기원(祈願)

소원이 이루어지기를 빎.

불교 ▽

부처와 보살에게 소원을 비는 것으로, 기도(祈禱)와 같은 뜻이다. '사업이 번창하기를 기원합니다.'라고 할 때, 단순히 바란다거나 희망한다는 의미보다 부처와 보살에게 사업의 번창을 빈다는 뜻이다. 따라서 종교적이 아니고 단순히 바란다는 의미일 경우에는 '기원하다'보다는 '원하다', '바라다' 따위로 쓰는 것이 옳은 표현이다.

기특(奇特)

신통하고 특별하다는 의미로, 어린이나 손아랫사람을 귀엽게 보고 칭찬할 때 쓰는 말.

불교 ▽

부처님이 이 세상에 오신 일이 참으로 기묘(奇妙)하고 특이(特異)하다는 뜻에서 하는 찬탄의 말이다. 다시 말해서 특별히 다른 것, 즉 미증유(未曾有)를 기특이라고 한다. 그런데 이처럼 불교에서는 부처님을 찬탄으로 하는 말이 일반에서는 하대의 의미로 사용되는 것은 조선시대 불교탄압의 영향 때문인 것으로 보인다.

부처님이 기특한 이유에는 세 가지가 있다. 이는 많은 사람과 삿된 외도(外道)들을 정법(正法)으로 인도하는 신통기특(神通奇特), 지혜를 갖추어 일체의 실상을 다 아는 혜심기특(慧心奇特), 그리고 모든 중생을 다 받아들여 인도하는 섭수기특(攝受奇特)이다.

길상(吉祥)

운수가 좋을 징조, 좋은 일이 있을 조짐을 뜻하는 말. 이를테면 새해인사로 '부귀길상(富貴吉祥)'이라고 하면 새해에 부귀영화의 징조가 있기를 바란다는 뜻임.

불교 ▽

①좋은 일, ②축하할 일, ③좋은 일이 있을 징조, ④마음의 평온, ⑤대립이 없는 지혜[不二智] 등과 같이 다양한 뜻으로 쓰는 말이다. 어휘 자체의 좋은 의미 때문에 사찰의 이름이나 법명(法名)으로 흔히 쓰기도 한다.

용례 ▽

길상금강(吉祥金剛): 문수보살(文殊菩薩)의 별칭. 문수보살의 견고하고 평등한 지혜를 상징하는 이름.

길상수(吉祥樹) : 보리수(菩提樹)의 별칭. 부처님이 그 나무 아래서 성도함.

길상초(吉相草) : 부처님이 성도할 때 깔고 앉았던 풀의 이름.

보충 ▽

문수보살(文殊菩薩) : 산스크리트어로 만쥬슈리(Mañjuśrī)라고 하고, 묘덕(妙德) · 묘수(妙首) · 묘길상(妙吉祥)으로 의역한다. 보현(普賢)보살과 함께 석가모니 부처님을 협시(脇侍)하며, 부처님의 지혜를 상징한다.

불교에서 유래한 상용어

나락(奈落, 那落)

지옥(地獄)의 다른 말. 도저히 벗어날 수 없는 극한상황을 비유적으로 이르는 말.

불교 ▽

산스크리트어 나라카(naraka)를 음역한 말로, 고구(苦具) · 고기(苦器)라고 번역된다. 본래 밑이 없는 구멍을 뜻하며 지옥(地獄) 또는 괴로움을 받는 곳을 말한다. 나락은 지옥의 본말이지만 일반적인 지옥의 의미보다는 극한적인 상황을 비유적으로 표현하는 말이다.

나비춤

춤추듯 날아다니는 나비의 몸짓을 이르는 말, 또는 그런 모양으로 추는 춤. 승무(僧舞)를 가리키기도 함.

불교 ▽

납의(衲衣), 즉 가사(袈裟)를 두르고 추는 춤으로, 승무(僧舞)를 말한다. 승무의 춤사위가 나비가 나는 것과 비슷하다 하더라도 그 유래는 날아다니는 나비가 아니라 납의에서 나온 말이다.

승무는 부처님의 공덕을 찬미한 의식춤으로, 한국의 대표적인 전통무용 가운데 하나이다. 절에서 지내는 영산재(靈山齋)나 천도재(遷度齋) 따위의 의식에서 승려가 장삼에 가사를 두르고 고깔을 쓰고 춘다.

보충 ▽

영산재(靈山齋) : 부처님이 영취산에서 설법하던 영산회상을 상징화한 것이다. 영산회상을 열어 영혼을 발심시키고 그에 귀의하게 함으로써 극락왕생하게 한다는 의미가 있으며, 천도재 따위의 의식에서 행한다. 국가중요무형문화재 제50호이며, 유네스코 세계무형문화유산으로 등재되었다.

천도재(遷度齋) : 죽음의 부정(不淨)을 풀고 죽은 이의 넋을 위로하여 좋은 세상에 태어나기를 비는 일종의 제례의식이다. 사십구재가 대표적이다.

난처(難處)

이럴 수도 저럴 수도 없이 딱한 상태를 이르는 말. 난감(難堪).

불교 ▽

수행에 장해가 되는 거처(居處), 즉 불도(佛道) 수행이 어려운 곳이라는 말이다. 개미굴이나 맹수의 굴, 음란한 여자가 있는 곳, 술집 따위와 같이 수행에 방해가 되는 곳을 말한다. 옛날 인도에서 일정한 거처가 없던 수행자가 잠시 머물거나 잠을 자기 위해 찾은 곳이 머물기가 불편한 곳일 경우, 들어갈 수도 나올 수도 없는 데서 난처(難處)라는 말이 유래하였다.

용례 ▽

팔난처(八難處) : 불도 수행이 지극히 어려운 여덟 곳으로, 부처님을 보지 못하고 불법을 들을 수 없는 곳을 말한다. 여덟 가지는 각각 지옥과 축생, 아귀계에 태어나면 고통이 심해서 수행이 어렵고, 장수천과 변지에 태어나면 즐거움이 너무 많아서 불법에 귀기울이지 않고, 맹농음아(盲聾瘖瘂)는 감각기관에 결함이 있기 때문에 수행에 어려움이 많고, 부처님이 세상에 계시지 않거나 불법을 만날 수 없는 곳에 태어나는 어려움을 말한다.

난행(難行)

실행하기가 어려움 또는 그런 일.

불교 ▽

닦기 어려운 수행으로, 지극히 힘들고 고된 수행을 말한다. 불도 수행을 쉽고 어려움에 따라 구분한 말로, 아미타불의 본원력으로 성불하는 정토문(淨土門)이 쉬운 수행인 이행(易行)임에 반하여, 자력으로 힘들게 수행하여야 하는 성도문(聖道門)을 어려운 수행인 난행(難行)이라고 한다. 다시 말해 주력이나 참선과 같은 수행으로 스스로 깨달아 성인의 지위에 오르는 것을 난행이라고 하고, 그런 가르침을 난행도(難行道) · 난행문(難行門) · 성도문 · 자력교(自力敎)라고 한다. 반대로, 아미타불의 도움을 받아 쉽게 성인의 지위에 오르는 것을 이행(易行)이라고 하고, 그런 가르침을 이행도(易行道) · 이행문(易行門) · 정토문 · 타력교(他力敎)라고 한다.

납의(衲衣)

천 조각을 모아 누덕누덕 기워 만든 옷. →누비옷.

불교 ▽

수행자가 입는 법의(法衣)의 하나이다. 헌옷이나 천 조각으로 누덕누덕 기워서 만든 옷이라고 하여 분소의(糞掃衣)라고도 한다. 이런 분소의를 입는 것은 열두 가지 두타행 가운데 하나이다. 납의는 못 쓰게 된 천 조각을 모아서 깁거나 누벼 만든 옷으로, 보통 먹물을 들여서 입는다. 조각을 겹겹이 기워 가사를 만든다고 해서 납의라고 하고, 이 말에서 누비가 유래되었지만 지금의 납의(衲衣)와 누비옷은 서로 다르다.

승려를 납자(衲子) 또는 납승(衲僧)이라 하는 것도 '납의를 입은 사람'이라는 뜻에서 유래한 말이다. '남들이 하찮게 버리는 것을 받아들이다'라는 의미로 '납의(衲衣)'로 쓰기도 한다. 이는 하찮게 버려지는 천 조각으로 만든 옷을 입은 사람이라는 말이다.

보충 ▽

법의(法衣) : 출가 수행자가 입는 옷으로 교단에서 정한 규율에 따라 갖추어 입어야 한다. 인도의 승단에서 착용했던 원래의 법의는 오랜 세월과 여러 지역을 거치면서 상당히 많은 변화를 겪었다.

내색(內色)

마음속에 느낀 것을 얼굴에 드러내는 것.

불교 ▽

원래, 다섯 가지 감각기관인 오근(五根)을 말한다. 우리는 모든 사물은 눈 · 귀 · 코 · 혀 · 몸인 오근으로 인식하므로 이를 내색(內色)이라 한다. 그러므로 내색은 얼굴을 포함한 우리 몸의 모든 부분이 된다. 그리고 오근으로 인식하는 대상, 즉 모양 · 소리 · 냄새 · 맛 · 촉감은 외색(外色)이 된다.

보충 ▽

오근(五根) : 오관(五官)이라고도 한다. 보고 · 듣고 · 냄새 맡고 · 맛보고 · 접촉하는 다섯 가지의 감각기관인 눈 · 귀 · 코 · 혀 · 몸을 말한다.

내생(來生)

죽은 다음의 생(生), 즉 도래(到來)하지 않은 미래의 생을 말함.

불교 ▽

삼세(三世)의 하나로, 이생[今生, 現生]을 마친 다음에 받게 되는 생을 말한다. 당래(當來) · 후생(後生) · 후세(後世) · 내세(來世) · 미래세(未來世)와 같고, 전생(前生)의 반대가 된다. 그리고 사람이 죽은 다음 영혼이나 귀신과 같은 존재가 남게 되는 '저승'과 구별된다.

보충 ▽

삼세(三世) : 생멸변화가 그치지 않는 시간의 흐름을 세 가지로 가정하여 나눈 것. 과거세 · 현재세 · 미래세 또는 전세 · 현세 · 내세.

내연(內緣)

은밀하게 맺은 연고(緣故). 법적인 부부는 아니나 실질적으로 부부생활을 하고 있는 관계. 예를 들면 내연녀(內緣女), 내연남(內緣男) 따위.

불교 ▽

육식(六識) 가운데 의식(意識)이 마음속에서 모든 법을 분별하는 것이다. '안에서 결과를 내는 친근한 원인'이라는 의미로 내인(內因)이라고도 한다. 이에 반하여 외연(外緣)은 안 · 이 · 비 · 설 · 신의 오근(五根)이 인식하는 대상인 색 · 소리 · 냄새 · 맛 · 감촉 따위를 말한다. 다시 말해서 내연은 마음으로 분별하는 것이고 외연은 우리 몸의 감각기관으로 분별하는 것이다. 내연은 겉으로 드러나지 않기 때문에 일반에서 말하는 '은밀한 관계'라는 의미로, 비정상적이고 부도덕한 관계를 비유하는 말이 되었다.

보충 ▽

육식(六識) : 객관적 인식의 대상인 색(色) · 성(聲) · 향(香) · 미(味) · 촉(觸) · 법(法)의 육경(六境)에 대하여 보고 · 듣고 · 냄새 맡고 · 맛보고 · 닿고 · 아는 인식작용. 안식(眼識) · 이식(耳識) · 비식(鼻識) · 설식(舌識) · 신식(身識) · 의식(意識)을 말한다. 이 가운데 여섯 번째인 의식을 '제6식'이라고 한다.

내의(內衣)

겉옷의 속에 입는 옷. 예를 들어, 러닝셔츠나 팬티 따위.

불교 ▽

수행자가 입는 삼의(三衣) 가운데 하나로, 중숙의(中宿衣) 또는 하의(下衣)라고 한다. 일을 하거나 잠을 잘 때 입는 옷을 말하며, 살에 닿는 옷이라서 내의라고 한다.

부처님 당시에 출가 수행자는 모든 탐욕을 버린다는 의미로 철저한 무소유(無所有)를 원칙으로 하고, 다만 세 가지 옷과 밥그릇 한 개는 소유할 수 있도록 하였다. 여기서 세 가지 옷이란 ①잠자거나 일할 때 입는 내의(內衣), ②밖에 나갈 때 입는 중의(中衣), ③ 예불 따위의 법회의식에서 입는 상의(上衣)를 말한다. 따라서 불교에서 말하는 내의는 오늘날처럼 꼭 속에 입는 옷을 의미하는 것이 아니라, 집에서 막 입는 옷이나 평상복 정도로 이해하면 된다. 내의 위에 입는 중의는 탁발하거나 궁(宮)에 갈 때 입는 일종의 외출복이고, 상의는 예불 따위의 의식에서 입는 예복이다.

내증(內證)

내밀(內密)한 증거.

불교 ▽

자기 마음속에서 깨달은 진리, 즉 자기 스스로 체득한 불법(佛法)의 참된 진리를 말한다. 원말은 자내증(自內證)인데, 줄여서 내증이라고 한다.

용례 ▽

내증성행(內證聖行) : 내면적으로 진리를 체득하는 것.

내증외용(內證外用) : 내심의 깨달음과 그것이 외부에 나타난 작용.

노파심(老婆心)

필요 이상으로 남의 일을 걱정하고 염려하는 마음. 파심(婆心). 이를테면 '노파심으로 하는 말'은 '걱정이 되어 주제넘게 하는 말'이라는 뜻임.

불교 ▽

산스크리트어에서 늙은 여자나 할머니를 가리키는 노바(nova)를 음역하여 노파(老婆)라고 한다. 따라서 노파심은 노파가 자식이나 손자를 대하는 마음으로 자비심 · 친절심 · 파심(婆心) 따위와 같은 뜻으로 쓴다. 특히 불가에서는 스승이 제자에게 대하는 마음을 가리키기도 한다.

용례 ▽

노파선(老婆禪) : 선문(禪門)에서 노파가 손자를 대하는 것처럼 스승이 제자를 대하는 친절한 선(禪). 지나친 친절은 자력(自力) 수행을 방해하기 때문에 옳지 않은 선을 말함.

노파심절(老婆心切) : 노파의 염려하는 마음처럼 지극히 친절하게 제자를 가르쳐 인도하는 스승의 마음이 깊고 두터움을 칭찬하는 말.

논의(論義, 論議)

서로의 의견을 논술하고 토론함. 의론(議論).

불교 ▽

경문(經文)의 이치를 문답하고 분별(分別)하는 것으로, 불교의 독특한 토론방식이다. 보통은 법회(法會)에서 하는데, 논의 결과에 따라 학승(學僧)의 우열을 판단하여 품계(品階)를 정하기도 한다.

불교의 논의를 본떠서 불교와 도교(道敎)가 함께하는 논의를 대론(對論)이라고 하고, 불교 · 도교 · 유교(儒敎)가 함께하는 것을 담론(談論)이라고 한다.

용례 ▽

논의결택(論議決擇) : 논의에서 올바른 것을 확정하는 것.

누비옷

옷감을 겹겹이 누빈 천으로 만든 옷.

불교 ▽

본래는 무소유(無所有)를 실천하는 수행자가 버려진 헝겊 조각을 기워서 만든 옷인 납의(衲衣)에서 나온 말이다. '납의'가 '나비'→'누비'로 변화되었다. 그러나 지금의 납의(衲衣)는 가사(袈裟)를 의미하고, 일반에서 누비옷은 겹겹이 기운 옷을 말한다.

누진(漏盡)

담긴 물이 새어서 다 없어짐.

불교 ▽

물이 새어 없어지는 것처럼 모든 번뇌가 소멸하는 것을 비유적으로 이르는 말이다. 즉, 마음이 탐욕에 끌리는 번뇌인 유루번뇌(有漏煩惱)가 다 사라짐을 뜻한다.

용례 ▽

누진의(漏盡意) : 모든 번뇌를 끊고 마음의 해탈을 얻는 것.

누진의해(漏盡意解) : 번뇌의 더러움을 다 없애고 지혜를 얻는 것.

누진통(漏盡通) : 번뇌를 모두 끊고 다시는 미혹한 세계에 태어나지 않음을 깨달은 성인(聖人)의 신통력.

늦깎이

①사리(事理)를 남보다 늦게 깨달은 사람. ②뒤늦게 어떤 분야에 들어온 사람. ③늦게 익은 과일이나 채소.

불교 ▽

늦은 나이에 출가한 승려를 이르는 말이다. '늦은 나이에 머리를 깎다'는 뜻에서 나온 말이다.

다라

바닥이 둥글고 넓으며, 울이 낮은 큰 그릇.

불교 ▽

산스크리트어 파트라(pātra)를 음역한 발다라(鉢多羅)의 줄임말이다. 은이나 백동 따위로 만든 주발로 일종의 발우(鉢盂)를 말하며, 그릇의 지름이 작은 것은 50cm에서 큰 것은 1m나 된다. 부처님 오신 날에 탄생불(誕生佛)을 다라 가운데에 모시고 관욕(灌浴)을 한다. 관욕에 쓰는 물을 다라수라고 하는데, 보통 향을 우린 물을 사용한다. 다라를 일본말로 아는 경우가 많으나 불교에서 유래한 우리말이다.

보충 ▽

발우(鉢盂) : 스님들이 사용하는 식기. 산스크리트어 파트라(pātra)의 음역어인 발다라의 발(鉢)과 한자의 밥그릇 우(盂) 자가 합쳐진 말이다. 바리때나 바루라고도 한다.

탄생불(誕生佛) : 부처님이 룸비니 동산에서 태어날 당시의 모습으로 만든 불상. 한 손은 하늘을, 한 손은 땅을 가리키고 있는 어린아이의 모양이다.

관욕(灌浴) : 탄생불이나 영혼을 목욕시키는 일. 목욕에 쓰는 물은 향을 우린 물을 사용한다.

다문(多聞)

들은 것이 많아 잘 아는 것, 또는 그런 사람을 지칭하는 말.

불교 ▽

부처님의 법문(法文)을 많이 듣고 외워서 지닌 것이 많다는 말이다. 다문을 가장 잘한 사람은 부처님의 십대제자 중에 아난다(Ānanda)이다. 요즈음 말로 부처님의 수행 비서를 한 까닭에 법문을 들을 기회가 가장 많았고, 특히 한번 들은 것을 모두 기억하여 다문 제일(多聞第一)의 제자로 불린다. 특히 아난다는 부처님 입멸 뒤, 불경의 결집에 중요한 몫을 하였다. 대부분의 경전이 '여시아문(如是我聞, 나는 이와 같이 들었다)'으로 시작되는 것은 아난다가 들은 바를 그렇게 기억했다는 말이다.

용례 ▽

다문견고(多聞堅固) : 부처님의 입멸 뒤, 그 가르침을 실행하는 이는 없지만 불경을 듣고 외우는 이가 있어 불법(佛法)이 지속되는 때.

다문천왕(多聞天王) : 사천의 하나인 다문천(多聞天)의 왕으로, 많은 야차들을 거느리고 부처님의 도량을 옹호하는 천신이다. 부처님의 설법을 많이 듣는다고 하여 붙여진 이름이다.

다반사(茶飯事)

늘 있는 예사로운 일을 비유적으로 표현한 말.

불교 ▽

차를 마시고 밥을 먹는 일이란 뜻으로, 절에서 항상 하는 일을 말한다. 그래서 항다반(恒茶飯), 항다반사(恒茶飯事) 또는 일상다반사(日常茶飯事)라고 한다.

이 말을 선문에서는, 참선 수행에 별난 방법이 있는 것이 아니고, 차를 마시고 밥을 먹듯이 행주좌와(行住坐臥, 다니고 머물고 앉고 눕는 것)의 모든 일상이 곧 선(禪)이라는 뜻으로 사용하고 있다. 이 말은 '평상심(平常心)이 도(道)'라는 뜻이 함축된 심오한 말로, 진리가 따로 있는 것이 아니라 밥 먹고 차 마시는 것처럼 일상에 있다는 뜻이다.

다비(茶毘)

죽은 이의 시신을 태워서 그 유골을 매장하는 장례법의 한 가지. 화장(火葬).

불교 ▽

산스크리트어 자피타(jhāpita)를 음역한 말로, 분소(焚燒) · 연소(燃燒) · 소신(燒身)으로 번역한다. 시체를 불에 태우는 장례법의 일종으로 인도의 전통적인 장례법이었으며, 부처님도 이에 따랐기 때문에 다비가 불교의 장례법으로 정착되었다.

불교와 함께 우리나라에 들어온 다비는 내세에 대한 인식과 풍속을 변화시키는 데 큰 역할을 하였고, 특히 절에서 거행되는 승려의 다비는 유골인 사리(舍利)의 수습 및 보존과 관련하여 사리함(舍利函) · 사리탑(舍利塔) · 부도(浮圖) 등과 같은 새로운 형태의 문화를 만들어 내기도 하였다. 최근에는 화장이 일반화되면서 '다비'라는 말을 흔히 사용하고 있다.

보충 ▽

사리(舍利) : 산스크리트어 샤리라(śarīra)의 음역. 유골(遺骨), 특히 부처님과 같은 성인의 유골을 말한다. 지금은 화장한 뒤에 나오는 구슬 모양의 결정체를 부르는 말이다. 이러한 사리는 육바라밀의 공덕으로 생기거나 또는 삼학(三學)을 닦아서 생기는 것이라고 한다.

다생(多生)

①동식물이 한꺼번에 새끼를 많이 낳거나 생기는 것. ②많은 생명을 구하는 것.

불교 ▽

헤아릴 수 없이 많은 생을 받는 것, 즉 삶과 죽음을 무수히 거듭하는 일이다. 중생이 육도(六途)를 윤회(輪廻)하면서 수많은 생을 받는 것을 말한다.

용례 ▽

다생광겁(多生曠劫) : 여러 번 태어나 한량없이 윤회하는 시간.

다생방계(多生芳契) : 여러 생을 거듭하면서 맺은 부부의 인연.

보충 ▽

육도(六途) : 중생이 죽어서 자신이 지은 업(業)에 따라 윤회를 반복하는 여섯 가지의 세계로, ①지옥, ②아귀, ③축생, ④아수라, ⑤인간, ⑥천상을 말한다. 육도(六道)라고도 한다.

단도직입(單刀直入)

혼자서 칼을 들고 적진으로 뛰어드는 것. 이를 비유하여, 말이나 글에서, 군말이나 허사(虛辭)를 빼고 바로 요지를 가리킴. 거두절미(去頭截尾)와 같음.

불교 ▽

선문에서, 생각과 분별과 말에 거리끼지 않고 참다운 경계, 즉 진리의 세계로 바로 들어가는 것을 말한다. 이것은 수단과 방편을 쓰지 않고 정곡을 찔러 심안(心眼, 지혜)을 열어준다는 의미다.

단말마(斷末魔)

①숨이 넘어가는 고통. ②극도의 괴로움. ③고통스런 죽음 등을 뜻함.

불교 ▽

산스크리트어 마르만(marman)의 음사어인 말마(末魔)와 한자어를 합성한 말이다. 우리 몸의 관절이나 육체의 치명적 부분, 즉 급소(急所)를 지칭하는 말마와 단(斷)이 합쳐져서 '급소를 끊다'는 의미가 된다.

인도는 물론 동양 의학에서, 우리 몸에 있는 열 곳의 말마를 얻어맞으면 발광(發狂)하거나 심하게 아파서 목숨을 잃게 된다고 한다. 그리고 사람이 죽을 때는 수(水)·화(火)·풍(風) 삼대(三大) 가운데, 어느 한 종류가 유달리 많아지고, 그것이 말마와 부딪쳐서 목숨이 끊어진다고 한다. 그래서 사람이 죽기 직전인 빈사상태의 괴로움을 '단말마의 고통'이라고 한다.

단박

흔히 '단박에'의 형태로 많이 사용되는데, '그 자리에서 곧'을 뜻한다.

불교 ▽

절에서 수계(受戒)나 참회(懺悔) 의례인 갈마(羯磨)의 한 가지인 단백(單白)에서 유래하였다. 단백은 '한 번에 고백하다'는 의미로, 참회하려는 일이 경미한 일상의 잘못이라서 한 번 대중(大衆)에게 고백하는 것으로 갈마를 마무리한다. 중요하고 큰 잘못은 여러 번의 진술이나 논의를 거치는 갈마가 진행되지만, 사소한 일상의 잘못은 수행자가 그 사실을 고백하는 단백으로 끝난다. 바로 이 단백이 변하여 '그 자리에서 곧', '지금 곧' 이란 의미의 단박이 되었다.

보충 ▽

갈마(羯磨) : 절에서 수행자가 수계나 참회하는 의례법.

단식(斷食)

일정 기간 동안 음식을 먹지 않는 것. 절식(絶食) · 절곡(絶穀).

불교 ▽

불교에서 단식은 인도 바라문교의 전통적인 수행법이 전래된 것으로, 부처님도 성도하기 전 설산에서 수행할 때 실천했던 방법 가운데 하나이다. 그러나 극단적인 고행(苦行)이 깨달음에 이르게 하는 방법이 될 수 없음을 알고 단식에 큰 의미를 두지 않았다. 다만 질병을 치료하는 목적의 단식은 권한 것으로 알려지고 있다.

일반적으로 단식은 질병의 치료 수단이나 상대방에게 죽음도 불사한다는 항의의 수단으로 행하는 경우가 있다. 그러나 종교적으로는 음식에 대한 탐욕을 끊고 몸을 청정하게 하기 위해 단식을 하는 경우가 많다. 따라서 거의 모든 종교에서 단식 또는 금식 수행법이 존재한다.

용례 ▽

단식기도(斷食祈禱) : 일정 기간 음식을 먹지 않고 하는 기도.

단위(單位)

①길이 · 넓이 · 무게 · 부피 · 시간 따위의 크기를 수치로 나타내기 위하여 계산의 기본으로 정한 기준. ②어떤 조직을 구성하는 데 기준이 되는 한 동아리.

불교 ▽

선가에서 수행자가 생활하고 공부하는 방에 각자의 이름을 붙여서 정한 자리인 좌위(座位)를 말한다. 한 번 자리가 정해지면 그것으로 선방 생활의 기준이 되고, 또 함부로 바꿀 수가 없다. 이 말이 영어 'unit'의 번역어로 쓰이면서, 본래의 의미가 퇴색하였다.

단전(單傳)

어떤 사람에게만 전함.

불교 ▽

원래 선문에서 부처님의 가르침을 그대로 상속하는 것을 의미하는 말로, 법맥(法脈)을 오로지 순수하게 전한다는 뜻으로, 단 하나의 전달방식이 단전이다. 이것은 이심전심(以心傳心)과 같은 뜻으로, 글이나 말에 따르지 않고 마음에서 마음으로 전해 주는 일 또는 그렇게 전한 법을 가리키기도 한다.

용례 ▽

직지단전(直旨單傳) : 진리의 요체를 곧바로 가리켜 전함.

단전정인(單傳正印) : 부처님과 조사(祖師)로부터 조사(祖師)에게만 전해지는 부처로서의 증거.

단정(端正)

몸가짐이나 모습이 흐트러짐 없이 얌전하고 깔끔함.

불교 ▽

참선을 할 때, 자세를 바르게 유지하는 것을 말한다. 물론 일반적인 뜻과 같이 모양과 태도가 아름답고 고상하다는 뜻으로도 쓴다.

용례 ▽

단정수특(端正殊特) : 모양과 태도가 고상하고 빼어난 것.

의용단정(儀容端正) : 자세와 모양이 단정함.

단청(丹靑)

건물을 색칠하는 것.

불교 ▽

단청은 궁궐과 사찰에서 불상을 모신 법당의 기둥과 여러 부재(部材)를 장엄하기 위하여 채색하는 것을 말한다. 불화(佛畵) 및 불상

(佛像)과 함께 불교미술을 대표하는 단청은 일찍이 불탑이나 불상이 조성되고 사찰 건축이 이루어진 시기에 인도에서 처음 시작되었다.
중국과 우리나라에서는 적 · 청 · 황 · 흑 · 백의 오방색(五方色)으로 건물의 기둥과 부재에 여러 가지 무늬를 그려 넣는 형식으로 발전되었다. 건물에 단청을 하는 이유는 성스러운 공간을 장엄하는 한편 건물을 오래 보존하기 위하여 주로 사용하였다. 과거에는 궁궐과 사찰의 법당에만 단청을 하였는데 최근에는 사찰의 요사채와 일반 한옥까지 단청을 하기도 한다.

당상(堂上)

하나의 집채에서 방과 방 사이에 둔 큰 마루, 즉 대청(大廳)의 위를 말함.
* 당(堂) 또는 대청마루라고도 하는 대청은 집의 중심이 되고 집안의 대소사와 제례 등을 여기서 모심.

불교 ▽

예전에는 당두(當頭) 또는 방장(方丈)과 함께 선원(禪院)의 주지(住持)를 가리키는 말이었다. 당상은 절의 살림을 책임지고, 절을 대표하는 중요한 자리라는 의미가 있다.
그러나 일반에서는 집의 중심인 대청에서 집안의 대소사와 제례 등을 모시기 때문에 이를 중요하게 여겨 당상(堂上)이라고 한다. 대청을 가리키는 다른 말인 당(堂)에 위를 뜻하는 상(上)을 더해서 만들어진 말이다. 대청 위에서 올라서 여러 가지 중요한 일을 처리하였기 때문이다.

조선시대에는 정삼품 상(上) 이상의 품계에 해당하는 벼슬을 당상(堂上), 그런 품계에 있는 벼슬아치를 당상관(堂上官)이라고 하였고, 그 아래 품계는 당하(堂下), 당하의 품계에 있는 벼슬아치는 당하관(堂下官)이라고 하였다.

대단

주로 '대단하다', '대단히' 등의 꼴로 사용되면서, ①매우 중요하다, ②아주 심하다, ③매우 뛰어나다, ④아주 크고 많다 등을 뜻함.

불교 ▽

법당(法堂)에서 주존불(主尊佛)을 모시는 단(壇)을 가리키는 말이다. 보통은 상단(上壇)이라고 한다. 법당에는 일반적으로 부처님이나 보살을 모시는 상단과, 신중(神衆)을 모시는 중단(中壇), 그리고 영가(靈駕)를 모시는 하단(下壇)이 있다. 여기서 상단을 대단(大壇)이라고 하는데, 부처님이나 보살을 모신 대단이 중단과 하단보다 훨씬 중요하고 장엄하기 때문이다. 그래서 '대단하다'라고 하면 '훨씬 좋다, 훌륭하다, 뛰어나다, 크고 많다' 따위의 의미로 쓰이게 되었다.

대덕(大德)

넓고 큰 인덕(仁德), 또는 그것을 지닌 사람을 지칭하는 말.

불교 ▽

큰 덕행이 있다는 의미로 부처 · 보살(菩薩) · 장로(長老) · 고승(高僧)에게 붙이는 존칭이다. 원래는 사람들이 부처님을 높여 부르는 말이었으나, 뒤에 보살과 장로, 고승에 대하여도 존칭으로 썼다. 특히 수행자가 나이가 많은 동료 수행자를 대덕으로 호칭하였고, 승려에 대한 경칭으로도 쓴다.

용례 ▽

고승대덕(高僧大德) : 덕이 높은 승려를 높여 부르는 말.

대면(對面)

얼굴을 마주보고 대하는 것. 면대(面對). 이를테면 삼자대면(三者對面)은 이해관계가 있는 세 사람이 모여 문제해결을 하는 자리임.

불교 ▽

눈앞에 드러난 진리를 보고 기뻐하는 것으로 곧, 깨달음을 얻음을 의미한다. 대(對)는 '대하여 관조하다'는 뜻이고, 면(面)은 관조의 대상, 즉 자신의 면목(面目)이자 화두가 된다.

용례 ▽

대면념(對面念) : 화두나 염불에 집중하여 선정에 드는 것.

대면불식(對面不識) : 깨달음의 이치를 눈앞에 두고도 알아차리지 못한다는 말.

대사(代謝)

①묵은 것이 없어지고 새것이 들어오는 일. 신진대사(新陳代謝). ② 생물학에서, 몸에서 새로운 성분을 만들고 노폐물을 방출하는 일로, 영양분을 섭취하여 몸에 필요한 성분을 만들거나, 공기 중의 산소를 흡입하여 에너지를 생성하는 것, 그리고 소화되고 남은 것이나 탄산가스 따위를 배출하는 일 따위를 말함.

불교 ▽

묵은 것이 가고 새로운 것이 그것을 대신하는 모양을 가리키는 말이다. 변화(變化) · 변전(變轉) · 무상(無常)을 뜻하고, 삼라만상이 끊임없이 변전하는 현상을 가리킨다.

용례 ▽

대사부주(代謝不住) : 모든 법이 본래 공적(空寂)한 것이지만 끊임없이 변화하고 바뀌어서 머물지 않는다는 뜻으로 일체법을 말함.

대승적(大乘的)

소견(所見)과 아량(雅量)이 넓은 모양으로, 개인의 감정이나 목전의 사정에 매이지 않고 보다 큰 관점에서 판단하고 행동하는 모양을 수식하는 말. 이를테면 '대승적인 관점에서 그를 용서하다'는 넓은 아량으로 용서한다는 뜻임. ↔ 소승적(小乘的).

불교 ▽

산스크리트어 마하야나(mahāyāna)를 의역한 말로, 마하(mahā)는 '크다', 야나(yāna)는 '탈 것'이라는 뜻이다. 이타주의에 따라 모든 중생의 구제를 목표로 하는 적극적인 사고를 가진 보살승(菩薩乘)의 교법이 소승(小乘)인 성문승(聲聞乘)과 연각승(緣覺乘)에 비하여 더 뛰어나다고 하여 대승이라고 한다.

인도 불교에서 소승(小乘)이 자신의 인격을 완성함으로써 해탈을 얻고자 하는 개인주의적 성향을 가지는 데 비해, 이타행으로 모든 중생을 구제한다는 적극적인 교법을 주장하는 개혁파가 생겨났다. 따라서 대승(大乘)은 개혁파가 스스로를 상대에 견주어 지칭한 말로 자신들이 우월하다는 의미가 있다. 그래서 '대승적'이라고 하면 소승보다 우월하다는 의미와 함께, '대국적인', '통이 큰' 모양을 뜻한다.

보충 ▽

보살승(菩薩乘) : 육바라밀의 교법. 자신도 깨닫고 남도 구제하는 교법.

성문승(聲聞乘) : 사성제(四聖諦)의 이치를 깨닫고 해탈에 이르는 교법.

연각승(緣覺乘) : 연기법(緣起法)의 이치를 깨닫고 해탈에 이르는 교법.

대오(大悟)

크게 깨달음, 또는 똑똑히 이해함.

불교 ▽

번뇌를 여의고 진리를 깨닫는 것을 말한다. 즉, 모든 미망(迷妄)을 여의고 절대 진리와 하나가 되는 것을 말한다.

용례 ▽

대오철저(大悟徹底) : 크게 깨달아서 번뇌나 미망(迷妄)을 하나도 남기지 않음.

대장부(大丈夫) ⇒장부

대중(大衆)

수많은 사람의 무리. 계층적으로는 특권층의 반대 개념으로 보통 사람을 가리키는 말.

불교 ▽

산스크리트어 마하상가(mahāsaṃgha)의 의역으로, 수행자의 무리, 또는 불법에 귀의한 사람의 무리를 가리키는 말이다. 처음에 대중은 부처님을 제외한 현인과 성자를 가리키는 말이었으나, 뒤에 수행자인 승려의 무리라는 뜻이 되었다. 대승불교가 일어난 다음에는 출가와 재가를 모두 포함하는 불제자(佛弟子)의 무리라는 의미로 바뀌었다. 그래서 사부대중(四部大衆)이라고 하면, 승가를 구성하는 부처님의 네 종류의 제자들로 비구(남자 승려), 비구니(여자 승려), 우바새(남자 신도), 우바이(여자 신도)를 말하고, 줄여서 사중(四

衆) 또는 사부중(四部衆)이라고 한다. 소승불교에서 사부대중은 출가 수행자에만 한정하여 비구, 비구니, 사미, 사미니를 뜻한다.

용례 ▽

대중공양(大衆供養) : 수행자에게 음식을 올리는 일, 또는 대중이 함께 식사하는 일.

대중부(大衆部) : 부처님이 열반한 다음, 부파불교 시대에 모든 중생이 평등하고 누구나 부처가 될 수 있다는 진보적인 생각을 가진 대승불교의 근간이 된 부파를 지칭하는 말. 이와 반대로 형식적 계율을 중시하는 부파를 상좌부(上座部)라고 한다.

보충 ▽

부파불교(部派佛教) : 부처님이 입멸한 뒤, 교의(教義)의 해석에 따라 승단(僧團)이 여러 가지 부파로 나누어진 것. 처음에는 상좌부와 대중부로, 2백 년 뒤에는 아홉 개 부파로, 3백년 후에는 스무 개 부파로 나뉘었다.

덕행(德行)

어질고 착하고 아름다운 행실(行實). 가행(嘉行).

불교 ▽

공덕(功德)과 행법(行法), 또는 공덕을 쌓는 행법을 말한다. 따라서 일반에서 '덕행을 쌓다'라는 말은 매우 불교적인 표현이라고 할 수 있다. 그리고 덕행의 행법에는 삼학(三學)과 육바라밀(六波羅蜜) 따위가 있다.

보충 ▽

삼학(三學) : 불도(佛道)를 깨달으려는 이가 반드시 닦아야 할 세 가지. ①계(戒): 계율, ②정(定): 선정, ③혜(慧): 지혜.

육바라밀(六波羅蜜) : 보살 수행의 여섯 가지 덕목. 보시(布施) · 지계(持戒) · 인욕(忍辱) · 정진(精進) · 선정(禪定) · 지혜(智慧)를 말함.

도(道)

①사람으로 마땅히 지켜야 할 도리(道理). ②종교적으로 근본이 되는 뜻이나 깨달아 얻은 것. ③기예(技藝)나 무술(武術) 따위의 방법.

불교 ▽

사람이 밟아 가야 하는 큰 길이라는 뜻으로, ①깨달음의 길, ②사람이 마땅히 지켜야 할 도리, ③수행의 방법, ④깨달아 얻는 것, 즉 깨달음 따위를 의미한다.

이러한 불교적 의미가 도덕이나 예술에서 가장 근원적인 원리나 원칙을 가리키는 뜻으로 전달되었다. 이런 개념을 가지게 된 이면에는 도덕적으로는 유교가, 예술적으로는 노장사상이 아주 중요한 구실을 한 것으로 알려지고 있다.

용례 ▽

도사(道士) : ①바라문 수행자, ②불교의 수행자, ③도교의 수행자.

도인(道人) : ①바라문 수행자, ②불교의 수행자.

수도(修道) : 불교의 수행을 하는 것.

득도(得道) : 깨달음을 얻음.

도구(道具)

어떠한 일을 하는 데 필요한 연장.

불교 ▽

출가 수행자의 수행을 돕는 연모, 즉 불상 · 가사 · 발우 · 죽비 · 사물 따위의 물건을 통틀어 이르는 말이었다. 연장이라는 우리말을 한문으로 번역하면서, 불교용어인 도구(道具)를 차용한 것으로 보인다. 도구가 일반에서 광범위하게 쓰이게 된 때문인지 불가에서는 도구라는 본말보다 법구(法具)라는 말을 더 많이 사용한다.
불교의 출가 수행자가 늘 지녀야 하는 여섯 가지 도구, 즉 육물(六物)이 있다. 육물에는 삼의(三衣), 즉 세 가지 옷과 발우 · 방석 · 녹수낭이 있는데, 세 가지 옷은 승가리 · 울다라승 · 안타회, 즉 대의(大衣) · 상의(上衣) · 중의(中衣)를 말한다.

보충 ▽

녹수낭(漉水囊) : 불교의 출가 수행자가 늘 지녀야 하는 여섯 가지 물건, 즉 육물(六物)의 하나로 마실 물을 거르는 거름망이다. 물속에 있는 작은 생물을 마셔서 죽이지 않고, 티끌 같은 것을 걸러서 깨끗한 물을 마시는 용도로 사용한다.

도덕(道德)

인륜(人倫)의 대도(大道)를 뜻하는 말로, 사람으로서 마땅히 지켜야 할 도리(道理)와 그를 자각하여 실천하는 행위를 말함.

불교 ▽

깨달음의 본질인 정법(正法)을 얻는 것으로, 정법을 도(道)라고 하고, 도를 얻는 것을 덕(德)이라고 한다. 특히 정토종에서는 절대 타력(他力)의 큰 도(道)의 진실한 공덕(功德)을 도덕이라고 한다. 여기서 절대 타력은 아미타불의 본원력(本願力)을 말한다.

용례 ▽

도덕제자(道德弟子) : 도를 실천하는 제자.

성기도덕(成其道德) : 깨달음의 본질인 정법(正法)을 이룬다는 뜻.

도로 아미타불(阿彌陀佛)

애를 써서 한 일이 처음과 마찬가지로 되었을 때를 가리켜 비유적으로 하는 말.

불교 ▽

'보람이 없이 하는 염불'이라는 뜻이다. 보람 없이 애만 쓰는 헛수고를 '도로(徒勞)'라고 하는데, 아미타불을 아무리 염불해도 효험이 없다는 말이다. 애는 쓰지만 정성이 부족하다거나 주위의 방해가 있어서 염불의 효험이 나타나지 않았을 때 하는 말이다. 그러나 일반에서 '도로 아미타불'이라고 할 때, '도로'는 '다시', '처음으로'라는 뜻으로, 본래의 표현인 '헛수고[徒勞]'와는 의미가 다르다.

도리(道理)

마땅히 사람이 지켜야 할 바른 길, 또는 마땅한 방법.

불교 ▽

모든 사물이 존재하고 변화하는 것에 맞추어 반드시 의거하여 준비된 법칙이나 바른 이치를 말한다. 즉, 생멸 변화하는 모든 존재를 꿰뚫는 법칙이다. 이처럼 일반적인 도리가 윤리나 도덕적 표현임에 반하여, 불교에서 도리는 철학적으로 심오한 뜻을 함축하고 있다.

용례 ▽

도리극성진실(道理極成眞實) : 도리에 따라 일반적으로 인정된 진실.

도리삼세(道理三世) : 현재법의 원인을 가정하여 과거라고 하고, 현재법의 결과를 가정하여 미래라고 하여 과거 · 현재 · 미래의 삼세를 설명하는 것.

도장(道場), 도량

①무예를 수련하는 곳. ②불교 수행을 하는 곳. 이때는 '도량'으로 읽음.

불교 ▽

원래는 부처님이 성도(成道)한 땅, 즉 인도 부다가야(Buddhagaya)에 있는 보리수 아래의 금강좌(金剛座)를 가리키는 말이었다. 그 뒤 부처와 보살이 머무는 곳이란 의미로도 쓰고, 불도(佛道)를 수행하는 곳, 즉 사찰을 뜻하는 말이 되었다. 또한 재(齋)나 의식을 행하는 자리도 도량이라고 한다. 일반에서 '도량'이 무예를 수련하는 '도장'으로 일컬어진 것은 사찰에서 선무도(禪武道)와 같은 무술이 발달하면서 비롯된 것으로 생각된다.

한편, 『화엄경』에서는 깨끗한 마음이 도량이고, 일념으로 마음을 깨끗이 하면 그것이 도량이라고 하였으며, 『유마경』에서는 '정직한 마음[直心]'을 도량이라고 하고, 도량에는 거짓이 없다고 하면서, 행(行)을 시작함도 도량이고, 육바라밀이 도량이고, 대자(大慈)·대비(大悲)·대희(大喜)·대사(大捨)가 도량이며, 일체가 도량이고, 중생이 곧 도량이라고 하였다. 이것은 눈에 보이는 어떤 장소만 도량이 아니라 마음이 곧 도량이라는 뜻이다.

용례 ▽

보리도량(菩提道場) : 부처님이 성도(成道)한 자리, 또는 부처와 보살이 머무는 곳.

문수도량(文殊道場) : 문수보살을 모신 절.

참선도량(參禪道場) : 참선 수행을 전념하는 절

소재도량(消災道場) : 재앙과 병란 따위 없이 나라가 편안하기를 기원하는 재를 올리는 장소.

보충 ▽

재(齋) : 산스크리트어 우포샤다(upoṣadha)를 번역한 말이다. ①일정한 날에 계율을 지켜 몸과 마음을 깨끗이 하는 것. ②죄를 참회하고 새롭게 하는 것을 말함. ③일반의 제사(祭祀)와 같은 의식. 예를 들어, 사십구재(四十九齋), 천도재(遷度齋), 영산재(靈山齋) 등.

『화엄경(華嚴經)』 : 『대방광불화엄경(大方廣佛華嚴經)』의 약칭. 부처님

이 깨달음의 내용을 그대로 설법한 경전으로, 법계평등(法界平等)의 진리를 깨달은 부처님의 만행(萬行)과 만덕(萬德)을 찬탄한다. 당나라 때 실차난타가 번역한 80권본이 있고, 이역본으로 불타발타라가 번역한 60권본이 있다.

『유마경(維摩經)』: 『유마힐소설경(維摩詰所說經)』의 약칭. 『반야경』에서 말하는 공(空) 사상에 기초한 윤회와 열반, 번뇌와 보리, 예토와 정토 따위의 구별을 떠나 일상생활 속에서 해탈의 경지를 체득하여야 함을 주장한다. 유마 거사라는 주인공을 내세워 대화식으로 설한 경전으로, 모두 14품으로 구성되었다.

선무도(禪武道): 인도에서 시작된 불교의 전통 수련법. 불살생(不殺生)의 계율에 따라 방어 위주의 동작이 많다.

돌부처

감각이 둔하고 고집이 센 사람을 비유적으로 이르는 말.

불교 ▽

돌로 만든 불상(佛像), 즉 석불(石佛)을 말한다. 일반에서는 이 말이 긍정적이기보다는 오히려 부정적 의미로 쓰이는 경우가 많지만, 불교에서는 그렇지 않다.

동냥

거지나 동냥아치가 돈이나 물건을 구걸하는 일, 또는 그렇게 얻은 것.

불교 ▽

승려가 탁발(托鉢)할 때, 요령을 흔들었기 때문에 '요령을 흔들다'는 뜻인 동령(動鈴)이 변한 말이다. 탁발은 수행자의 두타행(頭陀行) 가운데 하나로, 보시를 권하며 재물이나 곡식을 얻으려고 이집 저집 돌아다니는 것이다. 이때 염불을 하거나 경을 외면서 요령을 흔드는 것을 동령이라고 하였다. 이 말이 거지들의 구걸행위를 뜻하는 천한 말로 바뀐 것은 조선시대 불교 박해과정에서 생긴 것으로 보인다. 더구나 동냥아치는 거지나 동냥 승을 얕잡아 부르는 말이다.

보충 ▽

보시(布施) : 지계(持戒) · 인욕(忍辱) · 선정(禪定), 정진(精進) · 지혜(智慧)와 함께 대승불교에서 보살의 대표적인 수행 덕목으로 손꼽히는 육바라밀의 하나이다. 다른 사람에게 조건 없이 재화(財貨)나 불법(佛法)을 베풀거나, 두려운 마음을 없애주는 것을 말한다.

두타행(頭陀行) : 산스크리트어 두타(dhūta)의 음역. 번뇌의 티끌을 없애고, 의식주에 탐착하지 않으며, 청정하게 불도(佛道)를 수행하는 것. 삼의(三衣)만 입고 걸식(乞食)하며, 눕지 않는 등의 열두 가지 수행이 있다.

동사(同事)

영업을 같이 하는 것. 동업(同業).

불교 ▽

부처와 보살이 중생을 제도하기 위해 방편으로 하는 사섭법(四攝法) 가운데 동사섭(同事攝)에서 나온 말이다. '함께 같은 일을 하다'는 뜻으로, 불보살이 중생의 근기(根機)에 따라 같은 몸을 나타내어 제도하는 일을 동사라고 한다. 이를테면 도둑을 제도하기 위해서는 함께 도둑이 되어, 상대의 처지에서 상대를 이해하고 배려하면서 상대를 정법(政法)으로 이끄는 방법이 동사이다.

보충 ▽

사섭법(四攝法) : 보살이 중생제도를 위해 하는 네 가지 방편. ①보시섭(布施攝) : 상대가 좋아하는 재물이나 법을 줌. ②애어섭(愛語攝): 상대에게 부드럽고 온화한 말로 대함. ③이행섭(利行攝): 상대에게 이익이 되게 함. ④동사섭(同事攝): 상대와 같은 일을 함께 함.

동자(童子)

나이가 어린 사내아이.

불교 ▽

산스크리트어 쿠마라(kumāra)를 의역한 말로, 절에 들어왔으나 아직 출가하지 않은 사내 아이, 즉 동자승(童子僧)이나 동진(童眞)을 가리키는 말이다. 또한 출가 여부와는 상관없이 절에서 심부름하는 아이를 통틀어 동자라고 부른다. 이밖에 보살을 동자라고 하는 경우가 있는데, 이것은 부처와 보살이 어린아이의 모습으로 나타난 화신(化身)을 말한다.

용례 ▽

문수동자(文殊童子) : 어린이 모습으로 현신한 문수보살을 가리킴.

선재동자(善財童子) : 『화엄경(華嚴經)』에서 53명의 선지식(善知識)을 찾아 구도한 사람.

보충 ▽

화신(化身) : 부처와 보살이 중생제도를 위해 변화한 몸. 변화신(變化身). 이를테면 부처님이 중생제도를 위해 나타난 인간의 몸.

동참(同參)

어떠한 일에 함께 참여함. 여러 사람이 벌이는 어떤 모임이나 회의, 또는 일에 참여하는 것을 말함.

불교 ▽

원래는 같은 스승 밑에서 함께 공부하는 벗을 가리키는 말이었다. 동문수학하는 '도반(道伴)'과 같은 말이다. 특히 선문(禪門)에서는 같은 스승 아래서 참선하는 동학(同學)을 말한다. 그리고 승려와 신도가 한 법회에 참가하여 함께 정업(淨業)을 닦는 일도 동참이라고 한다. 지금은 일반적 의미와 같이 '함께 자리하다'라는 뜻으로 쓰는 경우가 많다.

용례 ▽

동참불공(同參佛供) : 여러 사람이 함께 공양을 올리고 예배드리는 일.

동참재자(同參齋者) : 법회에 참석하여 함께 헌공(獻供)하고 예배하는 사람.

동행(同行)

두 사람 이상이 길을 같이 가는 일, 또는 같이 가는 사람.

* 함께 길을 가더라도 대등한 처지에서 가야 동행이고, 그렇지 않고 따라가는 것이라면 수행(隨行)이라고 함.

불교 ▽

함께 도를 닦는 사람, 즉 도반(道伴)을 가리킨다. 우리가 아는 사람 가운데는 좋은 사람도 있고 나쁜 사람도 있는데, 좋은 사람을 선지식(善知識)이라고 한다. 그리고 선지식에는 교수(敎授) · 동행(同行) · 외호(外護)의 삼선지식이 있다. 동행을 요즈음 말로 하면 '함께 공부하는 친구'라는 뜻이다. 그리고 마음을 함께 하여 불교 수행을 하는 것도 동행이라고 한다.

용례 ▽

동행동법(同行同法) : 함께 불도(佛道)를 닦는 사람을 가리키는 말.

사제동행(師弟同行) : 스승과 제자가 함께 불도를 닦는다는 뜻.

보충 ▽

삼선지식(三善知識) : ①교수(敎授): 지도하는 스승. ②동행(同行): 함께 수행하는 도반(道伴). ③외호(外護): 주위에서 도와주는 이.

두각(頭角)

머리의 가장 끝이 뿔이라는 뜻에서, 여럿 가운데 학식이나 재능이 뛰어남을 이르는 말.

불교 ▽

'머리의 끝'이라는 의미는 같지만, 번뇌나 망상을 이르는 말이다. 마음에서 치밀어 머리끝까지 올라오는 번뇌를 비유하여 두각이라고 한다.

용례 ▽

두각생(頭角生) : 유소득(有所得)의 마음, 즉 분별하여 대립하는 것 중 어느 한 쪽에 집착하는 마음이 일어나는 것.

땡추

중답지 않은 중을 가리키는 말. 땡추중.

불교 ▽

당취(黨聚)가 변하여 땡추가 되었다. 조선 중기 이후에 등장한 당취는 민란을 꾀하거나 각지를 돌아다니며 유언비어를 퍼뜨리는 일종의 불순세력을 가리켰다. 이들 가운데는 학문이나 수행에는 관심이 없고, 정치의 변혁을 꾀한 비밀결사도 있었다고 한다. 숭유억불로 산 속으로 피해 간 승려들과 몰락한 양반계층의 자제, 또는 실정(失政)에 불만을 품은 선비 등, 다양한 계층의 사람들로 구성되었다고 한다.

특히 1504년 승과(僧科)가 폐지되고 도승(道僧 : 승려 자격증인 도첩을 받은 승려)제도가 없어지면서 전국적으로 가짜 승려가 급증하였는데, 이들이 보통 십여 명씩 한 패가 되어 민가나 사찰을 돌아다니면서 사람을 괴롭히고 재물을 약탈하는 따위의 행동을 하였다. 이들은 지역적 또는 전국적인 조직으로 조선 후기에는 민란에 관여하기도 한 것으로 알려져 있다. 이들이 신분을 숨기기 위하여 승려의 행색으로 동냥하며 살았으나 실제로는 승려가 아니라서 '당취승(黨聚僧)'이라 부르게 되었고, 이들이 계율을 지키지 않은 것은 물론 행실이 나쁘기 때문에 이를 비하하여 '땡추중', '땡추'라고 하였다.

ㅁ

마(魔)

①어떠한 일이 안 되도록 훼방을 놓거나 재앙을 가져오는 것으로 믿는 상상의 존재. ②접미어로서, 악이나 불의 또는 재앙 따위를 뜻함. ③궂은 일이 자주 일어나는 때나 장소를 이르는 말로, 어느 한 장소나 때에 흉한 일이 연달아 일어날 때를 가리킴. 주로 '마의' 꼴로 쓰임. ④극복하기 어려운 장벽

불교 ▽

산스크리트어 마라(māra)를 음역하여 마(魔) 또는 마라(摩羅)라고 하고, 살자(殺者) 또는 악자(惡者)라고 해석한다. 즉, 악마(惡魔)의 의미가 강하다. 대표적인 마는 아마도 욕계의 여섯 번째 하늘을 다스리는 마왕인 파순(波旬)이 거느리는 권속들이다. 이들은 착한 일을 방해하고 생명을 빼앗는 존재들로, 마군(魔軍)·마중(魔衆)·마구니라

고 한다.

또한, 몸과 마음을 산란하게 하여 선법(善法)을 방해하고, 좋은 일을 깨트려 수행에 장애가 되는 사물이나 귀신도 마라고 하는데, 대표적으로 사마(四魔) 즉 번뇌마(煩惱魔) · 음마(陰魔) · 사마(死魔) · 천자마(天子魔)가 있다.

보충 ▽

파순(波旬) : 산스크리트어 파피야스(pāpīyas)의 음역으로 살자(殺者) · 악자(惡者)라고 번역한다. 욕계의 제6천을 다스리는 마왕(魔王)의 이름이다. 항상 나쁜 뜻을 품고 나쁜 법을 만들어 수행자를 해치고 혜명(慧命)을 끊는다고 한다.

마구니 → 마군

마군(魔軍)

해살을 부리는 무리들.

불교 ▽

악마(惡魔)의 군대(軍隊)라는 말로, 욕계 제6천인 타화자재천(他化自在天)의 주인인 파순(波旬)의 권속들을 가리킨다. 부처님이 깨달음을 이룰 때, 파순이 그의 권속, 즉 마군을 데리고 와서 부처님의 성도를 방해하였으나 부처님이 신통으로 이들을 모두 물리쳤다. 그래서 수행을 방해하는 모든 악한 일, 곧 온갖 번뇌와 장애를 마군이라고 한다. 마구니는 마군이 변한 말이다.

보충 ▽

타화자재천(他化自在天) : 마왕(魔王) 파순(波旬)이 주재하는 욕계(欲界) 육천(六天)의 하나. 자기의 생각대로 남이 변화한다고 하여 타화자재천이라고 한다. 이곳에서는 남녀가 마주 앉는 것으로도 음욕이 채워진다고 한다.

만법(萬法)

온갖 규칙과 법칙.

* 글자 뜻대로라면 만 가지의 법을 말하지만, 우리말에서 만(萬)은 '온갖', '모든'의 뜻이 있다.

불교 ▽

만(萬)의 의미는 일반에서와 같지만, 법(法)은 단순히 세속적인 법규를 의미하지는 않는다. 모든 존재, 즉 모든 사물을 가리키며, 형상으로 나타난 진리를 뜻한다.

용례 ▽

만법일여(萬法一如) : 모든 존재는 본래 그 본성이 공(空)하고 차별이 없는 절대평등의 진리라는 뜻.

만법제관(萬法齊觀) : 모든 존재가 그 본성이 공하여 차별이 없음을 관찰하는 것.

만법귀일(萬法歸一) : 모든 것이 마침내 하나로 돌아간다는 말로, 그곳이 어디인지를 참구하는 화두의 하나.

만심(慢心)

젠체하면서 남을 업신여기는 마음. 다시 말해 자신을 뽐내고 남을 깔보는 마음, 즉 거만(倨慢)한 마음을 가리킴.

불교 ▽

일반적인 만심의 의미와 크게 다르지 않다. 다만 만심도 근본번뇌의 하나라고 본다. 그리고 만심을 구체적으로 네 가지로 나누면, ①아직 얻지 못하고도 얻었다고 하는 증상만(增上慢), ②남보다 못하면서도 잘난 체하는 비하만(卑下慢), ③'나'와 '나의 것'이 있다고 믿어 집착하는 아만(我慢), ④덕이 없으면서 덕이 있다고 하는 사만(邪慢)이 있다. 이를 사만(四慢)이라 한다.

보충 ▽

근본번뇌(根本煩惱) : 유식에서, 모든 괴로움의 근본이 되는 탐욕 · 성냄 · 어리석음 따위의 삼독에서 비롯된 번뇌로 탐(貪) · 진(瞋) · 치(癡) · 만(慢) · 의(疑) · 악견(惡見) 따위가 있다.

유식(唯識) : 삼라만상은 심식(心識, 마음) 밖에 실존하는 것이 아니므로, 오직 마음뿐이라고 하는 주장.

만자(卍字)

'卍' 모양의 무늬나 표지.

* 흔히 길상(吉相)과 행운을 의미하는 표지로 쓰이며, 각종 장식이나 문양에 쓰임.

불교 ▽

산스크리트어로 스바스티카(svastika)라고 하며, 만자(万字), 만자(萬字), 만자(卍字)라고 옮기고 길상해운(吉祥海雲) 또는 길상희선(吉祥喜旋)이라고 번역한다. 부처님의 가슴과 손, 발 등에서 나타나는 길상과 만덕(萬德)을 상징하는 표지의 이름이다. 따라서 卍字는 길상만덕(吉祥萬德)이 모이는 곳을 뜻한다. 또한 卍字는 십자와 함께 세계 각지에서 쓰였으며, 우리나라에서는 불교나 절을 나타내는 기호나 표시로 사용한다.

용례 ▽

만자창(卍字窓) : 창살을 '卍' 모양으로 낸 창문. 완자창이라고 함.

만족(滿足)

부족함이 없이 충분하거나, 흡족하게 여김.

불교 ▽

원만구족(圓滿具足)의 준말로 모자람이 없이 원만하게 다 갖추었다는 뜻이다. 소원을 성취하는 것, 또는 부처의 완전한 가르침을 이르는 말이다.

용례 ▽

만족성취(滿足成就) : 기도하여 원만하게 소원을 이루는 것.

만족원(滿足願) : 모자람이 없는 바람, 즉 아미타불의 48가지 큰 원(願)을 말함.

말세(末世)

①정치나 인륜, 도덕 따위가 어지럽고 쇠퇴하여 가는 세상. ②기독교에서 예수의 탄생부터 재림(再臨)까지의 세상, 즉 지금의 세상을 말함.

불교 ▽

부처님이 열반한 뒤에 부처님의 ①교설과 교설의 실천, 그 실천의 결과가 모두 다 갖추어진 시기를 정법시(正法時), ②교설과 실천만 있는 때를 상법시(像法時), ③교설만 있는 시기를 말법시(末法時)라고 한다. 이것을 삼시(三時)라고 하는데, 여기서 말법시가 바로 말세가 된다.

삼시에 대해서는 여러 학설이 있다. 대개 부처님 입멸 뒤 1,000년 혹은 500년까지를 정법시, 그 다음 1,000년을 상법시, 그 다음 10,000년을 말법시라고 한다. 그러나 어느 설을 취하든 지금은 말법시에 속하는데, 이때는 세상이 혼탁해져 도덕과 풍속이 쇠퇴하고 악법이 성행하며, 정의가 사라진다고 한다.

말세가 되면 새로운 구세주인 미륵불(彌勒佛)이 하생(下生)한다고 믿는 것이 불교이고, 예수가 재림한다고 하는 것이 기독교인데, 구세주를 뜻하는 메시아(Messiah)가 미륵(彌勒, Maitreya)과 어원이 같다는 것은 결코 우연으로 보기 어렵다.

보충 ▽

미륵불(彌勒佛) : 산스크리트어 마이트레야(Maitreya)의 음역에서 유래하였다. 인도 바라나국의 바라문으로 부처님의 교화를 받고 미래에 성불한다는 수기를 얻었다. 석가모니 부처님 입멸하고 56억

7천만 년 뒤에 이 세상에 내려와 화림원 용화수 아래에서 성도하여 부처가 되어 모든 중생을 제도한다고 한다. 지금은 미륵보살로 도솔천에서 천인(天人)들을 교화하고 있다.

망념(妄念)

있지도 않은 일을 상상하여 마치 사실인 양 믿는 일, 또는 그런 생각. 망상(妄想).

불교 ▽

미혹한 마음, 즉 잘못된 생각으로 근거가 없이 일어나는 진실하지 못한 생각을 망념이라고 한다. 또한 미혹한 생존을 일으키는 근본 작용도 망념이다. 망념은 곧 번뇌를 이른다. 일반적으로는 망념과 망상이 동의어로 쓰이지만 불교에서는 그 뜻이 다르다.

용례 ▽

망념본공(妄念本空) : 번뇌의 실체가 본래 없다는 의미.

망념즉보리(妄念卽菩提) : 번뇌가 곧 지혜라는 말로, 깨달음의 본성은 망념이 없이 존재할 수 없으므로, 망념과 깨달음은 둘이 아니라는 뜻.

망상(妄想)

①있지도 않은 일을 상상하여 마치 사실인 양 믿는 일, 또는 그런

생각. 망념(妄念). ② 심리학에서, 정신장애로 말미암아 생기는 잘못된 판단이나 확신.

불교 ▽

실로 당치 않은 것을 망(妄)이라 하고, 그 당치 않은 생각으로 분별한 갖가지 모습을 상(想)이라 한다. 이는 일반적인 망상의 의미와 크게 다르지 않다. 그러나 당치않은 생각이 바로 어리석음이고, 그 어리석음은 제법(諸法)이 실체가 없음에도 분별(分別)을 일으키고, 그 분별한 모습[相]에 집착하는 것이 망상이다. 따라서 무엇을 얻으려 하지만 얻어지는 것 역시 모두가 부실(不實)해서 망상이라고 한다. 그리고 없는 것을 있다고 하는 생각이 곧 망상으로, 이 역시 어리석은 생각이기 때문이다. 세상의 모든 것이 무상(無常)하여 집착할 것이 못되는데도 중생은 그것에 집착하는 데서 온갖 고뇌가 생긴다.

용례 ▽

번뇌망상(煩惱妄想) : 번뇌로 가득한 망상.

망상허가(妄想虛假) : 분별하는 마음으로 만들어낸 거짓의 속임수.

맹귀우목(盲龜遇木)

눈먼 거북이가 물에 뜬 나무를 만났다는 뜻으로, 어려울 때 뜻밖에 좋은 일을 만나 어려움을 면하게 된다는 의미의 고사성어.

불교 ▽

사람으로 태어나거나 사람으로 태어나더라도 불법(佛法)을 만나는 일이 매우 어려운 일이니 사람으로 태어나서 불법을 만난 지금 열심히 수행하라는 것을 비유적으로 설명한 고사성어이다. 『열반경』에 나오는 이야기로, 헤아릴 수 없이 오래 산 눈먼 거북이가 100년에 한 번 물 위로 올라오는데, 마침 물 위에 떠다니는 나무판자의 뚫린 구멍에 거북이 머리가 들어가서 편히 쉬는 것처럼 일어나기 어려운 일을 비유한 말이다. 맹귀부목(盲龜浮木)이라고도 한다.

보충 ▽

『열반경(涅槃經)』: 『대반열반경(大般涅槃經)』의 준말. 석가모니 부처님이 반열반하였을 때의 일을 서술한 경전이다. 불신(佛身)의 상주, 열반의 상락아정(常樂我淨), 모든 중생은 불성(佛性)이 있다는 사상을 요지로 한다.

면목(面目)

사람이나 사물의 얼굴이나 그 모양, 체면(體面)을 말함. 이를테면, '면목이 없다', '면목이 서지 않다', '면목을 일신하다' 따위. 다만 '진면목(眞面目)'에서 '면목'은 '본래의 모습', '본성'의 뜻으로 불교적 의미와 같음.

불교 ▽

선문에서 흔히 쓰는 말로, 참모습, 마음의 본성, 자성(自性), 불성(佛性)을 가리킨다. 원래는 용모(容貌)와 같은 뜻이었으나 중국 선종의 제6조 혜능(慧能)이 선문의 말로 처음 쓰기 시작한 것으로 알려졌다. 제5조 홍인(弘忍)으로부터 법을 전수받은 증표가 되는 의발(衣鉢)을 받아가지고 남쪽으로 떠난 혜능은 의발을 빼앗기 위해 뒤를 쫓던

혜명(慧明)을 만나자 "선(善)도 생각하지 말고, 악(惡)도 생각하지 말 것이오. 그렇다면 이런 때 그대의 본래면목(本來面目)은 어떤 것이오?"라고 물었다. 이 한마디 물음에 깨달음을 얻은 혜명은 혜능의 제자가 되었다. 그러자 혜능은 그에게 스스로 자신의 본래면목을 되비추어 보라고 권하였다고 한다.

보충 ▽

혜능(慧能, 638~713) : 중국 당나라 때 승려로, 보리달마의 법맥을 이은 중국 선종의 제6조. 정혜불이(定慧不二)를 설하고, 참선보다 견성(見性)을 중시하였다. 돈오(頓悟)를 주장하는 남종선의 시조로, 우리나라의 선종도 그의 법맥이다. 특히 조계종(曹溪宗)이라는 이름도 그가 주석했던 조계산에서 유래하였다.

명복(冥福)

죽은 다음에 저승에서 받는 복(福). '삼가 고인의 명복을 빕니다.'라는 말은 죽은 사람이 저승에서도 복을 받게 되기를 바란다는 뜻임. 반대로, 이승에 살면서 받는 복은 그냥 복이고, 굳이 쓰자면 훈복(勳福)이 됨.

불교 ▽

일반적인 의미와는 달리 내세(來世), 즉 다음 생에서의 복을 말한다. 다시 말해서 '다음 생에 복이 많은 곳에 태어나 행복하라'는 의미가 된다. 저승은 이생을 마친 사람들이 사는 곳을 가리키지만 내생은 자신이 지은 업에 따라 윤회하여 다시 태어나는 곳으로 서로 의미가 다르다. 그러나 엄밀히 말하면 불교에서 명(冥)은 명계(冥界)·명토(冥土)의 뜻으로, 내세인 육도(六道) 가운데 지옥·아귀·축생의 삼악도(三惡道)를 의미한다. 따라서 '명복'이라는 말보다는 '극락왕생'이라고 하는 것이 옳다.

명상(瞑想)

눈을 감고 고요히 생각함. 하나의 대상에 정신을 집중하여 다른 마음 작용이 일어나지 않게 하는 일종의 마음수련법.

불교 ▽

불교 이전부터 심신의 안락을 추구하는 수행법이었으나 불교에 수용되어 깨달음을 추구하는 선종의 수행법으로 발전하였다. 따라서 불교적 명상은 모든 잡념을 떨쳐버리고 공(空)이나 무심(無心)의 상태인 삼매(三昧)에 들기 위해 마음을 집중하는 방법 가운데 하나로, 이를 통틀어 참선(參禪)이라고 한다. 삼매를 얻어 불교에서 추구하는 최고의 경지인 해탈에 이르는 것이 선종의 수행법이다. 해탈을 목적으로 하는 참선과 단순하게 마음을 집중하는 정신수련의 명상은 근본적으로 차이가 있다.

보충 ▽

삼매(三昧) : 산스크리트어 사마디(samādhi)의 음역으로, 정(定)·등지(等地) 등으로 번역하기도 한다. 번뇌가 사라지고, 마음이 한 곳에 고요히 집중된 상태를 유지하는 것을 말한다.

명색(名色)

①무엇을 어떠한 부류에 넣어 부르는 이름. ②실속은 하나도 없이 그럴듯하게 불리는 허울 좋은 이름. ③겉으로 내세우는 구실.

불교 ▽

산스크리트어 나마루파(nāmarūpa)의 번역이다. 원래는 현상계에서 사물의 이름과 형태를 의미하는 말이었다. 뒤에 명(名)은 개개 존재의 정신적인 면을, 색(色)은 물질적인 면을 뜻하면서 불교의 특유한 범주론인 색(色) · 수(受) · 상(想) · 행(行) · 식(識)의 오온(五蘊)으로 발전하였다.

오온은 색온(色蘊)과 나머지 네 가지의 온[受 · 想 · 行 · 識蘊]의 관계를 설명한 것으로, 주관[識]이 대상[色]과 접촉하여 드러내는 심리작용, 즉 주관의 대상에 대한 감수작용(感受作用: 受), 감수한 것의 표상(表象: 想), 표상에 따른 의지작용(意志作用: 行), 그리고 인식작용(認識作用: 識)으로 분류된다. 인간은 오온으로 구성되어 있어서 윤회의 세계에서 유전(流轉)한다.

또한 십이연기(十二緣起) 중의 하나인 명색에서, 명(名)은 형체는 없고 단지 이름만 있는 것이고, 색(色)은 형체는 있으나 아직 육근(六根)이 모두 갖추어지지 않은 상태를 말한다. 그러므로 명색은, 아직 완성되지 않았기 때문에 겉으로 내세우는 이름을 가리킨다.

보충 ▽

십이연기(十二緣起) : 사물(事物)이 생멸(生滅)하는 인연을 열두 가지로 구분한 과정. 무명(無明)→행(行)→식(識)→명색(名色)→육처(六處)→촉(觸)→수(受)→애(愛)→취(取)→유(有)→생(生)→노사(老死).

육근(六根) : 대상[경계]을 인식하는 여섯 가지의 근원, 곧 안(眼) · 이(耳) · 비(鼻) · 설(舌) · 신(身) · 의(意)의 근.

명성(名聲)

좋은 평판. 명예로운 평판.

불교 ▽

원래는 성명(聲名), 성문(聲聞)과 같은 뜻으로 '듣기 좋은 소리'라는 의미로 곧, 부처님의 말씀을 의미하였다. 그리고 이 말이 '좋은 소리를 듣고 깨닫는 사람', '평판이 좋은'이라는 뜻으로 쓰이게 되었다. 이밖에 명호(名號)와 같은 뜻으로도 사용한다.

명의(名義)

문서에 등재한 개인이나 기관의 이름. 이를테면, '아무개 명의의 부동산'은 '등기부에 아무개 이름으로 등재된 부동산'이라는 뜻임.

불교 ▽

말로 표현하는 것, 즉 명칭과 의미라는 말이다. 또한 명호(名號)와 같은 뜻으로 쓴다. 이를테면, 의미가 있는 공덕을 뜻하는 명의공덕(名義功德)에서 명의는 '의미' 또는 '의리'라는 뜻이고, 이름과 의미는 떨어질 수 없다는 명의불리(名義不離)에서 명의는 '이름'을 말한다. 이 말은 부처와 보살의 실체와 명성이 둘이 아니라는 뜻이다.

명자(名字)

①이름의 글자. ②세상에 널리 알려진 평판.

불교 ▽

일반적인 의미와 함께, 명색(名色)·명목(名目)·가명(假名)이라는 뜻도 내포하고 있다. 특히 아미타불의 이름을 명자라고 하고, 경(經)·논(論)·조사(祖師)의 어구(語句)·공안(公案) 따위를 총칭하여 명자라고도 한다. 이 말은 '그냥 지어진 이름 자'라는 의미이다.

용례 ▽

명자보살(名字菩薩) : 가명의 뜻으로, 실제로는 보살의 지위에 들지 못하고 이름만 보살인 사람, 즉 가명보살(假名菩薩)을 말함.

명자언어(名字言語) : 글자와 말.

구유명자(俱有名字) : '다만 이름뿐'이라는 뜻.

명칭(名稱)

이름·명호(名號)·호칭(呼稱)·명목(名目)의 뜻.

* 사람보다는 사물에 대하여 씀.

불교 ▽

어떠한 사람이나 사물에 대한 ①사람들의 비판, ②널리 퍼진 소문, 즉 평판(評判)을 말한다. 그냥 '명칭'이라고 하면 좋은 의미로 '좋은 평판(評判)', 즉 명성(名聲)을 가리키고, 나쁜 의미의 명칭, 즉 '나쁜 평판'은 악명칭(惡名稱)이라고 한다.

용례 ▽

명칭탑(名稱塔) : 부처님 열반 후에 인도 사위성의 급고독원(給孤獨園)에 세워진 탑. 부처님의 명성을 기리기 위해 세운 여덟 개의 탑 가운데 하나.

보충 ▽

급고독원(給孤獨園) : 기수급고독원(祇樹給孤獨園)의 줄임말이다. 부처님 당시에 사위성의 장자인 급고독이 기타 태자의 원림을 사서 부처님께 바친 숲의 이름이다. 이 안에 기원정사(祇園精舍)가 있다.

명호(名號)

①물건의 이름. 호칭(呼稱). ②본래 이름과 따로 부르는 별호를 함께 이르는 말.

불교 ▽

부처와 보살의 이름, 즉 명자(名字)를 말한다. '석가모니불', '아미타불', '관세음보살'과 같이 이름과 호를 합쳐서 명호라고 한다. 석가모니, 아미타, 관세음 등은 이름이고, 불(佛), 보살(菩薩) 등은 호(號)이다. 특히 부처님에게는 부처님에게만 있는 공덕상을 일컫는 열 가지 명호, 즉 십호(十號)가 있는데, 여래(如來) · 응공(應供) · 정변지(正遍知) · 명행족(明行足) · 선서(善逝) · 세간해(世間解) · 무상사(無上士) · 조어장부(調御丈夫) · 천인사(天人師) · 불세존(佛世尊)이 그것이다.

용례 ▽

명호부사의(名號不思議) : '아미타불'을 부르는 공덕은 헤아릴 수 없다는 뜻.

육자명호(六字名號) : '나무아미타불'의 여섯 글자.

모호(模糊)

무엇이 분명하지 않거나 흐릿하여 잘 알 수 없는 것.

불교 ▽

인도에서, 가장 작은 소수(小數)를 나타내는 단위를 말한다. 우리도 부분적으로 쓰고 있는 인도의 소수 단위는 1의 10분의 1을 분(分), 또 분의 10분의 1을 리(厘)라 하고, 다시 모(毛)→사(絲)→홀(忽)→미(微)→섬(纖)→사(沙)→진(塵)→애(埃)→묘(渺)→막(漠), 그리고 그 다음이 모호이다. 따라서 모호는 10의 13제곱 분의 1이 되는 크기를 말한다. 일설에는 10의 48제곱 분의 1이라고도 한다. 따라서 가장 작은 수의 단위인 모호를 일반에서는 '너무 작아서 잘 알 수 없다'는 뜻으로 쓴다.

목욕(沐浴)

온몸을 물로 씻는 것.

불교 ▽

원래 강이나 호수 등에서 물을 끼얹어서 몸을 씻는 것을 말한다. 목욕이 불교적으로는, 더러움은 물론 죄업까지도 씻어버리는 일종의 수행으로 여겨진다. 인도에서는 갠지스 강과 같은 성지(聖地)의 물은 죄와 더러움을 씻어내는 힘이 있어서 그 물에 닿기만 해도 모든 죄를 씻고 해탈에 이른다고 믿는다. 우리나라에서는 불교가 전래된 삼국시대부터 목욕재계(沐浴齋戒)가 승가의 규율로 정해지고 대중목욕탕이 세워진 것으로 알려졌다. 그래서 선가에서는 욕실(浴室)이 사찰에서 갖추어야 할 필수 시설인 칠당(七堂)에 속할 만큼 중요한 시설이었다.

용례 ▽

목욕재계(沐浴齋戒) : 시식(施食) 등의 의식에 앞서 법주(法主)나 동참자가 목욕을 하고 몸과 마음을 가다듬는 일.

칠당(七堂) : 사찰의 일곱 가지 시설로. 금당(金堂) · 강당(講堂) · 탑(塔) · 식당(食堂) · 종루(鐘樓) · 경장(經藏) · 승방(僧坊)을 말한다. 선가(禪家)에서는 불전(佛殿) · 법당(法堂) · 승당(僧堂) · 고리(庫裡) · 삼문(三門) · 욕실(浴室) · 서정(西淨)을 말한다.

묘법(妙法)

어떠한 일을 해내는 절묘한 방법이나 처방. 묘방(妙方).

불교 ▽

부처님의 법문(法門)이 미묘함을 비유한 말이다. 묘(妙)는 불가사의(不可思議)를 뜻하고, 법(法)은 부처님의 설법을 말한다. 그래서 불교 경전 가운데 백미로 꼽히는 『묘법연화경(妙法蓮華經)』도 같은 의미의 묘법이고, 묘법정안(妙法正眼)은 그런 묘법을 보는 바른 눈, 즉 진리를 보는 눈이라는 말이다.

용례 ▽

『**묘법연화경(妙法蓮華經)**』: 『법화경』의 원래 이름. 대표적 대승경전으로 7권 28품으로 구성되었다. 석가모니 부처님이 세상에 출현한 것은 모든 중생이 성불하는 대도(大道), 즉 일승(一乘)을 보이기 위함이고, 그 대도를 실천하는 이는 누구라도 성불한다는 것이 중심 사상이다.

무구(無垢)

때 묻지 아니하고 깨끗함.

불교 ▽

'더러움이 없다'는 뜻으로, 번뇌가 없음 또는 번뇌가 없는 사람을 가리키는 말이다.

용례 ▽

무구무착(無垢無着): 어디에도 집착함이 없고, 어떤 것도 구하는 마음이 없는 경지를 이르는 말.

무구삼매(無垢三昧): 부처와 보살의 청정한 삼매를 가리킴.

무극(無極)

끝, 즉 극단이 없음. 동양철학에서, 태극(太極)의 맨 처음의 상태를

말함.

불교 ▽

원만(圓滿)하고 무상(無上)한 해탈의 경지를 이르는 말로, 곧 열반이 무극이다. 그리고 열반의 그 자리가 최고이고 최상이란 뜻에서 '가장 높고, 귀하다'는 의미의 접두어로 쓴다. 무극이 도교나 유교의 용어로만 알기 쉬우나, 불교에서 나온 말이다.

용례 ▽

무극존(無極尊) : 한없이 높고 귀한 분이라는 뜻에서 아미타불을 말함.

무극지체(無極之體) : 열반의 이치를 증득한 분이란 뜻으로, 석가모니불을 말함.

무념(無念)

아무 생각이 없는 텅 빈 상태. 속말로는 멍한 상태를 말함.

불교 ▽

망념(妄念)이나 삿된 생각이 없는 상태, 즉 번뇌가 없는 것을 말한다. 따라서 화두(話頭)와 공안(公案)을 참구하는 것은 비록 생각이라 하더라도 망념이 아니므로 무념의 경지에 이를 수 있다.

용례 ▽

무념무상(無念無想) : 번뇌가 없는 무아(無我)의 경지.

무념증위(無念證位) : 번뇌를 떠나 깨달음을 증득한 정도.

무능(無能)

재주나 능력이 없음.

불교 ▽

일반적인 의미와 함께, 무엇을 할 수 없다는 '불가능'의 의미로, 또 무엇을 할 필요가 없는 '불필요'의 의미로 쓰이기도 한다. 이를테면 '말할 나위가 없음' 또는 '의론(議論)의 여지가 없음'을 의미하는 무능설(無能說)에서 무능은 불필요의 뜻이고, 미륵보살의 다른 이름인 무능승보살(無能勝菩薩)에서는 '그 위덕(威德)이 커서 능히 이길 사람이 없다'는 말로 불가능의 뜻이다.

무등(無等)

①더할 나위 없음. ②부사적인 용법으로 '더할 나위 없이', '최고의'의 뜻. 이를테면 '무등 좋은 사람'은 가장 좋은 사람이란 말이고, 호남의 무등산(無等山)은 '최고의 명산'이라는 뜻임.

불교 ▽

본래 불교의 말이 일반화된 것으로 '대등(對等)한 것이 없다'는 뜻으로 가장 뛰어남을 의미한다. 이는 부처님이 그런 분이고, 그 말씀이 그렇다는 찬탄의 의미이다.

용례 ▽

무등각(無等覺) : 최고의 깨달음, 즉 부처님의 깨달음을 말함.

무등등(無等等) : 세상에 대등한 이가 없다는 뜻으로 부처님, 특히 아미타불의 존칭.

무량(無量)

헤아릴 수 없이 많고, 한량이 없음. 무한량(無限量). 또한 공간적으로도 어떤 제한이 없는 상태.

불교 ▽

헤아릴 수 없다는 의미로, 부처님의 덕을 찬탄하는 말이다. 특히 아미타불(阿彌陀佛)의 아미타는 산스크리트어 아(a)와 미타(mita)가 합쳐진 말인데, 아(a)는 없다는 뜻이고, 미타(mita)는 한계, 속박, 굴레를 뜻한다. 그래서 아미타는 한계 없는, 속박 없는, 즉 무량(無量)을 뜻한다. 그래서 아미타불을 무량각(無量覺) · 무량수불(無量壽佛) · 무량광불(無量光佛) · 무량명(無量明) 따위로 부른다.

용례 ▽

무량겁(無量劫) : 헤아릴 수 없이 긴 시간.

무량공덕(無量功德) : 부처님의 한량없는 공덕.

무량문(無量門) : 부처님의 한량없는 법문.

무루(無漏)

어떠한 그릇에서 물이 새지 않는 것, 즉 빠지지 않는 것. 누수(漏水)가 없음.

불교 ▽

새어나오는 것은 부정(不淨)한 것이어서 '루(漏)'는 번뇌를 뜻한다. 따라서 무루는 곧, 번뇌가 없음, 번뇌에 물들지 않아 청정(淸淨)한 상태로 열반의 경지를 이르는 말이다.

용례 ▽

무루공덕(無漏功德) : 추악함이 없이 깨끗한 공덕.

무루종자(無漏種子) : 번뇌가 없는 깨달음을 이루는 원인이 되는 종자.

무루지(無漏智) : 번뇌가 없는 청정한 지혜.

무루행(無漏行) : 번뇌가 없어 추악하지 않은 수행.

무분별(無分別)

앞뒤 생각이 없음. 이것저것 따져보지 아니함.

* '분별이 없음'을 뜻하는 무분별은 부정적인 의미로 쓰임.

불교 ▽

불교에서 분별은 곧 망상이자 번뇌이므로, 무분별은 상대적인 견해를 취하지 않고, 분별과 망상을 떠나 지혜를 체득(體得)함을 뜻한다. 진리의 실체는 언어와 문자로는 표현하거나 분별할 수 없으므로 분별심을 가지고는 그 체성(體性)에 접할 수 없다. 그래서 모든 생각과 분별을 여읜 모양이 없는 참 지혜로만 진리를 알 수 있다. 따라서 분별로는 진리를 깨달을 수 없고, 그에 도달하기 위해서는 무분별지에 의지해야 한다는 것이다.

유식(唯識)에서는, 느끼고 판단하고 기억하는 인식작용이 없는 상태를 무분별이라고 한다. 우리의 감각기관에서 인식하는 육식(六識 : 眼 · 耳 · 鼻 · 舌 · 身 · 意識) 가운데 의식은 느끼고 판단하고 기억할 수 있으므로 유분별(有分別)이라고 하고, 나머지 오식은 있는 그대로 느끼는 자성분별(自性分別)만 있고 판단하고 기억하는 작용이 없으므로 무분별이 된다.

용례 ▽

무분별지(無分別智) : 분별에서 비롯된 모든 번뇌를 끊고 인식의 주체와 대상의 대립을 초월하여 얻는 절대 평등하고 분별이 없는 지혜.

보충 ▽

자성분별(自性分別) : 온갖 사물이나 이치를 사량(思量)하여 분별하는 마음 작용의 하나. 대상을 바로 그대로 알아차리는 것.

무사(無事)

아무 일이 없거나, 아무 탈이 없음.

불교 ▽

마음에 벽이 없고, 장애가 없음을 뜻하는 말이다. 또한 사실이 아니거나, 실체가 없는 것, 무엇을 생성하는 어떤 작용이 없는 것을 말한다. 모든 중생에게 불성(佛性)이 있으므로 쓸데없이 밖에서 부처를 찾지 않는 것도 무사라고 한다.

용례 ▽

무사계리(無事界裡) : 구해야 할 부처도, 행해야 할 도도 없는 절대의 경지.

무상(無上)

그 위에 더할 수 없음. 가장 좋음.

불교 ▽

'그 이상이 없는 최고'라는 뜻으로, 해탈(解脫) 또는 부처의 지혜를 가리키는 말이다. 그러나 형용사적으로 쓰는 경우에는 일반에서와 같이 '최고'라는 의미일 때가 많다.

용례 ▽

무상방편(無上方便) : 최고의 방편이라는 의미로, 아미타불이 모든 중생을 극락에 태어나게 하는 일.

무상법륜(無上法輪) : 최고의 설법이라는 뜻으로, 부처님의 설법을 말함.

무상사(無上士) : 최고의 사람이라는 뜻으로, 부처님의 십호 가운데 하나.

무상의(無上衣) : 최고의 옷이라는 의미로, 가사(袈裟)를 말함.

무상(無常)

정함이 없음. 덧없음. 다시 말해서, 늘 변화하므로 머무름이 없이 유전(流轉)한다는 뜻.

불교 ▽

모든 현상은 끊임없이 생주이멸(生住異滅)하는 것이어서 상주(常住)하는 실체가 없음을 뜻한다. 그래서 비상(非常)이라고 한다. 일체가 무상하여 제행무상(諸行無常)이라고 하고, 한 순간에 생주이멸(生住異滅)하기 때문에 찰나무상(刹那無常)이며, 한평생 동안 유전(流轉)하니 상속무상(相續無常)이 된다.

보충 ▽

생주이멸(生住異滅) : 만유의 온갖 법이 생멸하고 변화하는 과정. 생겨서 머물다 바뀌어 사라짐을 반복한다. 이를 사상(四相)이라고 한다.

무색(無色)

①아무런 빛깔이 없는 것. 또는 흰색을 가리키는 경우도 있음. ②부끄러워 볼 낯이 없음을 비유적으로 하는 말.

불교 ▽

물질적이 아닌 것, 또는 모양이 없는 것을 말한다. 또한 삼계의 하나인 무색계(無色界)를 이르는 말이기도 하다. 무색계는 중생계의 하나로 물질을 초월한 세계를 말한다.

용례 ▽

무색법(無色法) : 어떠한 순간의 개개 존재의 정신적 구성요소.

무색진여(無色眞如) : 빛깔이나 모양이 없는 진리 그 자체.

무색처(無色處) : 비물질적인 세계, 곧 무색계를 말함.

무생(無生)

생명이 없음, 또는 생명이 없는 무생물(無生物)을 말함.

불교 ▽

'태어남이 없다'는 뜻으로, 삼라만상이 본래 공(空)하므로 생멸변화가 있을 수 없다는 말이다. 또 일체의 미혹(迷惑)에서 벗어난 경지, 즉 열반(涅槃)을 뜻하기도 하고, 그런 경지에 이른 아라한(阿羅漢)을 지칭하는 말이다.

용례 ▽

무생대비(無生大悲) : 어느 것에도 치우치지 않는 평등한 자비(慈悲).

무생법인(無生法印) : 삼라만상의 무생을 깨달음, 또는 그 깨달음을 얻은 마음의 평정 상태를 이르는 말.

무생참(無生懺) : 마음으로 생멸이 없는 실상(實相)의 이치를 관조하며 참회하는 일.

보충 ▽

아라한(阿羅漢) : 산스크리트어 아르하트(arhat)의 주격 아르한(arhan)의 음역으로, 응공(應供)·살적(殺賊)·불생(不生)·이악(離惡)이라고 번역한다. 삼계의 미혹을 끊고 깨달음을 얻어 공양을 받기에 적당한 성인이라는 뜻이다.

무소득(無所得)

①얻은 바가 아무것도 없음. ②소득이 없음. ③무엇을 열심히 해도

그 효과가 나타나지 않음.

불교 ▽

무상(無相)의 이치를 깨달아 마음에 분별이나 집착이 없는 상태를 말한다. 이것은 오온(五蘊)이 모두 빈 것이므로 무엇을 얻었다 해도 실로 얻은 바가 없다는 뜻이다.

보충 ▽

오온(五蘊) : 생멸변화하며, 조건으로 모인 다섯 가지. ①색온(色蘊) : 스스로 변화하고 다른 것을 장애하는 대상(對象). ②수온(受蘊) : 대상을 인지하여 느끼는 마음의 작용. ③상온(想蘊) : 대상을 마음으로 받아들여 상상하는 마음의 작용. ④행온(行蘊) : 인연으로 생겨 시간적으로 변천하는 것. ⑤식온(識薀) : 의식하고 분별하는 마음의 작용.

무소유(無所有)

가진 것이 없음.

* 빈털터리와 같은 뜻이지만 속된 표현은 아니고, 물욕(物慾)이 없는 마음을 그렇게 표현함.

불교 ▽

가진 바가 없다는 뜻으로, 번뇌를 초월한 경지를 이르는 말이다. 또한 아무것도 소유하지 않는다는 의미로, 공(空) · 무소득(無所得) · 무상(無相)과 같은 뜻으로 쓰인다.

용례 ▽

무소유상(無所有想) : 무소유의 경지에 이른 선정(禪定).

무소유처(無所有處) : 어떠한 것도 존재하지 않는 자리, 즉 삼매(三昧)의 경지를 말함.

무시(無始)

어디서부터 시작되었는지 알 수 없다는 의미로, 천지(天地)가 분화(分化)되기 이전의 혼돈 상태를 말함.

불교 ▽

아무리 돌아보아도 처음 비롯한 곳이 없다는 말이다. 그리고 시작을 알 수 없을 정도로 먼 과거를 가리킨다.

용례 ▽

무시범부(無始凡夫) : 시작을 알 수 없는 먼 과거로부터 끝을 알 수 없는 미래에 이르기까지 윤회를 벗어나지 못하는 범부를 이르는 말.

무시생사(無始生死) : 그 시작을 알 수 없는 때부터 유전(流轉)하는 생사.

무시무종(無始無終) : 모든 법(法)이 공(空)하여 처음도 없고 끝도 없다는 뜻.

무식(無識)

학식이나 식견이 없음. 아는 것이 없음. ↔ 유식(有識)

불교 ▽

지혜나 견식(見識)이 없는 것으로, 인식을 초월한 상태를 가리킨다. 즉, 시비와 분별을 떠난 자리를 말한다.

무심(無心)

아무런 생각이나 감정이 없고, 무엇에 마음을 두거나 걱정함이 없는 것.

불교 ▽

세속의 인연이나 탐욕을 여읜 마음의 경지, 허망하게 분별하는 삿된 마음, 즉 번뇌가 없는 마음을 가리키는 말이다. 다시 말해서 마음 자체가 없다는 것이 아니라 마음에 걸리는 바가 없고, 무엇에 걸리는 마음이 없어서, 저절로 비었으면서도 신령하고, 고요하면서도 묘한 마음의 상태를 이른다. 이 무심이야말로 부처님의 마음이요, 해탈의 마음이다. 따라서 불교에서는 무심과 진심(眞心)은 같은 말이다.

용례 ▽

무심적정(無心寂靜) : 마음의 상념, 즉 번뇌를 벗어난 고요한 상태.

돈단무심(頓斷無心) : 어떠한 사물에 대하여 도무지 탐탁하게 여기는 마음이 없음.

무아(無我)

①자기를 잊음. 무의식(無意識). ②사사로운 마음이 없거나, 사심(邪心)이 없어 순진함.

* 무아경(無我境)은 자신도 인식하지 못할 정도로 무엇에 도취된 상태를 말함.

불교 ▽

일체가 무상(無常)하므로 나[我]라는 실체 또한 존재하지 않는다는 말이다. 즉, 범부는 몸과 마음을 주재하며 상존(常存)하는 '나'가 있다고 알지만, 실제로는 오온(五蘊)이 거짓 인연으로 화합하여 잠시 존재하는 것이므로 무아라고 한다. 또한 나를 구성하는 오온(五蘊)이 무상(無常)하기 때문에 고(苦)이고, 그렇기 때문에 무아라고 한다.

용례 ▽

무아무외(無我無畏) : '나'라는 속박에서 벗어나 두려움이 없는 것.

무아인(無我印) : 삼법인(三法印)의 하나인 제법무아(諸法無我)를 말함.

보충 ▽

삼법인(三法印) : 불교의 근본 교의(教義) 세 가지. ①제행무상(諸行無常) : 일체는 생멸 변화하므로 영원한 것이 없음. ②제법무아(諸法無我) : 만유의 모든 법은 조건에 따라 이루어져서 불변하는 실체가 없음. ③일체개고(一體皆苦) : 일체가 무상하고 제법이 무아이므로 모두가 괴로움.

무애(無碍)

막힘이나 걸림이 없음, 또는 장애가 없음.

불교 ▽

어떠한 시간과 공간도 차지하지 않는 것, 그래서 어느 것도 거부하지 않음을 가리키는 말이다. 또한 걸림이나 장애가 없어 자유자재한 것, 즉 자유(自由)를 무애라고 한다.

용례 ▽

무애광명(無碍光明) : 어느 것에도 걸림이 없는 지혜의 광명이라는 뜻으로 아미타불의 광명을 가리킴.

무애대행(無碍大行) : 장애가 없는 위대한 원행(願行).

무애변설(無碍辨舌) : 막힘이 없이 자유자재한 언변, 또는 그런 설법.

무언(無言)

말이 없음. 침묵(沈默).

불교 ▽

말이 없는 것이 아니라, 진여(眞如)의 자리는 말로 표현할 수 없으므로 말을 하지 못함을 뜻하는 말이다. 그리고 말없이 묵묵히 수행하는 것을 무언 또는 무언수행(無言修行)이라고 한다.

용례 ▽

무언무설(無言無說) : 모든 사상과 개념을 초월하여 다만 침묵하는 것.

무언염불(無言念佛) : 소리 없이 마음속으로 하는 염불.

무연(無緣)

아무런 인연이 없음.

* 이 말보다는 같은 뜻인 '무연고(無緣故)'를 흔히 씀. 이때는 어떤 사유(事由)나 까닭을 의미하고, 또, 혈통이나 정분(情分) 또는 법률적으로 맺어진 관계가 없는 것을 말함.

불교 ▽

원인과 조건이 없이 평등한 것, 존재하지 않음을 뜻하는 말이다. 그리고 일반에서와 같이 '인연이 없다'라는 의미로도 쓰이는데, 특히 전생에 부처나 보살과 맺은 인연이 없음을 의미한다.

용례 ▽

무연법계(無緣法界) : 일체의 법계가 절대 평등함을 강조한 말.

무연삼매(無緣三昧) : 인연한 바를 여의어 일체의 번뇌가 사라진 상태.

무연중생(無緣衆生) : 부처와 보살과 인연이 없는 중생. 이들은 불보살도 제도할 수 없다고 함.

무위(無爲)

①아무 일도 하지 않음. ②사람의 지혜나 힘을 더하지 않음.

불교 ▽

현상을 초월하여 상주불변(常住不變)하는 존재를 이르는 말로, 모든 법의 진실한 실체, 인연에 따라 생겨난 것이 아니고 생멸변화를 떠난 존재, 원인과 조건에 따라 생성된 것이 아닌 존재, 열반 따위를 의미한다.

『구사론(俱舍論)』에는 허공(虛空) · 택멸(擇滅) · 비택멸(非擇滅)의 세 가지 무위를 말하지만, 그 분류방법은 경전에 따라 다양하다. 선종에서는 무위를 아무런 행위가 없는 것이 아니라 일체의 행위가 마치 물고기가 물속을 헤엄치듯, 새가 창공을 날듯, 아무런 걸림이 없음을 가리키는 말이다.

참고로 도가에서 무위는 자연법칙에 따라 행위하고 인위적인 작위(作爲)를 하지 않는 것을 말한다. 유가에서 목적을 추구하는 의식적인 행위를 의미하는 유위(有爲)를 제창한 데 반하여, 유위는 인간의 후천적인 위선(僞善)이고 미망(迷妄)이라고 하며 이것을 부정하고 무위를 주장한다.

용례 ▽

무위법(無爲法) : 생멸(生滅) 변화가 없는 법, 즉 진리(眞理)를 말함.

무위진인(無位眞人) : 무엇이라 이름 지을 수 없을 만큼 참된 사람, 곧 부처님을 가리킴.

진실무위(眞實無僞) : 참되어 거짓이 없음.

보충 ▽

『구사론(俱舍論)』 : 『아비달마구사론(阿毘達磨俱舍論)』의 줄임말이다. 4~5세기 경 인도의 승려 세친(世親)이 짓고, 당나라 때 현장이 한역한 것으로 설일체유부의 아비달마 논서 가운데 가장 핵심적인 것이다.

무진(無盡)

다함이 없음. 한량이 없음. 무진장(無盡藏).

불교 ▽

'다함이 없음', '한량이 없음'을 의미하는 불교용어로, 잘 융화되어 서로 방해함이 없는 상태를 일컫는 말이다. 원융무애(圓融無碍)와 같은 의미로, 무수(無數)의 뜻이다.

예전에 서민들이 경제적으로 상부상조하는 일종의 금융조직인 무진계(無盡契)가 있었다. 그 도움이 한량이 없다는 의미의 무진계가 사적인 금융조직으로 성장하자 그에 따른 폐해를 막기 위해 무진업법(無盡業法)으로 허가되는 금융기관으로 발전하였다. 요즈음 상호신용금고의 전신이다.

용례 ▽

무진법계(無盡法界) : 한없이 큰 우주.

중중무진(重重無盡) : 삼라만상이 서로 끝없이 관계하고 있는 것.

무진장(無盡藏)

다함이 없이 많음.

불교 ▽

일반에서와 같은 의미지만, 한도 끝도 없는 것이 부처님의 덕(德)이고, 가르침이라는 점이 다르다. 즉 부처님의 덕이 넓고 끝이 없어 '다함이 없는 창고'와 같다는 뜻이고, 부처님의 가르침이 배워도 끝이 없다는 말이다.
『유마경(維摩經)』에 빈궁한 중생을 돕는 것은 무진장을 실천하는 것이며, 보살은 가난하고 궁한 자들에게 무진장을 나타내 그들로 하여금 보리심을 생기게 한다고 하였다.

무참(無慙)

매우 부끄러움.

불교 ▽

일반에서와는 반대의 의미로, 전혀 부끄러움을 모른다는 뜻이다. 즉, 잘못을 하고도 수치스러움을 모른다는 말이다.
『구사론(俱舍論)』에서는, 지은 죄에 대해 스스로 살피고도 수치를 모르는 것을 무참(無慘)이라고 하였는데, 아마도 '부끄러울 慙'과 '슬퍼할 慘'을 서로 혼용한 것으로 보인다.

용례 ▽

무참괴승(無慙愧僧) : 계(戒)를 파하고도 부끄러움을 모르는 승려.

무학(無學)

배운 것이 없음, 또는 그런 사람. 특히 학교를 다니지 않은 사람을 지칭함.

불교 ▽

일반적인 의미와는 반대로, 배우지 못한 것이 아니라 다 배워서 더 이상 배울 것이 없다는 뜻이다. 모든 번뇌를 끊어 더 이상 닦아야 할 것이 없는 경지 또는 그런 경지에 이른 성인을 일컫는 말이다. 즉 소승에서는 아라한의 경지, 대승에서는 부처의 경지가 무학이다.

용례 ▽

무학도(無學道) : 모든 번뇌를 끊고 진리를 증득하여 더 배울 것이 없는 지혜.

무학위(無學位) : 무학에 이르는 지위. 아라한

보충 ▽

아라한(阿羅漢) : 산스크리트어 아르하트(arhat)의 주격 아르한(arhan)의 음역으로, 응공(應供)·살적(殺賊)·불생(不生)·이악(離惡)이라고 번역한다. 삼계의 미혹을 끊고 깨달음을 얻어 공양을 받기에 적당한 성인이라는 뜻이다.

문답(問答)

묻고 대답함.

불교 ▽

수행자가 불법(佛法)에 대한 의문을 묻고 스승이 그에 대답하는 화법이다. 문답은 선문의 중요한 수행법이었으며 부처님의 설법 또한 문답에 의거했다.

용례 ▽

문답료간(問答料簡) : 문답으로 생각하여 선택하는 것.

불수문답(不隨問答) : 질문에 엉뚱한 대답을 하거나 침묵하여 남을 괴롭히는 일.

선문답(禪問答) : 선문에서 스승과 제자 또는 도반들 사이에 공안이나 화두에 대한 견처(見處)를 드러내기 위해 나누는 대화.

문외한(門外漢)

어느 분야에 전문적인 지식이 없거나 관계가 없는 사람을 비유적으로 이르는 말.

불교 ▽

아직 불문(佛門)에 들어오지 못한 사람이라는 뜻으로 아무것도 모른다는 의미와 함께 외도(外道)를 가리키기도 한다.

미래(未來)

아직 다가오지 않은 때. 지금 다음의 시간.

불교 ▽

삼세(三世)의 하나로, 죽은 다음의 세상을 말한다. 미래세(未來世) · 내세(來世) · 후세(後世)라고도 한다. 또한 현세(現世)에서도 아직 다가오지 않은 때, 즉 장래(將來)를 가리키는 말이다.

용례 ▽

미래영겁(未來永劫) : 앞으로 닥쳐 올 영원한 세상.

미래왕생(未來往生) : 죽은 뒤에 극락세계에 태어나는 일.

미륵(彌勒)

①미륵보살의 준말. ②민간신앙의 한 가지 형태로 마을 어귀 등에 모신 돌로 새겨 만든 미륵불.

* 난세(亂世)에 새로운 성인(聖人)과 새 세상의 도래(到來)를 염원하는 의미임.

불교 ▽

산스크리트어 마이트레야(Maitreya)를 음역한 말이다. 인도 바라나국의 바라문으로 부처님의 교화를 받고 미래에 성불할 것이라는 수기를 받았다. 지금은 미륵보살로 도솔천에서 천인(天人)들을 교화하는 보살행을 닦고 있다. 그러나 석가모니 부처님 열반 후 56억 7천만 년 뒤에 이 사바세계에 하생(下生)하여 화림원 용화수 아래에서 성도한 후 모든 중생을 제도하게 될 미래의 부처를 말한다. 아직은 성도하지 않았기 때문에 미륵보살로 부르기도 하고, 미래의 부처이라서 미륵불이라고 부른다. 불교의 구세주인 미륵(Maitreya)이 기독교의 구세주인 메시아(Messiah)와 어원이 같은 것은 결코 우연이 아닌 것으로 보인다.

용례 ▽

당래미륵(當來彌勒) : 곧 하생할 미륵불이란 뜻으로, 구세(救世)를 염원하는 의미이다.

미안(未安)

남에 대하여 부끄럽고 겸연쩍은 마음. 상대방에 대하여 마음이 편하지 못하고 거북함.

불교 ▽

아직 깨달음을 얻지 못했거나 그런 사람을 이르는 말이다. 즉, 안심입명(安心立命)을 아직 얻지 못했음을 말한다. 그리고 그런 사람을 '미안' 또는 '미안심(未安心)'이라고 한다.

일반에서 미안은 공부를 게을리하여 안심(安心)을 얻지 못했으니 남 보기가 부끄럽고 겸연쩍다는 의미에서 나온 말이다.

미증유(未曾有)

아직까지 한 번도 있어본 적이 없음. 전대미문(前代未聞)과 같은 뜻.

불교 ▽

원래는 '깜짝 놀랄 만한'의 뜻이었으나, 일반에서와 같이 '이제까지 없었던', '대단히 진귀한', '신기한', '기적적인' 따위의 뜻으로 쓴다.

『중아함경(中阿含經)』의 『수장자경』에, 수장자는 여덟 가지 미증유의 법이 있다고 설한 내용이 등장한다. 그 여덟 가지는 수장자가 욕심이 적고, 믿음이 굳건하고, 부끄러움을 알고, 남에게 미안함을 알며, 선행을 부지런히 하고, 항상 법을 깊이 생각하고, 마음이 산란하지 않고, 지혜가 밝은 사람이라는 내용이다. 그리고 경전 가운데도 『미증유인연경(未曾有因緣經)』, 『사미증유법경(四未曾有法經)』 등이 있다.

보충 ▽

『중아함경(中阿含經)』 : 마드야가마(Madhyamāgama)의 번역으로 길지 않은 내용의 222가지 경을 모아 하나로 묶은 경전. 사성제, 십이연기 따위의 내용이 주류이다. 중국 동진의 구담승가제바 번역. 60권.

밀어(密語)

남이 알아듣지 못하게 비밀히 말함, 또는 그렇게 하는 말. 또는 연인끼리 속삭이는 달콤한 말.

불교 ▽

부처님이 진실을 속에 감추고 방편으로 설한 진리의 말씀이란 뜻이다. 방편은 진리가 아니기 때문에 진리는 따로 있는 비밀스런 말이다. 따라서 밀어는 밀교(密教)의 다라니를 가리키기도 한다. 밀교에서 다라니는 부처님의 교의를 설명하는 말로, 보통 사람이 알아들을 수 없는 주문의 형식이어서 밀어라고 한다.

보충 ▽

밀교(密教) : 비밀불교(秘密佛教)의 약칭으로, 법신(法身)인 대일여래(大日如來)를 교주로 한다. 일반적인 불교는 중생의 근기에 따라 가르침을 설한 현교(顯教)라고 하는 반면, 밀교는 법신불인 대일여래가 스스로 깨달은 바를 그대로 설한 비밀스런 가르침인 다라니는 아무에게나 전수할 수 없기 때문에 비밀불교라고 하는 불교의 한 종파이다. 후기 대승불교의 형태로 네팔과 티베트의 불교가 여기에 속한다.

다라니(陀羅尼) : 산스크리트어 다라니(dhāraṇī)의 음역으로 총지(摠持)·능지(能持)라고 번역한다. ①지혜 또는 삼매를 말함. ②신비한 힘이 담긴 부처님의 가르침으로, 산스크리트어로 된 것을 번역하지 않고 그대로 발음하여 외우는 것이다. 진언(眞言). 밀어(密語).

밀행(密行)

남몰래 다님. 비밀리에 어떤 곳으로 감.

불교 ▽

남이 알 수 없는 비밀스런 수행, 오로지 불도(佛道)에만 전력하는 면밀한 수행을 가리킨다. 또한 '친밀한 수행'이라는 의미로, 애쓰지 않아도 그대로 진리에 계합(契合)하는 일상의 동작을 말하기도 한다. 혹은 고행을 견디는 인내력을 뜻하기도 한다.

용례 ▽

밀행 제일(密行第一) : 부처님의 십대제자 가운데 남몰래 좋은 일을 가장 잘한 라훌라를 가리킴. 부처님의 출가 당시의 아들이었음.

바라지

온갖 일을 돌보는 것이나 먹을거리나 입을거리 등을 대주는 것을 말함. 다른 명사와 함께 쓰여서 뒷바라지, 옥바라지, 해산바라지 등으로 사용됨.

불교 ▽

절의 각종 시식(施食)에서 의식을 주재하는 스님이 읽는 경전의 다음 구절을 받아 읽는 스님을 가리키는 말이다. 또한 의식을 주관하는 법주(法主)를 도와 목탁을 치고 경전을 읊고 공양물을 올리는 일, 또는 그 일을 맡아 하는 스님을 말한다.

절에서 영산재(靈山齋)를 올릴 때, 법주(法主)와 바라지가 함께 진행하는데, 법주가 먼저 경을 읽으면 바라지가 그 다음 송구를 받아 읽는 것이 보통이다. 따라서 바라지는 여러 가지 사물(四物)을 다루고, 소리와 소리의 맥을 이어주는 일이 주된 임무다. 재(齋)를 올릴 때는 법주와 바라지가 잘 어울려야 하며, 보통 법주가 선배이지만 바라지도 법주 못지않게 염불을 잘하고 사물도 잘 다루어야 한다. 바라지는 '수발'과 같은 뜻인 순우리말이 불교용어가 된 것이다.

보충 ▽

시식(施食) : 죽은 이를 위해 천도하는 재(齋)를 올린 다음에, 또는 돌아가신 조상이나 일체 고혼(孤魂)에게 제물을 주면서, 법문을 하거나 경전을 독송하는 등의 의식을 하는 행사.

법주(法主) : 법회나 의식을 주관하는 스님.

영산재(靈山齋) : 부처님이 영취산에서 설법하던 영산회상을 상징화한 것이다. 영산회상을 열어 영혼을 발심시키고 그에 귀의하게 함으로써 극락왕생하게 한다는 의미가 있으며, 천도재 따위의 의식에서 행한다. 국가중요무형문화재 제50호이며, 유네스코 세계무형문화유산으로 등재되었다.

바랑[鉢囊] ⇒걸망

반연(攀緣)

①무엇을 더위잡고 기어오르는 것. (반연식물(攀緣植物): 수세미나 담쟁이처럼 무엇을 감고 기어오르는 식물). ②속된 인연에 끌리는 것. ③권력이 있는 사람에게 의지하여 출세하는 것.

불교 ▽

①어떠한 대상에 의탁하여 마음이 일어나는 것, ②외부의 사물을 인식하는 것, ③마음이 대상에 의해 작용하는 것, ④마음이 외계의 사물에 의해 좌우되는 것, ⑤마음의 혼란, 집착(執着) 등의 뜻으로 쓴다. 이 말은 마치 원숭이가 나뭇가지를 붙잡고 이리 뛰고 저리 뛰는 것처럼, 마음이 바깥 경계에 끌려 평정하지 못함을 이르는 말이다.

발기(發起)

어떤 일을 새로 시작하거나, 새로운 일을 꾸며내어 일으키는 것. 또, 그렇게 하는 사람을 발기인(發起人)이라고 함.

불교 ▽

①사물(事物)이 처음 생김, ②미혹(迷惑)이 일어남, ③깨달음을 구하려고 마음을 일으키는 것 따위를 뜻하는 말이다. 또한 강원에서 경전의 뜻을 토론할 때, 경문을 먼저 읽어 주는 사람을 가리키며, 이 역시 처음 시작하는 단초가 된다는 의미이다.

용례 ▽

발기중(發起衆) : 부처님이 법을 설하게 된 데 인연이 된 사람들.

발기보리심(發起菩提心) : 보리심을 냄. 발보리심(發菩提心). 발심(發心).

보충 ▽

보리심(菩提心) : 산스크리트어 보디칫타(bodhicitta)에서 보디(bodhi)는 보리로 음사하고, 칫타(citta)는 심으로 의역한 말이다. 상구보리

(相求菩提) 하화중생(下化衆生), 즉 위로는 깨달음을 구하고 아래로는 중생을 교화하려는 마음이다.

발로(發露)

마음에 숨기거나 간직한 것이 행동이나 작품 따위를 통해 겉으로 드러나는 것.

불교 ▽

원래 포살(布薩)이나 자자(自恣)에서 자기가 범한 잘못을 조금도 숨기지 않고 여러 사람에게 낱낱이 고백하여 참회하는 일을 말한다. 무엇을 여는 것을 발(發)이라고 하고, 드러내는 것을 로(露)라고 한다. 즉, 자신의 속마음을 펼쳐 밖으로 드러낸다는 의미의 말이다.

보충 ▽

포살(布薩) : 수행자가 보름마다 자신의 허물을 대중에게 공개적으로 밝히고 참회하는 일.

자자(自恣) : 여름안거가 끝나는 날에 여는 참회 의식.

발심(發心)

무슨 일을 하겠다고 마음을 먹는 것. 결심(決心)과 같은 뜻이지만, 나쁜 일이 아니라 좋은 일을 하고자 마음먹음.

불교 ▽

발보리심(發菩提心)의 준말로, 불도(佛道)를 깨닫고 중생을 제도하려는 마음을 일으키는 것, 보리(菩提), 즉 진리를 구하려는 마음을 일으키는 것을 말한다.

용례 ▽

초발심(初發心) : 보리의 마음을 일으킨 처음, 또는 처음의 결심.

포고발심(怖苦發心) : 세상의 고통이 무서워서 진리를 찾을 마음을 일으키는 것.

발원(發願)

종교적인 의미로, 신명(神明)에게 소원을 비는 것.

불교 ▽

불교에서는 일반적으로 세 가지의 의미로 해석한다. 첫째는 부처와 보살이 중생을 제도하려는 서원(誓願)을 세우는 것, 둘째는 원하는 일이 이루어지기를 부처님께 비는 것, 셋째는 중생을 제도하려는 부처나 보살의 소원이 이루어지기를 비는 것으로, 이때는 기원(祈願)과 같은 뜻이다.

용례 ▽

발원문(發願文) : 소원을 적은 글로, 줄여서 원문(願文)이라고도 함.

극락발원(極樂發願) : 내생에 극락에 태어나기를 바라는 서원(誓願).

방(房)

집이나 건물에서 사람이 거처하기 위해 만들어진 공간. 일반적으로는 사람이 거주하는 곳을 말함.

불교 ▽

절에서는 곁방을 일컫는다. 보통은 건물의 중앙에 당(堂)이 있고, 그 양쪽에 방(房, 坊)이 있다고 하여 곁방이라고 한다. 승려들이 거처하는 곳으로 승방(僧房, 僧坊)이라고도 한다. 그래서 절을 승방이라고 부르는 경우가 많았는데, 서울 성북구 보문동에 있던 '탑골승방'이 그 예다.

방광(放光)

서광(瑞光) 또는 광선이 내 쏘는 것.

불교 ▽

부처와 보살의 몸에서 발하는 빛으로, 불보살의 지혜광명이 널리 비추는 것을 말한다. '마음을 열어 지혜의 빛을 내다'는 뜻이다. 부처와 보살은 미간의 백호(白豪)와 몸의 모공(毛空)으로 빛을 내고, 그 빛으로 중생들을 교화하고 구제한다고 한다.

용례 ▽

방광삼매(放光三昧) : 중생의 욕락(慾樂)에 따라 뜨겁거나, 차갑거나, 뜨겁지도 차갑지도 않은 빛을 나타내는 선정.

방일(放逸)

①행동이나 생활태도가 제멋대로인 것. ②마음대로 거리낌 없이 노는 것. ③방탕한 짓이나 하면서 함부로 노는 것.

불교 ▽

마음이 산만하고 경솔하여 선행에 관심이 없는 것, 즉 태만(怠慢)·방자(放恣)·나태(懶怠)를 말한다. 또한 불도를 멀리하고 제멋대로 행동하는 것도 방일이다.

용례 ▽

방일문(放逸門) : 선을 행하고 악을 멀리하는 것을 소홀히 하는 가르침.

방일처(放逸處) : 사람이 게으름을 피우게 하는 근원. 이를테면, 술이나 노름 따위.

방편(方便)

그때의 형편에 따라 일을 쉽게 처리할 수 있는 수단과 방법.

불교 ▽

산스크리트어 우파야(upāya)를 의역한 말로, '접근하다', '도달하다'의 뜻이다. 방(方)은 방법, 편(便)은 편리함의 뜻으로, 부처와 보살이 중생을 구제하기 위한 편의적인 수단, 중생들을 각각의 근기에 따라 제도하는 지혜, 좋은 방법을 써서 중생을 바른 길로 인도하는 것 따위를 말한다. 대승불교에서 이것을 중요하게 여겨 설법하는 장소와 상대에 따라 갖가지 방편이 설명되고, 경전에 따로 '방편품

(方便品)'을 두는 경우가 많다. 또한 보살의 실천수행의 덕목인 육바라밀에 방편바라밀 등을 더한 십바라밀이 있다.

용례 ▽

방편반야(方便般若) : 문자(文字)가 반야(般若)는 아니지만, 문자에 의지해서 반야가 생기므로 문자가 방편이 된다는 뜻. 문자반야(文字般若).

보충 ▽

근기(根機) : 교법을 듣고 닦아 증득(證得)하는 능력. 교법을 받아들이는 중생의 능력.

반야(般若) : 산스크리트어 프라즈냐(prajñā)의 음역으로 혜(慧) · 명(明) · 지혜(智慧)로 번역한다. 법의 실다운 이치에 계합하는 최상의 지혜를 말한다.

백의(白衣)

①흰옷. ②베옷. ③벼슬이 없는 선비를 비유적으로 이르는 말. 이를테면, 백의종군(白衣從軍)은 벼슬이 없는 사람으로 군대를 따라 전쟁터에 나가는 것을 말함.

불교 ▽

재가신도(在家信徒)를 가리키는 말이다. 일반적으로 재가자는 물을 들이지 않은 흰색의 옷을 입는 반면에, 출가 수행자는 물을 들인 염의(染衣)를 입는 데서 나온 말이다. 이것은 인도에서 바라문을 비롯한 세속의 사람들이 흰색 옷을 주로 입었던 것에서 유래하였다. 그래서 속인(俗人) · 재가자(在家者) · 소의(素衣) 등이 백의와 같은 뜻이다. 한편 밀교에서는 여성이나 보살을 백의라고 한다.

용례 ▽

백의관음(白衣觀音) : 삼십삼관음 가운데 하나로, 항상 흰옷을 입고 연꽃에 앉은 관세음보살의 이름.

백중(百中)

음력 7월 15일에 드는 절기의 이름.

불교 ▽

음력 7월 보름에 드는 명일(名日)로, 절에서 스님들이 여름 안거(安居)를 마치고 대중 앞에서 자기의 허물을 말하고 참회를 구하는 날이다. 또한 신도들은 이날 조상을 위한 재(齋)를 올린다.

백종(百種), 중원(中元) 또는 망혼일(亡魂日)이라고도 한다. 백종(百種)은 백 가지 음식을 갖추어 놓았다고 하여 생긴 말이다. 중원(中元)은 도가에서 말하는 삼원(三元)의 하나이고, 망혼일(亡魂日)은 돌아가신 부모의 혼을 위로하는 재(齋)를 올리는 데서 비롯되었다.

『우란분경(盂蘭盆經)』에는 목련 존자(木蓮尊者)가 지옥에 떨어진 어머니를 구하기 위하여 백 가지 음식을 차려 그릇[盆]에 담아 수행자들에게 공양하였다고 한다. 그래서 이날을 '백종(百種)' 또는 '우란분일(盂蘭盆日)'이라고 부른다.

보충 ▽

『우란분경(盂蘭盆經)』 : 목련 존자가 지옥에 있는 어머니를 고통에서 구한 것을 설한 경전으로, 이 경전에 의해 우란분회가 생겼다. 서진 때 축법호(竺法護)가 번역하였다. 이역본으로 『보은봉분경(報恩奉盆經)』이 있다.

목련(木蓮) 존자(尊者) : 마우드갈랴야나(Maudgalyāyana)를 목련(木蓮) 또는 목건련(木犍蓮)으로 음사하였다. 왕사성의 바라문 출신으로 외도(外道)를 섬기다가 샤리푸트라(Śāriputra, 舍利弗)와 함께 부처님께 귀의하여 십대제자 중 한 명이 되었다. 신통(神通) 제일의 제자.

번뇌(煩惱)

마음이 시달려서 괴로움 또는 그런 괴로움.

불교 ▽

산스크리트어 클레샤(kleśa)를 번역한 말로, 혹(惑) · 수면(隨眠) · 염(染) · 결(結) 따위의 뜻이 있다. 마음이나 몸을 괴롭히는 노여움 · 바람 · 어리석음 따위의 망념, 실체가 없는 '나'를 실재하는 것으로 믿는 데서 일어나는 나쁜 경향의 마음 작용을 말한다.

불교의 궁극의 목적은 번뇌를 극복하여 열반의 경지에 이르는 것이고, 특히 대승불교에서는 번뇌가 곧 깨달음이라 하여, 번뇌의 성품이 비었음을 깨우치는 것이 번뇌를 근본적으로 극복하는 첩경이라고 가르친다.

유식(唯識)에서는 번뇌를 모든 괴로움의 근본이 되는 탐욕 · 성냄 · 어리석음과 만(慢) · 의(疑) · 악견(惡見) 등 여섯 가지의 근본번뇌(根本煩惱)와 이에 수반하여 일어나는 게으름 · 불신 · 경망스러움 · 교만 등 스무 가지의 수번뇌(須煩惱)로 구분한다.

용례 ▽

백팔번뇌(百八煩惱) : 108가지의 번뇌. 우리의 육근(六根: 眼 · 耳 · 鼻 · 舌 · 身 · 意)이 그 대상인 육경(六境: 色 · 聲 · 香 · 味 · 觸 · 法)을 대할 때, '좋다', '나쁘다', '좋지도 않고 나쁘지도 않다'는 3종의 마음에서 일어나는 18종의 번뇌와, 여기에 '즐겁다', '괴롭다', '괴롭지도 않고 즐겁지도 않다'는 3종의 수(受)로 일어난 18종의 번뇌를 합한 36번뇌가 삼세(三世)에 걸쳐 나타난다고 하여 모두 108가지의 번뇌가 된다.

범부(凡夫)

평범한 사내. 범인(凡人).

불교 ▽

지혜가 얕고 우둔한 중생, 번뇌에 얽매여 생사를 초월하지 못하는 사람을 말하며, 모도(毛道) 또는 이생(異生)이라고도 한다. 또한 불교의 수행단계 중에서 처음으로 완전한 지혜가 열려서 사제(四諦: 苦 · 集 · 滅 · 道)를 보는 지위를 견도(見道)라고 하는데, 견도에 이르지 못한 사람을 범부라고 한다. 따라서 범부는 사제의 도리를 완전히 알지 못하는 지혜가 얕은 사람이라는 뜻이다.

그리고 범부를 이생(異生)이라고 하는 것은 여러 가지 번뇌와 옳지 않은 견해로 갖가지 업을 쌓아 그 과보로 여러 세계에 태어나는 존재라는 의미이고, 어리석고 번뇌에 얽매여 생사윤회의 고통을 벗어나지 못하는 중생이라는 뜻이다.

『화엄경(華嚴經)』에는 범부들은 심신이 괴로우면 갖가지의 악행을 일으키기 마련이니 몸에 병이 있거나 평등한 도리를 몰라 차별을 일으키고 고뇌하게 되는 경우, 삼업(三業)으로 갖가지 악을 짓게 된다고 한다.

용례 ▽

범부선(凡夫禪) : 선의 한 가지로, 인과(因果)의 도리는 믿지만 이 세상을 싫어하고 하늘에 태어나기를 바라는 것.

무시범부(無始凡夫) : 무시(無始)로부터 미래의 영겁(永劫)에 이르기까지, 태어나고 죽는 윤회의 굴레를 벗어나지 못하는 사람.

보충 ▽

『화엄경(華嚴經)』 : 『대방광불화엄경(大方廣佛華嚴經)』의 약칭. 부처님이 깨달음의 내용을 그대로 설법한 경전. 법계평등(法界平等)의 진리를 깨달은 부처님의 만행(萬行)과 만덕(萬德)을 찬탄함. 당나라 때 실차난타가 번역한 80권본이 있고, 이역본으로 불타발타라가 번역한 60권본이 있다.

삼업(三業) : 중생이 살면서 짓는 업의 세 가지. ①몸으로 짓는 신업(身業). ②입으로 짓는 구업(口業). ③뜻으로 짓는 의업(意業).

법(法)

①국가의 강제력이 따르는 온갖 규범. ②예의, 도리. ③방법, 방식. ④으레 그렇게 됨을 나타내는 말. ⑤당연하거나 버릇이 된 사실을 나타내는 말.

불교 ▽

산스크리트어 다르마(dharma)의 의역으로 ①지켜야 할 것, 관례, 습관, 풍습, 행위의 규범, ②해야 할 것, 도리, 의무, 사리(事理), ③사회적 질서와 제도, ④덕, 선행, ⑤가르침, 교설, 삼보의 하나, ⑥본질, 속성, 성질, 특질, 구성요소, ⑦마음의 모든 대상, ⑧사물, 존재하고 있는 것 따위로 요약된다. 여기서 ①, ②, ③, ④는 일반적인 법의 정의와 같지만, 교법(教法)의 법은 ⑤, 법성(法性)의 법은 ⑥, 법계(法界)의 법은 ⑦, 일체제법(一切諸法)의 법은 ⑧의 의미에 가깝다.

법률(法律)

어느 사회에서 공공의 이익과 질서를 위하여 만든 강제적인 규범으로, 보통은 국가가 제정하고 국민이 준수해야 하는 법과 규율을 말함. 좀 더 구체적으로는 국회의 의결을 거쳐 대통령이 서명하고 공포함으로써 성립하는 국법(國法)으로, 헌법의 다음 단계의 법.

불교 ▽

부처님의 교법(教法)을 법(法)이라고 하고 승단의 계율을 율(律)이라고 한다. 따라서 법률은 경과 율을 일컫는다. 그리고 경은 경장(經藏) 또는 법장(法藏)이라고 하여 부처님이 설한 법을 말하고, 율은 대중의 종류와 품계에 따라서 지켜야 할 계목을 담은 율장(律藏)을 말한다.

법석

여러 가지 소리를 내어 시끄럽게 떠드는 것 또는 그런 모양. '법석이다', '법석대다', '법석거리다'와 같이 표현하며 '소란스럽다'는 의미임.

불교 ▽

절에서 법회(法會)에 많은 대중이 둘러 앉아 설법을 듣는 자리를 법석(法席)이라고 하는데, 이 말이 변화한 것이다. 일반적으로 큰 법회일수록 대중이 많이 모이기 때문에 시끄럽고 어수선하다는 의미에서 유래하였다. 절이 아니라 들판에 임시로 설법하는 법석을 마련한 것을 야단법석(野壇法席)이라고 하는데, 야단법석은 법석보다 더욱 시끄럽고 어수선함을 가리킨다.

법칙(法則)

반드시 지켜야 할 규칙과 규범 또는 일정한 조건에서 반드시 성립되는 사물의 상호간의 본질적인 관계.

* 반드시 지켜야 할 규칙은 법률과 규칙을 말하는 것이고, 사물 사이의 본질적인 관계는 언제 어디서나 일정한 조건에서 성립되는 모든 사물 현상의 원인과 결과 사이에 내재하는 보편적이고 필연적 관계를 말함.

불교 ▽

의식(儀式)을 행하는 규칙, 즉 의궤(儀軌)를 말한다. 또한 염불하는 사람이 염불한 공덕으로 스스로 구제받는 것도 정해진 규칙이라는 뜻에서 법칙이라고 한다.

변이(變異)

①매우 괴기한 일. 이변(異變). ②생물학에서 같은 종류의 개체가 전혀 다른 성질이나 모양으로 나타나는 것.

* 돌연변이(突然變異)는 그 변이가 돌발적으로 일어난 것을 말함.

불교 ▽

변화하여 다른 모양이 되는 것 또는 잠재적인 형성력이나 근본적 성질이 변화하여 나타나는 것을 말한다. 또한 현상세계가 나타내는 것 모두를 변이라고도 하는데, 이것은 일체가 무상(無常)하기 때문에 그렇게 말한다.

용례 ▽

변이아만(變異我慢) : 고쳐진 자아의식.

변화(變化)

사물의 모양 · 성질 · 상태 따위가 달라지거나 바뀌는 것.

불교 ▽

본래의 형체가 바뀌는 것을 변(變)이라고 하고, 없던 것이 문득 생기는 것을 화(化)라고 한다. 이처럼 부처와 보살이 중생을 교화하기 위하여 모습을 바꾸어 여러 가지 모양을 나타내는 것을 변화라고 한다. 또한 변괴(變怪)나 요괴(妖怪)로 생긴 것도 변화라고도 한다.

용례 ▽

변화법신(變化法身) : 중생의 기류(機類, 종류 · 근기 · 수준)에 따라 변화하는 부처의 법신.

변화토(變化土) : 변화법신이 있는 국토, 즉 중생의 마음 따라 변화하는 국토.

별도(別途)

별다른 방도나 방면 또는 다른 용도.

불교 ▽

수행에서 남과는 다른 독특한 방법을 말한다. 그리고 어떤 종파에서 말하는 특별한 교리나 주의, 주장을 별도(別途)라고 한다. 반대로 공통의 방도나 방법은 통도(通途)라고 한다.

병마(病魔)

오랜 기간 당하는 질병의 고통을 비유적으로 한 말.

불교 ▽

질병도 하나의 마(魔)로 보는 지극히 불교적인 표현이다. 마는 귀신(鬼神)이라는 의미 외에 '장애(障碍)'의 뜻이 있는데, 이것은 어떤 일에 방해가 되는 것을 말한다. 따라서 참선하는 이가 잠에 시달리면 그것을 수마(睡魔)라고 하고, 잡생각에 공부가 안되면 번뇌마(煩惱魔)라고 하는 것과 같은 표현이다.

보리수(菩提樹)

여러 종류의 보리수가 있다. ①뽕나무과의 상록 활엽 교목으로 인도가 원산지이며, 불교에서 신성하게 여기는 보리수. ②피나무과의 낙엽 교목으로 중국이 원산지이고 우리나라에서 보리수 또는 보리자나무라고 부르는 나무. 이 나무의 열매로 염주를 만들기도 함. ③보리수나무과의 낙엽 활엽 관목으로 우리나라에 자생하는 보리수 따위.

불교 ▽

인도가 원산지이며 뽕나무과의 활엽수인 보리수를 말한다. 부처님이 이 나무 아래서 선정에 들어 깨달았다고 하여 보리수(菩提樹) 또는 사유수(思惟樹)라고 하며 신성하게 생각한다. 보리수에서 보리(菩提)는 산스크리트의 보디(bodhi)의 음역으로, 도(道) · 각(覺) · 지(智)로 번역되는데, 세속적인 번뇌를 끊고 깨달음을 얻은 경지 또는 깨달음을 얻어 극락왕생하는 일, 즉 불도(佛道)를 뜻한다. 이러한 깨달음을 상징하는 나무가 보리수다.

보살(菩薩)감투

①돼지의 창자에 붙어 있는 고기의 한 부분. ②잣의 속껍질 안의 잣대가리에 씌워진 꺼풀의 한 부분을 가리키는 말. 이들의 모양이 마치 보살의 보관과 비슷하다고 하여 부르는 이름.

보살이 머리에 쓰는 일종의 모자를 보관(寶冠)이라고 하는데, 보옥(寶玉)으로 장식한 관이라는 뜻에서 그렇게 부른다. 이 보관을 비하하여 옛날에 벼슬아치들이 쓰던 관모인 감투와 동격으로 표현한 말이 보살감투다.

복덕(福德)

복과 덕을 구분한 말. 복과 덕이 많음. 또는 타고난 복과 후한 마음.

불교 ▽

선행(善行)과 그에 대한 과보(果報)로서 받는 복리(福利)를 말한다.

용례 ▽

복덕자량(福德資糧) : 보시행(布施行)을 철저히 하여 불과(佛果)를 얻을 바탕이 되는 여러 가지 선근(善根)의 공덕을 자산과 양식에 비유한 말.

복덕장엄(福德莊嚴) : 복덕을 쌓아서 몸을 장엄함.

본성(本性)

사람의 본래 성품. 타고난 성질. 천성(天性).

불교 ▽

상주불변(常住不變)하는 절대의 진실성을 뜻하며, 고유의 성질, 근원적 성질, 만유(萬有)의 본질을 가리킨다.

용례 ▽

본성공(本性空) : 사물의 본성이 본래 공함을 이르는 말.

본성무염(本性無染) : 본성은 더러움에 물들지 않는다는 말.

본성해탈(本性解脫) : 자신이 이미 본래부터 속박을 벗어나 있다는 뜻.

본원(本願)

본래의 소원.

불교 ▽

부처와 보살이 전세(前世)에 세웠던 서원(誓願)을 말한다. 특히 근본적인 서원이라는 뜻으로, 아미타불이 일체 중생을 제도하기 위해 세운 서원을 일컫는다. 또한 탑이나 불상을 만들고 법회를 열려고 하는 발기인(發起人)을 본원이라고도 한다.

용례 ▽

본원력(本願力) : 부처가 되기 이전의 수행 기간에 세운 서원인 본원에서 나오는 힘.

본원왕생(本願往生) : 아미타불의 서원으로 구제받아 극락에 왕생하는 일.

본지(本地)

자기가 살고 있는 이 땅. 이곳. 당지(當地).

불교 ▽

①근원 · 본체 · 본원(本源) · 심성(心性), ②부처가 부처로서 그 모습을 나타내는 본원(本源), ③부처와 보살이 중생 제도를 위해 나타난 화신(化身)의 본래 진실한 몸 따위의 뜻이다.

용례 ▽

본지광명(本地光明) : 항상 진실한 부처의 지혜 광명.

본지법신(本地法身) : 대지(大地)가 만물의 기본이 되듯이, 일체의 근본이 되는 법신으로 비로자나불을 말함.

본지풍광(本地風光) : 태어날 적부터 부처인 중생의 진실한 모습, 즉 본래면목(本來面目)으로 미혹과 괴로움이 없는 부처의 경지를 이르는 말.

보충 ▽

비로자나불(毘盧遮那佛) : 산스크리트어 바이로차나(Vairocana)의 음사로 변일체처(遍一體處) · 광명변조(光明遍照)라고 번역한다. 부처님의 진신(眞身)을 나타내는 법신불(法身佛)로 대일여래(大日如來), 자재왕(自在王)이라고 한다.

본질(本質)

어떠한 것이 지니고 있는 가장 중요한 근본적 성질. 즉 본래의 바탕을 이르는 말. 그리고 철학에서는 변화무쌍한 현상적 존재에 대하여 그것의 내부에 잠재하면서 항상 존재하는 실체 · 본체 · 현상 · 실존을 말함.

불교 ▽

사물 그 자체를 이르는 말로, 이를테면 어떤 사물을 거울에 비추어 나타난 모양이 아닌 사물 자체를 말한다. 즉, 객관 인식의 대상이 되는 상분(相分)의 본체가 본질이다. 다시 말해서, 주관으로 객관을 인식할 때, 객관 자체를 직접 인식하는 것이 아니라, 반드시 먼저 자기 마음에 객관의 모양을 그린 다음에 식별(識別)하게 된다. 이는 곧 자기의 주관에 그려진 그림자를 객관적인 존재라고 인식하는 것이다. 이때 객관의 대상을 상분(相分)이라 하고 이 상분의 근본인 본체를 본질(本質)이라고 한다.

본체(本體)

①사물의 정체(正體), 즉 본바탕을 말함. ②철학에서 감성적으로 지각(知覺)하지 못하고 오직 이성적 사유(思惟)에 따라서만 파악할 수 있는 존재를 말함.

불교 ▽

제법(諸法)의 근본 자체, 즉 실상(實相), 생멸(生滅)하고 변화하는 모습이 아닌 만유(萬有)의 참모습, 즉 진여(眞如) · 진제(眞諦)를 말한다. 또한 화신(化身)의 근본으로, 본지(本地)와 같은 뜻으로도 쓴다.

용례 ▽

본체여연(本體如然) : 무심(無心)의 상태가 되면 본성이 스스로 드러나는 것. 번뇌가 사라지면 불성이 저절로 드러난다는 뜻.

봉행(奉行)

아랫사람이 어른이 시키는 일을 삼가 거행하는 것. 받들어서 행하는 것.

불교 ▽

①불법을 받들어 수행하는 일, ②삼보(三寶)를 받들어 모시는 일, ③부처님의 뜻을 받들어 행하는 일, ④서원(誓願)을 실행하는 일 따위를 말한다. 절에서는 모든 불사(佛事)를 행할 때 그 불사를 '봉행한다'라고 한다.

용례 ▽

환희봉행(歡喜奉行) : 기쁜 마음으로 불사를 봉행하는 것.

부실(不實)

완전하지 못하다는 의미로 ①믿음이 덜함, ②내용이 충실하지 못함, ③몸이 허약함, ④곡식이 잘 여물지 못함 따위를 가리킴.

불교 ▽

일반적인 의미와는 달리, 진실하지 않은 것, 실재하지 않는 것을 부실이라고 한다. 그래서 부실은 곧 어리석음을 가리키는 말이다.

용례 ▽

부실공덕(不實功德) : 진실하지 못한 공덕.

부정(不淨)

깨끗하지 않음. 제사 따위가 있는 날에 불길한 일이 생기는 것. 이를테면 '부정 타다'는 부정한 일로 해를 입는 것이고, '부정나다'는 부정한 일이 생긴다는 뜻이며, '부정 보다'는 제사를 지내야 할 사람이 부정한 일을 하는 것을 말함.

불교 ▽

더러워진 것, 또는 이미 더러워져 있는 것을 말한다. 따라서 번뇌가 부정이고, 유루(有漏)도 부정이다. 그리고 남자의 정액이 음욕으로 생겨난다고 해서 부정이라고 한다.

용례 ▽

부정관(不淨觀) : 우리 몸이 똥 오줌이나 고름과 같이 더러운 것으로 이루어져 있음을 살펴서 자신에 대한 애착을 끊는 수행법.

자체부정(自體不淨) : 우리 몸이 더러운 것으로 이루어져 있다고 해서 하는 말.

종자부정(種子不淨) : 사람의 종자(種子)가 남녀의 음욕에 따라 생겨났다고 하여 하는 말.

부처꽃

도금양목 부처꽃과의 여러해살이풀로 냇가나 연못 등 습지나 밭둑에서 자란다. 천굴채(千屈菜), 일본천굴채, 두렁꽃 등으로도 불린다. 키가 1m 안팎이고 여름에 붉은 보라색 꽃이 피며, 전세계에 500~600여 종이 분포하는데 우리나라에는 부처꽃, 좀부처꽃, 털부처꽃 등 10여 종이 분포한다.

예전에 음력 7월 15일 백중날 연꽃이 없을 경우에는 연못가에 있는 이 꽃으로 부처님께 공양을 올렸다고 하여 부처꽃이라는 이름을 얻었다고 한다.

부처나비

나비목 뱀눈나비과의 곤충으로 학명은 Mycalesis gotama Moore(1857)이고, 국명은 부처나비이다. 연 2~3회 발생하는데, 4월 중순부터 10월에 걸쳐 나타난다. 날개 길이는 5cm 정도이고, 황백색 바탕에 뱀눈 모양의 둥근 반점과 물결 모양의 줄이 나 있다. 우리나라를 비롯한 동남아 지역에 분포한다.

현재의 국명은 석주명(1947)이 지은 것으로, 학명의 종명에 있는 gotama가 석가모니 부처님의 성(姓)인 것에서 착안하여 이름을 부처나비라고 붙였다. 북한명은 '큰애기뱀눈나비'이다. 우리나라에는 유사종으로 부처사촌나비가 있다.

부처등에

파리목 등에과의 곤충으로 학명은 Tabanus budda Portshinsky이다. 몸 길이가 2~2.5cm이고, 우리나라를 비롯한 시베리아와 몽골 지역에 분포한다. 소나 말 따위의 큰 동물이나 자동차 냄새가 나는 곳에 잘 모이고, 주로 여름에 활동한다. 몸은 흑갈색이지만 머리는 회갈색 가루와 빽빽한 황금색 털로 덮였고, 가슴과 배에도 황금색 털이 부분적 또는 띠 모양으로 덮였으며, 특히 이마에 사각의 혹이 있어서 부처등에라고 부른다.

부처손

부처손목 부처손과의 다년생 상록 양치식물의 총칭이다. 건조한 바위 틈에서 자라고 키는 20cm가량 된다. 마치 사람의 손처럼 생긴 잎이 건조하면 오므라들고, 습하면 다시 활짝 펴진다. 전체를 말려서 약재로 사용하기도 하고, 관상용으로 가꾸기도 하는데, 우리나라를 비롯한 동남아 전역에 분포한다. 표족(豹足), 장생불사초(長生不死草), 신투시(神投時), 불수초(佛手草), 만년청(萬年青), 구고(求股), 교시(交時), 회양초(回陽草) 등 다양한 이름으로 불리는데, 잎이 붙은 모양이 주먹을 쥔 것 같고 잣나무잎 같다고 '권백'(卷柏)이라고도 부른다. 한자 이름인 보처수(補處手)에서 부처손이라는 이름이 나왔다는 설도 있다.

부촉(咐囑)

남에게 어떤 일을 부탁함.

불교 ▽

부처님이 설법을 마친 다음, 제자에게 그 법의 유통(流通)을 부탁하는 것을 말하며, 부촉(付屬)으로도 쓰고, 촉루(屬累) 또는 누교(累教)라고도 한다. 대부분의 경문에는 제자에게 그 경의 유통을 부탁하는 부분이 나오는데, 그것을 촉루품(囑累品) 또는 부촉단(付屬段)이라고 한다. 또한 법의 유통뿐만 아니라, 부처님이 입멸한 뒤 미륵불이 하생(下生)할 때까지 지장보살에게 중생제도를 부탁한 것도 '부촉'이라고 한다.

용례 ▽

부촉일념(咐囑一念) : 부처님이 『무량수경(無量壽經)』을 설하고 나서 미륵보살에게 "일념(一念)으로 아미타불의 명호를 부르면 한없는 공덕이 있다."고 한 일을 말한다. 여기서 일념(一念)은 한 번의 칭명 염불을 뜻한다.

보충 ▽

하생(下生) : 부처나 신이 천상에서 지상으로 내려오는 것, 즉 이 세상에 출현하는 것.

『무량수경(無量壽經)』 : 정토종(淨土宗)의 근본 경전으로, 상권에는 법장(法藏) 비구가 48원(願)을 세워 서방정토 극락세계를 성취하여 아미타불이 된 인과(因果)를 설명하고, 하권에는 중생이 아미타불을 염불하여 극락왕생을 하는 인과를 설명한다. 타력(他力)의 법을 설한 경전이다. 『아미타경』·『관무량수경』과 함께 정토삼부경의 하나이다.

분별(分別)

①사물을 어떠한 기준이나 종류에 따라 구분하고 나누는 것. ②경험을 토대로 사물에 대해 어떤 판단을 하는 것. ③화학에서 두 가지 이상 혼합된 물질에서 어떤 물질을 가려내는 것.

불교 ▽

산스크리트어 비칼파(vikalpa)를 의역한 말로, 사유(思惟) · 계탁(計度)의 뜻이다. 모든 사물과 존재의 본성을 보지 못하고 겉모습에 매달려 판단하고, 사유하고, 추론하는 의식작용, 곧 번뇌를 말한다. 따라서 일반에서는 분별이 필요하지만, 불교에서는 분별이 없어야 한다.

분신(分身)

본체에서 갈려 나간 지체(支體).

불교 ▽

부처와 보살이 중생을 제도하기 위해 여러 가지 모습으로 세상 곳곳에 나타나는 일, 또는 그 모습을 말한다. 화신(化身)과 같은 뜻이다. 그리고 인간을 포함한 일체의 존재가 우주 근원의 생명인 법신불(法身佛)의 분신이라고 한다.

불가득(不可得)

얻을 수 없음 또는 얻는 것이 불가능함.

불교 ▽

공(空)의 다른 표현으로, 모든 법은 인연에 따라 성립된 것으로서 항상 존재하는 실체(實體)가 없으므로 아무리 얻으려 해도 실로 얻을 것이 없다는 것이다.

『금강경(金剛經)』의 "과거심불가득(過去心不可得) 현재심불가득(現在心不可得) 미래심불가득(未來心不可得)"이라는 말도 과거 · 현재 · 미래의 마음이 모두 실체가 없는 것이므로 실로 얻을 바가 없다는 뜻이다.

용례 ▽

불가득공(不可得空) : 말과 생각이 모두 끊긴 곳에 세우는 공(空). 무소유공(無所有空).

보충 ▽

『금강경(金剛經)』 : 『금강반야바라밀경(金剛般若波羅密經)』의 약칭으로 『금강반야경』이라고도 한다. 부처님이 수보리에게 모든 경계(境界)가 공(空)하고, 지혜(智慧)가 공하고, 보살이 공함을 밝히고, 일체법이 무아(無我)임을 설하고 있다. 구마라집의 번역본 외에 이역본으로 보리류지의 번역본, 진제의 번역본이 있고, 당나라 때 현장이 번역한 『대반야바라밀다경』의 제9회 「능단금강분」이 동일한 내용이고, 『불설능단금강반야바라밀경』도 있다.

불가사의(不可思議)

사람의 생각으로는 미루어 헤아릴 수 없이 오묘함.

불교 ▽

말로 표현하거나 마음으로 생각하기 어려운 오묘한 이치, 또는 그런 가르침을 말한다. 그리고 언어로 표현할 수 없는 놀라운 상태를 일컫는 말로, 부처의 자비광명과 지혜의 가르침을 중생의 생각으로는 헤아릴 수 없다는 뜻으로 하는 말이다.

『화엄경(華嚴經)』에 "부처의 지혜는 허공처럼 끝이 없고 그 법(法)인 몸은 불가사의하다."고 하였다. 그리고 부처에게는 불국토[刹土] · 청정한 원력[淨願] · 종성(種姓) · 출세(出世) · 법신(法身) · 음성 · 지혜 · 신력자재(神力自在) · 무애주(無碍住) · 해탈(解脫) 따위의 열 가지 불가사의가 있다고 한다.

용례 ▽

『불가사의경(不可思議經)』 : 부처님의 불가사의함을 설한 경이라는 의미로 『화엄경(華嚴經)』의 별칭.

불가사의광불(不可思議光佛) : 부처님의 지혜 광명이 크고 한량이 없음이 불가사의하다는 의미로 아미타불의 별칭.

불가설(不可說)

말로는 설명할 수 없음.

불교 ▽

참된 이치는 스스로 체득(體得)하여 증명할 뿐, 말이나 글로는 설명할 수 없다는 뜻으로, 언어도단(言語道斷)과 같은 뜻이다.

용례 ▽

불가설공(不可說空) : 아무리 설명하려 해도 설명할 수 없는 공(空)의 이치.

불가설겁(不可說劫) : 말로 할 수 없는 긴 시간.

불립문자(不立文字)

글로써 표현할 수 없는 경지나 상황을 이르는 말.

불교 ▽

깨달음의 경지는 마음에서 마음으로 전해지는 것으로 말과 글로는 전할 수 없음을 가리키는 말이다. 문자로써 교(敎)를 세우는 것이 아니라는 뜻으로 선종의 종지로 삼는다. 언어도단(言語道斷)과 함께 쓴다.

교종(敎宗)은 경론의 문자와 교설만을 주로 하기 때문에 불교의 참정신은 잃고 있다는 것이 선종의 관점으로, 정법(正法)은 오직 마음에서 마음으로 전해지는 것[以心傳心]이라고 주장한다. 또한 깨달음의 체험을 중요하게 여겨 불립문자, 교외별전(敎外別傳) 또는 직지인심(直指人心)이라고 한다. 이런 사상은 선종을 중국에 처음 전한 달마(達磨)에서 이미 나타났고, 당나라 때 혜능(慧能)의 남종선(南宗禪)에서 강조되었다.

불상화(佛桑花)

아욱목 아욱과에 속하는 상록 관목으로 학명은 Hibiscus rosasinensis 이고, 원산지가 하와이며 전세계적으로 품종이 아주 많다. 우리나라의 국화인 무궁화도 히비스커스의 일종이다. 잎은 달걀 모양으로 끝이 뾰족하고 광택이 있고, 무궁화와 닮은 꽃이 핀다. 우리나라에서는 '하와이 무궁화', '아메리카 부용', '불상화' 등으로 불린다. 이 꽃이 1609년 일본 류큐에 불상화라는 이름으로 처음 전해졌다.

불수감(佛手柑)나무

운향과에 속하는 상록 관목으로, 귤나무속의 한 변종이다. 서리가 내리지 않는 따뜻한 지방에서 주로 재배하는데 중국 남방의 광동지방에서 많이 생산된다. 누런빛의 열매는 긴 타원형인데 겨울에 익으면 끝이 손가락 모양으로 갈라지는데, 이것이 부처님 손을 닮았다고 하여 불수감이라고 부른다. 과육(果肉)은 거의 없지만 향이 매우 좋다. 유자보다도 향이 강하며, 불수귤(佛手橘)나무라고도 한다. 불수감의 불(佛)은 복(福)과 중국식 한자어 발음이 유사하고 부처님의 손과 같은 생김새로 인해 불수감이 다복(多福)을 의미하게 되었다. 다수(多壽)를 의미하는 복숭아, 다남(多男)을 의미하는 석류와 함께 삼다(三多) 식물로 꼽힌다. 불교적인 문양으로 많이 이용된다. 불수감은 십장생 그림에서 복숭아와 함께 그려서 대수대복(大壽大福)을 표현한다.

불이초(佛耳草)

국화과의 두해살이풀로 키가 15~40cm까지 자라는데 전체는 흰 솜털로 덮여 있고, 잎과 어린 싹은 식용한다. 산과 들에 저절로 나는데 우리나라를 비롯한 동아시아지역에 분포한다. 떡쑥, 서국초(鼠麴草), 모자초라고 하며, 잎의 모양이 부처의 귀를 닮았다고 하여 불이초라고도 부른다.

불자(拂子)

먼지떨이. 총채.

불교 ▽

승려가 쓰는 법구(法具)의 하나로 불진(拂塵)이라고도 한다. 말이나 소의 꼬리털 또는 가는 삼실을 묶어서 자루를 단다. 파리나 모기 등 벌레를 쫓을 때 사용하며, 선가에서는 번뇌나 장애를 물리친다는 의미로 소지하기도 한다. 불자를 부드러운 털이나 실로 만드는 것은 파리나 모기와 같은 작은 생명을 해치지 않기 위함이다.

불장서(佛掌薯)

마과에 속하는 다년생초로 참마 또는 마라고 일반적으로 알려져 있다. 넝쿨로 자라며 땅속에 살이 많은 덩이줄기가 있는데 이 덩이

줄기는 약재로도 사용되고 식용을 한다. 동아시아가 원산지로 세계 각지에서 재배한다.

불장서의 이름에 대한 몇 가지 전설이 있다. 본래 중국에서 '서여'라고 불렀는데 수나라 때 '서여'라는 왕이 있었다. 사람들이 왕의 이름과 같은 이름을 함부로 부르지 못하도록 하기 위해, '산에서 나는 귀한 약재'라는 뜻으로 '산약'으로 바꾸었다는 이야기가 있다. 그 뒤 서사, 산서, 회산약, 불장서 등으로 불리게 되었다고 한다. 불장서는 덩이줄기의 생김새가 부처의 손바닥을 닮았다고 하여 붙여진 이름이다. 우리나라에서는 참마라고 한다.

불퇴전(不退轉)

굳게 믿어 마음을 굽히거나 물러서지 않음.

불교 ▽

산스크리트어 아비니바르타니야(avinivartanīya) 또는 아비바르티카(avivartika) 등을 아비발치(阿毘跋致), 아유월치(阿惟越致) 등으로 음사하고 불퇴전으로 번역한다. 한 번 도달한 수행의 지위나 정도가 뒤로 물러서지 않고, 수행을 그치는 일이 없음을 이르는 말로, 신심(信心)이 두터워 흔들림이 없음을 뜻한다.

용례 ▽

불퇴전법륜(不退轉法輪) : 부처와 보살의 설법으로, 중생에게 불퇴전을 얻게 하는 가르침을 말한다.

비량(比量)

이미 아는 사실로써 다른 사실을 미루어 아는 것.

불교 ▽

비교하여 헤아린다는 의미로, 추론(推論) · 추리(推理)를 뜻한다. 하나의 사실로 다른 사실을 바르게 추측하여 아는 것이다. 이를테면, 연기를 보고 불이 난 것을 안다거나, 꽃과 나비를 보고 꿀이 있는 것을 아는 따위가 비량이다.

용례 ▽

비량도리(比量道理) : 분별하여 알게 된 도리.

비밀(秘密)

숨겨서 남에게 공개하지 않는 일.

불교 ▽

아주 심오하고 깊은 비밀이라는 뜻의 '비오심밀(秘奧深密)'에서 유래한 말로, 쉽사리 사람에게 알려질 수 없는 교의(教義)라는 말이다. 특히 진언종(眞言宗)의 교의를 비밀이라고 한다.

용례 ▽

비밀불번(秘密不飜) : 다라니와 같은 주문(呪文)은 비밀스런 것이라서 번역하지 않는다는 말.

비밀장엄(秘密莊嚴) : 누구나 본래부터 가지고 있는 불성(佛性), 즉 만다라를 말함.

보충 ▽

진언종(眞言宗) : 밀종(密宗). 법신(法身)으로서의 비로자나불의 자내증(自內證)을 개현하는 것을 종지(宗旨)로 한다. 즉신성불(卽身成佛)을 주장하며 한편으로는 현세의 이익을 추구하는 데에 그 특색이 있다. 우리나라에는 신라 때 전해졌으나 조선시대에 자취를 감추었다가 근년에 다시 등장하였다.

만다라(曼茶羅) : 산스크리트어 만다라(māndāra)를 음역한 말로 단(壇)을 지칭하기도 하고, 단에 부처와 보살을 배치한 그림을 말한다. 그 그림이 우주의 진리 · 정수 · 본질을 표현한다는 의미에서 만다라라고 한다.

다라니(陀羅尼) : 산스크리트어 다라니(dhāraṇī)의 음역으로 총지(摠持) 또는 능지(能持)라고 번역한다. ①지혜 또는 삼매를 말함. ②산스크리트어를 번역하지 않고 그대로 발음하여 외우는 것. 진언(眞言). 밀어(密語).

비법(秘法)

어떠한 기술이나 의술 따위에 남이 모르는 혼자만의 비방(秘方), 영험한 처방.

불교 ▽

스승의 비의(秘義)라는 의미로, 함부로 발설하지 않는다고 하여 비법이라고 한다. 특히 밀교의 진언(眞言) 수행법을 가리키기도 하는데, 그것을 다른 사람에게 공개하지 않기 때문에 그렇게 부르고, 비밀법(秘密法)이라고도 한다.

보충 ▽

진언(眞言) : '진실한 말'이라는 의미로 부처와 보살의 작용을 나타내는 비밀스런 말. 주(呪) · 신주(神呪) · 밀언(密言) · 다라니.

비상(非常)

예사로운 일이 아니거나, 뜻밖의 긴급한 일.

불교 ▽

모든 법(法)은 상주(常住)함이 없이 인연 따라 변천(變遷)하는 것, 세상의 덧없음, 슬픔 등의 뜻으로 쓴다. 무상(無常)과 같은 말이다. '생로병사를 보고 비상을 안다'고 한 부처님의 말씀은 '사람이 태어나서 늙고 병들어 죽는 것으로부터 무상함을 깨닫다'는 말이다.

비원(悲願)

비장한 소원, 꼭 이루려는 소원.

불교 ▽

부처와 보살의 자비심으로부터 일으키는 중생제도의 서원(誓願), 즉 모든 중생을 다 제도하겠다는 대자대비의 발원에서 나온 말이다. 아미타불의 48원, 약사여래의 12원 등이 바로 비원이다. 특히 모든 중생을 남김없이 구제하겠다는 비원이 너무도 위대하기 때문에 지장보살을 대원본존(大願本尊) 또는 비원금강(悲願金剛)이라고 부른다.

보충 ▽

약사여래(藥師如來) : 약사유리광여래(藥師琉璃光如來)의 약칭이다. 이 여래는 보살로 수행할 때 모든 불구자의 몸을 온전하게 하고 중생의 온갖 병을 모두 치료하여 깨달음에 이르게 하겠다는 등의 12가지 큰 서원을 세우고 수행하여 성불하였다. 그래서 약사여래의 세계는 괴로움이 없고 온갖 보석으로 장엄되어 있다고 하며, 누구든지 약사여래의 이름을 외우는 사람은 살았을 때는 온갖 재앙이 없어지고 죽었을 때는 여덟 명의 보살이 극락세계로 인도한다고 한다. 동방 정유리세계의 교주이며 유리광왕 또는 대의왕불(大醫王佛)로도 불린다.

지장보살(地藏菩薩) : 부처님이 열반에 드신 다음부터 미륵불이 하생(下生)할 때까지 부처가 없는 시기에 중생제도를 부촉받은 보살이다. 몸을 육도에 나타내어 천상에서 지옥까지 모든 중생을 교화하고 구제하는 대자대비한 보살이라서 비원금강(悲願金剛)이라고 불린다. 원래는 천관을 쓰고 가사를 입고, 왼손에는 연꽃을 들고 오른손에는 시무외인(施無畏印)을 취하거나 또는 보주를 들고 있었다. 『연명지장경』이 나온 뒤 석장을 짚은 사문의 모습을 하거나, 동자를 안은 지장, 육지장(六地藏), 승군지장(勝軍地藏) 등의 모습이 생겼다.

비유(譬喩)

어떠한 사물의 모양이나 상태를 알아듣기 쉽게 그것과 비슷한 다른 사물에 빗대어 표현함 또는 그 표현 방법.

불교 ▽

일반적인 의미와 크게 다르지 않으나, 무엇을 설명하기 위하여 드는 예(例)나 실례(實例), 과거의 이야기를 예를 들어 설명하는 것, 인식의 근거가 되는 유추(類推)를 말한다.

용례 ▽

비유량(譬喩量) : 이미 경험한 것을 경험하지 못한 것에 적용하는 것. 유추(類推).

「비유품(譬喩品)」 : 『법화경(法華經)』의 제3품으로 부처님이 불난 집[火宅]을 비유하여 삼승(三乘)의 방편이 바로 일승(一乘)의 진실한 가르침임을 설한 부분.

보충 ▽

삼승(三乘) : 성문(聲聞) · 연각(緣覺) · 보살(菩薩)에 대한 교법(敎法). 중생을 열반으로 실어 나르는 수레라는 뜻으로 승(乘)이라 함.

일승(一乘) : 일체 중생이 모두 성불한다는 견지에서 이것을 이루는 교법이 오직 하나이며 또한 그 교법이 절대 진실한 것이라는 주장으로, 『법화경(法華經)』의 요지이다.

비정(非情)

사람다운 감정이 없음, 인정(人情)이 없이 쌀쌀함. 무정(無情)보다 강한 의미.

불교 ▽

중생계를 구성하는 유정(有情)과 무정(無情)에서 나온 말이다. 유정은 정이 있는 것으로 동물을 가리키고, 무정은 초목(草木)이나 돌처럼 정이 없는 것들을 통틀어 부르는 말인데, 여기서 무정을 비정이라고 한다. 또한 정이 없는 존재라는 의미로, 지옥의 옥졸(獄卒)을 가리키기도 한다.

용례 ▽

비정성불(非情成佛) : 초목이나 국토 등 정이 없는 비정들조차도 모두 불성(佛性)이 있어서 성불한다는 말.

비파(琵琶)

현악기의 한 가지로, 길이가 60~90cm 되며, 타원형 통에 4~5개의 줄이 있으며 자루는 곧고 짧다. 서역 · 중국을 거쳐서 우리나라에 들어왔는데, 4현의 당비파와 5현의 향비파가 있다.

불교 ▽

중국 한나라 시대에 서역과 인도에서 전래된 것으로 간주되고 있으며, 비파라는 이름도 서역의 말을 한자로 옮긴 것이라는 설이 지배적이다. 중국 당나라 시대에는 4현 비파, 5현 비파, 원함(阮咸) 등

세 가지 종류가 있었다. 4현 비파는 페르시아계의 류트(lute)가 간다라와 천산남로를 경유해서 전래된 것이고, 5현 비파는 인도계의 류트가 쿠차를 거쳐 전래된 것이라고 한다. 원함은 진나라 시대의 현도와 4현 비파가 결합해서 만들어진 것으로 일명 진(秦)비파라고도 한다.
본래 서아시아에서 기원하여 중국을 거쳐 우리나라에 들어왔으며, 4현의 당비파와 5현의 향비파가 있다. 그래서 불교에서는 비파를 타는 천녀들의 그림이나 조각을 각종 불화나 조각 따위에서 흔히 볼 수 있다.

비행(非行)

도리나 도덕 또는 법규 따위에 어긋나는 행동.

불교 ▽

염불(念佛)이 자력으로 하는 수행이 아니라 아미타불의 본원(本願)의 힘에 의존한다는 의미로, 비행 또는 비선(非善)이라고 한다. '행(行)이 아닌 것'이라는 뜻이지만 일반에서와 같이 부정적인 의미로 쓰지는 않는다.

사견(邪見)

요사스런 생각이나 바르지 못한 의견, 즉 삿된 의견이나 견해를 말함.

불교 ▽

오견(五見)의 하나로, 인과의 도리를 무시하는 잘못된 견해, 즉 망견(妄見)을 이르는 말이다. 정견(正見)의 반대로, 불교 교의의 근본인 인과관계의 도리를 부정하는 허물이 큰 생각을 말한다.

용례 ▽

사견주림(邪見稠林) : 외도(外道)의 잘못된 견해가 무성함을 숲에 비유한 말.

보충 ▽

오견(五見) : 다섯 가지의 잘못된 견해. ①신견(身見) : 실체가 없는 '나'에 집착하는 견해. ②변견(邊見) : '나'라는 집착에서 내가 영원하다거나 아주 사라진다고 하는 치우친 견해. ③사견(邪見). ④견취견(見取見) : 졸렬한 것을 가지고 스스로 훌륭하다고 여기는 견해. ⑤계금취견(戒禁取見) : 삿된 도를 고집하여 천상에 태어나게 하거나 열반을 얻게 할 수 있다는 견해.

정견(正見) : 올바른 견해. 사물의 실상을 있는 그대로 관(觀)하는 것. 자성(自性)을 바로 아는 것. 팔정도(八正道)의 하나.

사랑

①아끼고 위하며 한없이 베푸는 일 또는 그 마음. ②남녀 사이에 정을 들여 애틋하게 그리는 일. ③동정하여 너그럽게 베푸는 일 또는 그 마음. ④어떤 사물을 소중하게 여기는 일 또는 그 마음. ⑤기독교에서 구원을 위하여 예수를 보낸 하느님의 뜻.

불교 ▽

불교 용어인 사량(思量)이 변한 말이다. 상대하여 생각하고 헤아림 또는 사색하고 고찰함을 뜻한다. 특히 생각[意]의 본질적인 기능으로, 사리를 생각하여 헤아리는 것이 사량이다.

용례 ▽

사량식(思量識) : 유식(唯識)에서 일종의 무의식으로 육식(六識)이 상대하는 것을 생각하고 헤아려서 실아(實我)라는 집착된 견해를 가지게 하는 마음작용을 말함.

사량십마(思量什麽) : '이것이 무엇인가'를 깊이 생각하고 헤아리는 것. 화두(話頭)에 대한 의문을 끊임없이 생각하는 것.

사리(事理)

어떠한 일의 이치. 이를테면 '사리분별(事理分別)'은 '일의 이치를 잘 헤아림'이라는 뜻.

불교 ▽

사(事)와 이(理)를 구분하여, '사'는 범부의 눈에 비친 현상계, 즉 차별이 있는 세계를 말하고, '이'는 성인의 눈에 비친 절대 평등한 진리를 가리킨다. 그러므로 사는 형이하학의 것이고 이는 형이상학의 것이다.

용례 ▽

사리구융(事理俱融) : 사와 이가 별개가 아니라 서로 맞물리고 통함.
사리쌍행(事理雙行) : 사와 이를 함께 닦음.

사물(四物)

농악(農樂)에 쓰이는 네 가지 민속 타악기, 곧 꽹과리 · 징 · 북 · 장구를 말함.

* 이들 악기를 가지고 하는 놀이마당을 사물놀이라고 함.

불교 ▽

절에서 예불의식에 쓰는 법고(法鼓) · 운판(雲板) · 목어(木魚) · 범종(梵鐘)의 네 가지 법구(法具)를 아울러 이르는 말이다. 또 절에서 의식을 거행할 때 반주로 쓰는 북 · 징 · 목탁 · 호적(胡笛, 피리의 일종)의 네 가지를 말하기도 한다.

일반에서 농악에 쓰는 사물인 꽹과리 · 북 · 징 · 장구도 불교의 사물에서 유래된 것으로, 북은 법고, 꽹과리는 운판, 장구는 목탁, 징은 범종을 변형한 것이다.

사십구재(四十九齋)

사람이 죽은 뒤 49일 동안에 올리는 의식(儀式).

* 불교 의례지만 요즈음에는 종교를 불문하고 일반적인 상례(喪禮) 의식으로 정착함.

불교 ▽

사람이 죽으면 자신이 지은 업(業)에 따라 다음 생을 받게 되며, 다음 생을 받기 전까지의 영혼을 중유(中有) 또는 중음(中陰)이라고 한다. 그리고 아주 착하거나 악한 사람은 이 중유를 거칠 틈이 없이 바로 환생(還生)을 하지만, 그렇지 않은 경우에는 많게는 49일간 중유의 몸을 유지하게 된다고 한다. 이때 좋은 음식을 차리고 경전(經典)의 말씀을 들려주어 좋은 곳에 태어나도록 비는 의식이 사십구재다. 사십구재는 7일 간격으로 일곱 번을 치른다고 해서 칠칠재(七七齋)라고도 하며, 마지막 일곱 번째의 재, 즉 49일째 되는 날에 가장 성대하게 치른다.

사유(思惟)

①무엇을 생각하는 것. ②철학에서는 비직관적인 개념적 정신 과정. * 사유는 진리를 대상으로 하는 논리적이고 개념적인 파악의 한 형태임. 여기서 말하는 논리적 사유는 개념의 구성 · 판단 · 추리 따위를 말함.

불교 ▽

산스크리트어 비칼파(vikalpa)를 의역한 말이다. 마음[心]과 그 작용[心所]으로, 대상[對境]을 취하고 반응을 일으키는 것을 말한다. 즉, 대상(對象)을 사량(思量)하여 분별하는 일로, 모든 사물과 존재의 본성을 보지 못하고 겉모습에 매달려 판단하고 생각하고 추론하는 의식 작용을 사유라고 한다. 또한 정토의 장엄(莊嚴)을 관찰하는 일, 선정에 들기 전의 일심(一心)도 사유라고 한다.

용례 ▽

사유수(思惟樹) : 부처님이 선정에 들었던 자리에 있던 나무. 보리수(菩提樹).

사유수습(思惟修習) : 마음을 어떠한 대상에 집중시키고 동요함이 없이 올바르게 사유하는 일.

사음(邪淫)

마음이 사악하고 음란함.

불교 ▽

사음(邪婬)으로도 쓴다. 배우자가 아닌 사람과 부정한 남녀관계를 가지는 일, 남의 여자를 범하는 일을 말하며, 음사(淫事) · 욕사행(欲邪行)이라고 한다.

사음은 불교에서 말하는 십악의 하나로, 중죄(重罪)에 해당하는 죄악이다. 그래서 사음의 죄를 짓게 되면 지옥에서 악귀의 모습으로 괴로움을 당한다고 하며, 이를 사음악귀(邪婬惡鬼)라고 한다.

보충 ▽

십악(十惡) : 살생(殺生), 투도(偸盜), 사음(邪婬), 망어(妄語), 기어(奇語), 악구(惡口), 양설(兩舌), 탐욕(貪慾), 진에(瞋恚), 우치(愚癡) 등의 열 가지 나쁜 짓을 말한다.

사자후(獅子吼)

사자의 울음소리를 비유하여, ①크게 열변을 토함. ②질투심이 강한 여자가 남편에게 발악하여 앙탈하는 큰 소리를 이르는 말.

불교 ▽

부처님의 설법을 사자의 포효에 비유한 말로, 사자의 소리에 뭇 짐승이 벌벌 떠는 것처럼, 일체(一切)를 승복하게 하는 부처님의 설법을 이르는 말이다. 부처님의 설법에 외도(外道)와 모든 악마가 굴복하고 귀의한다는 뜻이 있다.

용례 ▽

사자좌(獅子座) : 사자후를 하는 부처님의 법석(法席).

사제(師弟)

①스승과 제자를 함께 호칭할 때 쓰는 말. ②같은 스승의 제자로 자신보다 늦게 제자가 된 사람을 부를 때 쓰는 말.

불교 ▽

같은 스승의 불법(佛法)을 이어받은 후배를 말한다. 특히 나이나 경력이 적더라도 학덕이 있는 후배를 사제라고 한다. 반대말은 사형(師兄)이다.

사형(師兄)

나이와 학덕(學德)이 높은 사람을 높여 부르는 말.

불교 ▽

나이나 학덕이 자신보다 높은 사람을 높여서 부르는 말이기도 하고, 또한 같은 스승의 제자이면서 자신보다 먼저 제자가 된 사람을 부르는 말이다. 반대말은 사제(師弟)이다.

삭발(削髮)

머리를 기르지 않고 박박 깎는 것.

불교 ▽

승려가 출가할 때 또는 평소에 자란 머리를 깎는 일을 말한다. 수행자가 머리를 깎는 것은 세속의 사람과 구분하기 위함도 있지만, 외형적으로 청정함을 나타내고, 번뇌초(煩惱草)·무명초(無明草)라고 하는 머리를 깎음으로써 마음의 교만과 번뇌도 버린다는 상징적 의미가 있다.

부처님이 출가할 때, 스스로 머리와 수염을 자르고 발원하여 말하기를 "지금 떨어진 수염과 머리로 일체의 번뇌와 습장(習障)이 끊어지고 없어지리라."고 한 것에서도 삭발의 의미가 잘 나타나 있다.

용례 ▽

삭발염의(削髮染衣) : 승려가 되기 위해 삭발하고 물들인 옷, 즉 승복(僧服)을 입는 것. 출가(出家).

삭발위승(削髮爲僧) : 삭발하고 승려가 됨.

삭신

몸의 근육과 뼈마디, 즉 몸뚱이를 말함.

불교 ▽

색신(色身)이 변한 말이다. 색신은 빛깔과 형상이 있는 몸으로, 곧 육신(肉身)을 말한다. 여기서 색은 지수화풍(地水火風), 즉 물질을 의미한다.

용례 ▽

사대(四大)삭신 : 사대색신(四大色身), 즉 지(地)·수(水)·화(火)·풍(風)의 사대로 이루어진 육신(肉身)을 말함.

산란(散亂)

어지럽고 어수선함. 흩어져 어지러움.

* 물리학에서 빛이나 전자 또는 입자 및 파동이 물체와 충돌하여 여러 방향으로 어지럽게 흩어지는 현상을 말한다.

불교 ▽

심소(心所) 중의 하나로, 외계의 대상 때문에 마음이 어지러운 것을 말한다. 그리고 유식(唯識)에서는 산란이 수번뇌(隨煩惱) 가운데 하나로 심란(心亂)과 같은 의미다. 다시 말해서 번뇌로 마음이 흐트러져 정리되어 있지 않은 상태를 산란이라고 한다.

용례 ▽

산란증(散亂增) : 마음을 휘저어 어지럽히는 번뇌가 심함.

보충 ▽

수번뇌(須煩惱) : 유식(唯識)에서, 근본번뇌에 수반하여 일어나는 나태 · 불신 · 경망 · 교만 따위의 스무 가지 번뇌.

산화(散華, 散花)

꽃이 떨어진다는 의미로, 어떠한 대상이나 목적을 위하여 목숨을 바치는 것, 특히 전쟁에서 목숨을 바치는 것을 말함. 또, 식물 가운데, 꽃은 피어도 열매를 맺지 못하는 꽃을 이르는 말.

불교 ▽

꽃을 뿌려 부처님께 공양한다는 뜻이다. 꽃이 피면 부처님이 와서 거기에 앉으므로 중생계에서는 꽃을 정토(淨土)라고 한다. 또 귀신은 향내와 빛을 싫어하므로, 산화는 악귀를 쫓고 부처님을 청한다는 의미가 있다.

산화는 법회의식 중 하나로 인도와 중국에서는 물론 우리나라에서도 이미 삼국시대부터 있었던 것으로 알려지고 있다. 『삼국유사(三國遺事)』「월명사도솔가(月明師兜率歌)」에는 신라 경덕왕 때 태양이 한꺼번에 둘이 나타나 열흘 동안이나 없어지지 않자 왕의 명을 받아 월명 대사가 도솔가를 지어 부르자 변괴가 사라졌다. 꽃을 뿌려 도솔천의 미륵보살을 맞이하고자 한다는 내용이라서 산화가(散華歌)라고도 한다.

용례 ▽

산화사(散花師) : 큰 법회에서 꽃을 뿌리는 일을 맡은 승려.

살림[山林, 産林]

한 집안을 이루고 살아가는 일 또는 살아가는 상태나 형편.

불교 ▽

절에서도 승가를 이루고 살아가는 일이 살림이다. 이 말을 한자의 음을 빌어서 산림(山林) 또는 산림(産林)으로 쓴다. 특히 일정한 기간을 정해 놓고 많은 사람이 함께 모여서 불법을 공부하는 모임을 '산림'이라고 한다.

우리말의 '살림'이 불교 용어인 산림(山林)에서 유래되었다고 하는 주장이 있으나 이는 옳지 않다. 오히려 우리말의 살림을 한자에서 차음(遮音)하여 산림(山林) 또는 산림(産林)으로 쓴 것이다. 다시 말해서 '살림'이라는 순우리말이 불교 용어로 정착한 것이다. 특히 고전(古典)에서도 '살림'을 산림(山林) 또는 산림(産林)으로 쓴 경우가 많다. 이를테면, 조선시대 후기 홍만선(洪萬選, 1643~1715)이 지은 『산림경제(山林經濟)』는 가정 경제에 필요한 것을 모은 지침서이지 임업(林業)이나 불교에 관한 책이 아닌 것에서도 알 수 있다.

용례 ▽

대중산림(大衆山林) : 절의 모든 살림을 대중의 뜻에 따라 하는 것.

화엄산림(華嚴山林) : 기간을 정하여 『화엄경(華嚴經)』을 강설하는 법회.

살생(殺生)

살아 있는 동물이나 사람을 죽이는 일.

불교 ▽

십악(十惡)의 하나로, 살아 있는 목숨을 죽이는 일을 말한다. 살생은 불가에서 가장 무거운 죄에 해당되기 때문에 출가자는 물론 재가자에게도 이를 철저히 금하고 있다. 일반에서는 사람이나 동물을 죽이는 일을 살생이라고 하지만, 불교에서는 생명이 있는 것을 죽이는 것, 다시 말해 동식물을 망라한 모든 생명체가 살생의 대상이 되는 점에 차이가 있다.

용례 ▽

살생중죄(殺生重罪) : 살생의 무거운 죄.

살생금단(殺生禁斷) : 살생을 엄중하게 금함.

살생유택(殺生有擇) : 살생이 불가피한 경우에는 가려서 함.

삼매(三昧)

어떠한 일에 열중하여 여념이 없음.

불교 ▽

산스크리트어 사마디(samādhi)를 음역한 말이다. 마음을 한 곳에 집중한다는 뜻으로 정(定)·등지(等持)라고 번역한다. 산란한 마음을 움직이지 않게 하여 망념(妄念)에서 벗어나는 것, 들뜨거나 가라앉은 마음을 모두 떠나 중도(中道)의 평온한 마음을 견지하는 것으로, 삼매경(三昧境)과 같은 뜻이다.

불교에서 수행으로 얻는 지혜는 흩어짐이 없이 편안하고 고요한 마음의 상태에서 비롯되므로 삼매는 매우 중요한 과제이다. 수행자가 좌선을 하거나 선정을 닦는 것도 궁극적으로는 삼매로 깨달음을 얻기 위함이다.

용례 ▽

관불삼매(觀佛三昧) : 일심으로 부처님을 생각하여 부처님이 현전(現前)하게 하는 경지.

해인삼매(海印三昧) : 바다에 풍랑이 쉬면 바닷물이 고요하여 삼라만상이 그 물에 비추어지는 것처럼 번뇌가 사라진 부처의 정심(定心)을 말함.

보충 ▽

중도(中道) : 두 극단을 여의어 대립이 없는 자리, 비유비무(非有非

無), 공유불이(空有不二)의 이치를 말한다.

선정(禪定) : 육바라밀의 하나. 번뇌를 쉬고 마음을 가라 앉혀 삼매(三昧)에 이르는 일이다. 정(定)이라고도 한다.

정심(定心) : 선정(禪定)으로 얻은 마음. 산란하거나 동요하지 않는 마음.

상념(常念)

늘 생각함. 잊지 않고 생각함.

불교 ▽

부처와 보살을 항상 생각하고 공경한다는 뜻이다. 관념(觀念) 또는 정념(正念)이라고도 한다. 『법화경』「보문품」에서는 밤낮으로 일하거나 쉬거나 앉거나 누워서도 관세음보살의 위신력(威神力)을 항상 생각하여 잊지 않는 것을 상념이라고 하였다.

보충 ▽

『법화경(法華經)』 : 『묘법연화경(妙法蓮華經)』의 약칭이다. 대표적 대승경전으로 7권 28품으로 구성되었다. 석가모니 부처님이 세상에 출현한 것은 모든 중생이 성불하는 대도(大道), 즉 일승(一乘)을 보이기 위함이고, 그 대도를 실천하는 이는 누구라도 성불한다는 것이 중심 사상이다.

위신력(威神力) : 부처와 보살의 존엄하고 헤아릴 수 없는 불가사의한 힘.

상대(相對)

서로 마주보는 것, 서로 겨루는 것, 또는 그 대상. 철학에서는 '절대'의 반대로 다른 사물에 대하여 존재함. 다른 사물에 의존하거나 제약을 받거나 하여 존재한다는 의미임.

불교 ▽

이것은 저것에 상대하여 존재하는 것이지 결코 독립적으로 존재할 수 없다는 말이다. 이를테면 삼각형의 세 변이 서로 상대해서 존재하듯이 어느 한 변이 없으면 그 존재가 성립되지 않는 것과 같다. 이처럼 절대가 아닌 상대적 사실을 유위법(有爲法)이라고 하는데, 이것은 원인과 조건에 따라, 즉 연기법(緣起法)에 따라 성립되는 것을 말한다.

용례 ▽

상대지관(相待止觀) : 일체가 상대하고 있음을 살피는 수행법.
공유상대(空有相對) : 공과 유가 각각 따로 존재할 수 없다는 말.

상사(上士)

군(軍)에서 부사관의 계급을 지칭하는 말. 중사보다 높고 원사보다 아래인 계급.

불교 ▽

보살의 다른 이름이다. 세 부류의 사람 가운데, 나와 남이 모두 해탈하기를 바라는 사람을 상사라고 하고, 자신만 해탈하려는 사람은 중사(中士), 나도 남도 해탈을 바라지 않는 범부를 하사(下士)라고 한다.

용례 ▽

무상사(無上士) : 상사 위에 더한 존재가 없다는 뜻으로, 부처님을 가리킴.

상생(相生)

①함께 살아감. ②음양오행설에서, 서로 도와서 나게 하는 것. 이를테면 금(金)은 수(水)를 도와주고, 수는 목(木)을 도우며, 목은 화(火)를 돕고, 화는 토(土)를 도와주고, 토는 금을 도와주는 것을 말한다.

불교 ▽

①서로 생기는 것, ②모습이 생기는 것, ③사물이 차례로 생기는 것, ④서로 도와 나게 하는 것 따위의 다양한 의미를 가진다.

용례 ▽

경호상생(更互相生) : 서로 생기는 것.

상속(相續)

무엇을 이어주거나 이어받는 것. 재산을 자식에게 넘겨주는 것.

불교 ▽

인과법(因果法)에서 원인은 결과를 낳고 결과는 다른 원인의 씨앗이 되어 또 다른 결과를 낳는 것처럼, 인과가 끊어짐이 없이 계속해서 이어짐을 뜻하는 말이다. 다시 말해서 연속하여 존재한다는 뜻이다.

『중론(中論)』에서, "저 곡식의 씨로부터 싹이 나오고 싹으로부터 줄기와 잎 따위가 상속되고, 그 상속으로부터 열매가 생겨나는 것과 같으니, 씨를 떠나서는 상속하여 열매가 생길 리 만무하다."라고 한 것처럼, 상속은 ①항상 변화하는 연속적 개체, ②연속된 흐름, ③연속하여 존재하는 것, ④개체의 연속, ⑤서로 연결된 사실들의 흐름, ⑥서로 이어지는 것 따위의 의미가 있다. 또한 상속은 현세(現世)에만 한정되지 않고 과거의 존재에서 유래하여 미래의 존재에도 이어진다는 것이 불교의 관점이다.

용례 ▽

상속무상(相續無常) : 한평생 동안에 생주이멸(生住異滅) 하는 것.

상속심(相續心) : 다른 생각을 하지 않고, 오직 아미타불만 생각하는 마음이 끊임없이 이어지는 것.

보충 ▽

『중론(中論)』 : 나가르주나(Nāgārjuna, 龍樹, 약 150~250경)가 지은 것으로 짧은 게송으로 된 『중송(中頌)』에 핑갈라(Piṅgala, 靑目)가 주석한 것을 409년 구마라집이 약간 가필하여 한역한 것이다. 반야경에 입각한 대승공관의 입장에서 연기설에 독자적인 해설을 하고, 순차적으로 부파불교뿐만 아니라 인도의 여러 철학유파의 사상까지도 원리적으로 비판하였다. 중국에서는 『중관론(中觀論)』 또는 『정관론(正觀論)』이라고 부르며 『중론(中論)』 연구의 전거로 삼았다.

상응(相應)

서로 응함, 서로 기맥을 통함, 서로 맞아 어울림.

불교 ▽

산스크리트어 요가(yoga)를 의역한 말이다. 마음이 마음의 작용과 서로 연결되는 것, 주관과 객관의 모든 사물이 서로 응하여 융합하는 것을 말한다. 이를테면 경(境)은 심(心), 행(行)은 이(理), 과(果)는 공덕(功德)과 서로 대응하는 것을 상응이라고 한다.

용례 ▽

상응무명(相應無明) : 번뇌와 상응하여 일어나는 어리석음.

상응박(相應縛) : 마음이 그에 상응하여 일어나는 미혹(迷惑)에 속박됨.

상주(常住)

항상 있음, 또는 항상 살고 있음.

불교 ▽

생멸(生滅)하는 변화가 없이 존재함, 영원히 존재함, 항상 존재함을 뜻한다. 또한 진리가 영원함과 부처가 영원히 실재하고 멸하지 않음을 의미하는 말이다. 한편, 사찰의 소유물 또는 사찰의 부엌을 상주라고도 하는데 이때의 상주는 '잘 지켜야 하는', '언제나 필요한'의 뜻이다.

용례 ▽

상주승물(常住僧物) : 절에 속하는 토지와 기물(器物) 따위의 재산을 통틀어 부르는 말. 상주물(常住物).

법신상주(法身常住) : 대일여래(大日如來)의 자성 법신이 삼세(三世)에 걸쳐 변함없이 상주한다는 말.

보충 ▽

대일여래(大日如來) : 우주의 실상을 불격화(佛格化)한 근본불(根本佛)로서 밀교(密敎), 즉 진언종(眞言宗)의 교주이다. 태양이 온 세계를 두루 비추는 것과 같은 부처의 광명이라고 하여 대일(大日)이라고 한다.

상품(上品)

높은 품격.

불교 ▽

'아주 뛰어난', '최상'의 뜻이다. 『관무량수경』에 따르면, 정토 수행자가 왕생할 때 타는 구품연대(九品蓮臺), 즉 아홉 등급의 연화 대좌 가운데 위의 세 종류를 일컫는 말이다. 상품상생(上品上生) 또는 상상(上上), 상상품(上上品)이라고도 한다. 이곳에 왕생하면 부처님을 직접 뵙고 가르침을 받아 7일 걸려 불퇴전을 얻고, 1소겁(小劫)을 거쳐 무생법인(無生法忍)을 얻는다고 한다.

보충 ▽

구품연대(九品蓮臺) : 정토삼부경의 하나인 『관무량수경』에 따르면, 정토 수행을 한 사람이 임종을 맞이하면 여러 불보살의 영접을 받아서 극락세계에 왕생할 때 타는 연화(蓮花) 대좌의 등급을 말한다.

정토 수행자의 품위(品位)에 상품상생(上品上生)에서 하품하생(下品下生)까지 9품이 있으므로 연대도 9품으로 나뉜다. 상상품은 금강대(金剛臺), 상중품은 자금대(紫金臺), 상하품은 금련대(金蓮臺), 중상품은 연화대(蓮花臺), 중중품은 칠보연화(七寶蓮華) 등 서로 다른 연대에 앉아서 극락세계에 왕생한다.

상호(相好)

①서로 좋아함. ②얼굴의 모양.

불교 ▽

용모와 형상을 뜻하는 말로, 상(相)은 잘생긴 부분을, 호(好)는 상보다 자세한 모양을 말한다. 상호가 모두 완전하여 하나도 모자람이 없는 것을 불신(佛身), 즉 부처님의 몸이라고 한다. 불신에는 서른두 가지의 상과 팔십 가지의 호가 있는데 이를 삼십이상(三十二相) 팔십종호(八十種好)라고 한다.

용례 ▽

상호광명(相好光明) : 부처님의 삼십이상 팔십종호가 잘 갖추어져 온몸에서 광명을 내는 것을 말한다.

상호위의(相好威儀) : 부처님의 뛰어난 모습과 위엄 있는 행동을 이르는 말이다.

색계(色界)

물질적인 세계 혹은 여색(女色)의 세계. 보통은 화류계(花柳界)를 말함.

불교 ▽

중생이 사는 삼계(三界)의 하나로, 욕계(欲界)와 무색계(無色界)의 중간에 있는 세계를 말한다. 탐욕에서는 벗어났으나 아직 색심(色心)까지는 여의지 못한 세계로, 맑고 깨끗한 물질로 이루어져 있고, 욕계의 더러움을 벗어나서 물질적인 것이 모두 청정한 세계를 색계라고 한다.

이곳에는 천인(天人)이 거주하는데, 이곳의 중생들은 음욕이 없기 때문에 더럽고 거친 색법에는 집착하지 않지만 청정하고 미세한 색법에만 묶여 있다. 또한 남녀의 구별이 없고, 옷이 저절로 생겨나며, 광명(光明)을 먹고 광명(光明)으로 소통한다.

보충 ▽

욕계(欲界) : 삼계의 하나로, 지옥 · 아귀 · 축생 · 아수라 · 인간 · 천상 따위의 중생계를 말한다. 우리들이 사는 세계이다. 이 세계는 정욕(情欲) · 색욕(色欲) · 식욕(食欲) · 음욕(淫欲) 등 욕망이 있어서 욕계라고 한다.

무색계(無色界): 삼계(三界)의 하나로, 물질을 초월한 정신적 존재의 세계이다. 이곳에는 오온(五蘊) 가운데 수(受) · 상(想) · 행(行) · 식(識)의 사온만 존재한다고 한다.

색심(色心) : 색법(色法)과 심법(心法), 즉 유형의 물질과 무형의 정신을 말한다.

색욕(色慾)

물질을 가지려는 욕망. 남녀 사이의 성적인 욕망. 색정(色情).

불교 ▽

오욕(五欲)의 한 가지로, 눈으로 보이는 대상[色]에 대한 욕망을 말한다. 우리 몸의 오관(五官, 눈 · 귀 · 코 · 혀 · 몸)이 그 대상인 오경(五境, 색 · 소리 · 냄새 · 맛 · 촉감)을 탐착하는 것을 오욕이라고 하는데, 그 중 색욕은 눈이 인식 대상인 색경(色境)을 탐하는 것을 말한다. 또한 욕계(欲界)의 중생이 남녀의 아름다움에 사로잡히는 일, 즉 음욕(淫慾)도 색욕에 포함된다. 그리고 색깔에 대한 욕심, 특히 청 · 황 · 적 · 백의 색깔에 애착하는 마음도 색욕이라고 한다.

서원(誓願)

①자기가 이루고자 하는 일을 신명(神冥)에게 맹세하고 그것이 이루어지길 기원하는 일. ②천주교에서, 착하고 훌륭하게 살겠다고 하느님과 하는 약속.

불교 ▽

부처와 보살이 중생을 제도하려는 소원이 다 이루어지도록 마음속으로 염원하는 일을 말한다. 또한 원하는 마음을 일으켜서 반드시 성취하려고 맹세하는 것을 서원이라고 한다. 부처님은 500가지, 아미타불은 48가지, 약사여래는 12가지의 서원이 있다.

용례 ▽

서원력(誓願力) : 부처님이 수행자였던 과거세에 맹세한 본원(本願)의 힘.

사홍서원(四弘誓願) : 모든 부처와 보살에게 공통된 네 가지의 큰 서원으로, ①중생무변서원도(衆生無邊誓願度), 즉 중생이 아무리 많더라도 모두 다 제도하고, ②번뇌무진서원단(煩惱無盡誓願斷), 즉 번뇌가 끝없이 많더라도 모두 끊고, ③법문무량서원학(法門無量誓願學), 즉 법문이 한량없이 많더라도 모두 배워서, ④불도무상서원성(佛道無上誓願成), 즉 위없는 불도를 꼭 이루겠다는 맹세를 말한다. 불자들이 법회 등의 의식에서 합송한다.

석녀(石女)

아이를 낳지 못하는 여인, 남자와 교접할 수 없는 여자 따위의 뜻. 돌계집.

불교 ▽

원래는 자식을 낳지 못하는 여자를 말한다. 이것은 『열반경(涅槃經)』에 '석녀는 무자(無子)의 상'이라고 한 데서 비롯되었다. 또한 무심한 사람을 비유하여 석녀라고 한다.

선남선녀(善男善女)

①성품이 착한 남자와 여자란 뜻으로, 착하고 어진 사람들을 이르는 말. ②곱게 단장을 한 남자와 여자.

불교 ▽

선남자(善男子)와 선여인(善女人)의 준말이다. 불법에 귀의한 남자와 여자를 이르는 말로, 원래는 지난 세상에 지은 선근(善根) 공덕으로 이생에서 부처님의 교법(教法)을 만난 사람이라는 뜻으로 하는 말이다.

선달(先達)

조선시대에 무과(武科)에 급제하였으나 벼슬길에 오르지 못한 사람을 일컫던 말.

불교 ▽

불교 수행을 같이 시작하였는데 먼저 깨달은 사람을 이르는 말이다. 그래서 불도(佛道)를 먼저 통달(通達)한 사람이어서 스승이 될 만한 선배라는 의미가 있다. 또한 출가하여 처음 입산(入山)할 때, 그들을 앞서서 인솔하는 승려를 선달이라고 하였다.

선문답(禪問答)

①주제와는 상관없이 한가로이 주고받는 이야기. ②주제를 벗어나거나 남이 알아듣지 못하는 난해한 대화를 비유적으로 하는 말.

불교 ▽

선가에서 참선하는 사람들끼리 진리를 찾기 위하여 주고받는 대화를 말한다. 참구하는 화두(話頭) · 공안(公案)에 대한 서로의 견처(見處)를 드러내 보이려고 하는 대화를 말하는데, 표현하려는 그 본체가 불립문자(不立文字), 언어도단(言語道斷)이라서 범부는 알아들을 수 없다. 일반적으로 선문답이 알아들을 수 없는 대화라는 의미는 이것을 비유하여 하는 말이다.

선생(先生)

①학생을 가르치는 사람. ②학교나 학원 등에서 교사나 강사를 부르는 말. ③학예가 뛰어난 사람이나, 보통 사람의 경우에도 성(姓)이나 직함 따위에 붙여 그를 높여 부르는 말. ④어떤 일에 경험이 많거나 잘 아는 사람을 비유적으로 이르는 말.

불교 ▽

전생(前生)의 다른 표현이다. '먼저의 생'이라는 말로, 지금 생인 현세의 앞이 전생이고, 앞으로 올 내세의 앞은 현세가 된다. 따라서 선생은 '이미 겪은', '이미 알고 있는'의 뜻을 함축하고 있다. 그래서 일반에서 어떤 일에 경험이 많거나 잘 아는 사람을 비유적으로 이르는 말로 쓰이게 되었다. 흔히 선생을 글자대로 해석하여 '먼저 태어난 선배'로 아는 경우가 많으나, 선생은 본뜻이 전생을 의미하므로, 나이에 불문하고 어린 사람에게도 선생이라고 한다.

선업(善業)

착한 짓, 착한 일.

불교 ▽

복(福)과 같은 선과(善果)를 가져오는 원인이 되는 착한 일을 말한다. 특히 전생에 한 착한 일, 즉 숙업(宿業)이 선업이다. 반대말은 악업(惡業)이다.

용례 ▽

선업도(善業道) : 착한 일 하기를 수행으로 삼는 것.

선우(善友)

착하고 어진 벗.

불교 ▽

사이가 좋은 벗, 수행하는 데 도움이 되는 사람, 바른 도리를 가르쳐 주는 사람을 말하며, 승우(勝友)라고도 한다. 선지식(善知識)과 같은 뜻이지만 선지식은 스승의 의미가, 선우는 친구의 의미가 강하다.

용례 ▽

선우동행(善友同行) : 염불을 함께하는 친한 벗.

보충 ▽

선지식(善知識) : 본래는 좋은 친구, 아는 사람, 선우(善友)를 말했다. 지금은 덕행을 갖춘 사람, 가르쳐 이끄는 사람, 스승의 의미로 쓰인다.

선처(善處)

어떠한 문제를 잘 처리하는 것. 일을 잘하고 못하고의 문제가 아니라 어떤 사안을 긍정적으로 처리한다는 뜻임.

불교 ▽

미래에 태어나는 좋은 곳을 말하는데, 여러 부처의 정토(淨土) · 천상(天上) · 인간계(人間界) 따위가 여기에 속한다.

용례 ▽

왕지선처(往至善處) : 좋은 곳에 가서 태어남.

선택(選擇)

여럿 가운데 마음에 드는 것을 골라 뽑는 것.

불교 ▽

좋은 것은 가지고 나쁜 것은 버린다는 취사(取捨)의 의미를 가지고 있다. 따라서 필요한 것, 바른 것만 골라서 취하는 것이 선택이다.

용례 ▽

선택본원(選擇本願) : 아미타불의 48원. 과거세에 맹세한 여러 가지 서원 가운데서 선택하였다는 의미임.

선택섭취(選擇攝取) : 좋은 것을 택하고 나쁜 것은 버림. 선택과 취사를 말함.

선행(善行)

착한 행동, 선량한 행실.

불교 ▽

일반에서와 같이 '착하게 행함', '착한 행동'의 의미와 함께, 착하게 행하는 사람, 곧 부처를 가리키는 말이다. 부처의 또 다른 이름인 '선서(善逝)'와 같은 뜻이다. 그래서 부처님의 아들을 선행자(善行子)라고 한다.

설교(說敎)

종교의 교리를 설명하는 것. 이에 비유하여, 남에게 여러 말로 타일러 가르치는 것.

불교 ▽

부처님의 가르침을 설하여 교화한다는 뜻으로, 설경(說經) · 법담(法談) · 설법(說法) · 담의(談義) · 창도(唱導) · 권화(勸化)와 같은 말이다. 많은 사람들이 설교는 기독교에서 하는 것이고 불교는 설법을 하는 것으로 알고 있지만, 설교 역시 불교에서 나온 말이다. 그래서 설교를 하는 사람을 가리켜 설교사(說教師) 또는 설교자(說教者)라고 한다.

설화(說話)

보통의 이야기나 옛날이야기. 한 민족 사이에 전승되어 온 이야기. 이를테면 신화 · 전설 · 민담 따위를 말함.

* 설화는 작가가 알려지지 않은 이야기로, 전승집단의 문화와 세계관에 바탕을 두고 흥미와 교훈을 담고 있는 것이 그 특징임.

불교 ▽

선사(禪師)가 수행한 이야기를 수행자들에게 들려주는 것을 말한다. 또한 주지(住持)가 법당에서 수행자들에게 법을 설하는 것도 설화라고 한다. 아마도 선사가 설법이 아닌 수행담을 들려준다고 하여, 또는 사판(事判)인 주지가 하는 설법이라 해서 '가벼운 이야기'라는 뜻으로 하는 말이 아닌가 생각한다.

보충 ▽

선사(禪師) : 선종(禪宗)에서 고승(高僧)의 존칭. 참선수행을 하는 사람의 존칭.

주지(住持) : 절의 살림을 책임진 승려. 절에 머물면서 권속들과 재산을 지킨다는 뜻이 있다.

섭리(攝理)

①병을 잘 다스림, ②일을 대신하여 처리함, ③자연계를 지배하는 이법(理法), ④기독교에서, 세상의 모든 것을 다스리는 신(神)의 의지 따위로 의미가 다양함.

* 기독교에서는 자연이나 우주의 운행이 신의 자유로운 의지에 따른 것이라고 하며, 창조주인 신이 피조물을 구원하는 계획을 정하고, 만물은 모두 이 계획에 따라 지배된다고 주장함. 그리고 여기서 말하는 신의 의지나 계획을 섭리라고 함.

불교 ▽

고려시대에는 교종(敎宗)에서 가장 으뜸가는 승려계급의 이름이었고, 조선시대에는 승군(僧軍)을 통솔하던 승직(僧職)의 이름으로 쓰이던 말이다. 뒤에 이 말은 승통(僧統)으로 바뀌었지만, 권속을 다스리고 지배하고 특히 승군을 통솔하는 매우 권위적인 자리였다. 일반에서 또한 기독교에서 쓰는 섭리는 바로 이러한 권위적 의미가 강조된 말이다.

용례 ▽

섭리종사문(攝理從事門) : 이(理)는 놓아두고 사(事)를 설하는 방법을 말함. 이것은 섭리가 사(事)에 종사하는 승직이기 때문임.

보충 ▽

교종(敎宗) : 불교의 한 종파. 경전에 전하는 부처의 가르침을 교의(敎義)로 한다. 우리나라에서는 조선시대 세종 때 예조의 요청으로 종래의 7종을 선종과 교종의 2종으로 통합하였다. 당시 불교는 여러 종파로 갈라져 난맥을 이루고 있어서 이것을 정리하고 36개의 사찰을 각각 선종과 교종에 절반씩 나누었다.

섭취(攝取)

빨아들이는 것. 또는 자기 것으로 받아들이는 것.

불교 ▽

부처의 광명 안으로 중생을 거두어들이는 것, 즉, 부처가 중생을 자기 품으로 거두어들여 제도하는 것을 말한다.

용례 ▽

섭취광익(攝取光益) : 염불하는 이를 거두어들이는 아미타불 광명의 이익.

섭취불사(攝取不捨) : 부처가 구원하려는 중생을 버리지 않음.

성당(聖堂)

성스러운 집이라는 의미로, 천주교에서는 교회당을, 유교에서는 공자(孔子)의 묘당을 가리키는 말.

불교 ▽

본래는 법당(法堂) 또는 불당(佛堂)을 가리키는 말이다. 그래서 성당이 사찰의 이름으로 쓰인 곳이 여럿 있다. 이를테면 충청남도 당진군 고대면 진관리, 충청남도 보령시 오서산, 충청남도 연기군 서면 쌍류리 등지에 성당사(聖堂寺)가 있었거나 현재도 있다.

성명(聲明)

어떤 일에 대한 견해나 태도를 여러 사람에게 공개하여 발표하는 일.

불교 ▽

고대 인도의 다섯 가지 학문 가운데 하나인 음운(音韻)과 문법(文法)에 관한 학문을 지칭하는 말이었다. 이것이 부처의 덕을 찬탄하는 미묘한 소리라는 뜻으로 쓰이게 되면서, 높낮이가 있는 가락으로 경문(經文)을 낭송하는 범패(梵唄)를 가리키는 말이 되었다. 대중에게 공개하여 발표하는 일인 성명은 불교에서 여러 사람에게 미묘한 음률로 부처의 덕을 찬탄하는 범패에서 나온 말이다.

성인(聖人)

지덕(智德)이 뛰어나 세상 사람들로부터 숭상을 받을 만한 사람. 특히 천주교에서 신앙과 성덕(聖德)이 특히 뛰어난 사람에게 내리는 칭호.

불교 ▽

깨달음을 얻은 사람을 통틀어 이르는 말이다. 따라서 부처 · 보살 · 아라한(阿羅漢) 등이 모두가 성인이다. 좀 더 구체적으로 말하자면, 미맹(未萌)을 아는 사람, 신통(神通)을 얻은 사람, 삼세(三世)를 아는 사람을 말한다. 성자(聖者)는 성인의 다른 말이다.

성자(聖者)

①성인(聖人). ②기독교에서, 순교자나 훌륭한 신자를 높이어 이르는 말.

불교 ▽

온갖 번뇌를 여의고 깨달음을 얻은 사람을 가리키는 말이다. 따라서 부처나 보살을 성자라고 하며, 특히 십지(十地)에 있는 보살을 가리킨다. 또한 '고귀한 사람', '훌륭한 사람'이라는 뜻으로 쓰기도 하며, 세속에서 구도자를 부르는 이름으로 쓴다.

보충 ▽

십지(十地) : 보살이 닦는 52가지의 수행단계 가운데 제41위부터 제50위까지로, 부처님의 지혜를 밝혀 중생을 교화하는 것이 땅이 만물을 섭수하는 것과 같다고 하여 지(地)라고 한다. 환희지(歡喜地)·이구지(離垢地)·발광지(發光地)·염혜지(焰慧地)·난승지(難勝地)·현전지(現前地)·원행지(遠行地)·부동지(不動地)·선혜지(善慧地)·법운지(法雲地)를 말한다.

성취(成就)

목적한 바를 이루는 것.

불교 ▽

목적한 바를 이룬다는 의미와 함께, '획득하여 유지하는 것', '몸에 갖추고 있는 것'이라는 뜻이 더 있다.

용례 ▽

성취중생(成就衆生) : 중생을 부처로 만드는 것.

성취진실(成就眞實) : 일반적으로 인정된 진실.

세간(世間)

사람들이 살아가는 곳, 즉 이 세상.

불교 ▽

중생이 서로 의지하며 살아가는 세상을 이르는 말로 세계(世界)와 같은 뜻이다. 세(世)는 생멸(生滅) 변화(變化)한다는 뜻이고, 간(間)은 공간을 의미한다. 과거 · 현재 · 미래의 시간 흐름에도 모든 법이 서로 차별하여 섞이지 않는 세계, 생멸 변화하는 미혹한 세계, 즉 중생의 세계를 뜻한다.

『대지도론(大智度論)』에서는 중생세간(衆生世間) · 국토세간(國土世間) · 오음세간(五陰世間)으로 분류하며, 여기서 중생세간은 중생 또는 유정(有情) 그 자체를, 국토세간은 중생이 살고 있는 국토를, 오음세간은 오온세간(五蘊世間)으로 중생과 국토를 형성하는 요소로서의 오온, 즉 색 · 수 · 상 · 행 · 식(色 · 受 · 想 · 行 · 識)의 세계를 말한다.

용례 ▽

세간해(世間解) : 세간의 일을 다 안다는 뜻으로, 부처님의 별칭.

출세간(出世間) : 중생계에서 벗어난 해탈의 세계, 불법(佛法)의 세계를 이르는 말.

보충 ▽

『대지도론(大智度論)』 : 인도의 나가르주나(Nāgārjuna, 龍樹)가 저술한 『대품반야경』의 주석서로 구마라집이 번역하였는데, 모두 100권이다. 그 해설이 매우 상세하고 방대하여 백과사전적인 성격을 지닌다.

세계(世界)

①지구 위의 모든 지역. 온 세상. 온 나라. ②우주 전체. ③어떤 분야나 영역, 집단 따위를 가리키는 말.

불교 ▽

산스크리트어 로카다투(loka-dhātu)를 의역한 말로, 원래는 해와 달이 비추는 곳, 즉 수미산을 중심으로 하는 사주(四洲)를 가리키는 말이었다. 세간(世間)과 같은 뜻으로, 중생이 사는 현상계를 말하며, 세(世)는 천류(遷流)와 파괴(破壞)를 뜻하고, 계(界)는 공간(空間)을 의미한다. 따라서 과거 · 현재 · 미래의 시간에 따라 변화하고 파괴되며, 공간적으로는 이것과 저것을 가리키고, 방향이 정해져 있어서 서로 뒤섞이지 않고 중생이 삶을 영위하는 범위를 가리키는 말이다. 또한 각각 다른 종류가 차별이 있어 서로 같지 않음을 통틀어 세계라고도 하며, 이때의 세(世)는 격별(隔別), 계(界)는 종족(種族)을 의미한다.

용례 ▽

사바세계(娑婆世界) : 우리가 사는 세상을 포함한 중생의 세계.

용화세계(龍華世界) : 미륵불의 정토(淨土).

세력(勢力)

남을 누르고 자기가 마음대로 할 수 있는 힘, 남을 복종시키는 기세와 힘.

불교 ▽

몸에 밴 버릇, 즉 타성(惰性)을 말한다. 또한 자신의 능력, 위대한 힘으로, 일반에서처럼 남에게 미치는 것보다는 스스로에게 미치는 힘을 말한다.

세속(世俗)

①이 세상, 세간(世間). ②범속한 세상, 속세(俗世), ③세상의 풍속, 세상의 일.

불교 ▽

생멸(生滅)하는 비천(卑賤)한 풍속, 즉 일반적인 세상 풍속을 말한다. 또한 승(僧)과의 반대인 속(俗)의 개념에서 속세와 같은 뜻으로도 쓴다.

용례 ▽

세속오계(世俗五戒) : 세속에서 지켜야 할 다섯 가지 계율이라는 뜻으로, 신라 진평왕 때 원광 법사가 화랑(花郞)에게 준 다섯 가지 교훈이다. 사군이충(事君以忠) · 사친이효(事親以孝) · 교우이신(交友以信) · 임전무퇴(臨戰無退) · 살생유택(殺生有擇)을 말한다.

세존(世尊)단지

경상도와 전라도에서 가을에 햇곡식을 담아 집안에서 모시는 단지로 농신에게 바친다는 뜻이 있음. 부릿단지, 부릿독, 시줏단지, 제석단지, 할매단지 등으로도 불림.

불교 ▽

추수에 대한 감사의 대상은 지역과 민족에 따라 여러 가지 형태로 나타난다. 우리나라의 경우에는 토지신(土地神)과 조상신(祖上神)이 많고, 일부 지방에서는 부처님인 경우도 있다. 추수에 대한 감사를 드리는 민속이기는 하지만, 추수도 부처님에 대한 공양이란 의례적인 의미가 있다. 추수한 햇곡(벼가 대부분임)을 단지나 항아리에 담아 집안에 모셔두었다가, 이듬해 꺼내어 방아를 찧어 떡을 만들어 먹는다. 이때 곡식을 담는 그릇을 '세존(世尊)단지'라고 한다. 세존(世尊)은 '세상에서 가장 존귀한 분'이라는 뜻으로 부처님을 가리킨다.

소승적(小乘的)

시야가 좁고 비근(卑近)한 모양, 또는 작은 일에 얽매여 큰일을 보지 못하는 모양을 가리킴. ↔ 대승적(大乘的).

불교 ▽

산스크리트어 히나야나(hīnayāna)를 한역하여 소승(小乘)이라고 한다. 소승은 열세한 수레 또는 열등한 실천법이라는 뜻이다. 이것은 마하야나(mahāyāna), 즉 대승은 많은 사람이 함께 타고 피안에 이를 수 있는 '큰 수레'를 뜻하는 데 반하여, 소승은 많은 사람이 함께 타지 못하는 작은 수레라는 뜻이다. 그러나 소승이라는 명칭은 원래 초기 대승불교도들이 이전의 여러 종파를 낮잡아보고 붙인 것으로, 이 종파들이 스스로를 소승이라고 칭한 적은 전혀 없다. 소승에는 성문승과 연각승이 포함된다.

보충 ▽

피안(彼岸) : 산스크리트어 파라미타(pāramitā)의 의역으로, 저쪽의 언덕이란 뜻이다. 중생의 세계를 차안(此岸, 이쪽의 언덕)이라고 하는 데 대하여 부처의 세계를 피안이라고 한다. 이상세계, 열반(涅槃), 깨달음의 경지, 지혜의 완성 따위와 같은 뜻이다.

소식(消息)

안부에 대한 기별이나 편지 따위. 또는 어떤 상황이나 동정에 대한 사정.

불교 ▽

본래 역학(易學)에서 소멸하고 생겨나는 것, 즉 만물이 변화하는 것을 뜻하는 말이었다. 이 말은 '일상의 여러 가지 상황이나 형편을 전하는 것'이라는 의미로 변화되고, 중국 선종에서 소견(所見) 또는 실마리라는 뜻이 되었다. 그래서 자기의 소견을 말로 나타내어 표시하는 것을 소식이라고 한다. '한 소식하다'라는 표현은 어떤 견처(見處, 깨달는 바의 견해)가 있다는 말이다. 또한 종파에 따라서는 법어(法語)를 소식이라고도 한다.

용례 ▽

토로소식(吐露消息) : 자기의 소견이나 생활모습을 토로하는 것.

소요(逍遙)

마음 내키는 대로 걸어다니거나 생각 없이 돌아다니는 것. 산책(散策).

불교 ▽

마음을 속세간(俗世間) 밖에서 유람하게 한다는 뜻이다. 즉, 번뇌를 떠나 걸림이 없는 마음의 상태를 말한다.

용례 ▽

소요자재(逍遙自在) : 번뇌를 여의고 아무런 장애가 없이 자유로운 마음의 상태.

소유(所有)

자기의 것으로 가지거나 가지고 있는 것.

불교 ▽

일반적인 뜻을 포함하여, 함께, 온갖 것, 일체(一切)를 의미한다. 다만 그것들이 무엇에 속한다는 의미를 함축하고 있다.

용례 ▽

소유중생(所有衆生) : 모든 중생. 제유중생(諸有衆生)

소유선근(所有善根) : 소유한 이름의 공덕이란 뜻으로, 부처님의 명호(名號)가 가지는 공덕을 말한다.

무소유(無所有) : 가진 바가 없음.

소장(所藏)

값이 나가거나 귀한 물건 따위를 자기의 것으로 간직함.

불교 ▽

유식(唯識)에서, 제7식인 말라식이 선악의 인과를 지은 것이 제8식인 아뢰야식에 훈습(薰習)되어 쌓여 있음을 말한다. 아뢰야식이 모든 사상(事象)으로 종자를 훈습시키고 받아들이므로 소장이라고 한다.

보충 ▽

아뢰야식(阿賴耶識) : 유식(唯識)에서, 뇌야연기(賴耶緣起)의 근본이 되는 마음[識]. 과거 이래로 없어지지 않고 마음 깊숙이 간직한 마음이라 하여 장식(藏識)이라고 한다. 제6식인 의식(意識)이 자아(自我)라고 집착하는 자리가 제7식인 말라식(末那識)이라면, 말라식이 자아의 존재처럼 집착하는 자리가 제8식인 아뢰야식이 된다.

훈습(薰習) : 냄새 따위가 무엇에 배어드는 것. 유식에서, 선악의 사상이 반드시 마음속에 남아 영향을 미치는 것으로, 남아 있는 것은 습기(習氣)라고 한다.

소행(所行)

한 짓, 또는 행한 바.

* 보통은 나쁜 일인 경우에 씀. '아무개의 소행'은 아무개가 한 나쁜 짓이라는 뜻임.

불교 ▽

우리가 인식하는 내용이 형상을 부여받는 것, 즉 실천되는 일, 또는 실행해야 할 일을 말한다. 그리고 어떤 행위가 능(能)과 소(所)를 나누어 행하여짐을 말한다. 이를테면 아미타불의 명호(名號)가 소행(所行)이라면 이를 입으로 부르는 것은 능행(能行)이 된다. 즉, 행하는 바가 소행이고 행하는 주체가 능행이 된다. 일반에서는 소행을 부정적인 표현으로 쓰는 경우가 많으나 불교에서는 그렇지 않다.

용례 ▽

소행경(所行境) : 작용이 미치는 범위, 또는 대상.

소행불도(所行佛道) : 깨달음을 구하는 수행.

속(俗)-

속되고, 고상하지 않고 천하고, 세속적임을 의미하는 접두어.

불교 ▽

출가 수행자인 승(僧)과 반대 의미로 쓰는 접두어다. 이를테면 속가(俗家)가 일반에서는 속인들이 사는 집이지만, 불교에서는 출가하기 전에 살던 집 또는 재가 신자의 집을 말한다. 또, 속인(俗人)이라 하면 일반에서는 세속의 풍습에 따라 살아가는 사람을 말하지만, 불교에서는 재가 신자를 가리키는 말이다.

용례 ▽

속계(俗界) : 세속의 사람들이 사는 세계, 즉 현실세계를 말함.

속세(俗世) : 세속의 사람들이 사는 세상, 즉 속세간(俗世間)인 사바세계.

속연(俗緣) : 세속과의 인연.

속환이(俗還이) : 출가하였다가 환속(還俗)한 사람.

수도(修道)

도를 닦는 것, 즉 종교의 근본 도리나 기예 · 무술 · 방술 따위를 닦는 것.

불교 ▽

불도(佛道)를 닦는다는 의미로, 수행 단계인 삼도(三道)의 하나를 말한다. 고집멸도(苦集滅道)의 사제(四諦)를 관찰하는 견도(見道)에서 얻은 진리를 반복하여 닦아 익히는 구체적인 수행의 단계가 수도다. 이 단계는 감정이나 의지로부터 일어나는 온갖 번뇌의 속박을 벗어나는 단계이고, 바로 실천의 단계가 된다.

용례 ▽

수도소단(修道所斷) : 수도에서 끊어야 할 번뇌.

수도원(修道院) : 참선 수행을 하는 선당(禪堂, 좌선하는 곳)을 이르는 말.

보충 ▽

삼도(三道) : 불도를 수행하는 세 가지의 단계. ①견도(見道 : 사성제를 관찰하는 단계). ②수도(修道 : 번뇌를 벗어나는 단계). ③무학도(無學道 : 번뇌를 끊고 진리를 얻어 더 이상 배울 것이 없는 단계).

수라장(修羅場) ⇒ 아수라장(阿修羅場)

수면(睡眠)

잠, 또는 잠을 잠.

불교 ▽

산스크리트어 미다(middha)를 의역한 말로, 사람의 마음을 어둡게 하는 정신작용을 뜻한다. 그리고 마음을 속이는 마음의 작용으로, 수(睡)는 의식이 멍하여 자극반응이 없는 상태, 면(眠)은 눈 · 귀 · 코 · 혀 · 몸의 오정(五情)이 작용하지 않는 상태를 말한다. 그리고 이 상태에서는 착하지도 악하지도 않으므로 금기로 여긴다. 또한 꾸벅꾸벅 조는 것도 수면이다.

수면은 수행자에게는 공부에 장애가 되므로 수마(睡魔)라고 하며, 수행자가 극복해야 할 대상이 된다.

보충 ▽

오정(五情) : 다섯 가지 정욕(情欲). 눈 · 귀 · 코 · 혀 · 몸의 오근(五根)으로부터 일어나는 정욕(情欲).

수명(壽命)

①사람이 타고난 목숨의 연한(年限). ②물건을 사용할 수 있는 기간.

불교 ▽

부처님의 탄생부터 열반까지의 일생을 말한다. 또한 일정 기간 연속해서 생명이 끊어지지 않은 상태, 즉 생명력이 활동하는 상태를 말한다.

용례 ▽

수명무수겁(壽命無數劫) : 부처님의 수명이 무량하여 상주하고 멸하지 않음을 가리키는 말.

수습(修習)

배워서 익힘, 또는 그러한 일.

불교 ▽

몸에 익숙할 때까지 수행한다는 의미로, 나와 남이 평등하다는 지혜의 마음을 가지고 수행하는 것을 말한다. 또 천태종(天台宗)에서, 어떤 대상을 집중하여 관찰하는 지관(止觀)을 실천하는 것을 말한다.

용례 ▽

수습과(修習果) : 수습으로 얻은 결과.

수습신심(修習信心) : 믿는 바를 실천하는 것.

보충 ▽

천태종(天台宗) : 『법화경』과 용수(龍樹)의 사상을 종의(宗義)로 하는 종파로, 중국 수나라 때 절강성 천태산에서 지의(智顗, 538~597)가 개창하였다. 우리나라에서는 고려 때 대각국사 의천(義天, 1055~1101)이 송나라에 가서 종지를 배우고 돌아와 천태종의 초조가 되었다.

지관(止觀) : 마음을 특정 대상에 몰입하여 바른 지혜를 끌어내려고 대상을 관찰하는 수행법. 마음의 동요를 멈추어 본원의 진리에 머무르게 하여, 그 마음이 지혜에 움직여 사물을 관찰하는 것이다. 산스크리트어로 비파샤나(vipaśyanā)라고 한다.

수속(手續)

절차. 일을 보는 순서.

불교 ▽

불교의 한 종파인 밀교(密敎)에서 수행의 과정으로 정해진 순서를 가리키는 말이다. 일반적으로 가행, 정행, 후행의 순서가 있고, 각각의 순서에 따라 수련하는 동작의 절차가 있으며, 이를 수속이라고 한다. 여기서 동작이란 수인(手印)을 말한다.

보충 ▽

수인(手印) : 부처와 보살의 깨달음이나 서원을 암시하는 손의 모양으로, 지인(指印)이라고도 한다. 밀교에서는 부처님의 깨달음을 암시하는 방법이라고 하여 수인의 동작을 진언(眞言)과 함께 중요한 수행법으로 간주한다.

수용(受用)

받아서 씀.

불교 ▽

우리 몸의 감각기관이 그 대상을 경험하는 것을 말한다. 시각 · 청각 · 후각 · 미각 · 촉각의 기관이 빛 · 소리 · 냄새 · 맛 · 촉감을 경험하는 것이다. 무엇을 받아 지녀서 활용한다는 수지활용(受持活用)의 준말이다.

용례 ▽

수용부진(受用不盡) : 아무리 써도 다 없어지지 않는 것, 즉 마음의 작용이 그렇다는 의미임.

수용종자(受用種子) : 열매가 맺으면 그것을 받아서 쓰는 것처럼, 보시(布施)하면 반드시 그 공덕이 있다는 뜻.

수인(手印)

①손도장, 즉 손가락의 지문으로 찍는 도장. ②자필로 한 서명.

불교 ▽

밀교(密教)에서 주문(呪文)을 외울 때, 두 손의 손가락으로 나타내는 여러 가지 손의 모양을 말한다. 그리고 부처와 보살의 깨달음이나 서원을 손가락 모양으로 표현한 것을 말하며, 인상(印相) · 지인(指印)이라고도 한다.

수인의 종류에는 8만 4천 가지가 있다고 하고, 종파에 따라 내세우는 것이 다르기도 하지만, 대표적으로 그 모양에 따라 시무외인(施無畏印) · 시원인(施願印) · 지권인(智拳印) · 촉지인(觸地印) · 항마인(降魔印) · 전법륜인(轉法輪印) · 선정인(禪定印) · 구품인(九品印) · 육종권인(六種拳印) · 십이합장인(十二合掌印) 따위가 있다.
일반적으로 석가모니불은 선정인이나 항마인을, 아미타불은 구품인, 비로자나불은 지권인, 미륵불은 시무외인을 대표적인 수인으로 한다.

수지(受持)

받아서 지님.

불교 ▽

경전(經典)을 받아 항상 잊지 않고 마음에 새기고 지님을 이르는 말이다. 이 말이 스승의 가르침을 마음에 새기고 기억하다는 뜻으로도 쓰이고, 지금은 일반의 용례에서처럼 무엇을 받아서 지닌다는 의미로까지 쓰인다.

용례 ▽

수지독송(受持讀誦) : 경문(經文)을 암기하여 읊는 것.

수지불어(受持佛語) : 부처님의 말씀을 받아서 지니는 것.

수행(修行)

행실을 바르게 닦는 것.

불교 ▽

불도(佛道)를 닦고, 부처님의 가르침을 실천하는 일을 말한다. 계(戒) · 정(定) · 혜(慧) 삼학(三學)을 닦고 실천하는 것이 수행이다. 수행으로 깨달음에 도달하므로 수행과 깨달음은 둘이 아니라고 한다.

용례 ▽

수행번뇌(修行煩惱) : 수행하면서 일어나는 번뇌.

수행사유(修行思惟) : 수행하여 마음을 집중하는 것.

숙(宿)-

'오래 전부터', '지난'을 뜻하는 접두어.

불교 ▽

지난 세상, 즉 전생(前生)을 뜻하는 접두어로 쓴다. 예를 들어, 전세부터 정해진 기근(機根)이라는 숙근(宿根)을 일반에서는 이듬해 다시 살아나는 풀뿌리를 말하고, 전세에 맺은 인연인 숙연(宿緣)은 오랜 인연을 뜻하며, 전생에 세운 소원인 숙원(宿願)은 오래된 소원이 된다. 또한 전생의 원한인 숙원(宿怨)도 일반에서는 묵은 원한이 되고, 전세부터의 빚인 숙채(宿債)는 묵은 빚이라는 뜻이다.

숙명(宿命)

태어날 때부터 타고난 운명(運命), 또는 피할 수 없는 운명. 숙분(宿分)

불교 ▽

숙세(宿世)의 생명, 전생(前生)의 생존 상태를 숙명이라고 한다. 숙세의 업(業)에 따라 이생이 결정된 것이어서 모든 것이 숙명적이라는 것이 불교의 관점이다.

용례 ▽

숙명력(宿命力) : 부처님이 가진 열 가지 능력 가운데 하나로, 중생의 지난 모든 세상일을 모두 아는 능력.

숙명통(宿命通) : 여섯 가지 신통력 가운데 하나로, 전생(前生)의 일을 아는 신통한 능력.

순례(巡禮)

종교의 여러 성지(聖地)나 영지(靈地)를 차례로 찾아다니며 참배하는 일. 종교적이 아니더라도 어떤 뜻을 두고 명소를 찾아다니는 일.

불교 ▽

부처나 보살과 관련되는 성지를 돌며 참배하는 일을 말한다. 대표적으로 부처님이 태어난 룸비니(Lumbini), 깨달음을 얻은 부다가야(Buddhagaya), 처음으로 법을 설한 녹야원(鹿野苑, Mṛgadāva)이 있는 사르나트(Sārnāth), 열반에 드신 쿠시나가라(Kuśinagara)를 불교 4대 성지라고 한다. 이러한 4대 영지는 초기불교에서부터 순례를 권장하였다.

스승

자기를 가르쳐서 인도하는 사람. 사부(師傅) · 선생(先生).

불교 ▽

사승(師僧)에서 유래한 말이다. 삼국시대에 태학(太學)이나 경당(經堂)에서 학생을 가르치던 사람을 통칭하여 '사승'이라고 하였다. 당시 사승의 대부분이 승려였기 때문에 사승을 높여서 '사승님'이라고 한 것이 지금의 '스승'이 된 것이다. 또한 스님도 '스승님' 또는 '사승님'이 변한 말이다. 일설에는 '무(巫, 여자 무당)'를 '스승'이라고 한 데서 비롯되었다고도 한다.

보충 ▽

경당(經堂) : 불교의 경전을 가르치는 곳. 강당(講堂)

승리(勝利)

겨루거나 싸워서 이기는 것.

불교 ▽

일반적 의미와는 달리 불교에서는 뛰어남 · 뛰어난 이점 · 공덕(功德) · 복리(福利) · 승공덕(勝功德) · 이익(利益)의 뜻으로 쓴다. 그래서 승리심(勝利心)이라고 하면, '싸움에서 이긴 마음'이 아니라, '남에게 이익을 주려고 하는 마음'이라는 뜻이다.

시달림

괴롭힘을 당함, 또는 그 괴롭힘.

불교 ▽

산스크리트어 쉬타바나(śīta-vana)를 음사한 시다림(尸茶林)에서 나온 말이다. 옛날 인도 마가다국 왕사성 북문 밖에 있던 숲의 이름으로 한림(寒林)으로 번역한다. 이 숲은 죽은 사람의 시신을 버리거나 처리하였고, 또 죄인들을 그곳에 살게 하였다고 한다. 그래서 시다림 숲에 있는 것이 괴롭다는 의미에서 지금의 '시달림', '시달리다'라는 말이 유래하였다. 그러나 절에서 쓰는 시다림(尸茶林)은 죽어가는 사람이나 죽은 이에게 하는 설법이나 염불을 말한다. 옛날 인도의 시다림 숲에서 하던 의식에서 유래된 말이다.

용례 ▽

시다림법사(尸茶林法師) : 시다림 설법이나 염불을 하는 승려.

시설(施設)

도구나 장치들을 베풀어서 차림, 또는 그렇게 차린 도구나 장치.

불교 ▽

임시로 설치하는 수단, 또는 건립(建立) · 발기(勃起)의 뜻으로, ①생각하여 정함, ②실재하지는 않으나 무엇으로 설정함, 가정(假定), ③가르침을 세우는 수단과 방법 따위로 경론(經論) · 좌선(坐禪) · 공안(公案)을 말한다.

용례 ▽

시설유(施設有) : 임시로 가정되어 있는 것. 가유(假有).

시설이상(施設異相) : 가르치는 수단과 방법이 서로 다름.

식당(食堂)

식사하기에 편리하게 꾸민 방, 또는 음식을 만들어 파는 가게, 음식점(飮食店).

불교 ▽

절에서 스님들이 식사하는 집이나 방을 말하며, 사찰의 중요시설인 칠당 가운데 하나이다. 보통 승방(僧房)과 식당을 겸하여 승당(僧堂)이라고 한다. 식당에는 십육나한(十六羅漢) 가운데 한 분인 핀돌라(Piṇḍola, 賓頭盧) 존자의 모습을 한 문수보살(文殊菩薩)을 모신다.

보충 ▽

나한(羅漢) : 아라한(阿羅漢)의 준말. 대표적으로 열여섯 분이 있다. → 아라한.

핀돌라(Piṇḍola) 존자 : 나반(那般) 존자 또는 빈두로(賓頭盧) 존자라고 음사한다. 부처님의 열반 후, 남인도에서 중생을 제도한 아라한으로 소승불교에서는 부처님의 상좌(上座)로 모신다.

문수보살(文殊菩薩) : 산스크리트어로 만쥬슈리(Mañjuśrī)를 음사하여 문수(文殊)라고 하고, 묘덕(妙德) · 묘수(妙首) · 묘길상(妙吉祥)으로 번역한다. 보현보살과 함께 석가모니불을 협시하며, 부처의 지혜를 상징한다.

식도락(食道樂)

여러 가지 음식을 먹어보는 일을 즐거움으로 삼는 것.

불교 ▽

불도(佛道)를 닦아 깨달음을 얻은 뒤 생기는 기쁨을 '도락(道樂)'이라 하고, 이 말에 음식인 '식(食)'을 합친 것이다. 다시 말해서, 먹는 것에 도가 있어 그것을 즐기는 것이 아니라, 먹는 자체를 도락으로 삼는다는 뜻이다.

신도(信徒)

어느 종교를 믿는 사람, 즉 교도(敎徒) · 교인(敎人) · 신자(信者) · 종도(宗徒)를 말함.

불교 ▽

원래는 어떠한 절에 속한 대중을 다른 절에서 지칭하는 말이었다. 그리고 제 절의 대중은 단도(檀徒)라고 한다. 다시 말해서 제 절의 권속을 단도, 남의 절의 권속을 신도라고 하는 것이다. 지금은 내 절이나 남의 절이나 불교를 믿는 사람을 모두 신도라고 하지만 이는 잘못된 것이다. 특히 신도가 출가와 재가를 아울러 이르는 말임에도, 재가 불자만을 신도라고 하는 것은 바로잡아야 한다.

신분(身分)

개인의 사회적 지위, 또는 개인의 법률의 지위나 자격.

불교 ▽

몸의 부분, 또는 몸 전체, 즉 몸뚱이를 말한다. 그리고 남자의 생식기를 신분이라고 하는 경우도 있다.

용례 ▽

신분원만상(身分圓滿相) : 부처님의 원만한 몸의 모습. 이는 부처가 가진 서른두 가지 신체적 특징을 말하는 삼십이상(三十二相)이 원만하다는 뜻임.

보충 ▽

삼십이상(三十二相) : 부처님과 같은 성인(聖人)이 갖춘 32가지의 신체적 특징을 말한다. 삼십이상은 겉으로 현저하게 드러나는 신체적 특징을 말하고, 팔십종호는 미세해서 보기 어려운 80가지의 신체적 특징을 말한다. 구체적인 내용은 경전마다 조금씩 다르게 전해진다.

신심(信心)

종교를 믿는 마음. 또는 종교가 아니라도 무엇을 옳다고 믿는 마음.

불교 ▽

부처님의 가르침을 믿고 의심하지 않는 마음을 말한다. 특히 정토종(淨土宗)에서는 아미타불의 본원(本願)을 믿는 마음이다. 그리고 진실한 신심은 부처의 본원작용에 따라 회향(廻向)한다고 한다.

용례 ▽

신심견고(信心堅固) : 부처의 가르침을 믿고 의심하지 않는 마음.

신심불이(信心不二) : 믿는 대상과 믿는 마음이 다르지 않아 분별이 없는 경지.

보충 ▽

회향(廻向) : 방향을 바꾸어 돌아본다는 의미로, ①자기가 지은 공덕을 남에게 돌리는 것, ②자신의 공덕을 되돌아보아 깨달음으로 향하여 나아가는 것, ③불사(佛事)의 공덕이 있기를 기대하는 것을 말한다.

신앙(信仰)

신불(神佛) 따위를 굳게 믿어 그 가르침을 지키고 그에 따르는 일.

불교 ▽

부처와 보살의 가르침을 믿고 받드는 일, 불법승(佛法僧) 삼보를 믿고 기뻐하여 우러러보는 일로, 귀의(歸依) · 앙신(仰信)과 같은 뜻이다. 기독교에서는 하느님의 계시에 대한 인간의 응답 내지는 하느님의 섭리(攝理)에 대한 인간의 순종이라는 인격적 관계를 말하며, 일반에서는 신불(神佛)과 같은 성스러운 존재에 대한 신뢰와 무조건의 복종을 의미하는 말이다. 그러나 불확실한 것을 주관적으로 확실하다고 믿는 것은 참된 신앙이 아니다.

신통(神通)

약효나 점 따위가 아주 신기하고 묘한 것. 또는 대견하고 훌륭하거나, 마음에 들게 싹싹함.

불교 ▽

범부의 인식으로는 헤아릴 수 없고 불가사의하며, 걸림이 없이 자재한 능력을 말한다. 훌륭한 지혜 · 신통력(神通力) · 신력(神力) · 통력(通力)이라고도 한다. 선정(禪定)으로 얻어지고, 걸림이 없이 자재하여 초인적이고 불가사의하며, 더할 나위 없이 아는 것이 깊고 온갖 일에 두루 통달한 상태를 말한다. 부처님은 육신통을 얻은 까닭에 허공에서 가고 · 머물고 · 앉고 · 눕고 · 숨고 · 나타나기를 마음대로 했다고 한다.

용례 ▽

육신통(六神通) : 부처의 여섯 가지 신통력. ①신족통(神足通) : 생각하는 곳에 마음대로 가며, 마음대로 모습[相]을 바꾸는 능력. ②천안통(天眼通) : 세간의 모든 것을 두루 관찰하는 능력. ③천이통(天耳通) : 세간의 모든 소리를 듣는 능력. ④타심통(他心通) : 타인의 마음속 의식을 두루 아는 능력. ⑤숙명통(宿命通) : 과거세의 일을 두루 아는 능력. ⑥누진통(漏盡通) : 번뇌를 끊어 두 번 다시 미혹한 세계에 나오지 않음을 깨닫는 능력.

실상(實相)

실제의 모습, 참모습.

불교 ▽

세상에 존재하는 것의 진실한 모습이라는 뜻으로, 부처님이 깨달은 바가 바로 실상이기 때문에 '부처의 깨달음'이란 의미도 된다. ①있는 그대로의 진실한 모양, ②언어나 마음으로 분별할 수 없는 진실 자체의 모습, ③존재의 본성(本性), ④평등의 실재(實在), ⑤불변의 이치, ⑥진리, ⑦모든 존재의 이치가 되는 성질 따위의 뜻이다.

실상(實相)의 본래 의미는 본체(本體) · 실체(實體) · 진상(眞相) · 본성(本性) 따위의 다양한 뜻을 함축하므로, 일여(一如) · 일실(一實) · 일상(一相) · 무상(無相) · 법신(法身) · 열반(涅槃) · 무위(無爲) · 진제(眞諦) · 진성(眞性) · 진공(眞空) · 실성(實性) · 실제(實際) 따위와 상통한다. 그리고 모든 존재 자체의 성질을 법성(法性)이라고 하고, 법성은 진실하고 상주(常住)하므로 진여(眞如)라고 하며, 그렇게 진실하고 상주하는 것이 모든 존재의 진실한 모습이므로 '실상'이라고 한다.

천태종(天台宗)에서는 모든 것이 완전한 조화를 이루고 있는 세계, 또는 미혹한 범부의 처지에서 곧바로 숭고한 부처를 볼 수 있는 세계를 실상이라고 한다.

용례 ▽

실상론(實相論) : 연기론(緣起論)과 상반된 이론.

실상반야(實相般若) : 지혜로 증득할 이체(理體).

실제(實際)

있는 그대로의 상태나 형편.

불교 ▽

진여(眞如)의 실체를 구명하여 그 궁극에 이르는 것을 말한다. 여기서 진여는 만유의 근원인 진리의 실상, 즉 차별이 없는 현상을 말하고, 이 실상이 일체의 모습이기 때문에 이를 실제라고 한다. 다시 말해서, 일체가 연기(緣起)로 이루어진 것이므로 이를 계속 추구하여 마지막까지 다다른 데를 실제라고 하는 것이다. 따라서 실제는 법(法)이 그것에 따라 성립하고 있는 근거, 진실의 이법(理法), 진여(眞如), 제법실상(諸法實相)으로도 쓸 수 있으며, 궁극적으로는 열반의 다른 표현이다.

용례 ▽

실제이지(實際理地) : 진여 또는 절대의 경지.

실제회향(實際迴向) : 자기가 닦아 얻은 공덕을 돌이켜 열반의 세계에 이르는 것.

심경(心境)

마음의 상태나 경지(境地). 정신 상태, 또는 기분.

불교 ▽

마음의 경계를 말한다. 대상을 인식하는 마음인 내심(內心)과 인식되는 대상인 외경(外境)을 가리키는 말로, 내심과 외경은 서로 불가

분의 관계에 있다.

용례 ▽

심경본적(心境本寂) : 마음과 그 경계는 본래 차별이 없어 공적(空寂)하다는 뜻.

심금(心琴)

마음의 거문고라는 의미로, 자극에 따라 미묘하게 움직이는 마음을 거문고에 비유하여 이른 말.

불교 ▽

거문고 줄의 탄력과 소리의 관계처럼, 몸과 마음이 잘 어울려야 수행이 잘 된다는 부처님의 가르침으로 『아함경(阿含經)』 「거문고의 비유」 편에 등장한다.

부처님의 제자인 슈로나(śroṇa)가 고행으로 깨달음에 이르고자 하였으나 아무리 열심히 해도 깨달음의 길이 보이지 않자 마음이 조급해졌다. 이를 본 부처님께서 수행이란 마치 거문고의 줄과 같아 너무 느슨하지도 너무 팽팽하지도 않아야 좋은 소리가 나는 것처럼, 몸과 마음이 서로 잘 어울려야 좋은 수행이라고 가르친 내용이다.

보충 ▽

『아함경(阿含經)』 : 삼세의 모든 부처님이 전한 교설이라는 뜻으로, 대승경전에 대비하여 초기불교의 경전을 말한다. 아함은 산스크리트어 아가마(āgama)의 음역으로 '오는 것'이란 의미이다. 잡아함을 포함해 장아함, 중아함, 증일아함 등 모두 네 가지의 아함이 있다.

심란(心亂)

마음이 어지럽고 뒤숭숭한 것.

불교 ▽

마음이 집중되지 않고 흐트러진 상태를 말하며, 심산(心散)과 같은 뜻이다. 불교에서는 심란을 가라앉히기 위하여 선정(禪定)을 한다.

심성(心性)

마음씨. 그리고 지능적 소질 · 습관 · 신념 따위의 정신적 특성.

불교 ▽

변하지 아니하는 참된 마음의 본성, 모든 중생이 본래부터 가지고 있는 본성을 말한다. 따라서 자성(自性), 즉 불성(佛性)이 곧 심성이다.

용례 ▽

심성무염(心性無染) : 심성이 번뇌에 오염되지 않음.

심성본정(心性本淨) : 심성은 본래 청정하여 조금의 더러움도 없음.

심인(心印)

마음 도장이라는 의미로, 글이나 말이 아닌 마음으로 한 약속을 가리키는 말.

불교 ▽

글이나 말로 나타낼 수 없는 내심(內心)의 깨달음을 이르는 말로, 심지(心地) · 불심인(佛心印)이라고도 한다. 심(心)은 불심(佛心)을, 인(印)은 인가(印可) · 결정(決定)을 말하며, 불법(佛法)의 확증을 뜻한다. 특히, 밀교(密敎)에서는 비로자나불의 설법을 심인이라고 하고, 설법하는 전각(殿閣)을 심인당(心印堂)이라고 부른다.

심지(心地)

마음의 바탕. 이를테면 '심지가 곧다'는 마음의 바탕이 반듯하다는 뜻.

불교 ▽

사람이 본래 갖춘 진심을 대지(大地)에 비유한 말이다. 그리고 마음이 선악(善惡)을 생산하는 것이 마치 땅에서 오곡이 생산되는 것과 같음을 비유한 말이다.

용례 ▽

심지수행(心地修行) : 마음을 연마하는 수행.

아귀(餓鬼)

'배고픈 귀신'이란 뜻으로, 염치없이 먹을 것을 탐내는 사람을 욕으로 이르는 말. 또 싸움을 잘하는 사람을 비유하여 가리키는 말.

불교 ▽

산스크리트어 프레타(preta)를 의역한 말로, 죽은 사람, 시체(屍體), 망령(亡靈)을 뜻한다. 그리고 죽은 이의 영혼이 '귀(鬼)'이고, 귀신은 항상 굶주린다고 해서 아귀라고 일컫는다.

불교에서는 전생(前生)에 악업(惡業)을 짓거나 탐욕과 질투가 심한 이는 그 과보로 아귀로 태어나서 배고픔의 벌을 받게 된다. 아귀는 배는 산과 같이 크지만 목구멍이 마치 바늘구멍처럼 좁아서 음식을 삼킬 수가 없으므로 항상 배고픈 고통에 시달리고, 그래서 음식을 보면 서로 먹으려고 다툰다. 이것이 아귀도(餓鬼途)의 정경이다.

또 아귀는 중생이 윤회하는 육도(六途)의 하나이기도 하고, 육도 가운데서도 악한 곳인 삼도에 속한다.

용례 ▽

유재아귀(有財餓鬼) : 재산이 있음에도 배고픔의 고통을 당하는 아귀들로, ①제사 때 버린 음식을 주워 먹는 귀신. ②재물이 있어도 인색한 사람을 비유하여 하는 말.

보충 ▽

삼도(三途) : 중생이 과보에 따라 윤회(輪廻)하여 전생(轉生)하는 세 곳의 악도(惡途). 화도(火途) · 도도(刀途) · 혈도(血途)로, 곧 지옥(地獄) · 아귀(餓鬼) · 축생(畜生)을 말한다. 삼악도(三惡道).

아만(我慢)

나를 높이고 남을 낮추어 보는 마음. 만심(慢心).

불교 ▽

산스크리트어 아스미마나(asmimāna)를 의역한 말이다. 교만(驕慢) · 만심(慢心)으로 번역한다. 사만(四慢)의 하나로, '나'와 '나의 것'이 있다고 믿고 거기에 집착하는 마음을 말한다. 또한 사번뇌(四煩惱)의 하나로, 스스로를 높여서 잘난 체하고 남을 업신여기는 마음을 가리키는 말이다.

보충 ▽

사만(四慢) : 네 가지의 만심(慢心). ①증상만(增上慢) : 아직 얻지 못하고도 얻었다고 하는 것. ②비하만(卑下慢) : 남보다 못하면서도 잘난

체 하는 것. ③아만(我慢). ④사만(邪慢) : 덕이 없으면서 덕이 있다고 하는 것.

사번뇌(四煩惱) : 유식(唯識)에서, 마음속에 자리하고 있는 일종의 무의식(無意識)과 상응(相應)하여 나타나는 네 가지의 번뇌. ①아치(我癡) : 참 나를 알지 못해 무아(無我)의 이치에 미혹한 것. ②아견(我見) : 실제의 '나'가 있다고 집착하는 그릇된 소견. ③아만(我慢). ④아애(我愛) : '나'를 애착하는 것.

아비규환(阿鼻叫喚)

참혹한 고통 가운데서 살려 달라고 울부짖는 상태를 이르는 말. 차마 눈뜨고 보지 못할 참상을 지옥의 고통에 비유한 말.

불교 ▽

아비지옥(阿鼻地獄)과 규환지옥(叫喚地獄)에서 나온 말로, 아비는 '쉴 새가 없음', 규환은 '울부짖음'을 뜻하며, 고통이 극심한 지옥을 정경을 표현한 말이다. 이들 지옥에 떨어지면 옥졸이 죄인의 살가죽을 벗기고, 그 가죽으로 죄인을 묶어 훨훨 타는 불속에 던져 태우기도 하며, 야차들이 달군 쇠창으로 얼굴과 배를 찌르고 꿰어서 던진다고 한다. 따라서 이곳에서는 하루에도 수 천 번씩 죽었다 살아나는 고통을 받으므로 잠시도 평안을 누릴 수 없다고 한다.

용례 ▽

아비지옥(阿鼻地獄) : 팔열(八熱) 지옥 중 가장 아래에 있는 지옥으로 오역죄(五逆罪)를 지은 죄인이 가는 곳으로 '잠시도 고통이 쉴 날이 없다'고 하여 무간지옥(無間地獄)이라고도 함.

규환지옥(叫喚地獄) : 팔열 지옥의 하나로, 살생(殺生) · 투도(偸盜) · 사음(邪淫) · 음주(飮酒)를 한 죄인이 가는 곳.

보충 ▽

야차(夜叉) : 산스크리트어 약샤(yakṣa)의 음역으로, 우리말로는 '두억시니'라고 한다. 포악(暴惡) · 위덕(威德)으로 번역한다. 사천왕(四天王)의 하나인 다문천왕(多聞天王)의 권속으로, 생김새가 괴상하고 사나운 귀신이다.

아사리판

소란스럽고 무질서한 상태.

불교 ▽

아사리는 산스크리트어 아차르야(ācārya)가 변한 말로, '제자를 기를 만한 덕을 갖춘 승려'라는 뜻인 스승 · 교수사(敎授師) · 규범사(規範師)를 말한다. 그런데 아사리들이 많이 모이는 자리에서는 다양한 의견들이 개진되고, 토론 시간도 길어지고, 또 각자의 자기 주장이 앞서기 때문에 무질서하고 소란스런 논의가 되기 쉽다. 그래서 이를 빗대 소란스럽고 무질서한 상태를 비유하여 하는 말이 '아사리판'이다.

아상(我相)

자기의 학문이나 재산 · 학벌 · 지위 따위를 자랑하여 다른 사람을 몹시 업신여기는 마음.

불교 ▽

오온(五蘊)이 화합하여 이루어진 '나[自我]'의 실체는 허망한 것임에도 '나'가 존재하고, 또 '나의 것'이 있다는 생각에 집착하는 마음을 말한다. 아견(我見)이라고도 한다. 또, 깨달아 얻은 것에 집착하여 그를 잊지 못하고 그것이 '나'라고 집착하는 마음, 스스로 뽐내어 남을 경멸하는 마음인 아만(我慢)도 아상이라고 한다.

아수라장(阿修羅場)

모진 싸움으로 처참하게 된 곳을 이르는 말. 난장판과 같은 뜻.

불교 ▽

산스크리트어에서 아수라(asura)는 비천(非天) · 비류(非類) · 부단정(不端正)으로 번역되며, 중생이 윤회하여 태어나는 육도(六途) 가운데 하나다. 고대 인도의 신화에서 아수라의 왕은 싸움을 좋아해서 그가 있는 곳에는 언제나 싸움이 끊이지 않았다고 한다. 특히 아수라 왕의 싸움 상대가 제석(帝釋)이었는데, 바로 이들이 싸우는 전쟁터가 아수라장이다. 그래서 마치 아수라의 전쟁터처럼 처참하고 어수선한 곳을 '아수라장' 또는 '수라장(修羅場)'이라고 한다.

보충 ▽

제석(帝釋) : 인드라(Indra) 신을 말하는데, 그의 이름이 팔리어로 사카(Sakka)여서 석(釋)으로 음역되었고, 신들의 왕이라서 제(帝)라고 한다. 수미산 꼭대기에 있는 하늘인 도리천(忉利天)의 왕으로, 사왕천(四王天)을 통솔하면서 불법(佛法)과 불법에 귀의하는 사람들을 보호하고 아수라의 군대를 정벌한다.

아집(我執)

자기중심의 좁은 생각이나 소견, 또는 그것에 사로잡힌 고집.

불교 ▽

실체(實體)가 없는 '나'를 실재(實在)하는 것으로 믿고 집착하는 일로, 선척적인 아집은 구생(俱生)이라 하고, 후천적인 아집은 분별(分別)이라고 한다. 또한 이치를 따짐에 기준이 없이 자기의 의견에만 집착하여 '나'를 고집하는 것이 아집이다. 아집을 인집(人執) 또는 생집(生執)이라고도 한다.

용례 ▽

아집습기(我執習氣) : 실제로 자아가 있다고 고집하는 소견에 따라 익혀진 종자.

아집탐착(我執貪着) : 자아를 탐하고 집착하는 것.

악마(惡魔)

사람에게 재앙을 내리거나 나쁜 길로 유혹하는 마물(魔物). 또는 아주 흉악한 사람을 비유적으로 부르는 말.

불교 ▽

불도(佛道) 수행을 방해하는 삿된 신(神), 또는 사람에게 재앙을 내리거나 나쁜 길로 유혹하는 마물(魔物)을 가리키는 말이다. 그리고 욕계 육천의 임금이라 하는 마왕(魔王) 파순(波旬)의 권속(眷屬)들을 그렇게 부르기도 한다.

용례 ▽

악마항복(惡魔降服) : 불법 수행을 방해하는 번뇌를 항복받아 퇴치하는 것. 수행을 방해하는 번뇌를 번뇌마(煩惱魔)라고 한다.

악세(惡世)

나쁜 세상이라는 뜻으로, 죄악과 악한 일이 성행하는 세상을 말함.

불교 ▽

말법세상(末法世上) · 말세(末世) · 말대(末代)를 이르는 말이다. 불경(佛經)에 자주 등장하는 오탁악세(五濁惡世), 즉 다섯 가지 악으로 물든 말법의 혼탁한 세상이 말세다.

오탁은 다섯 가지의 혼란을 말하는데, ①겁탁(劫濁, 시대가 오래되어 사회가 혼란한 것), ②견탁(見濁, 사상이 혼란한 것), ③번뇌탁(煩惱濁, 번뇌가 늘고 악덕이 창궐하는 것), ④중생탁(衆生濁, 인간이 타락하고 고통과 우환이 많은 것), ⑤명탁(命濁, 사람의 수명이 짧아지는 것) 따위이다.

악업(惡業)

나쁜 짓.

불교 ▽

고통의 결과를 가져오는 원인이 되는 나쁜 짓, 또는 전생의 나쁜 짓을 말한다. 사람이 몸과 마음으로 짓는 나쁜 짓으로, 탐욕을 포함하여 모두 열 가지 악업, 즉 십악(十惡)이 있다. 십악(十惡)은 이른바 '신삼구사의삼(身三口四意三)'이라 하여 몸으로 짓는 세 가지, 입으로 짓는 네 가지, 마음으로 짓는 세 가지로 분류한다. 신삼(身三)은 살생(殺生)·투도(偸盜)·사음(邪婬), 구사(口四)는 망어(妄語)·기어(綺語)·악구(惡口)·양설(兩舌), 그리고 의삼(意三)은 탐욕(貪欲)·진에(瞋恚)·우치(愚癡)를 말한다.

용례 ▽

악업맹화(惡業猛火) : 악업이 보리심을 잃게 하는 것이, 마치 거센 불이 초목을 불사르는 것과 같다는 뜻.

안거(安居)

탈이 없이 편안히 지냄.

불교 ▽

수행자가 일정 기간 동안 외출하지 않고 한 곳에 모여 수행하는 일을 말한다. 우리나라에서는 음력으로 4월 15일에 시작하여 음력 7월 15일에 끝나는 하안거(夏安居)와 음력 10월 15일에 시작하여 이듬해 음력 1월 15일에 끝나는 동안거(冬安居)가 있다. 본래 안거는 인도에서 우기(雨期)인 여름철에 수행자들이 돌아다니며 수행을 하다가 폭풍우를 만나 피해를 입기도 하고, 또 이를 피하려다 초목과 벌레들을 해치는 경우가 있기 때문에, 아예 외출을 금하고 수행에만 몰두하던 데서 유래하였다. 따라서 부처님 당시에 안거는 여름에 하는 것이었지만 우리나라에서는 겨울에도 한다.

용례 ▽

안거건도(安居犍度) : 『사분율(四分律)』에 나오는 안거에 관한 규칙을 모아서 설명한 부분.

안락(安樂)

근심과 걱정이 없이 편안하고 즐거운 것.

불교 ▽

마음과 몸이 편안하고 쾌적하다는 뜻으로, 아미타불의 정토(淨土)인 극락(極樂)의 다른 말이다.

용례 ▽

안락국(安樂國) : 극락국, 또는 극락세계.

안락능인(安樂能人) : 중생을 안락국으로 인도할 수 있는 능력을 가진 사람이란 뜻으로, 아미타불의 다른 이름.

안목(眼目)

사물을 보고 분별하거나 그 가치를 판별할 수 있는 능력이나 식견.

불교 ▽

사물의 본질, 또는 중요한 것을 이르는 말이다. 그래서 어떤 일의 요점이나 요령, 요결(要訣) 따위를 안목이라고 한다.

용례 ▽

안목이명(眼目異名) : 이름이 다르지만 본질은 같은 것.

안목정동(眼目定動) : 식견(識見)이 번뜩이는 것. 놀라서 두리번거림.

안심(安心)

근심과 걱정이 없이 마음을 놓거나 마음을 편히 가지는 것. 또는 걱정되는 일에서 벗어나는 것.

불교 ▽

불법(佛法)을 굳게 믿어 어떠한 충동에도 마음이 움직이지 않는 상태에 이른 경지를 일컫는 말이다. 또 마음을 한 곳에 안주시켜서 움직이지 않음, 밖으로 모든 인연을 쉬고 안으로 들뜬 마음이 없어진 상태를 말한다. 한편, 아미타불에게 귀의하여 극락왕생을 믿고 살아가는 마음도 안심이라고 한다.

용례 ▽

안심입명(安心立命): 선종(禪宗)에서, 자신의 불성(佛性)을 깨달아 생사를 해탈하여 마음의 편안함을 얻는 것, 또는 그렇게 얻은 경지.

안양(安養)

마음을 편안하게 하고 몸을 쉬게 하는 것, 어른을 그렇게 봉양(奉養)하는 것.

불교 ▽

아미타불의 정토인 극락(極樂)의 다른 이름이다. 마음을 편안하게 하여 몸을 기르는 곳이라는 의미로, 안양과 극락, 안락이 모두 같은 말이다.

용례 ▽

안양국(安養國) : 극락세계.

안양교주(安養敎主) : 극락세계의 교주. 아미타불을 말함.

안온(安穩)

조용하고 편안함.

불교 ▽

마음이 안락하고 평온하다는 의미로, 깨달음의 경지를 가리키는 말이다. 마음이 안락하여 어떤 괴로움이나 미혹이 없는 경지를 말한다.

용례 ▽

안온도(安穩道) : 자신은 물론 남에게도 이익이 되는 도.

안온쾌락(安穩快樂) : 편안하고 쾌적한 것.

안주(安住)

자리를 잡아 편안히 삶. 현재의 상태에 만족하는 것.

불교 ▽

몸과 마음이 편안한 경지에 머무르는 것을 말한다. 다시 말하면 안주는 해탈(解脫)을 얻은 다음에야 가능하다. 그래서 보살의 선정(禪定)을 안주라고 한다.

용례 ▽

안주기심(安住其心) : 그 마음에 안주하는 것.

안주법라한(安住法羅漢) : 깨달음에 안주하는 나한으로, 더 이상 뛰어난 향상이나 수행이 없는 성인.

애민(哀愍)

불쌍하고 딱하게 여기는 것.

* '신이여, 애민하소서'는 '신이여 불쌍히 여기소서'라는 뜻임.

불교 ▽

부처가 중생을 불쌍히 여기는 마음을 말한다. 또한 부사적으로 '부디', '제발'이라는 뜻으로 쓴다.

용례 ▽

애민유정(哀愍有情) : 부처가 유정, 즉 중생을 불쌍히 여김.

유원애민(唯願哀愍) : '제발 원하오니'의 뜻.

애욕(愛慾)

이성(異性)에 집착하는 성적(性的) 욕망.

불교 ▽

'애욕(愛欲)'으로 쓴다. ①욕망에 마음이 사로잡히는 것, ②번뇌(煩惱), ③오관(五官)이 그 대상을 향락하는 것, ④처자(妻子)를 깊이 사랑함, ⑤맹목적인 충동, 망집(妄執), ⑥성적(性的) 욕망 따위의 뜻이 있다. 애정뿐만 아니라 모든 것을 탐내고 집착하는 마음을 애(愛)라고 하고, 또 그것을 즐기려 하는 욕망을 욕(欲)이라고 한다.

용례 ▽

애욕광해(愛欲廣海) : 애욕이 넓고 큰 것을 바다에 비유한 말.

애착(愛着)

사랑하고 아껴서 단념할 수 없음.

불교 ▽

욕망이 마음에 사로잡혀 집착하는 것으로 애집(愛執)·애욕(愛欲)이라고도 한다. 그리고 자기의 소견이나 가진 것에 대한 지나친 집착을 말하기도 한다.

용례 ▽

애착생사(愛着生死) : 무상(無常)의 진리를 깨닫지 못하고 죽는 것을 싫어하여 이승에 집착하는 것.

애착자비(愛着慈悲) : 생사에 애착하는 중생을 구하려는 부처의 자비심.

야단법석(惹端법석, 野壇法席)

①많은 사람이 한 곳에 모여 서로 다투며 시끄러운 판. 야단(惹端)법석. ②야외에 법단을 차려 놓고 설법을 여는 것. 야단법석(野壇法席).

불교 ▽

야단(惹端)법석에서 '야단'은 '요단을 일으키다'는 뜻의 야기요단(惹起鬧端)의 준말로, '떠들썩하게 일을 벌이다'라는 뜻이다. 법석은 법석(法席)에서 나왔지만 우리말이 된 경우인데, 여러 사람이 시끄럽게 떠드는 어수선한 상태를 일컫는다. 따라서 떠들썩하게 일을 벌여 사람이 법석이는 상태를 '야단법석'이라고 한다.

야기요단의 또 다른 준말인 '야료(惹鬧)'의 일반적 의미가 '생트집을 잡고 괜한 시비를 거는 것'이지만, 불교에서는 진리에 대한 끊임없는 의심을 가리키는 말이다. 따라서 야단법석의 불교적 표현은 '야단법석(惹端法席)'으로 진리에 대한 의심을 묻고 답하는 설법의 마당을 말한다. 한편, 야단법석(野壇法席)은 밖에다 법단을 차려 놓고 설법을 여는 자리라는 의미로, 이 또한 시끄럽고 소란스러움을 비유적으로 나타내는 말이다.

야단법석의 어원을 야단법석(惹端法席)에서 찾든 야단법석(野壇法席)에서 찾든, 모두가 시끄럽고 소란한 모양을 가리키는 말이라는 점에서 그 뜻은 같다.

야차(夜叉)

사나운 귀신. 두억시니.

불교 ▽

산스크리트어 약사(yakṣa)를 음역한 말로, 첩질귀(捷疾鬼) · 용건(勇健)으로 번역한다. 인도신화에서는 야차가 사람을 해치는 귀신으로 태어났지만, 뒤에 불법수호의 신이 되었다. 야차는 눈에 보이지 않고 초자연적인 힘을 가지고 있어서 사람들이 두려워하는 귀신과 같은 성격의 존재로 생각한다. 그러나 나쁜 사람은 해치지만 공양(供養)을 잘하는 사람에게는 재물이나 아이를 갖게 하는 힘을 가지고 있고, 특히 불교를 수호하는 신장(神將)도 된다. 그리고 사납고 흉측한 귀신으로 비사문천(毘沙門天)의 권속을 야차라고 한다.

야차를 형상으로 표현할 때에는 사자 · 코끼리 · 호랑이 · 사슴 · 말 · 소 · 양 따위의 모습으로 묘사하고, 사람으로 표현할 때에는 얼굴을 둘 또는 셋으로 묘사하기도 한다. 그리고 손에는 무기를 들고 있는 것이 보통이다. 야차를 염마졸(閻魔卒)이라고도 하고, 민간에서는 '두억시니'라고 한다.

보충 ▽

비사문천(毘沙門天) : 욕계 사천(四天) 가운데 하나이다. 부처님의 도량을 수호하고 불법을 많이 들을 수 있는 곳이라고 하여 다문천(多聞天)이라고도 한다. 이곳의 왕을 비사문천왕 또는 다문천왕이라고 하는데, 야차들을 권속으로 거느린다.

야화(夜話)

밤에 여럿이 모여서 하는 이야기라는 뜻으로, 부담 없이 듣는 이런 저런 세상 이야기.

불교 ▽

참선 수행 중에 절의 주지(住持)가 하는 훈화(訓話)를 말한다. 참선 지도는 조실(祖室)이나 방장(方丈)이 하는 것인데, 절 살림을 하는 주지가 밤중에 하는 이야기이므로 내용이 가벼워 새겨둘 것이 없다는 의미가 함축된 것으로 해석된다.

보충 ▽

조실(祖室) : ①선원(禪院)에서 참선을 지도하는 어른 스님. ②조사(祖師) 스님의 방.

방장(方丈) : ①총림(叢林)을 대표하는 스님. ②절의 주지(住持), 사방으로 1장(丈) 되는 크기의 방을 쓴다고 하여 붙여진 이름.

얼추

부사적으로, '대강', '대충', '거의 가깝게'의 뜻.

불교 ▽

지금은 분야가 전문화되어 있지만, 예전에는 사찰을 장엄하는 사람은 불화(佛畵) · 단청(丹靑) · 조각(彫刻)을 모두 혼자서 할 줄 알아야 했다. 그래서 세 가지 모두를 할 줄 아는 이를 '금어(金魚)'라고 하고, 아직 금어까지 되지 못한 사람, 즉 두 가지를 할 줄 아는 사람을 '어축(魚軸)'이라고 했는데, 이 어축이 변해 얼추가 되었다. 얼추는 셋 중에 두 가지를 배웠으니 '거의 장인(匠人)에 가까운 사람' 또는 '대충 장인의 경지에 이른 사람'을 말한다.

언설(言說)

무엇을 말하거나 설명함, 또는 그 말.

불교 ▽

말을 가지고 법(法)을 설하는 것을 말한다. 즉 표현의 매개가 되는 것이 언설이다. 그래서 언설구(言說句)는 문자로 표현한 말을 의미한다.

용례 ▽

언설법신(言說法身) : 본래 법신은 언설을 여읜 것인데 어쩔 수 없이 말을 빌려 표현할 수밖에 없는 법신.

언설수각(言說隨覺) : 언어를 매개로 하여 분별하고 자각하여 아는 것.

언설훈습(言說薰習) : 자신이나 남의 언설로 일체법이나 시비(是非)·선악(善惡) 따위의 종자를 무의식의 깊은 마음속에 물들게 하고 그 자취를 남기는 것.

언어도단(言語道斷)

어떠한 일이 매우 심하거나 어이가 없어 말로 나타낼 수 없을 때를 가리키는 말.

불교 ▽

진리는 깊고 묘하여 언어로는 표현할 수 없음을 이르는 말이다. 불립문자(不立文字)와 함께, 선종(禪宗)의 종지(宗旨)로 삼는다.

불교는 깨달음을 직접 경험해야 한다고 해서 체득(體得)의 종교 혹은 증득(證得)의 종교라고 한다. 다시 말해 부처님의 말씀을 믿고 따른다고 해서 해탈의 경지에 이르는 것이 아니라, 부처님처럼 깨달아야만 해탈한다는 뜻이다. 그러나 해탈에 이르기 위해서는 언어나 문자로는 불가능하다고 하여 언어도단 또는 불립문자라고 한다. 즉, 언어의 길이 끊어지고, 문자로는 표현되지 않는 진경계(眞境界)를 직접 체득하는 것이 불교 수행의 궁극적 목표이다.

보충 ▽

종지(宗旨) : 어느 종파나 경전에서 나타내는 뜻. 종의(宗義). 종교(宗敎).

진경계(眞境界) : 진리의 경계. 실제 그대로의 경계. 진경(眞境)

업(業)

직업(職業)이나 부여된 과업.

불교 ▽

산스크리트어 카르마(karma)의 의역으로, 미래에 선악의 결과를 가져오는 원인이 된다고 하는 몸과 입과 마음으로 짓는 선악의 소행(所行)을 말한다. 그리고 전세에 지은 선악의 소행으로 말미암아 현세에 받는 응보(應報)를 말하며, 업보(業報)라고도 한다.

업보는 어떠한 사람도 피할 수 없으며 그림자가 형체를 따라다니듯이 서 있는 자의 곁에 서 있고, 가는 자의 뒤를 따라가며, 행위에 영향을 미친다. 이런 사상에 입각한 행위론이 선업선과(善業善果)·악업악과(惡業惡果)와 같은 윤리적인 인과의 법칙을 낳았다. 이런 사상은 인도의 여러 종교, 특히 불교 이전의 바라문교나 자이나교에서 신봉되었고, 불교에서도 이를 수용하였다.

용례 ▽

업구(業垢) : 악업과 번뇌를 아울러 이르는 말.

업보(業報) : 선악(善惡)의 업인(業因)에 따라 나타나는 고락(苦樂)의 결과.

업액(業厄) : 악업의 앙갚음으로써 받는 재난.

업인(業人) : 악업을 쌓은 사람.

업장(業障) : 악업으로 비롯되는 장애.

무간업(無間業) : 무간지옥에 떨어질 무거운 악업.

여법(如法)

법이나 규칙에 어긋나지 않음. 합법(合法).

불교 ▽

부처님의 가르침에 어긋나지 않고, 법과 이치에 합당하다는 말이다. 또한 부처님의 가르침대로 수행한다는 말로도 쓴다. '여법하다', '여법하게' 따위와 같이 활용한다.

용례 ▽

여법사유(如法思惟) : 이치에 맞게 사유하는 것.

여법수행(如法修行) : 부처님의 가르침대로 하는 수행.

여실(如實)

사실과 똑같거나, 현실 그대로인 것.

불교 ▽

진실의 도리에 적합한 것, 있는 그대로인 것을 말하며, 진실과 같은 뜻이다.

용례 ▽

여실견(如實見) : 있는 그대로 보는 것.

여실지자(如實知者) : 있는 그대로를 아는 사람이라는 의미로, 부처님의 별호.

여의주(如意珠)

용(龍)이 입에 물고 있는 구슬. 이 구슬을 가지면 모든 소원을 뜻대로 이룰 수 있다는 신비의 구슬.

불교 ▽

산스크리트어로 친타마니(cintā-maṇi)라고 한다. 여의주는 모든 악과 재난을 없앨 뿐 아니라 소원을 성취시키는 불가사의한 힘을 지닌 보배로운 구슬이라 하여 여의보주(如意寶珠)라고도 부른다. 또한 법(法)이나 불덕(佛德)에 비유되기도 하고, 경전의 공덕을 상징적으로 나타내기도 한다.

여의주는 마갈어(摩竭魚)의 머릿속에서 나왔다고도 하고, 제석천(帝釋天)이 가지고 있는 물건이 부서지면서 떨어진 것, 부처님의 사리(舍利)가 변한 것이라는 등 여러 설이 있다. 여의륜관음(如意輪觀音) · 마두관음(馬頭觀音) · 지장보살(地藏菩薩) 등이 이것을 지니고 중생의 소원을 들어준다고 한다.

보충 ▽

마갈어(摩竭魚) : 바다에 살며, 두 눈은 해와 같고, 입을 벌리면 어두운 골짜기와 같아서 배도 삼키고, 물을 뿜어내는 것이 짐승과 같다는 상상의 물고기.

여인(女人)

여자, 여성.

불교 ▽

많은 경전에서 선남자(善男子), 선여인(善女人)이라는 표현을 흔히 볼 수 있다. 특이한 것은 남자는 선남자라고 하면서 여자는 선여자(善女子)가 아니라 선여인이라고 하는 점이다. 아마도 여자라는 말이 비하적인 의미가 있었던 것이 아닌가 생각된다.
초기불교에서는 여자가 남자보다 열등한 지위에 있었다. 이를테면, 여인은 범천왕 · 제석천왕 · 마왕 · 전륜성왕 · 부처 등 다섯 가지는 될 수 없는 장애를 가지고 있다고 한 것이나, 여인비기(女人非器)라고 하여 여인은 불법(佛法)을 닦을 그릇이 못된다고 한 것으로도 여자를 열등하게 여긴 것을 알 수 있다.
그러나 이러한 사상은 대승불교와 함께 여인도 극락에 왕생하고[女人往生], 부처도 되는 것으로 변화하였다. 다만 여인은 수행자가 경계를 해야 하는 대상이어서 부처님은 제자들에게 "서로 마주 보지 말고, 마주 보더라도 대화하지 말며, 대화하더라도 오로지 염불하라.", 그리고 "나이 든 여인을 보면 어머니로 여기고, 어린 여인을 보면 누이로 생각하라."고 당부하였다.

연기(緣起)

좋은 일이나 나쁜 일이 일어날 것 같은 조짐.

불교 ▽

어떠한 원인으로 어떤 것이 생긴다는 뜻으로, 인연생(因緣生)이라고도 한다. 모든 현상은 무수한 원인[因]과 조건[緣]이 서로 관계하여 성립되므로, 독립 · 자존적인 것은 하나도 없고, 결국 조건과 원인이 없으면 결과[果]도 없다는 것이다. 또한 일체 현상이 생겨나고 소멸하는 법칙을 연기라고 하는데, 이것이 있으면 저것이 있고, 이것이 생기면 저것이 생긴다, 이것이 없으면 저것도 없고, 이것이 멸하면 저것도 멸한다는 이론이다.

부처님이 "연기를 보는 자는 법(法, 진리)을 보고, 법을 보는 자는 연기를 본다."라고 한 것이나, "연기를 보는 자는 부처를 본다."라고 한 것에서 알 수 있듯, 연기는 불교의 중심이 되는 사상이다.

용례 ▽

십이연기(十二緣起) : 무명(無明)→행(行)→식(識)→명색(名色)→육입(六入)→촉(觸)→수(受)→애(愛)→취(取)→유(有)→생(生)→노사(老死)로 이어지는 원인과 결과의 과정이 순차적으로 발생 · 소멸하는 연기.

유전연기(流轉緣起) : 중생이 생사유전(生死流轉)의 고통을 받는 연기. 무명의 작용대로 살아가는 중생의 모습.

환멸연기(還滅緣起) : 수행하여 해탈로 향하는 연기. 무명을 극복하는 삶의 태도.

연모(戀慕)

이성(異性)을 사랑하고 그리워하는 것.

불교 ▽

깊이 생각에 빠져든다는 의미로, 부처님을 사랑하고 애타게 연민한다는 말이다. 『법화경(法華經)』에는 "부처님을 만나기가 어렵다는 생각을 내어 연모하고, 부처님을 애타게 우러러 여러 가지 선근(善根)을 심는다."라고 하였다.

연설(演說)

여러 사람 앞에서 자기의 주의나 주장 또는 의견을 진술하는 일.

불교 ▽

원래는 부처님이 대중에게 하는 교설(教說)이라는 뜻이었다. 그런데 그것을 그냥 설법(說法)이라고 하지 않고, '멀리 흐르다 · 통하다 · 윤택하다 · 스며들다'의 의미를 가진 '演'을 덧붙여 연설(演說)이라고 한 것은 부처님 특유의 대기설법(對機說法)에서 비롯된 말이 아닌가 생각된다.

보충 ▽

대기설법(對機說法) : 가르침을 받는 사람의 능력이나 소질에 따라 그에 맞는 내용의 설법을 하는 것이다. 대기설법에는 비유 · 인용 · 반복 · 문답 따위의 화법이 다양하게 구사된다.

염색(染色)

물감을 써서 천이나 종이에 물을 들이는 것.

불교 ▽

수행자의 옷이나 가사(袈裟)의 빛깔을 지칭하는 말로, 괴색(壞色)이라고도 한다. 출가 수행자의 옷은 화려하지 않은 괴색(壞色: 파랑, 검정, 목란색)으로 물들여 입도록 한 데서 나온 말이다. 이처럼 일반에서와는 달리 염색이 '물들이다'의 뜻이 아니라 하나의 색깔을 이르는 말이었다.

고대 인도인들은 흰색의 옷을 입었고, 수행자들은 염색, 즉 괴색인 옷을 입었기 때문에, 염색이 '물들인 옷'을 뜻하는 말이 되면서 지금과 같은 의미로 변화된 것이다. 그래서 승려의 옷인 법의(法衣)를 염의(染衣)라고 한다.

예배(禮拜)

신앙(信仰)의 대상에게 공손한 마음으로 절하거나 그 뜻을 표하는 일.

불교 ▽

부처나 보살에게 합장하고 절하는 것을 말한다. 예배는 오정행(五正行)의 하나로 불가(佛家)에서 중요하게 여기는 수행법의 한가지다. 그리고 공경과 순응의 마음을 몸으로 표현하는 예배는 민족에 따라 그 형식에 차이가 있다. 우리나라에서는 합장과 절이 예배의 기본이다. 합장은 두 손바닥을 마주대고 가슴에 곧게 세워 반배로 경례를 하는 것이고, 절은 '오체투지(五體投地)'라고 하여 두 무릎과 팔, 이마가 땅에 닿도록 하는 경례법이다.

예배는 예를 갖추어 절을 한다는 뜻의 불교 용어임에도, 절을 하지 않는 기독교에서 보편적으로 쓰는 말이 된 것은 매우 의외가 아닐 수 없다. 또한 절에서는 '예배'보다는 오히려 '예불(禮佛)' 또는 '참배(參拜)'라고 한다.

용례 ▽

예배공경(禮拜恭敬) : 공손히 합장하여 절하는 것.

예배잡행(禮拜雜行) : 아미타불이 아닌 부처와 보살 등에게 예배하는 것.

예배정행(禮拜正行) : 일심으로 아미타불에게 예배하는 것.

보충 ▽

오정행(五正行) : 극락정토에 왕생하는 다섯 가지의 바른 행업. 독송(讀誦)·관찰(觀察)·예배(禮拜)·칭명(稱名)·찬탄공양(讚嘆供養).

오락(娛樂)

피로를 풀기 위해 노래나 춤 따위로 즐겁게 노는 일. 또는 사람의 마음을 즐겁게 하고 위안을 베푸는 일.

불교 ▽

자기 자신을 관조하여 마음이 편안해지는 것을 말한다. 경(經)에 '번뇌가 있어도 오락으로 끊을 수 있다.'라고 한 것에서도 알 수 있듯이 오락은 선정(禪定)과 같은 의미의 말이었다. 다만 오락은 선정에서 얻는 즐거움이 강조된 말이었으나, 점차 즐거움이라는 의미만 받아들여 지금의 '오락'으로 변화한 것이다.

부처님 당시에 수행자에게 음악·노래·연극 따위는 스스로 행하거나 듣거나 보아서도 안 되는 금기사항이었다. 이후 대승불교에서 오락이 도입되고, 특히 중국에서 불교가 민중화되면서 오락이 성행하였다.

오염(汚染)

더러워지는 것, 특히 어떤 대상이나 환경이 유해물질에 따라 독성(毒性)을 갖게 되는 것.

불교 ▽

번뇌(煩惱)의 다른 말로, 번뇌로 마음이 더러워지는 것, 즉 더러움으로 물드는 것을 말한다. 번뇌는 그 자체가 더럽고 부정하다는 말이다. 또 세간(世間)의 오진(五塵), 즉 색(色)·성(聲)·향(香)·미(味)·촉(觸)의 대상을 탐하는 욕심으로 마음이 더러워지는 것을 오염이라고 한다.

온실(溫室)

따뜻한 방. 난방장치를 한 방, 그리고 난방장치를 한, 동식물의 재배나 사육 시설.

불교 ▽

본래 욕실을 가리키는 말이었다. 승려가 온실에서 몸을 깨끗이 씻는 법을 설한 『불설온실세욕중승경(佛說溫室洗浴衆僧經)』이 있고, 율장도 온실에 들어가는 열여섯 가지 방법을 열거하고 있어서, 온실이 부처님 당시부터 승가에 있었던 시설로 보인다. 다만 당시의 온실은 더운 물에 몸을 담그는 욕실이 아니라 증기탕(蒸氣湯)과 같은 시설이었던 것으로 알려지고 있다. 그래서 온실을 탕전(湯殿)이라고도 한다. 선가(禪家)에서 욕실은 칠당(七堂) 가운데 하나일 만큼 중요한 시설이었다.

보충 ▽

칠당(七堂) : 사찰의 일곱 가지 시설. 일반적으로 금당(金堂) · 강당(講堂) · 탑(塔) · 식당(食堂) · 종루(鐘樓) · 경장(經藏) · 승방(僧坊)을 말한다. 선가에서는 불전(佛殿) · 법당(法堂) · 승당(僧堂) · 고리(庫裡) · 삼문(三門) · 욕실(浴室) · 서정(西淨)을 말한다.

외도(外道)

①정도(正道)가 아닌 것, 또는 정도를 어기는 일. ②오입(誤入). ③본업을 떠나 다른 일에 손을 댐.

불교 ▽

부처님의 가르침을 내도(內道)라고 하고, 그밖의 다른 가르침을 통틀어 외도(外道)라고 한 데서 나온 말이다. 외교(外敎) · 외법(外法) · 외학(外學)이라고도 한다. 또한 논쟁하거나 따지기만 하는 사람 또는 이단(異端)이나 사설(邪說)의 무리를 가리켜 외도라고도 한다. 지금은 외도가 사법(邪法, 삿된 법)이라고 불리면서 남녀 사이의 성적인 일탈 행위를 일컫는 말이 되었다.

용례 ▽

외도선(外道禪) : 외도들이 하는 선정(禪定).

육사외도(六師外道) : 부처님 당시 중인도 지역에서 가장 세력이 크던 여섯 철학자를 지칭하는 말로, 인과설 부정론자 · 운명론자 · 회의론자 · 쾌락주의자 · 유물론자 · 자이나교도 따위를 말함.

외연(外緣)

겉 둘레, 가장자리. 이를테면, '외연을 넓히다'라고 하면, '범위를 넓혀 영향력을 크게 하다', '세력을 확장하다'라는 뜻.

불교 ▽

밖으로부터 힘을 주어 사물(事物)의 성립을 돕는 기운, 즉 증상연(增上緣)을 말한다. 연(緣)이 어떤 결과를 이끌어 내는 간접적인 조건을 뜻하므로, 외연은 '외부의 간접적 조건'으로 정의된다. 이를테면, 곡식이 잘 자라게 하는 데 영향을 주는 기온과 비, 바람 따위가 외연이 된다.

요사(寮舍)

학교나 공공단체의 기숙사(寄宿舍).

불교 ▽

승려들이 식사를 마련하는 부엌과 식당, 잠자고 쉬는 공간을 아울러 이르는 말이다. 또한 기도하러 온 신도들이 머물고 음식을 먹는 공간도 요사라고 한다. 요사에는 주거시설뿐만 아니라 창고 · 우물 · 장독·세탁 시설 등 생활에 필요한 모든 시설이 한데 모여 있다.

사찰의 요사에는 다양한 명칭을 붙이는데, 심검당(尋劍堂)·적묵당(寂默堂)·설선당(說禪堂) 등이 많다. 심검당은 지혜의 칼을 갈아 무명(無明)의 풀을 벤다는 뜻이고, 적묵당은 말없이 참선한다는 뜻이며, 설선당은 강설과 참선을 함께 한다는 말이다. 그밖에 향적전(香積殿)은 향나무로 밥을 지어 공양을 올린다는 뜻이고, 염화실(拈華室)은 조실(祖室)이나 대덕(大德) 스님이 머무르는 곳이다.

예전에는 요사가 법당 뒤에 있었으나 점차 법당 앞이나 좌우에 위치하게 되었고, 지금은 필요한 공간에 짓는 경우가 많다. 요사를 '요사채'라고도 부른다.

보충 ▽

대덕(大德) : 고승대덕(高僧大德)의 준말. 지혜와 덕망이 높은 스님을 지칭하는 말이다. 본래는 부처의 존칭이었으나 승려에게도 쓰인다.

용맹(勇猛)

용감하고 사나운 것.

불교 ▽

현자(賢者), 영웅을 가리키는 말로, 부처의 다른 이름이기도 하다. 그리고 견고한 의지로 노력하는 것을 용맹이라고 한다.

용례 ▽

용맹염불(勇猛念佛) : 굳은 의지로 온 힘을 다해 하는 염불.

용맹정진(勇猛精進) : 온 힘을 다해 하는 수행.

우세(憂世)

세상을 걱정함. 또는 걱정스런 세상.

불교 ▽

괴로움이 가득하여 걱정스러운 세상, 즉 사바세계를 일컫는 말이다. 우세는 일체가 무상(無常)하다고 하여 부세(浮世) · 부생(浮生)이라고도 한다. 부세와 부생은 뜬구름이나 부초와 같이 바람 따라 물결 따라 변화가 심하기 때문에 무상(無常)을 비유한 말이다.

우치(愚癡)

어리석고 못난 것.

불교 ▽

삼독(三毒)의 하나로, 사상(事象)에 의혹(疑惑)되어 진리를 분별하지 못하는 어리석은 마음을 말한다. 어리석음 또는 치암(癡暗)이라고도 한다. 그리고 우치는 미망(迷妄) · 미혹(迷惑) · 착각(錯覺) · 망상(妄想) · 무명(無明) 따위와 같은 의미로 쓰인다. 또한 어리석은 범부(凡夫)를 가리켜 우치라고도 한다.

용례 ▽

우치범부(愚癡凡夫) : 바보 같은 사람을 일컫는 말.

우치전도(愚癡顚倒) : 어리석어서 사물의 도리를 거꾸로 분별함.

원력(願力)

바라는 바를 이루려는 힘, 염력(念力).

불교 ▽

부처님에게 빌어 어떠한 목적을 성취하는 힘을 말한다. 또한 부처님이 보살일 때 세운 본원(本願)이 완성되어 그 효력을 나타내는 힘으로, 본원력(本願力) · 숙원력(宿願力) · 대원업력(大願業力)이라고도 한다.

용례 ▽

원력신심(願力信心) : 부처님의 본원력에 따라 구원되는 것을 믿는 마음.

원력자연(願力自然) : 아미타불의 본원력에 따라 자연히 극락에 왕생하는 것.

원력회향(願力迴向) : 아미타불의 본원력으로 극락에 왕생하여 성불하는 결과를 회향하는 것.

원만(圓滿)

①충분히 가득 참. ②조금도 결함이나 부족함이 없음. ③모나지 않고 온화함. ④서로 사이가 좋음.

불교 ▽

조건을 만족 · 충족 · 완성시키는 것을 말한다. 또한 공덕(功德)이 가득 차고, 소원이 충족되는 것을 원만이라고 한다.

용례 ▽

원만구경(圓滿究竟) : 완전한 깨달음을 이룸.

원만보신(圓滿報身) : 한량없는 원행(願行)의 결과로 나타나는 만덕(萬德)이 구족한 불신(佛身), 노사나불(盧舍那佛)을 이르는 말.

보충 ▽

노사나불(盧舍那佛) : 삼신불의 하나인 보신불(報身佛). 오랜 수행으로 무궁무진한 공덕을 쌓고 나타난 부처의 이름.

원융(圓融)

서로 통하여 아무 구별이 없음, 원만하여 막히는 데가 없음.

불교 ▽

일체 제법(諸法)의 사리(事理)가 두루 어울리어 하나가 됨을 이르는 말로, 차별이 없어 걸림이 없는 것, 한결같이 평등하여 이사(理事)에 걸림이 없음을 뜻하는 말이다. '원(圓)'은 모자람이 없이 원만하다는 뜻이고, '융(融)'은 융통(融通)과 융화(融和)를 말하며, 원융무애(圓融無碍)와 같은 뜻이다.

용례 ▽

원융자재(圓融自在) : 대립(對立)을 모두 하나로 하여 자유로운 것.

법성원융(法性圓融) : 만유(萬有)의 본체인 법성(法性)이 원융함.

원통(圓通)

모든 일에 두루 통달함.

불교 ▽

부처님과 보살의 깨달음은 원편융통(圓偏融通)하여 그 작용이 자유자재함을 나타낸다. 그래서 절대의 진리는 모든 것에 걸림이 없이 두루 통한다는 의미로, 원통은 관세음보살의 덕(德)을 칭송하는 말이다.

용례 ▽

원통대사(圓通大師) : 자유자재함을 찬탄한 관세음보살의 별칭.

원통전(圓通殿) : 관세음보살을 주불로 모신 전각의 이름.

유대지신(有待之身)

장차 큰일을 하려고 때를 기다리고 있는 사람.

불교 ▽

생멸무상(生滅無常)한 이승에서 남의 도움을 받으며 사는 덧없는 사람이라는 말로 범부의 몸을 말한다. 유대(有待)는 먹고 사는 것에 남의 도움을 기다림을 의미한다. 이는 범부가 장차 성불(成佛)할 사람이므로, '성불을 기다리는 사람'이라는 말로 해석한다.

유리(琉璃)

①규사(硅砂), 즉 석영과 탄산소다, 석회암을 섞어 높은 온도에서 녹인 다음 급격하게 냉각하여 만든 물질로 초자(硝子)라고도 함. ② 거무스름한 푸른 빛을 띠는 보석의 일종.

불교 ▽

산스크리트어 바이두르야(vaiḍūrya)을 폐유리(吠琉璃), 비루리(毘瑠璃) 또는 파려(玻瓈)라고 음사하는데, 이 말을 줄여서 '유리'라고 한다. 고대 인도에서는 칠보(七寶), 즉 일곱 가지 보배 중 하나로 친다. 육면체 또는 십이면체로 된 결정체로 푸른 빛을 띠며, 중앙아시아의 바이칼 호 남쪽 연안이 산지로 알려져 있다. 빛을 받으면 휘황찬란한 광명을 보이기 때문에 부처님의 광명에 비유되는 보석으로 여긴다. 푸른 빛 외에 여러 가지 빛깔이 있는 것으로 보아 묘안석(猫眼石)의 일종으로 생각된다. 광물학적으로는 녹주석(綠柱石)이라고 한다.

용례 ▽

유리관음(琉璃觀音): 삼십삼 관음의 하나로, 물 위에 뜬 연꽃을 타고 두 손으로 향로를 받든 모습의 관세음보살.

유리광여래(琉璃光如來): 약사여래(藥師如來)의 별칭.

보충 ▽

칠보(七寶) : 고대 인도의 일곱 가지의 보석으로 불교 경전에 자주 등장하는데, 구체적인 내용은 경전마다 조금씩 다르다. 일반적으로는 금 · 은 · 유리 · 수정 · 산호 · 적진주 · 마노를 말하는데, 『법화경』에서는 금 · 은 · 유리 · 자거 · 마노 · 진주 · 매괴가 등장하고,

『무량수경』에서는 금 · 은 · 유리 · 산호 · 호박 · 자거 · 마노가 등장하고, 『대지도론』에서는 금 · 은 · 비유리 · 파리 · 자거 · 마노 · 적진주를 말한다.

유명무실(有名無實)

이름만 있고 실상이 없거나, 허울만 있고 속이 없음을 가리키는 말.

불교 ▽

이름만 있고 실체는 없다는 뜻으로, 모든 사물은 사람이 가정하여 이름을 붙인 것으로 그 실체가 없고, 인연이 다하면 사라져서 이름조차 없음을 뜻하는 말이다. 이를테면 수레라는 물건은 사람이 수레라는 가명(假名)을 붙인 것일 뿐 수레의 진정한 실체는 존재하지 않는다. 또한 여러 가지 조건, 즉 바퀴, 틀, 손잡이 따위가 서로 화합하여 이루어진 수레가 인연이 다하여 부서지면 수레라는 이름조차 없다는 뜻이 된다. 이를 인연가화합(因緣假和合)이라고 한다.

유심(唯心)

오직 정신만 존재한다는 생각. ↔ 유물(唯物).

불교 ▽

일체 제법(諸法)은 그것을 인식하는 마음의 나타남이고, 존재의 본체는 오직 마음뿐이라는 말이다. 따라서 마음을 떠나서는 그 어떤 것도 존재하지 않는다는 것이 유심이다. 유심사상은 화엄종(華嚴宗)의 요지이다.

용례 ▽

유심연기(唯心緣起) : 만법은 한 마음으로 나타나는 것이라고 설명하는 연기법.

유심정토(唯心淨土) : 마음 밖에는 정토가 따로 없다고 하는 것으로, 곧 마음이 정토라는 것.

보충 ▽

화엄종(華嚴宗) : 『화엄경(華嚴經)』을 근본 경전으로 하여 세운 종파. 중국에서 두순(杜順, 557~640)이 초조(初祖)이고, 우리나라에서는 신라 때 의상(義湘, 625~702)이 초조가 된다.

유아독존(唯我獨尊)

세상에 자기만 잘났다고 뽐내는 것을 두고 하는 말.

불교 ▽

부처님이 세상에 태어났을 때 외쳤다고 하는 탄생게(誕生偈)로, 우주 만물 가운데 자신이 가장 존귀한 존재라는 의미를 담고 있다. 『전등록(傳燈錄)』에 따르면 부처님이 어머니 뱃속에서 나오자마자 동서남북으로 일곱 발자국을 차례로 걸은 다음, 한 손은 하늘을 가리키고 한 손은 땅을 가리키며 "하늘 위에나 하늘 아래나 오직 나 홀로 존귀하다(天上天下唯我獨尊)."라고 하였다고 한다. 이 말의 본래 의미는 인간의 존엄을 찬탄하는 것인데, 일반에서는 글자 그대로 해석하여 잘난 체하거나 아만(我慢)을 가진 사람을 가리키는 잘못된 의미로 쓰이고 있다.

보충 ▽

『전등록(傳燈錄)』: 『경덕전등록(景德傳燈錄)』의 약칭. 중국 송나라 때 도원(道源)이 지은 30권의 책. 과거칠불과 달마(達磨)에 이르는 인도 선종(禪宗)의 조사(祖師)들과 달마 이후 법안(法眼)의 제자들에 이르기까지의 중국의 전등법계(傳燈法系)를 밝히고 있다.

유야무야(有耶無耶)

있는 듯 없는 듯 흐지부지한 모양.

불교 ▽

마음이 무엇이 있고 없는 두 변(邊)에 쏠리어서 주저하여 결정하지 못함을 이르는 말이다. 즉, 어느 것도 하지 못하는 흐리멍텅한 상태를 가리킨다.

유위(有爲)

능력이 있음, 쓸모가 있음, 할 일이 있음을 뜻함. ↔ 무위(無爲).

불교 ▽

여러 가지 원인과 조건에 따라 생긴 현상을 말하고, 일체가 인연(因緣)에 따라 만들어짐을 뜻하는 말이다. 유위는 현상이므로 원인 ·

조건 따위의 변화에 따라 끊임없이 변화함을 의미한다. 그러나 불교에서는 이것이 만유(萬有)의 실제 모습, 즉 진상(眞相)이라고 보고, 이를 유위무상(有爲無常) 또는 유위전변(有爲轉變)이라고 한다. 중요한 것은 물질, 마음, 그리고 물질과 마음이 모두가 소멸하는 세 가지를 삼유위라고 하는데, 특히 마음에 대해서는 기쁨 · 분노 · 탐욕 · 분별 · 의식 따위와 같이 세분하여 유위법(有爲法)을 설정한다.

용례 ▽

유위공덕(有爲功德) : 일체의 인연에 따라 생기는 공덕을 말함.

유위무상(有爲無常) : 세상 일이 변하기 쉬워 덧없다는 뜻으로, 이 세상은 인연에 따라 임시로 있는 것이어서 잠시도 정주(定住)하지 않는다는 뜻.

유인(誘引)

주의를 끌거나 흥미를 일으켜서 상대를 꾀어냄.

불교 ▽

갖가지 방편과 수단으로 미리 하고자 한 데로 이끌어 들이는 것, 즉 부처와 보살이 방편을 써서 중생을 불도(佛道)로 이끄는 것을 말한다.

용례 ▽

유인개도(誘引開道) : 중생을 이끌어 불도(佛道)에 들게 함.

유전(流轉)

여기저기를 떠돌아다님. 물이 흐르듯 변화한다는 의미가 있음.

불교 ▽

번뇌의 업(業)으로 삼계와 육도를 표류하고, 생사인과(生死因果)가 끊임없이 되풀이하여 끝이 없는 것, 즉 윤회를 의미한다. 사람은 물론 삼라만상의 생사 인과가 끊임없이 변하고, 돌고 돌아서 끝이 없음을 뜻하는 말이다.

용례 ▽

유전윤회(流轉輪廻) : 중생이 어리석어 생사의 미계(迷界)를 끊임없이 유전하는 일.

생사유전(生死流轉) : 중생계에서 끊임없이 나고 죽음을 반복하는 것.

유통(流通)

①공기나 물 따위의 유체(流體)가 흘러서 움직이는 것, ②상품이 공급되고 소비되는 일, ③돈이 사회에서 널리 쓰이는 일.

불교 ▽

부처님의 가르침이 전해져 널리 퍼지는 것을 말한다. 그래서 대부분의 경전(經典)의 마지막 부분에는 경전의 가르침을 널리 알리기 위해 제자에게 그 경전을 주고 당부하는 내용이 있다. 이를 유통분(流通分)이라고 한다.

용례 ▽

유통일념(流通一念) : 「유통분」의 내지일념(乃至一念)을 말함.

보충 ▽

『무량수경(無量壽經)』 : 정토종(淨土宗)의 근본 경전으로, 상권에는 법장(法藏) 비구가 48원(願)을 세워 서방정토 극락세계를 성취하여 아미타불이 된 인과(因果)를 설명하고, 하권에는 중생이 아미타불을 염불하여 극락왕생을 하는 인과를 설명한다. 타력(他力)의 법을 설한 경전이다. 『아미타경』·『관무량수경』과 함께 정토삼부경의 하나이다.

유학(有學)

학식이 있음, 배운 것이 많음.

불교 ▽

불도(佛道)를 수행하여 성인(聖人)의 지위에 도달하였으나 아직 최종 지위인 아라한과(阿羅漢果)를 얻지 못하여 더 배울 것이 남아 있는 사람이라는 말이다. 더 배울 것이 없는 무학(無學)과 반대된다. 이처럼 일반적으로는 배운 것이 있는 사람이 유학이지만, 불교에서는 배울 것이 남아 있는 사람이 유학으로 서로 상반된 개념을 뜻한다.

용례 ▽

유학지(有學地) : 더 배워야 할 것이 있는 수행의 경지.

보충 ▽

아라한과(阿羅漢果) : 아라한의 경지. 번뇌를 여의고 열반에 이른 경지. 무학위(無學位).

유화(柔和)

성질이 부드럽고 온화한 것.

불교 ▽

부드럽고 조화로움을 뜻한다. 『법화경(法華經)』에 "여러 가지 공덕을 닦아 유화질직(柔和質直)한 사람은 모두 나의 몸이 여기에 있어 설법하는 것을 볼 것"이라고 한 것처럼, 유화는 수행을 열심히 하여 공덕을 닦는 사람은 부드럽고 조화로운 마음을 가지게 된다는 뜻이다.

유희(遊戱)

즐겁게 노는 것, 또는 그 놀이.

불교 ▽

보살의 자유자재한 행동을 뜻하는 말로, 보살이 부처의 경지에 들어 즐거워하는 것을 말한다. 또한 아무런 걸림이 없는 자재한 모양을 가리킨다.

용례 ▽

유희관음(遊戲觀音) : 삼십삼 관음의 하나로, 오색구름을 타고 법계(法界)를 아무런 걸림이 없이 유희하는 모습의 관세음보살.

유희삼매(遊戲三昧) : 부처의 경지에 들어 아무런 장애가 없는 삼매.

육안(肉眼)

①안경 따위를 쓰지 않은 본디의 눈이나 시력. ②눈으로 보는 표면적인 안식(眼識).

불교 ▽

오안(五眼)의 하나로, 인간의 몸에 갖추어진 범부의 눈을 말한다. 인간의 육신에 있는 눈으로 번뇌에 가려져 있는 미혹의 눈을 말하며, 그 반대의 눈을 심안(心眼)이라고 한다. 오안은 육안을 포함하여, 신통(神通)의 눈[天眼], 지혜의 눈[慧眼], 진리의 눈[法眼], 부처의 눈[佛眼]을 가리킨다.

윤회(輪廻)

①차례로 돌아가는 것, ②지구의 지형이 젊어지고 노쇠하기를 반복하는 것, ③하천이나 해안선이 침식과 퇴적을 반복하는 것, ④국가가 흥망성쇠(興亡盛衰)를 반복하는 것 따위의 뜻.

불교 ▽

중생이 수행하여 해탈을 얻기 전까지 그의 영혼이 업(業)에 따라 나고 죽기를 끊임없이 반복하는 일, 즉 유전(流轉)을 말한다. 인간은 해탈하기 이전까지는 생사를 끊임없이 반복하며, 이때 태어나는 세계는 자신의 행위의 결과인 업(業)에 따라 결정된다는 불교의 기본 사상이다.

윤회를 산스크리트어 상사라(saṃsāra)라고 하며, 이것은 '흐름'이라는 뜻으로 중생이 생사를 끊임없이 반복함을 가리키며, 생사(生死)로 번역한다. 윤회라는 말 자체는 중생이 미혹의 세계에서 삶과 죽음을 반복하기를 수레바퀴처럼 멈추지 않고 유전한다는 뜻이다. 또 인도에서 '상사라'는 '세계'의 뜻으로도 쓰이고 있어, 생사 · 윤회 · 세계는 서로 상응하는 개념이 된다.

한편 인간의 행위[業]는 육신이 멸하더라도 잠재적인 업력(業力)을 남기게 되고, 이 업력은 신체적 행위뿐만 아니라 말과 생각으로도 형성된다. 그래서 불교에서는 몸과 입과 뜻으로 짓는 세 가지의 업을 인정한다. 그러나 기본적으로 윤회 자체가 고통의 연속이기 때문에, 고통을 극복하는 유일한 길은 결국 윤회로부터 벗어나는 해탈이다.

용례 ▽

윤회생사(輪廻生死) : 사람의 생사가 모두 영혼의 윤회에서 비롯된다는 말.

윤회전생(輪廻轉生) : 중생이 수레바퀴가 돌듯이 끊임없이 생사를 반복한다는 뜻.

융통(融通)

필요한 물건이나 돈을 돌려쓰는 것.

불교 ▽

다른 별개의 것이 서로 융화하여 장애가 없는 것, 양쪽이 서로 어울려 완전하게 됨을 뜻한다. 다시 말해서 삼라만상이 각각 고립되어 있는 것이 아니라 서로 통하고 서로 의지하여 조화를 이루고 있다는 뜻으로, 융통무애(融通無碍), 상즉상입(相卽相入)과 같은 말이다.

용례 ▽

융통염불(融通念佛) : 내가 염불한 공덕이 다른 사람에게 융통하고, 다른 사람이 염불한 공덕이 나에게 융통한다는 말이다.

은덕(恩德)

은혜와 덕. 보통은 은혜로 입은 신세를 말함.

불교 ▽

은혜를 베푸는 덕(德)이라는 뜻으로, 중생을 제도하고자 하는 부처의 원력(願力)에 따른 베풂을 은덕이라고 한다.

용례 ▽

은덕무상심(恩德無上心) : 부처님의 은덕을 최고라고 여기는 마음.

은밀(隱密)

남에게 숨기는 것, 숨어 있어서 그 자취가 나타나지 않는 것.

불교 ▽

부처님이 가르친 참뜻이 언설(言說)의 뒤에 숨어 있어서 짐작할 수 없다는 말이다. 부처님의 가르침에는 환히 드러나는 가르침과 은밀한 가르침이 있는데, 환히 드러나는 가르침은 방편(方便)이라고 하고, 은밀한 가르침은 진리가 된다.

은사(恩師)

스승의 존칭.

불교 ▽

자기를 출가(出家)시켜 길러준 스승, 의지하고 살 만한 스승을 말한다.

응화(應化)

적응(適應)과 같은 뜻.

불교 ▽

부처와 보살이 미혹(迷惑)에 빠진 중생을 구원하기 위하여 여러 가지 모양으로 변신(變身)하여 나타나는 일을 응화라고 한다. '응하여 나타나다'라는 뜻으로, 응현(應現)이라고도 한다.

용례 ▽

응화법신(應化法身) : 응화한 법신(法身).

응화이생(應化利生) : 부처와 보살이 응화하여 중생을 이롭게 한다는 뜻.

의궤(儀軌)

본보기 또는 법칙을 말함. 특히 후세에 참고하기 위해 각종 행사에 대한 기록을 낱낱이 적어 기록한 책.

불교 ▽

각종 불교의식의 절차나 규칙, 또는 그것을 기록한 경전이나 책을 말한다. 의궤라는 말은 원래, 고대 인도의 베다시대부터 신에게 예배하는 방법을 '칼파(kalpa)'라고 하였는데, 밀교(密教)에서 이것을 받아들여 예불(禮佛)·염송(念誦)·공양(供養) 따위의 방법과 규칙을 이르는 말로 사용하였다.

용례 ▽

『석문의궤(釋門儀軌)』 : 사찰에서 행하는 갖가지 의식에 관한 절차와 염송(念誦)의 내용을 담은 책. 석문(釋門)은 석가모니불의 교문(教門)을 뜻하는 말로, 불문(佛門)·불가(佛家)와 같은 말이다.

의리(義理)

사람으로 마땅히 지켜야 할 도리, 또는 남과 사귈 때 지켜야 할 도리.

불교 ▽

경전에서 설명하는 의의 · 도리 · 이유를 말한다. 또한 올바른 절차도 의리라고 한다.

의식(意識)

사람이 깨어 있을 때, 사물을 인식하는 마음 작용이나 상태. 또한 사회적, 역사적인 영향을 받아서 형성되는 감정 · 견해 · 이론 · 사상 따위.

불교 ▽

심식(心識)의 한 가지로, 육식(六識) 가운데 여섯 번째 식을 말한다. 이것은 일체의 모든 형상을 총괄하여 판단하고 분별하는 심적 작용으로, 인식해서 알고 생각하는 마음을 말한다. 불교의 마음은 일반적인 의식의 뜻과는 개념이 다르다. 더구나 불교에서 말하는 의식은 과거나 미래에 대해서도 작용하여 지난 일을 기억하고 미래를 예측하기도 한다. 그래서 잠들거나 기절한 경우, 무상정(無上定)이나 멸진정(滅盡定)에 들 경우, 또는 무상천(無上天)에 나는 경우가 아니면 항상 의식은 존재하는 것으로 본다.

보충 ▽

육식(六識) : 객관적 인식의 대상인 색(色)·성(聲)·향(香)·미(味)·촉(觸)·법(法)의 육경(六境)에 대하여 보고·듣고·냄새 맡고·맛보고·닿고·아는 인식작용. 안식(眼識)·이식(耳識)·비식(鼻識)·설식(舌識)·신식(身識)·의식(意識)을 말한다.

무상정(無想定) : 마음의 모든 심상(心想)이 없는 선정(禪定). 무상천(無想天)에 태어날 원인을 짓는 선정.

멸진정(滅盡定) : 마음의 모든 생각을 없애고 적정(寂靜)의 상태에 이르는 선정.

무상천(無想天) : 색계(色界)의 사선천(四禪天). 이곳에 태어나면 모든 생각이 사라진다고 한다.

이력(履歷)

지금까지 닦아 온 학업이나 거쳐 온 직업 따위의 경력.

불교 ▽

사찰의 강원(講院)에서 승려가 경론(經論)을 공부한 과정을 이력이라고 한다. 일반적으로 강원에는 사미과(沙彌科) 2년, 사집과(四集科) 2년, 사교과(四教科) 2년, 대교과(大教科) 3년 따위의 과정이 있다. '이력을 보다'라는 말은 '경론을 공부한 과정을 보다'라는 뜻이다.

이불

잠을 잘 때 덮는 피륙과 솜 따위로 만든 침구(寢具)의 하나.

불교 ▽

수행자가 이불을 덮으면 음욕이 생긴다고 해서, 부처를 멀리하는 물건이라는 의미로 이불(離佛)이라고 하는 주장이 있으나 그 유래가 확실하지 않다. 그러나 선방(禪房)에서는 수행자들이 이불을 쓰지 않고 대신 방석으로 발이나 배만 덮는 것으로 보아 의미 있는 주장으로 보인다.

이생(-生)

①이 세상에 살아 있는 동안. ②이승. 지금 살고 있는 세상.

불교 ▽

지금의 생, 즉 현생을 말한다. 한자어 차생(此生)에서 차(此)가 고유어의 훈(訓)인 '이'로 대체되면서 '이 + 生 → 이싱〉 이승'으로 어형이 변한 것이다. 生의 소리가 '승'으로 변한 것은 중생(衆生)이 '짐승'으로 변하고, 초생(初生)달이 '초승달'로 변한 것과 같다.

이세(二世)

①외국에 이주하여 낳은 자녀로 그 나라의 영주권을 자진 사람. ②

다음 세대. ③서양에서 같은 이름으로 자리에 오른 두 번째 왕이나 황제를 가리키는 말. ④뒤를 이을 자녀.

불교 ▽

현세(現世)와 내세(來世)를 아울러 이르는 말이다. 또는 신과 사람의 두 세계를 말하기도 한다.

용례 ▽

이세부득신(二世不得身) : 현세에도 내세에도 어기 어려운 인간의 몸.

이세원(二世願) : 현세와 내세의 바램.

이심전심(以心傳心)

마음에서 마음으로 전함. 말을 하지 않아도 서로의 뜻이 잘 통하는 것을 두고 하는 말.

불교 ▽

마음에서 마음으로 전한다는 뜻으로, 선종에서 스승과 제자 사이에 법을 전함에 있어서 말이나 글에 의하지 않는 것을 말한다. 스승의 마음이 받는 제자의 마음에 도장을 찍는 것과 같아 심심상인(心心相印) 또는 심인(心印)이라고도 한다.

대표적인 이심전심은 부처님이 제자인 마하가섭에게 법을 전한 삼처전심(三處專心)을 말한다.

보충 ▽

삼처전심(三處專心) : 부처님이 세 곳에서 마하카샤파(Mahākāśyapa, 大迦葉)에게 심인(心印)을 전한 일을 말한다. ①영산회상에서 범천(梵

天)이 꽃 한 송이를 바치며 설법을 청하자 부처님이 아무 말이 없이 그 꽃을 집어서 대중에게 보였으나 아무도 그 뜻을 알지 못했는데 오직 마하카샤파만 그 뜻을 알고 미소를 지었다. 이것을 염화미소(拈華微笑) 또는 영산회상염화시중(靈山會上拈華示衆)이라고 한다. ②어느 날 마하카샤파가 남루한 모습으로 기원정사에 왔을 때, 대중이 그의 모양새를 보고 경멸하였지만 부처님은 당신이 앉은 법좌(法座)의 한 쪽을 내어서 마하카샤파가 앉도록 하였다. 이것을 다자탑전반분좌(多子塔前半分座)라고 한다. ③부처님이 입멸하고 나서 뒤늦게 찾아온 마하카샤파에게 관 밖으로 두 발을 내어 보였다. 이것을 사라쌍수하곽시쌍부(沙羅雙樹下槨示雙趺)라고 한다.

이익(利益)

이롭고 도움이 된다는 의미로, 물질적으로 보탬이 되는 것. 그리고 경제 용어로 모든 비용을 빼고 남은 순소득.

불교 ▽

이로운 것, 남을 이롭게 하는 것, 훌륭한 이점(利點) 따위의 뜻이다. 특히 자신보다는 남을 이롭게 하는 것, 남에게 은혜를 주는 것을 이익이라고 하고, 자신을 위한 것은 공덕(功德)이라고 한다. 부처님의 가르침을 따르므로써 얻어지는 행복과 은혜가 이익이다.

용례 ▽

이익중생(利益衆生) : 중생을 이롭게 하는 일로, 곧 중생 제도를 의미함.

이익지(利益地) : 중생을 이롭게 하는 보살. 여기서 지(地)는 보살의 덕(德)을 대지(大地)에 비유한 말임.

이지(理智)

이성과 지혜를 뜻하는 말로, 본능이나 감정에 지배되지 않고 사물을 논리적으로 사고하거나 판단하는 지혜를 말함.

불교 ▽

진여(眞如)를 이해하는 지혜, 특히 번뇌를 벗어난 빈틈이 없는 무루(無漏)의 지혜를 말한다. 이(理)는 살피는 대상의 도리(道理), 지(智)는 살피는 것의 지혜를 말하며, 이와 지가 어울림을 진여(眞如)라고 한다. 따라서 이로 해서 지가 나타나고, 지에 의해 이가 나타나는 것이다.

용례 ▽

이지불이(理智不二) : 이와 지가 별개 아니라는 뜻.

이지상응(理智相應) : 진여(眞如)의 이와, 이를 깨닫는 지혜가 서로 상응하는 것.

이타(利他)

자기를 희생하여 남을 이롭게 하는 것.

불교 ▽

중생을 제도하는 것, 중생을 부처가 되게 하는 것, 부처가 중생을 이롭게 하는 것을 뜻하는 말이다.

용례 ▽

이타교화(利他敎化) : 중생을 교화하여 이롭게 하는 것.

자리이타(自利利他) : 스스로 깨달음을 얻고 중생을 제도하는 것.

이판사판(理判事判)

막다른 궁지 또는 끝장을 의미하고, 뾰족한 묘안이 없음을 비유적으로 하는 말.

불교 ▽

승려를 그 소임에 따라 구분할 때, 수행에만 전념하는 쪽을 이판(理判)이라고 하고, 절 살림이나 일을 하는 쪽을 사판(事判)이라고 하는 데서 나온 말이다. 즉 이판사판은 '모든 승려'라는 뜻이다. 그래서 모든 승려가 나서서 최선을 다한다는 의미와 함께, 다 나서 봐도 어쩔 수 없다는 의미가 함축되어 있다. 이것은 조선시대에 승려들이 불교 탄압에 대응하는 과정에서 생긴 말로 생각된다.

인간(人間)

①사람. ②인류. ③사람이 사는 세상. ④일정한 자격이나 품격을 갖

춘 사람. ⑤사람의 됨됨이. ⑥마음에 마땅치 않은 사람을 얕잡아 부르는 말.

불교 ▽

산스크리트어 마누샤로카(manuṣya-loka)의 번역어이다. 마누샤(manuṣya)는 사람을 뜻하고, 로카(loka)는 세상을 뜻하기 때문에, 본래는 '사람'이 아니라 '사람이 사는 곳', '사람이 사는 세상'을 의미한다. 그리고 인간(人間)은 육도(六途)의 하나로 윤회(輪廻) 과정에서 태어나는 여섯 가지 세상 가운데 사람의 세계를 말한다.
우리나라에서 인간이 '사람'의 의미로 쓰이기 시작한 것은 개화기부터인 것으로 보이며, 이는 일본인들의 번역을 답습한 때문이다. 이를테면 홍익인간(弘益人間)은 널리 세상을 이롭게 한다는 말이지 사람을 이롭게 한다는 뜻이 아니다. 물론 세상을 이롭게 하는 것이 결국 사람을 이롭게 하는 것일지언정 해석의 차이는 분명히 있다.

인과(因果)

원인과 결과라는 뜻으로, 원인이 있으면 반드시 결과가 있고, 결과에는 원인이 있음을 이르는 말.

불교 ▽

불교사상의 기본인 연기법(緣起法)을 설명하는 아주 중요한 말이다. 즉, 일체는 연기법에 따라 생멸(生滅)하는데, 거기에는 반드시 그렇게 된 원인과 결과, 곧 인과가 있다는 뜻이다. 이는 인간의 행위에도 반드시 그 선악의 과보가 있다는 인과론(因果論)을 발전시켰다.

인(因)에는 인(因)과 연(緣)이 있는데, 인은 직접적 원인을, 연은 간접적 원인을 말한다. 예를 들어 학교에서 열심히 공부한 것이 직접적인 원인이 되고, 부모가 뒷바라지한 것은 간접적 원인이 되어, 대학에 합격하고 성공하는 것은 결과인 과(果)가 되는 것이다.

용례 ▽

인과불이(因果不二) : 인과 과는 둘이 아니라서 털끝만큼의 증감이 없다는 것.

인과이시(因果異時) : 한 법에서 원인과 결과가 때를 달리하여 나타나는 것을 말한다. 이를테면 이생에 지은 죄의 과보가 후생(後生)에 나타나는 것 따위.

인과응보(因果應報)

원인이 있으면 반드시 그에 따르는 결과가 있다는 뜻.

불교 ▽

어떠한 원인에 상응하는 합당한 과보가 있음을 뜻하는 말이다. 착한 원인에는 반드시 착한 결과가 따르고, 나쁜 원인에는 나쁜 결과가 따른다는 원리로서, 흔히 선인선과(善因善果) 악인악과(惡因惡果)라고 한다.

인과응보는 윤회설(輪回說)과 결부되어, 중생을 교화(敎化)시키는 불교의 첫째 교설로서 경전 속에 자주 등장한다. 인과는 반드시 현세에만 국한되지 않고 내세에도 이어지며, 전생의 과보를 현생에 받을 수도 있기 때문에, 선한 원인을 짓는 선업을 쌓도록 권하는 것이 불교의 가르침이다.

인도(引導)

가르쳐서 이끎, 길을 안내함.

불교 ▽

가르쳐서 이끈다는 의미로, 부처가 중생을 불도(佛道)에 들게 하는 일을 말한다. 또, 죽은 이의 넋을 극락정토(極樂淨土)로 이끌기 위하여 장례 때 관 앞에서 경을 외우는 일을 말한다. 특히 범패를 하는 사람을 인도라고 하며, 이는 범패 소리가 사람을 불도로 인도한다는 데서 나온 말이다.

보충 ▽

범패(梵唄) : 범음(梵音) · 어산(魚山)이라고 한다. 부처의 공덕을 찬양하는 노래로, 인도[梵]의 소리[唄]라는 뜻이다. 불교 이전의 바라문교에서 비롯되었다고 하며, 우리나라에는 신라 애장왕 5년(804) 진감(眞鑑) 국사가 당나라에서 들여와서 가르쳤다고 한다. 이후 절에서 올리는 각종 의례에 쓰이고 있으며, 특히 가곡 · 판소리와 함께 한국의 3대 성악곡으로 발전하였다.

인사(人師)

덕행(德行)을 갖추어 다른 사람의 모범이 될 만한 사람.

불교 ▽

사람의 스승, 즉 부처님을 뜻하는 말이다. 그리고 부처나 보살이 아니면서 남을 교화(敎化)할 만한 덕이 있는 사람을 지칭하기도 한다.

용례 ▽

천인사(天人師) : 사람과 하늘의 스승이라는 뜻으로 부처님의 별호.

인연(因緣)

사물 사이에 서로 맺어지는 관계, 연분(緣分) · 내력(來歷).

불교 ▽

어떠한 결과를 만드는 조건들을 말한다. 여기서 직접적인 조건을 인(因)이라 하고, 간접적인 조건을 연(緣)이라고 한다. 즉, 여러 가지 원인 가운데 주된 것이 인이고, 보조적인 것이 연이다. 이를테면 곡식을 생산할 때, 생산된 곡식이 결과라면, 그 인은 종자(種子)가 되고, 연은 물 · 공기 · 토양 · 햇빛 · 품 따위가 된다.

용례 ▽

인연생멸(因緣生滅) : 모든 존재는 인연에 따라 생기고 없어진다는 뜻.

인연생사(因緣生死) : 보살이 이미 깨달음을 얻어 생사를 해탈했지만, 중생제도를 위해 나고 죽는 것.

인연화합(因緣和合) : 인과 연이 서로 작용하여 일체가 성립한다는 말.

인욕(忍辱)

욕됨을 참음.

불교 ▽

욕됨을 참고 안주(安住)하는 것, 온갖 탐욕과 번뇌를 참고 원한을 일으키지 않는 것을 말한다. 이것은 대승불교의 이상적 인간인 보살에 이르기 위한 여섯 가지의 수행 덕목인 육바라밀의 하나다.

범부(凡夫)가 모여 사는 세상인 사바세계(娑婆世界)를 인토(忍土)라고 한다. 사바세계에는 고통이 많아 인내하지 않으면 안 되는 세상이기 때문에 그렇게 부른다. 그런데도 범부들은 모두 자기 뜻대로 살고자 하기 때문에 서로 충돌과 마찰이 끊이지 않는다. 그래서 원한과 질시가 생기고, 번뇌가 끊이지 않는다.

인욕은 사바세계에서 범부들에게 일어나는 모욕이나 고통, 번뇌 또는 박해를 능히 견디고 참아서 마음이 산란하지 않고 평안하게 하여 자기 본래의 면목을 찾자는 수행의 한 가지이다.

용례 ▽

자비인욕(慈悲忍辱) : 사랑하고 가엾게 여기며 욕됨과 고통을 참는 일.

유화인욕(柔和忍辱) : 부처의 가르침에 귀의하고, 그 가르침을 지켜 유순·온화하며, 밖으로부터의 치욕이나 위해(危害)를 잘 견디는 일.

보충 ▽

육바라밀(六波羅蜜) : 보살 수행의 여섯 가지 덕목(德目). 육도(六度). 보시(布施)·지계(持戒)·인욕(忍辱)·선정(禪定)·정진(精進)·지혜(智慧).

일념(一念)

한결같은 생각.

불교 ▽

매우 짧은 시간인 찰나(刹那) 또는 찰나의 마음, 곧 한 생각을 말한다. 그리고 한결같이 전심(專心)으로 염불(念佛)하는 일도 일념이라고 한다.
불교에서는 일념, 즉 극히 짧은 시간에 일어나는 그 생각에 따라 중생도 되고 부처도 되고, 지옥도 되고 극락도 되는 것이고, 한 생각 한 생각이 모여 삶을 이루고 다음 생을 만들어 내는 것이다. 현실의 고통을 이겨내고 즐거움에 머무는 사람을 가리켜 '한 생각을 얻은 사람', 또는 '한 생각을 쉰 사람'이라고 한다. 그러므로 극락에 태어나기를 원하는 이는 오로지 이 한 생각으로 아미타불을 염불해야 한다는 뜻으로 일념이라고 한다.

용례 ▽

일념발기(一念發起) : 마음을 돌이켜 보리심을 내는 것.

일념불생(一念不生) : 모든 생각을 초월한 경지를 이르는 말.

일념삼천(一念三千) : 한 생각 가운데 삼천 법계(法界)가 다 갖추어 있다는 말.

보충 ▽

법계(法界) : 우리가 의식하는 대상, 사물의 근원, 있는 그대로의 세계, 진여(眞如)를 말한다. 삼천법계는 '온 우주', '온 세계'의 뜻이다.

일대사(一大事)

중대한 일, 큰일을 말함. 보통은 혼인(婚姻)을 가리키는 경우가 많음.

불교 ▽

사람이 태어나고 죽는 일을 말한다. 또한 부처님이 이 땅에 나타난 가장 큰 목적, 즉 해탈하여 중생을 제도하는 일이 일대사다.

용례 ▽

일대사인연(一大事因緣) : 부처가 이 세상에 나타나서 중생을 교화(教化)하는 인연.

일련탁생(一蓮托生)

어떠한 일이 선악이나 결과에 대한 예견에 관계없이, 끝까지 행동과 운명을 함께 함을 비유적으로 이르는 말.

불교 ▽

두 사람 이상이 죽은 다음 함께 극락에 왕생(往生)하여 같은 연대(蓮臺)에 몸을 의탁하는 것을 말한다.

보충 ▽

연대(蓮臺) : 부처와 보살이 앉는 자리. 연화좌(蓮華坐). 더러운 국토에 있으면서도 세상 풍진을 여의고 청정하여 위신력이 자재함을 연꽃에 비유하여 표현한 것이다. 극락에는 아홉 가지의 연대가 있다고 하며, 이를 구품연대(九品蓮臺)라고 한다.

일류(一流)

①어느 분야에서 첫째가는 지위나 부류(部類). ②학술분야에서 같은 유파(類派)나 계통(系統)을 가리키는 말.

불교 ▽

'같은 유류(類流)'라는 뜻으로, 종조(宗祖)가 세운 교의(敎義)를 그대로 전하고 변하지 않음을 말한다. 이는 물이 흐름이 끊이지 않는 것에 비유한 말이다.

용례 ▽

일류상속(一流相續) : 사람의 성격과 지혜 따위가 다르지 않게 연속하는 것.

일류왕생(一流往生) : 염불하는 사람만 극락에 왕생을 하고 다른 수행자는 할 수 없다는 주장.

일미(一味)

아주 뛰어난 맛, 독특한 맛을 가리키는 말.

불교 ▽

부처님의 가르침이 외면적으로 보면 다양한 듯하지만 그 뜻은 하나라는 것을 비유적으로 표현한 말이다. 이는 불법(佛法)을 다르게 이르는 말로, 절대의 관점에서는 모든 것이 동일하고 평등하여 차별이 없다는 뜻이다.

용례 ▽

일미사병(一味瀉甁) : 스승이 제자에게 법을 전하는 것이 병에 물을 따르듯, 흘리거나 남김이 없다는 것을 비유한 말.

일미선(一味禪) : 참선을 수행하여 돈오(頓悟)에 이른 경지.

보충▽

돈오(頓悟) : 점진적인 과정이 없이 순간적으로, 갑자기, 곧바로 깨달음을 얻는 것. 깨달음도 수행처럼 점차 이루어진다는 점오(漸悟)와 상반되는 개념이다.

일심(一心)

한마음이란 뜻. 여기에는 여러 사람의 마음이 하나가 됨, 생각을 한쪽으로만 함의 뜻이 있음.

불교 ▽

궁극적인 본래의 마음, 즉 만유(萬有)의 실체적 진여(眞如)를 말한다. 그리고 한 생각에 마음을 집중하여 어지럽지 않은 것이 일심이다.

용례 ▽

일심경례(一心敬禮) : 오직 한마음으로 삼보를 공경하여 예배하는 것.

일심불란(一心不亂) : 한 가지 일에만 마음을 쓴다는 뜻으로, 염불할 때 마음이 산란하거나 동요하지 않음을 말함.

일여(一如)

오직 하나를 말함.

불교 ▽

진여(眞如)의 이치가 평등하고 차별이 없어 둘이 아니라는 뜻으로, 유일무이(唯一無二)와 같은 뜻이다.

용례 ▽

일여관음(一如觀音) : 삼십삼 관음의 하나로, 구름을 타고 하늘을 날며 천둥과 번개를 다스리는 관세음보살.

오매일여(寤寐一如) : 참선에서, 잠자거나 깨어 있을 때도 똑같이 화두(話頭)가 성성해야 한다는 말.

일체(一切)

모든 것, 온갖 것.

불교 ▽

산스크리트어 사르바(sarva)를 의역한 말로, 사물의 전체, 온갖 것, 모든 것을 말하며, 원통(圓通)의 뜻도 있다. 일체에는 사물의 전체를 말하는 일체와, 제한된 범위의 모두를 의미하는 일체가 있다.

용례 ▽

일체제법(一切諸法) : 일체의 모든 법을 말함.

일체종지(一切種智) : 일체 만법의 모양을 낱낱이 아는 지혜로, 곧 부처님의 지혜를 뜻함.

입실(入室)

①방에 들어가는 것, 어떤 시설에 들어가는 것. ②학문이나 기예에서 일가견을 갖게 되는 것.

불교 ▽

어느 스승의 제자로 들어가는 것, 스승의 법맥(法脈)을 전수받는 것을 말한다. 특히 선가에서, 수행자가 자신의 깨달은 바를 점검받기 위해 혼자서 스승의 방에 들어가는 것을 말하며, 이것을 입실독참(入室獨參)이라고 한다.

용례 ▽

입실사병(入室瀉甁) : 병의 물을 따르듯 스승의 법을 전수받는 것.

● 불교에서 유래한 상용어

자각(自覺)

자기의 처지를 스스로 깨닫거나 느끼는 것.

불교 ▽

삼각(三覺)의 하나로, 미혹에서 벗어나 스스로 진리를 깨닫는 일, 그리고 스스로 깨닫고 증득하여 모르는 것이 없다는 뜻이다.

용례 ▽

자각각타(自覺覺他) : 자신이 깨닫고 나서 남도 깨우쳐 주는 것.

자각성지(自覺聖智) : 스승이 없이 스스로 깨달아 얻은 지혜.

보충 ▽

삼각(三覺) : 깨달은 이, 즉 부처가 범부 · 성문 · 보살과 다른 점 세 가지. ①자각(自覺) : 범부들이 자각이 없는 것과 다름. ②각타(覺他)

: 성문(聲門)이나 연각(緣覺)이 자기만 깨닫고 남을 구하지 않는 것과 다름. ③각행궁만(覺行窮滿) : 보살(菩薩)의 각행(覺行)이 만족스럽지 못한 것과 다름.

자량(資糧)

여행에 필요한 자재와 식량.

불교 ▽

불과(佛果)를 이루는 데 필요한 선근(善根)과 공덕(功德)을 말한다. 불도(佛道)의 최종 목적지인 해탈 또는 열반에 이르기까지를 하나의 여행이라고 하면, 그 여행에 필요한 자재와 식량이 선근과 공덕이 된다. 따라서 여행에 자량이 없으면 안 되듯이 열반에 이르기 위해서는 부지런히 선근 공덕을 닦아야 한다는 것이다.

용례 ▽

자량위(資糧位) : 육바라밀을 닦아 자량으로 삼는 보살의 수행 지위.

자력(自力)

자기 혼자의 힘. 또는 천성적(天性的)인 힘이나 기량.

불교 ▽

자기 자신의 행업(行業)에 따라 깨달음을 얻으려는 일로, 타력(他力)의 반대가 된다. 불교의 수행법 중 하나로, 성불(成佛)에 이르는 두

가지 길 가운데 어려운 길[難行道]에 들어가는 것을 말한다. 부처의 도움이 없이 스스로의 힘으로 열반에 이르는 수행법을 말하는 것으로, 매우 힘든 고난과 역경이 있다고 해서 난행이라고 한다. 참선이나 주력 수행이 대표적이다.

이에 반하여 쉬운 길[易行道]로 들어가는 것을 타력(他力)이라고 하며, 부처, 즉 아미타불의 본원력과 그 가르침에 의지하여 성불하는 것이다. 다시 말해 아미타불이 모든 중생 모두 성불시킨다는 서원을 굳게 믿고 오직 아미타불의 구원만을 바라는 수행법이다. 이런 수행법을 정토문(淨土門)이라 한다.

용례 ▽

자력염불(自力念佛) : 자력회향을 위하여 하는 염불.

자력회향(自力回向) : 스스로를 경책하고 노력해서 얻은 수행의 공덕을 자기가 구하는 과보에 회향하여 어떤 결과를 얻기를 바라는 것.

자박(自縛)

스스로 자기를 묶음. 자승자박(自繩自縛). 자기가 주장한 의견에 스스로 구속되어 자유롭지 못함을 비유하여 이르는 말.

불교 ▽

자박(子縛)으로 쓴다. 번뇌가 몸을 속박하여 자유롭지 못함을 이르는 말이다. 자(子)는 보고 생각하는 번뇌의 종자(種子), 즉 번뇌의 고과(苦果, 고통의 과보)에 대한 원인을 의미하고, 박(縛)은 속박한다는 뜻이다.

자비(慈悲)

고통받는 이를 사랑하고 불쌍히 여기는 마음.

불교 ▽

중생을 불쌍히 여겨 고통을 덜어주고 안락하게 해주려는 마음을 말한다. 산스크리트어에서 자(慈)에 해당하는 마이트리(maitrī)는 '진실한 우정'을, 비(悲)에 해당하는 카루나(karuṇa)는 '동정과 연민'을 뜻한다. 흔히 중생에게 즐거움을 주는 것을 '자'라고 하고, 고통을 없애 주는 것을 '비'라고 한다. 따라서 자비는 마치 어머니가 자식을 보살피듯이 중생을 연민하고 애정을 쏟는다는 의미다.

자비에는 중생의 괴로움을 자신의 괴로움으로 하는 동체대비(同體大悲), 더 이상이 없는 최상의 자비인 무개대비(無蓋大悲)가 있다. 이 밖에 중생을 대상으로 일으키는 중생연(衆生緣)의 자비, 모든 존재를 대상으로 하여 일으키는 법연(法緣)의 자비, 아무런 대상이 없이 일으키는 무연(無緣)의 자비 따위의 삼연자비(三緣慈悲)가 있다.

용례 ▽

자비관(慈悲觀) : 성을 잘 내는 이가 자비심으로 화를 다스리기 위해 닦는 관법(觀法).

자비인욕(慈悲忍辱) : 수행자가 반드시 해야 하는 중생을 사랑하는 일과 탐욕을 참는 일.

자성(自性)

자신의 성품, 자기의 본바탕.

불교 ▽

산스크리트어 스바바바(svabhāva)를 의역한 말로, 자기의 본성(本性)이라는 뜻이다. 이 말은 자기의 본성이 부처, 즉 자성본불(自性本佛)이란 뜻으로 자성이 곧 불성(佛性)이라는 말이다. 또한 일체법의 체성(體性), 각자의 정해진 본질을 자성이라고 한다.

용례 ▽

자성분별(自性分別) : 온갖 사리(事理)를 헤아려서 분별함.

자성유심(自性唯心) : 자성은 만법의 본성인 진여(眞如)이고, 오직 마음만을 인정하는 것이라는 뜻.

자성청정(自性淸淨) : 마음이 본래 청정하다는 뜻.

자업자득(自業自得)

자기가 저지른 일의 과보(果報)를 자기가 받는 것. 자업자박(自業自縛). 자기가 스스로 지어서 스스로 받는 것이므로 어쩔 수 없다는 의미임.

불교 ▽

자기가 선악의 업(業)을 지어서 스스로 그 고락(苦樂)의 과보를 받는, 이른바 자인자업(自因自業)의 업도(業道)를 말한다. 그리고 업은 삼세(三世), 즉 과거세 · 현재세 · 미래세에 걸쳐 실재하므로, 현재의 업이 원인이 되어 미래의 결과가 되고, 과거의 업의 결과가 반드시 현재에 나타나는 것으로 불교사상의 핵심이다.

자연(自然)

①사람에 따르지 아니하고 스스로 존재하거나 일어나는 현상. ②사람이나 물질의 본성(本性). ③인간을 제외한 우주 만물.

불교 ▽

다른 어떠한 힘도 빌리지 않고 자신이 가지고 있는 스스로의 법칙에 따라 그러함을 뜻하는 자연법이(自然法爾)를 말한다. 또한 불법(佛法) 그 자체의 진리를 표현하는 경우도 있는데, 이때는 생멸의 변화가 없는 진여(眞如)의 법성(法性)을 뜻한다.

용례 ▽

자연지혜(自然智慧) : 사람의 본성으로부터 자연적으로 나타난 지혜.

무위자연(無爲自然) : 스스로 존재하여 생멸변화(生滅變化)가 없는 진여법성(眞如法性)의 이치.

무인자연(無因自然) : 원인이 없이 스스로 그러한 것.

업도자연(業道自然) : 지은 업에 따라 저절로 고락(苦樂)이 수반되는 것.

원력자연(願力自然) : 아미타불을 굳게 믿으면 저절로 극락에 태어나는 것.

자유(自由)

남에게 얽매이거나 구속됨이 없이 자기 마음대로 행동하는 일.

불교 ▽

깨달음을 얻어 무엇에도 구속되지 않는 해탈의 경지를 말한다. 어떤 장애도 없이 원하는 대로 행동하는 것으로 자유에는 자의적 · 독립적 · 자존적이라는 의미를 포함한다.

용례 ▽

자유자재(自由自在) : 무엇에도 구속되지 않는 안락한 심신의 경지, 또는 그로부터 나오는 거침없는 행위를 이르는 말.

자자(自恣)

자기 마음대로 함.

불교 ▽

불교용어인 산스크리트어 프라바라나(pravāraṇa)를 의역한 말로, 수의(隨意)라고 한다. 여름 안거(安居)가 끝나는 날에 수행자가 자기의 허물을 참회하고 고백하여 대중으로부터 훈계(訓戒)받는 일종의 참회 방법이다.

용례 ▽

자자건도(自恣犍度) : 자자의 일을 밝힌 기록.

자자일(自恣日) : 안거가 끝나는 날. 이날 자자가 열림.

자재(自在)

①저절로 있음, ②구속이나 방해가 없어 마음대로인 것. 자유자재(自由自在).

불교 ▽

온갖 번뇌가 사라져 아무런 걸림이 없기 때문에 어떤 것이라도 마음대로 할 수 있는 경지를 말한다. 그래서 이처럼 자재한 이라는 뜻으로, 부처님을 자재인(自在人)이라고 한다. 대일여래인 비로자나불을 자재왕(自在王)이라고 하고, 관세음보살은 관자재보살(觀自在菩薩)이라고 한다.

용례 ▽

자재무계(自在無繫) : 자유로워 속박이 없음.

자재신력(自在神力) : 자유로운 초자연력.

자증(自證)

스스로 자기를 증명하고, 스스로 자기의 증명이 됨.

불교 ▽

남에 따라 얻는 것이 아니라 스스로 증명하여 깨닫는 것을 말한다. 또한 스스로 깨달음의 길을 여는 것으로, 모든 부처의 깨달음을 일컫기도 한다.

용례 ▽

자증관정(自證灌頂) : 스스로를 보살의 지위에 놓고 향수(香水)를 뿌리는 일.

자증극위(自證極位) : 만유(萬有)의 진리를 다 깨달아 체득한 최상 구경(究竟)의 지위.

작가(作家)

문학이나 예술에서 대본을 쓰는 사람. 이를테면, 시나 소설, 연극이나 방송의 대본을 쓰거나, 그림이나 음악을 창작(創作)하는 사람을 지칭.

불교 ▽

이 말은 시나 글로써 선법(禪法)을 널리 알린 선승(禪僧)을 '작가'라고 부른 데서 유래하였다. 선종이 번성하던 중국 당나라 때 처음 쓰이기 시작하였으며, 처음에는 크게 깨달을 만한 근기가 있거나 크게 깨달은 사람을 가리키다가, 뒤에는 불도를 통달한 스승을 뜻하는 말이 되었다.

작업(作業)

일터에서 일을 하는 것, 또는 그 일.

불교 ▽

고락(苦樂)의 업보를 받는 원인이 되는 선악의 행위, 깨달음을 위한 행위, 즉 수행(修行)을 말한다. 특히 정토문에서는 수행의 단계를 안심(安心)·기업(起業)·작업(作業)으로 구분한다. 또한 안심(安心)을 얻은 뒤에 몸·입·뜻으로 오념문(五念門)이나 오정행(五正行) 따위를 행할 때, 그것을 독려하고 경책하는 것이 작업이다.

보충 ▽

정토문(淨土門) : 아미타불의 구원으로 극락정토에 왕생하여 성불(成佛)하는 것을 종지로 하는 불교의 한 종파. 정토종(淨土宗).

오념문(五念門) : 극락정토에 왕생하는 다섯 가지의 행업(行業). 예배(禮拜)·찬탄(讚嘆)·작원(作願)·관찰문(觀察)·회향(廻向).

오정행(五正行) : 극락정토에 왕생하는 다섯 가지의 바른 행업. 독송(讀誦)·관찰(觀察)·예배(禮拜)·칭명(稱名)·찬탄공양(讚嘆供養).

작용(作用)

어떠한 현상이나 행동을 일으킴, 또는 그 현상이나 행동. 또한 물리학에서 한 물체의 힘이 다른 물체의 힘에 미치어서 영향을 주는 것.

불교 ▽

부처와 보살이 중생을 제도하는 것, 무엇을 인식하는 마음이 그 대상을 분별하는 것. 또한 만법이 생기고 멸하는 것과 같은 일에서 그 역용(力用)·작인(作因)·활동(活動)·능력(能力)을 말한다.

용례 ▽

자무능작용(自無能作用) : 무엇이 스스로에 따라 만들어지는 것이 아니라는 뜻.

작의(作意)

작가가 작품을 창작하려는 의도. 또는 창작하는 작품의 의도.

불교 ▽

마음을 일깨워서 바깥 대상을 향하여 발동(發動)하게 하는 정신작용을 말한다. 특히 유식(唯識)에서는, 선(善)·불선(不善)·무기(無記)의 일체 의식작용에 따라 일어나는 마음의 작용을 말한다.

용례 ▽

작의무도(作意無倒) : 습관적인 마음의 작용을 확인하여 잘못이 없는 상태.

승해작의(勝解作意) : 대상을 올바르게 이해하여 생각하는 정신작용.

보충 ▽

무기(無記) : 선도 아니고 악도 아닌 중간의 성질. 선악을 끌어오지 못함에도 수행을 방해하는 무기와 그렇지 않은 무기가 있다.

장로(長老)

어떠한 모임이나 조직에서 나이가 지긋하고 덕이 높은 사람을 높이어 부르는 말. 특히 기독교에서, 교회 운영에 대한 봉사와 교도를 맡아 보는 직분. 또는 그 사람.

불교 ▽

산스크리트어 아유스마트(āyuṣmat) 또는 스타비라(sthavira)를 의역한 말로, 존자(尊者)·구수(具壽)로 번역된다. 지혜와 덕행이 높고 나이가 많은 비구(比丘)를 통칭하는 말이다. 그리고 젊은 비구가 늙은 비구를 높여 부르거나 스승에 대한 존칭으로도 쓰인다.
장로의 호칭은 종파에 따라 차이가 있다. 선종(禪宗)에서는 주지(住持)를 가리키는 말이고, 율종(律宗)에서는 한 종파의 주관자를, 화엄종(華嚴宗)에서는 소임(所任)에서 퇴임한 고승(高僧)을 가리키는 말이다. 근래에는 장로가 오히려 기독교의 용어처럼 쓰이게 되면서, 본래 의미가 퇴색하였고, 불가에서는 '노장(老長)'이라고 한다.

용례 ▽

기년장로(耆年長老) : 교법에 정통하고 덕이 높은 스님.

장부(丈夫)

다 자란 건장한 사내. 대장부(大丈夫).

불교 ▽

산스크리트어 푸루사(puruṣa)를 의역한 말로, 육근(六根)이 완전한 남자를 가리킨다. 키가 1장(丈, 180cm)이 되는 훌륭한 사나이라는 뜻이다. 불성(佛性)의 이치를 깨달은 이를 장부라고 비유하였는데, 특히 부처님은 장부 가운데도 대장부(大丈夫)이고, 큰 사나이라는 뜻으로 '대웅(大雄)'이라고 한다. 또한 장부는 정도(正道)에 정진하여 물러섬이 없는 사람을 가리킨다.

용례 ▽

조어장부(調御丈夫) : 좋은 말로 중생을 조복(調伏)하고 제어(制御)하여 정도(正道)로 인도하는 분이라는 뜻으로, 부처님의 별호임.

보충 ▽

육근(六根) : 대상[경계]을 인식하는 여섯 가지의 근원, 곧 안(眼) · 이(耳) · 비(鼻) · 설(舌) · 신(身) · 의(意).

장엄(莊嚴)

엄숙하고 위엄이 있음.

불교 ▽

아름답고 존귀하게 꾸미는 갖가지 치장을 말한다. 엄식(嚴飾) · 엄정(嚴淨)과 같은 뜻이다. 또한 국토(國土)를 귀하고 아름다운 것으로 꾸미는 일, 공덕(功德)을 쌓아 자신의 행업(行業)을 꾸미는 일, 부처에게 향과 꽃을 올려 꾸미는 일 따위를 말하기도 한다.

용례 ▽

장엄염불(莊嚴念佛) : 아미타불의 장엄을 찬탄하는 염불.

십종장엄(十種莊嚴) : 극락세계의 열 가지 장엄.

장자(長者)

①나이나 지위, 항렬 따위가 자기보다 위인 사람에 대한 존칭. ②덕망이 있고 나이가 지긋한 사람을 높여 부르는 말. ③재산이 많은 사람을 가리키는 말.

불교 ▽

산스크리트어 슈레스틴(śreṣṭhin)을 의역한 말이다. 장자(長者) 외에 대부(大富), 상주(商主) 등으로도 한역되고 있다. 인도에서 슈레스틴(śreṣṭhin)은 고위직에 있는 사람, 권위 있는 사람, 유명한 사람, 특정 상인 조합의 장 등을 가리키는 말이었다. 일반적으로 재산이 많고 덕망이 높으며, 곧은 마음, 온화한 성품, 훌륭한 말솜씨, 믿음직한 행동을 가진 사람을 높여 부르는 말이다.

부처님 시대에 재가 신도로 널리 이름이 알려진 장자로는 급고독(給孤獨, Anāthapiṇḍika) 장자로 더 알려진 수닷타(Sudatta) 장자, 고사카(Ghosaka) 장자, 쿡쿠타(Kukkuṭa) 장자, 파바리카(Pāvārika) 장자 등이 있다. 우리나라에서는 신라에 처음 불교를 전파한 묵호자(墨胡子)를 보호했던 모례(毛禮) 장자가 유명한데, 지금의 경북 선산에 거주했던 토호(土豪)였다.

보충 ▽

묵호자(墨胡子) : 신라 눌지왕(417~458) 때 불교를 처음 전래한 인물. 고구려의 승려 또는 인도의 승려라는 설이 있다. 아도(阿道) 화상과 동일 인물이라는 설도 있다. 선산 지방에서 모례 장자의 도움으로 불법을 전했는데, 공주의 병을 고치자 눌지왕이 흥륜사(興輪寺)를 지어 주었고, 뒤에 영흥사(永興寺)를 창건하였다.

재가(在家)

집에 있음, 재택(在宅).

불교 ▽

출가하지 않고 집에서 불도(佛道)를 닦는 사람을 뜻하는 말이다. 특히 처와 자식을 두고 세상일에 종사하는 세속의 사람을 출가한 승려에 대비하여 가리키는 말로 쓴다.

재가자도 불교에 귀의하여 삼귀오계(三歸五戒)를 받으면 우바새 · 우바이로서, 출가 수행자인 비구와 비구니와 함께, 승가(僧伽)를 구성하는 사중(四衆)의 일원이 된다. 이들을 사부대중이라고 하고, 또 삼보의 하나인 승가가 된다.

용례 ▽

재가법사(在家法師) : 속가(俗家)에 있으면서 불법을 전하는 사람.

재가화상(在家和尙) : 속세에 있으면서 세속의 사람을 제도하는 승려.

보충 ▽

삼귀오계(三歸五戒) : 불 · 법 · 승 삼보에 귀의하고, 살생(殺生) · 투도(偸盜) · 사음(邪淫) · 망어(妄語) · 음주(飮酒)를 하지 않겠다는 재가신도(在家信徒)의 계율(戒律).

우바새(優婆塞) : 산스크리트어 우파사카(upāsaka)의 음역으로 청신사(淸信士)라고 번역하기도 한다. 불법에 귀의하여 삼귀오계(三歸五戒)를 받은 재가의 남자 신도를 말한다.

우바이(優婆夷) : 산스크리트어 우파시카(upāsikā)의 음역으로 청신녀(淸信女)라고 번역하기도 한다. 불법에 귀의하여 삼귀오계(三歸五戒)를 받은 재가의 여성 신도를 말한다.

재계(齋戒)

제(祭)와 같은 종교적인 의식을 치를 사람이 몸과 마음을 깨끗이 하고 부정한 것을 멀리하는 일. 특히 그러기 위해 몸을 씻는 것을 목욕재계(沐浴齋戒)라고 함.

불교 ▽

몸과 마음을 깨끗이 하는 것, 마음의 부정을 삼가는 것을 '재(齋)'라고 하고, 몸의 부정을 삼가는 것을 '계(戒)'라고 한다. 불교의 재계가 일반의 의미와 큰 차이는 없지만 일반에서는 제사를 지내기 전에 재계를 하지만 불교에서는 재를 올릴 때 재계를 한다. 그리고 '제계'라 하지 않고 '재계'라고 하는 것은 불교의식인 재(齋)에서 유래한 말이기 때문이다.

용례 ▽

팔재계(八齋戒) : 부정을 삼가는 여덟 가지의 계율로, 살생 · 투도 · 사음 · 망어 · 음주의 오계에 높고 넓은 자리에 눕지 않고, 꽃이나 장신구를 지니지 않으며, 춤과 노래를 하지 않는 것을 더한 것.

적정(寂靜)

아주 조용하고 고요함.

불교 ▽

마음은 번뇌를 여의고, 몸은 고통이 없이 편안한 모양을 말한다. 즉, 열반의 경지, 삼매(三昧)의 경지를 적정이라고 한다.

용례 ▽

적정법성(寂靜法性) : 모든 사물의 본성이 적정인 것, 즉 일체의 고뇌를 벗어난 사물의 본성을 의미함.

열반적정(涅槃寂靜) : 적정한 열반의 경지.

전념(專念)

오로지 한 가지 일에만 집중하는 것.

불교 ▽

오직 부처만을 생각하는 것, 그렇게 염불(念佛)하는 것을 말한다. 특히 정토종(淨土宗)에서 아미타불의 명호(名號)를 일심으로 부르는 것이 전념이다.

용례 ▽

전념불란(專念不亂) : 마음을 한곳에 집중하여 동요하지 않는 상태.

전당(殿堂)

아주 크고 화려한 집, 어떤 분야의 중심이 되는 건물이나 시설.

불교 ▽

부처나 보살 또는 신중(神衆)을 모신 전각을 지칭하는 말로, 전(殿)과 당(堂)을 합친 것이다. 보통 부처와 보살을 모시는 전각이 전(殿)이고, 그 외의 전각은 당(堂)이라고 부른다. 또한 훌륭한 궁전을 전당이라고 하기도 한다.

보충 ▽

신중(神衆) : 부처와 불법을 수호하는 신장(神將)의 무리. 화엄신중(華嚴神衆)을 말한다.

전도(傳道)

①종교적인 가르침을 널리 전파하는 일, 포교(布敎). ②비교도(非敎徒)에게 그리스도교 복음을 직접 전파하는 일.

불교 ▽

불교를 믿지 않는 사람들에게 바른 법을 전하여 믿게 하는 행위로, 전법(傳法) 또는 포교(布敎)라고도 한다. 『법화경(法華經)』「법사품(法師品)」에는 부처님이 "여래의 집에 들어 여래의 옷을 입고 여래의 말씀을 전한다."라고 하고, 제자들에게 "이제 혼자서 떠나라! 중생의 행복과 이익을 위해 그리고 법을 설하라!"고 하였다. 그리고 설법을 마친 뒤 제자들에게 "자, 이제 전도(傳道)를 위해 떠나라!"고 한 대목도 볼 수 있다.

그런데 국어사전에서는 전도를 "비교도(非敎徒)에게 그리스도교 복음을 직접 전파하는 행위"라고 정의하고 있다. 이것은 전도의 의미를 왜곡한 것이다.

용례 ▽

전도수업(傳道受業) : 도를 전하고 바른 수행을 배우는 것.

전도(顚倒)

①엎어지고 넘어짐, 또는 엎어지게 넘어뜨림. ②위치나 차례가 거꾸로 뒤바뀜.

불교 ▽

평상(平常)의 도리를 어기고 바른 이치를 위반하는 것으로, 범부가 어리석어 진리를 진리가 아니라고 하거나, 진리가 아닌 것을 진리라고 뒤바꾸어 보는 것이다. 다시 말해서 거꾸로 된 생각, 그릇된 생각을 말한다. 이를테면 일체가 무상(無常)한 것임에도 영원(永遠)한 것으로 아는 것이 바로 전도된 생각이다.

용례 ▽

전도몽상(顚倒夢想) : 뒤바뀐 헛된 생각.

전도선과(顚倒善果) : 인간이나 천상(天上)에 태어나는 과보(果報).

전면(前面)

①앞쪽의 면. ②무엇을 주도하는 위치. ③'모두', '대부분'의 뜻.

불교 ▽

절에서 큰방의 정면(正面)을 말한다. 이른바 어간(御間)인 이곳이 지위가 높고 어른인 스님이 앉는 자리가 된다. 따라서 이 자리에 앉아야만 대중(大衆)을 통솔할 수 있다. 일반적으로 '전면에 나서다'라고 하면 어떤 일에 앞장서다는 뜻으로 남을 통솔하는 전면의 위치에 있다는 의미가 함축된 말이다.

전생(前生)

이 세상에 태어나기 전에 살던 세상.

불교 ▽

현생에 태어나기 전의 세상이지만, 바로 직전의 세상은 물론 그 앞의 세상도 전생이다. 그래서 이를 통틀어 숙세(宿世) 또는 과거세(過去世)라고 한다. 이런 개념은 중생은 죽어도 다시 태어나 생이 반복된다고 하는 불교의 윤회사상에 기초한 것으로, 전세의 업(業)에 따라 내세(來世)가 결정되기를 반복하는 것이 중생이고, 이 윤회의 사슬을 끊은 이가 부처다.

용례 ▽

전생연분(前生緣分) : 전세에 맺어진 인연.

전수(專修)

'오로지 수행하다'라는 뜻으로, 어느 한 분야의 기술이나 지식을 전문으로 닦는 것.

불교 ▽

아미타불의 본원(本願)을 믿고 오로지 정토(淨土)에 가서 태어나기를 바라는 마음으로 하는 수행, 또는 그 수행자를 가리키는 말이다.

용례 ▽

전수염불(專修念佛) : 오직 아미타불만 부르는 염불.

전화(轉化)

질적(質的)으로 바뀌어 다르게 되거나 바꾸어서 다르게 하는 것. 또 화학에서 수크로스 수용액이 가수분해 되어 포도당과 과당이 생성될 때, 광학 활성이 우회전성(右回轉性)에서 좌회전성(左回轉性)으로 역전하는 일.

불교 ▽

사바세계에서의 몸을 바꾸어 정토(淨土)에 태어나는 것을 말하며, 천화(遷化)라고도 한다. 또한 부처가 중생을 가르쳐서 인도하는 것, 부처가 중생을 제도하기 위하여 몸을 변화시키거나 바꾸는 것도 전화라고 한다.

점심(點心)

낮에 먹는 끼니, 중식(中食). 중반(中飯).

불교 ▽

선가(禪家)에서 끼니가 아니고 배가 고플 때 음식을 조금 먹는 일, 또는 그 음식을 지칭하는 말이다. 우리말의 새참과 같고, 일종의 간식(間食)을 말한다. 원래 이 말은 '마음에 점을 찍다', '마음에 불을 붙이다'는 뜻으로, 배가 고프면 정신이 혼미하기 때문에 정신이 들게 하기 위해 음식을 조금 먹는 일 또는 그 음식을 뜻하는 말이었다. 예전에 수행자는 하루 두 끼를 먹었고, 끼니 사이에 새참인 점심을 들었다. 그런데 그 새참이 하나의 끼니로 정착하면서 지금의 점심이 된 것이다.

점안(點眼)

눈에 안약을 떨어뜨려 넣는 일.

불교 ▽

불상을 조성하고 마지막으로 불상의 눈에 동자(瞳子)를 그려 넣는 일을 말한다. 탱화(幀畵)를 그릴 때도 마찬가지로, 점불정(點佛睛)·개안(開眼)이라고도 한다.

점안하기 전의 부처는 한낱 조각이나 그림이지만 점안으로 부처의 영감과 위신(威神)을 불어넣어 비로소 생명력을 얻게 되어 신앙의 대상이 된다고 한다. 이와 같이 불상(佛像)이나 불구(佛具)에 부처의 영험과 생명력을 불어넣는 의식이 점안이다. 특히 가사(袈裟)도 점안 절차를 거쳐야 비로소 법을 설하는 권위를 갖게 되고 부처를 대신하여 지혜와 덕을 갖춘 정의(淨依, 청정한 옷)가 될 수 있다고 한다.

용례 ▽

점안법회(點眼法會) : 불상(佛像)을 새로 모시고 점안을 하기 위해 여는 법회.

정법(正法)

바른 법칙, 옳은 법.

불교 ▽

바른 교법(敎法), 즉 불법(佛法)을 말한다. 또한 삼시(三時)의 하나로, 부처님의 입멸 뒤, 5백 년 또는 1천 년 동안의 기간을 가리킨다. 이

때는 부처님의 바른 법이 이루어지는 시기라고 해서 정법시(正法時)라고 한다.

용례 ▽

정법만족(正法滿足) : 청정한 덕성(德性)을 완전히 갖춤.

정법안장(正法眼藏) : 이심전심(以心傳心)으로 전한 부처님의 바른 법. 진리를 볼 수 있는 지혜의 눈으로 깨달은 비밀의 법이라는 뜻임.

보충 ▽

삼시(三時) : 부처님의 입멸 뒤, 교법(敎法)이 유행(流行)하는 모양을 셋으로 나눈 것. 정법시(正法時) · 상법시(像法時) · 말법시(末法時).

정사(精舍)

학문과 정신 수양을 위해 지은 집.

불교 ▽

수행자가 거주하는 집, 곧 절을 가리킨다. 사원(寺院)이라는 의미로, 본래 인도에서 우기(雨期) 동안에 수행자들이 안거했던 거처(居處)를 말한다. 그런데 정사는 서원 · 서당과 더불어 조선시대 사학(私學)의 하나가 되기도 하였다. 그리고 명망 있는 선비가 자신의 고향이나 경치가 좋은 장소를 택해 은거하면서 개설한 강학소의 이름이나, 자기 집의 옥호(屋號)로 사용하였다.

용례 ▽

기원정사(祇園精舍) : 중인도 슈라바스티(Śrāvastī, 사위성舍衛城)의 수닷타(Sudatta) 장자가 부처님과 교단을 위해 세웠다. 제타(Jeta, 기타祇陀)

태자의 임원(林苑)에 세워졌기 때문에 기원(祇園, 제타바나Jetavana)이라고 한다. 부처님이 가장 오랫동안 머문 정사로, 7층의 가람이 자못 장려했다고 하는데, 7세기 무렵 현장(玄奘)이 방문했을 때는 이미 황폐해져 있었다고 한다.

죽림정사(竹林精舍) : 중인도 마가다국 라자그리하[王舍城] 근처에 있는 불교 최초의 사원이다. 부처님이 성도한 직후 칼란다카(Kalandaka) 장자가 부처님께 귀의하여 땅을 바치고 빔비사라 왕이 큰 정사를 지어서 보시하였다.

정성(定性)

화학에서 물질의 성분을 밝히어 정하는 것.

불교 ▽

고정적인 본질 · 본성(本性) · 자성(自性)을 뜻하는 말이다. 특히 성문(聲聞) · 연각(緣覺) · 보살(菩薩)의 삼승(三乘) 가운데 어느 것이 될 본성이 결정되어 있는 것을 말한다. 또한 만물을 태어나게 하는 종자(種子)를 뜻하기도 한다.

용례 ▽

보살정성(菩薩定性) : 보살이 될 소질, 또는 이를 갖춘 사람.

정심(定心)

마음을 가라앉힘 또는 그 마음.

불교 ▽

참선으로 의식을 통일하여 들뜬 마음을 멀리하는 일 또는 그 마음을 말한다. 반대로 들뜬 마음은 산심(散心)이라고 한다.

용례 ▽

정심염불(定心念佛) : 마음을 가라앉히고 전념으로 하는 염불.

정심삼매(定心三昧) : 극락의 모습을 마음속으로 관찰(觀察)하는 삼매.

정업(定業)

일정한 직업이나 업무.

불교 ▽

반드시 과보를 불러올 업(業) 또는 전생에 지은 일로 이승에서 업(業)으로 정하는 일을 말한다. 또한 일체의 행동을 사제(四諦)의 진리에 맞는 정견(正見, 바른 견해)과 정사유(正思惟, 바른 생각)에 따라 행하는 일도 가리킨다.

용례 ▽

정업역능전(定業亦能轉) : 정업이라 하더라도 부처와 보살의 도움으로 능히 바꿀 수 있다는 것.

정욕(情慾)

마음에 이는 여러 가지 욕구, 특히 이성에 대한 성적 욕망. 성욕(性慾)과 색욕(色慾).

불교 ▽

일반적인 이성에 대한 욕망이 아니라 물건을 탐내고 집착하는 마음을 가리킨다. 정욕(情欲)으로 쓰며, 사욕(四欲)의 하나가 된다. 일반적인 정욕과 같은 뜻의 불교 용어는 음욕(婬欲)이다.

보충 ▽

사욕(四欲) : 욕계(欲界)의 중생이 가진 네 가지 애욕(愛欲). ①정욕(情欲) : 물건을 탐내고 집착하는 마음. ②색욕(色欲) : 눈에 보이는 대상을 탐착하는 마음 ③식욕(食欲) : 먹을 것에 탐착하는 마음 ④음욕(婬欲) : 이성에 대한 욕정에 탐착하는 마음.

정진(精進)

①정성을 다해 노력함. ②몸을 깨끗이 하고 마음을 가다듬는 것. ③육식을 삼가고 채식을 하는 것.

불교 ▽

오로지 정법(正法)을 믿어 수행에 힘써 나아가는 일로, 정근(精勤)이라고도 한다. 이것은 성불하려 노력하는 보살이 수행하는 육바라밀의 하나이다. 세속의 인연을 끊고 몸을 청결하게 하여 불도(佛道) 수행에 몸을 바치는 것을 정진이라고 한다.

용례 ▽

용맹정진(勇猛精進) : 참선 · 염불 · 참회 따위를 용감하고 굳세게 수행하는 것.

정진무멸(精進無滅) : 노력하는 것이 줄거나 다하는 일이 없음.

제목(題目)

책이나 작품, 논설 따위에서 그 내용을 보이거나 대표하는 이름. 책의 겉장에 쓰여 있기 때문에 표제(表題)라고 함.

불교 ▽

책의 수제(首題), 곧 책의 이름을 말한다. 글의 내용을 대강 알게 하는 것이므로 석명(釋名)이라고도 한다. 이밖에 제목을 해설해서 그 글의 내용을 알게 하는 것은 일과(一科)라고 한다.

용례 ▽

제목용(題目踊) : 『법화경(法華經)』의 제목인 '나무묘법연화경(南無妙法蓮華經)'을 제창하며 북을 치고 춤을 추는 의식.

제자(弟子)

스승의 가르침을 받은 사람. 문도(門徒) · 문인(門人).

불교 ▽

산스크리트어 쉬샤(śiṣya)를 의역한 말로, 부처의 가르침을 믿고 따르는 사람, 특히 성문승(聲聞僧)을 가리키는 말이었다. 부처님을 따라다니면서 가르침을 직접 듣는다고 하여 제자라고 한다. 제(弟)는 '부처를 따르다', 자(子)는 '그렇게 살아가는 사람'이라는 뜻이다. 중국에서는 젊은이 또는 손아랫사람을 제자라고 했으나 불교의 용례를 따라 '스승의 가르침을 받는 사람'이란 의미로 바뀌었다. 또한 일반에서와 같이 문도(門徒), 문인(門人)의 뜻으로 쓴다.

용례 ▽

사부제자(四部弟子) : 출가(出家)와 재가(在家)의 수행자, 즉, 비구 · 비구니 · 우바새 · 우바이를 말함. 사부대중과 같은 뜻.

십대제자(十大弟子) : 부처님의 성문제자 가운데 대표적인 열 명의 제자로, 지혜 제일 샤리푸트라, 신통 제일 마우드갈랴야나, 두타 제일 마하카샤파, 천안 제일 아니룻다, 해공 제일 수부티, 설법 제일 푸르나, 논의 제일 카탸야나, 지계 제일 우팔리, 밀행 제일 라훌라, 다문 제일 아난다 등을 말한다.

제창(提唱)

어떠한 일을 여러 사람에게 제기하고 주창(主唱)하여 이끄는 것.

불교 ▽

경전이나 어록에 근거하여 설명하는 것을 말한다. 또한 선가에서 종사(宗師)가 법상에 올라 종지(宗旨)의 대강을 설법하거나, 법사가 조사(祖師) 어록을 강의하는 것을 제창이라고 한다. 선승의 어록을 강의할 때는 말이나 글을 설명하는 것이 아니고 그들 뒤에 숨은 뜻을 드러내기 위한 것이기 때문에 강의라고 하지 않고 제창이라고 한다.

보충 ▽

종사(宗師) : 수행자의 사표(師表)가 되는 학덕을 갖춘 고승을 지칭하는 말로, 선종(禪宗)의 조사(祖師)와 같은 뜻. 또는 어느 종파의 조사.

법사(法師) : 법을 설하는 사람. 중생을 교화하는 승려.

조사(祖師)

어느 학파를 처음 연 사람. 개조(開祖).

불교 ▽

부처님 이래 이어오는 불심(佛心)을 전해 주는 고승으로, 사람들을 깨달음으로 이끌 수 있을 만큼 수행했거나 그런 자격을 갖춘 승려를 이르는 말이다. 또한 한 종파(宗派)를 세우고, 그 종지(宗旨)를 열어 주장한 사람의 존칭이다. 이를테면 선종에서 달마(達磨, ?~536)와 같은 분을 말한다. 본래 조사는 선종에서 쓰기 시작한 말이지만 요즈음에는 다른 종파에서도 쓴다.

용례 ▽

조사서래(祖師西來) : 달마(達磨)가 인도에서 중국으로 와 그의 제자인 혜가(慧可, 488~593)에게 법을 전한 일을 말함.

조사선(祖師禪) : 언어와 문자에 의지하지 않고 이심전심(以心傳心)으로 깨우침을 전하는 선법(禪法). ↔ 여래선(如來禪)

보충 ▽

여래선(如來禪) : 『능가경(楞伽經)』과 『반야경(般若經)』 따위와 같은 부처님의 교설(敎說)로 깨달음에 이르는 선법(禪法).

존귀(尊貴)

지위나 신분이 높고 귀함.

불교 ▽

존경할 만한 위세가 있음을 말한다. 특히 약사여래(藥師如來)를 존귀하다고 한다.

용례 ▽

존귀가(尊貴家) : 존귀한 사람이나 집안, 특히 왕족이나 바라문 또는 장자(長者)를 가리키는 말.

존귀자대(尊貴自大) : 자기가 존귀하다고 스스로 생각하는 것.

보충 ▽

약사여래(藥師如來) : 약사유리광여래(藥師琉璃光如來)의 약칭이다. 이 여래는 보살로 수행할 때 모든 불구자의 몸을 온전하게 하고 중생의 온갖 병을 모두 치료하여 깨달음에 이르게 하겠다는 따위의 12가지 큰 서원을 세우고 수행하여 성불하였다. 그래서 약사여래의 세계는 괴로움이 없고 온갖 보석으로 장엄되어 있다고 하며, 누구든지 약사여래의 이름을 외우는 사람은 살았을 때는 온갖 재앙이 없어지고 죽었을 때는 여덟 명의 보살이 극락세계로 인도한다고 한다. 동방 정유리세계의 교주이며, 유리광왕 또는 대의왕불(大醫王

佛)로도 불린다.

바라문(婆羅門) : 산스크리트어 브라흐마나(brāhmaṇa)의 음역이다. 인도 전통의 사성 계급 가운데 하나로, 가장 높은 지위인 승려 계급을 말한다.

종교(宗敎)

신(神)이나 절대자를 인정하여 일정한 형식을 믿고 숭배하고 받듦으로써 마음의 평안과 행복을 얻고자 하는 정신문화의 한 체계.

불교 ▽

말로써 표현할 수 없는 위없는 가르침, 으뜸이 되는 가르침을 뜻하는 말이다. 그리고 한 종파(宗派)나 경전(經典)이 나타내는 뜻, 즉 종의(宗義)를 말한다. 종교라는 말이 처음 쓰이기 시작한 것은 중국 수(隋)나라 때 대연(大衍) 등이 세운 네 개의 종파를 사종교(四宗敎)라고 한 데서 비롯되었다.

그런데 '인간과 신의 연결'이라는 의미를 담고 있는 영어 'religion'을 번역하면서, '말로써 표현할 수 없는 위없는 가르침', '한 종파(宗派)의 가르침'을 뜻하는 '종교'라는 불교 용어를 차용한 것은 대단히 잘못된 일이 아닐 수 없다. 그 이유는 불교가 절대자인 신(神)의 존재를 부정함에도, '신과의 재결합' 또는 '신이나 절대자에 대한 신앙', 즉 '종교 = 유일신교'라는 등식을 성립시키는 큰 오류를 범했기 때문이다. 이런 오류는 19세기에 일본에서 처음 시작되었고 그것을 우리는 아직도 답습하고 있다.

용례 ▽

사종교(四宗敎) : 불교의 네 가지 종파. ①인연종(因緣宗). ②가명종(假名宗). ③불진종(不眞宗). ④진종(眞宗).

종자(種子)

씨, 씨앗.

불교 ▽

산스크리트어 비자(bīja)의 번역으로 씨앗, 즉 곡물의 종자를 의미하는 말인데, 비유적으로 사용하여 어떤 것을 낳을 가능성, 숨겨져 있는 본성 등을 뜻한다. 유식에서는 제8식인 아뢰야식에 존재하는 생과(生果)의 공능(功能), 즉 과보를 일으키는 가능력을 말한다. 다시 말해서 현재 존재하고 있는 사물(事物)이 세력을 남겨 다시 존재할 수 있게 하는 원인, 즉 아뢰야식이 발휘하는 힘으로서 어떤 결과를 낳는 힘을 종자라고 한다.

용례 ▽

종자생현행(種子生現行) : 아뢰야식에 있는 여러 종자가 표면적으로 발동하는 것.

종자혹(種子惑) : 번뇌를 발생하는 근본으로, 모든 선법(善法)의 장애가 되는 번뇌.

보충 ▽

아뢰야식(阿賴耶識) : 유식(唯識)에서, 뇌야연기(賴耶緣起)의 근본이 되는 마음[識]. 과거 이래로 없어지지 않고 마음 깊숙이 간직한 마음이라 하여 장식(藏識)이라고 한다. 제6식인 의식(意識)이 자아(自我)라고 집착하는 자리가 제7식인 말라식(末那識)이라면, 말라식이 자아의 존재처럼 집착하는 자리가 제8식인 아뢰야식이 된다.

주문(呪文)

①술사(術士)가 술법(術法)을 부릴 때 외우는 글귀나 말. ②천도교에서, 심령을 닦고 한울님에게 빌 때 외는 글귀.

불교 ▽

다라니의 문구로, 주(呪)·다라니(陀羅尼)·진언(眞言)이라고 한다. 부처님의 말씀 그대로가 진실어(眞實語)·진언(眞言)이라고 하여 그 뜻을 번역하지 않는다. 또한 주문은 용(龍)을 항복받고 귀신(鬼神)을 제어(制御)하는 신비스런 글귀라고도 한다.

주사(主事)

①사무를 맡아 보는 사람이라는 뜻으로 많이 쓰임. ②남을 점잖게 높여 부르는 말. ③공무원 직급의 한 가지.

불교 ▽

선문(禪門)에서, 감사(監事)·유나(維那)·전좌(典座)·직세(直歲) 따위의 네 가지 소임을 사주사(四主事)라고 한 데서 비롯되었다. 여기에 도사(都事)와 부사(副寺)를 포함하여 육주사(六主事)라고 한다. 주사는 절의 살림을 맡아 보는 소임자라는 뜻이다.

주술(呪術)

초자연적인 존재나 신비적인 힘을 빌려 길흉을 점치고 화복(禍福)을 비는 일, 또는 그런 술법과 주법(呪法).

불교 ▽

다라니, 즉 주문을 암송함으로써 갖가지 불가사의한 작용을 일으키거나 초인적인 힘을 발휘하는 술법으로, 특히 밀교에서 하는 수행법이다.

용례 ▽

주술(呪術) 다라니: 보살이 중생의 재앙을 제거하기 위하여 선정(禪定)으로 일으킨 주문.

주인공(主人公)

어떠한 사건이나 소설, 영화 따위에서 전개되는 이야기의 중심이 되는 인물.

불교 ▽

선문에서, 주인(主人)에 대한 존칭으로, 득도(得道)한 인물을 가리키는 말이다. 이것은 자신의 주인, 즉 자성을 깨달았다는 뜻으로, 외부의 경계에 흔들리지 않고 번뇌 망상을 여읜 참된 자아, 곧 무아

(無我)의 경지에 이른 자아를 주인공이라고 한다.

중도(中道)

두 극단을 떠나 어느 한 편에 치우치지 않는 중간. 또한 가던 길의 중간.

불교 ▽

선(善)과 악(惡), 유(有)와 무(無) 등의 양변에 치우치지 않으면서, 그 중간도 아닌 절대 진리의 도리를 말한다. 그리고 괴로움과 즐거움의 양극을 떠난 올바른 수행법도 중도이다.

초기불교에서는 고(苦) · 낙(樂)의 이변(二邊)을 떠난 실천인 팔정도(八正道)를 중도라고 하고, 또 단(斷) · 상(常), 유(有) · 무(無) 따위의 편견을 떠난 십이연기(十二緣起)의 이치를 올바르게 이해하는 것을 중도라 하였다. 그러나 대승불교에서는 성(成)과 멸(滅), 단(斷)과 상(常), 일(一)과 이(異), 거(去)와 래(來)의 여덟 가지의 대립적인 견해에서 벗어나는 팔불중도(八不中道), 즉 공(空)이 중도이다. 또한 유식(唯識)에서는 비유비공(非有非空)을, 천태종에서는 실상(實相)을, 화엄종(華嚴宗)에서는 법계(法界)를 중도로 해석한다.

용례 ▽

중도실상(中道實相) : 만유(萬有)의 진실한 체상(體相), 즉 유(有)도 무(無)도 아니고, 또한 공(空)도 아닌 절대 진리의 실상.

중사(中士)

군(軍)에서 부사관의 계급을 지칭하는 말. 하사보다 높고 상사보다 아래인 계급.

불교 ▽

소승(小乘)의 수행을 하는 사람을 가리킨다. 사람에는 세 가지 부류가 있는데, 나와 남이 모두 해탈하기를 바라는 사람을 상사(上士)라고 하고, 자신만 해탈하려는 사람은 중사(中士), 나도 남도 해탈을 바라지 않는 범부를 하사(下士)라고 한다.

중생(衆生)

많은 사람.

불교 ▽

산스크리트어 삿트바(sattva)의 번역으로, 느낌을 아는 생물, 즉 유정(有情)을 말한다. 이 말은 '여러 생을 윤회(輪廻)함', '여럿이 함께 삶', '많은 인연이 화합하여 비로소 생김' 따위의 뜻을 함축한다.
불교에서는 인간과 다른 동물 사이에 절대적인 차이를 두지 않고, 모두를 윤회하는 영혼이 머무는 대상으로 본다. 또한 현실세계의 동물이 아닌 용 · 나찰 · 야차 · 건달바 · 가루라 따위의 신화적인 존재까지도 중생으로 간주한다. 중생은 해탈할 때까지 윤회를 반복해야 하고, 지옥 · 아귀 · 축생 · 아수라 · 인간 · 천상이라는 육도(六途)가 윤회의 범위가 된다.

일반적으로 깨달음을 이룬 부처를 제외한 모든 생명이 중생으로 구별되지만, 넓은 의미에서는 부처도 중생으로 포함하는 경우가 있다. 이것은 모든 중생에게 부처의 성품, 즉 부처가 될 가능성이 있기 때문이다.

용례 ▽

중생무변(衆生無邊) : 한없이 많은 중생.

중생무차별(衆生無差別) : 부처와 중생의 본성이 서로 다르지 않다는 뜻.

보충 ▽

나찰(羅刹) : 나찰천에 사는 악귀로, 사람을 먹는 무서운 귀신이다. 뒤에 불법의 수호신이 되었다.

가루라(迦樓羅) : 산스크리트어 가루다(garuḍa)의 음역이다. 인도 설화에서 금시조(金翅鳥)로 불리는 상상의 새로 용을 잡아먹는다고 한다. 불법의 수호신 가운데 하나이다.

증장(增長)

①늘고 더 자람. ②좋지 못한 기운이 점점 심해짐. ③점점 오만해짐.

불교 ▽

퍼져서 번성 · 번영 · 우세하게 되는 것을 증장이라고 한다. 옆으로 퍼지는 것을 증(增)이라고 하고, 길이로 늘어나는 것을 장(長)이라고 한다.

용례 ▽

증장천(增長天) : 사천(四天) 가운데 남방천을 말함. 이곳에서는 자기는 물론 다른 이의 선근(善根)을 증장한다고 하여 붙여진 이름.

지사(知事)

관직의 하나로, 고려시대부터 현재까지 있는 관직임.

불교 ▽

절의 사무를 맡아 보는 승려 또는 그 자리를 뜻하는데, 주사(主事)라고도 한다. 지사는 '일을 안다'는 의미로, 보통 선가에서 주지를 보좌하여 절의 일을 분담하는 사람이나 그 자리를 가리키는 말이다. 지사에는 도사(都寺) · 감사(監寺) · 부사(部寺) · 유나(維那) · 전좌(典座) · 직세(直歲) 따위의 여섯 가지 소임이 있다.

용례 ▽

지사청규(知事清規) : 지사가 지켜야 할 규칙.

지식(知識)

사물에 대한 명료한 의식과 그것에 대한 판단, 배우거나 연구하여 알고 있는 내용, 또한 인식으로 얻어져 객관적으로 확증된 성과를 이르는 말.

불교 ▽

벗 또는 아는 사람을 가리킨다. 내가 마음을 알고 얼굴을 아는 사람, 세상 사람들이 잘 아는 사람이라는 뜻이다. 그래서 선지식(善知識)은 내가 아는 좋은 사람이라는 뜻으로 좋은 스승, 좋은 친구, 좋은 제자를 통틀어 이르는 말이다. 특히 불법(佛法)으로 다른 이를 교화하는 이, 즉 선우(善友)를 지칭한다.

부처님은 '선지식 또는 선우가 있다는 것은 불도(佛道)를 다 이룬 것과 같다'고 설할 만큼 선지식의 중요성을 강조하였다. 이처럼 '안다'는 의미의 '지식'이 불교에서는 사람을 지칭하지만, 일반에서는 인식의 내용과 결과를 뜻하는 말로 쓰인다.

지식(智識)

안다는 의식의 작용.

불교 ▽

마음을 다섯 가지 유형으로 구분한 오식(五識)의 하나다. 모든 대상이 모두 마음에서 비롯된 것임을 알지 못하고, 그 대상에 대하여 이치에 맞지 않는 그릇된 생각을 일으키는 마음의 작용을 지식이라고 한다.

보충 ▽

오식(五識) : ①오근(五根)이 오경(五境)을 인식하는 다섯 종류의 심식으로, 안식(眼識) · 이식(耳識) · 비식(鼻識) · 설식(舌識) · 신식(身識)을 말한다. ②『대승기신론(大乘起信論)』에서 말하는 마음의 다섯 가지 유형으로, 업식(業識) · 전식(轉識) · 현식(現識) · 지식(智識) · 상속식(相續識)을 말한다.

지옥(地獄)

①기독교에서 죄를 지은 사람의 혼이 신(神)의 구원을 받지 못하고 악마와 함께 영원히 벌을 받는 곳. 연옥(煉獄). ②못 견딜 만큼 괴롭고 참담한 형편이나 환경을 비유적으로 이르는 말. 생지옥(生地獄).

불교 ▽

산스크리트어 나라카(naraka)를 번역한 말로, 불락(不樂) · 가염(可厭) · 무유(無有) · 무행처(無幸處)의 뜻이다. 삼악도(三惡途)의 하나로 중생이 자기가 지은 죄업으로 말미암아 죽은 뒤에 태어나게 되는 곳이라고 한다.

불교에서는 세상을 미혹한 세계인 미계(迷界)와 깨달음의 세계인 오계(悟界)로 구분한다. 오계는 성문(聲聞) · 연각(緣覺) · 보살(菩薩) · 불(佛)의 세계를 말하고, 미계에는 지옥 · 아귀(餓鬼) · 축생(畜生) · 아수라(阿修羅) · 인간(人間) · 천상(天上)의 육도(六途)가 있다. 육도 가운데 지옥 · 아귀 · 축생 세계를 삼악도라고 하는데 그 중에 지옥이 가장 고통스런 세계이다.

지옥에는 수미산 남쪽의 섬부주 아래로 2만 유순(由旬) 거리에 무간지옥(無間地獄)이 있고, 그 위로 일곱 층의 지옥이 더 있다고 한다. 이 모두를 팔열지옥(八熱地獄)이라고 부른다.

용례 ▽

지옥업력(地獄業力) : 죽어서 지옥으로 떨어지는 원인이 되는 악업.

고독지옥(孤獨地獄) : 우리가 사는 세상의 산이나 들에 있는 지옥.

보충 ▽

섬부주(贍浮洲) : 불교의 우주론에서 수미산 남쪽의 바다에 있는 대륙으로 염부제(閻浮提)라고도 한다. 우리가 사는 사바세계가 여기에 속하고, 수미산은 우주의 중심이 되는 가장 높은 산이다.

유순(由旬) : 산스크리트어 요자나(yojana)의 음역으로 인도에서 거리를 나타내는 단위이다. 제왕(帝王)이 하루에 행군하는 거리를 1유순이라고 한다. 중국에서는 40리(里) 정도의 거리인데, 중국의 1리는 6정(町)이다.

지원(志願)

뜻하여 바람. 지망(志望).

불교 ▽

일반적인 의미와 큰 차이는 없지만, 마음 깊이 뜻을 세우고 바란다는 것으로 서원(誓願)과 같은 말이다. 따라서 지원은 그 뜻과 바람이 세속적인 것이 아니라 부처와 보살이 중생을 제도하리라 맹세하는 것이다.

지족(知足)

분수를 지켜 만족할 줄 앎.

불교 ▽

자기 분수에 만족함을 알아서 편안한 것을 말한다. 그래서 편안한 세계를 지족천(知足天)이라고 하는데, 이곳의 중생은 모두가 만족한다는 뜻이다.

용례 ▽

지족원(知足院) : 지족천에 있는 미륵보살의 정토.

안양지족(安養知足) : 극락세계는 부족함이 없이 편안하다는 뜻.

지족천(知足天) : 도솔천(兜率天)의 다른 이름. 욕계(欲界) 육천(六天) 중의 네 번째 하늘을 가리킴. '만족'의 의미로 지족(知足) · 묘족(妙足) · 희족(喜足) 따위로 번역. 그곳의 내원궁(內院宮)에는 장차 부처가 될 미륵보살이 머물고 있고, 석가모니 부처님도 이곳에서 수행하였다.

지혜(智慧)

사물의 도리(道理)나 선악(善惡) 따위를 잘 분별하는 마음 작용. 슬기.

불교 ▽

부처가 되려는 보살의 여섯 가지 수행 덕목인 육바라밀(六波羅蜜) 가운데 한 가지다. 사리(事理)를 분별하여 바른 것과 그릇된 것을 분별하는 것을 말하며, 산스크리트어로 프라즈냐(prajñā)라고 한다.

지(智)는 결단(決斷)과 분명한 풀이를 뜻하고, 지식으로 이해하는 것, 또는 도리를 알게 되는 것을 의미한다. 그리고 혜(慧)는 간택(簡擇)과 조견(照見)을 뜻하며, 비추어 보고 확인하여 깨닫는다는 말이다. 따라서 지는 혜의 작용이다.

용례 ▽

지혜광불(智慧光佛) : 아미타불의 다른 이름으로, 모든 중생의 무명을 깨뜨리는 아미타불의 지혜광명이 끝이 없다는 뜻.

지혜염불(智慧念佛) : 신심(信心)에서 우러나오는 염불.

보충 ▽

육바라밀(六波羅蜜) : 보살 수행의 여섯 가지 덕목(德目). 보시(布施) · 지계(持戒) · 인욕(忍辱) · 선정(禪定), 정진(精進) · 지혜(智慧)를 말한다. 육도(六度)라고도 한다.

진공(眞空)

텅 비어서 아무것도 없는 것.

불교 ▽

일체의 모든 것이 그 실체가 없다는 말이다. 다시 말해서 나와 나의 것이 전혀 존재하지 않는 것을 의미한다. 즉 모든 것이 무상(無常)하여 일체가 공(空)이고, 이 공을 강조한 말이 진공이다.

진공은 진여(眞如) · 제법실상(諸法實相) · 열반(涅槃)과 같은 의미로, 진(眞)은 허(虛)나 가(假)가 아니라는 말이고, 공(空)은 모든 상(相)을 떠났다는 뜻이다. 따라서 진공은 진리의 본성이 모두 범부의 미혹

(迷惑)을 떠나 있는 모양을 말한다. 또한 비유(非有)이면서도 유(有)의 상태인 묘유(妙有)에 대하여, 비공(非空)이면서도 공(空)인 것을 진공이라고 한다. 이는 진여(眞如)의 실성(實性)이 모든 중생의 미혹한 생각을 여의어 있는 상태가 된다.

용례 ▽

진공묘유(眞空妙有) : 일체가 공임에도 현실의 생성이 묘함을 이르는 말.

진공관(眞空觀) : 유(有)와 공의 대립을 초월한 진실한 공을 관찰하는 수행법.

진리(眞理)

①참된 것, 진실한 것, 참된 도리나 이치. ②철학에서는, 사실관계를 올바르게 표현하고 있는 내용의 객관성과 타당성을 말함. ③기독교에서 진리는 하느님, 곧 그리스도의 뜻과 가르침을 말함.

불교 ▽

진실한 도리와 이치라는 뜻으로, 우주 궁극의 실체, 즉 진여(眞如)·법성(法性)·실제(實際), 불성(佛性)의 도리를 가리키는 말이다. 다시 말해서 진리는 있는 그대로의 모습을 말한다.

진성(眞性)

참된 성품이란 뜻으로, 사물이나 형상의, 인위적이 아니고 있는 그대로의 성질, 순진한 성질을 말함. 이를테면, 진성반도체, 진성 당뇨 따위. 반대말은 가성(假性).

불교 ▽

만물의 본체, 진여(眞如), 자성(自性), 자신의 참된 성품, 본래면목(本來面目) 따위로 정의한다.

용례 ▽

진성보리(眞性菩提) : 만유(萬有) · 제법(諸法)의 실상인 이체(理體).

진성자체(眞性自體) : 궁극의 진리를 이르는 말.

진실(眞實)

거짓이 없이 바르고 참됨.

불교 ▽

참되고 변하지 않는 영원한 진리를 방편으로 베푸는 교의(敎義)에 상대하여 이르는 말이다. 거짓이 없고, 충실한 것, 있는 그대로의 모습, 즉 실체를 진리라고 한다. 그러나 무엇보다 참된 진실은 부처의 가르침이다.

용례 ▽

진실불허(眞實不虛) : 부처님의 설법은 허망함이 없이 진실하다는 것.

진실자비(眞實慈悲) : 모든 중생을 위하고자 하는 부처의 진정한 자비심.

진언(眞言)

참말, 거짓이 아닌 말.

불교 ▽

법신(法身)이 하는 말로, 주문(呪文)이라고 한다. 특히 진언종(眞言宗)에서는 '비밀스런 말'이라고 하는 다라니를 이르는 말이다. 진언은 법신의 말이기 때문에 해석하지 않고 원어대로 읽는다.

용례 ▽

호신진언(護身眞言) : 몸을 보호하는 진언. '옴 치림'이라고 함.

정법계진언(淨法界眞言) : 법계를 깨끗이 하는 진언. '옴 남'이라고 함.

보충 ▽

진언종(眞言宗) : 밀종(密宗). 법신(法身)으로서의 비로자나불의 자내증(自內證)을 개현하는 것을 종지(宗旨)로 한다. 즉신성불(卽身成佛)을 주장하며 한편으로는 현세의 이익을 추구하는 데에 그 특색이 있다. 우리나라에는 신라 때 전해졌으나 조선시대에 자취를 감추었다가 근년에 다시 등장하였다.

자내증(自內證) : 자기 내심(內心)의 깨달음.

진인(眞人)

참된 도를 깨달은 사람. 진리를 깨달은 사람.

불교 ▽

진정한 이치를 깨달은 사람이라는 뜻으로 아라한(阿羅漢)을 말한다. 또한 훌륭한 사람, 훌륭한 수행자라는 뜻으로 부처님을 가리키는 말로도 쓴다.

용례 ▽

무위진인(無爲眞人) : 어떠한 막힘이나 거리낌이 없이 해탈한 사람, 즉 아라한 또는 부처를 말함.

진지

밥의 높임말로, 어른에게 올리는 밥.

불교 ▽

진지(進旨)로 쓴다. 절에서 발우공양을 할 때, 대중에게 밥을 나누는 일을 진지라고 한다. 진지를 할 때는 어른 스님에게 먼저 올리기 때문에, 일반에서 진지가 밥의 높임말로 쓰이게 되었다.

짐승

날짐승과 길짐승을 두루 이르는 말. 몸에 털이 나고 네 발을 가진 동물과 물속에 사는 포유류 동물의 총칭. 또는 매우 잔인하거나 야만적인 사람을 비유적으로 이르는 말임.

불교 ▽

중생(衆生)이 변한 말이다. 중생은 산스크리트어 삿트바(sattva)를 번역한 말로, 사람과 동물을 불문하고 마음과 인식작용이 있는 생물을 가리키는 말이었다. 고어(古語)에서 사람과 짐승을 모두 의미하다가 점차 짐승으로 의미가 한정되었다. 그러나 그 유래가 되는 불교에서는 여전히 사람과 짐승을 모두 포함하는 의미로 사용되고 있다. 불교에서 짐승과 비슷한 의미로는 축생(畜生)을 사용한다.

집사(執事)

주인집에 고용되어 그 집안일을 맡아 보는 사람. 특히 개신교에서, 봉사직의 하나.

불교 ▽

승려를 대신하여 금전관리 따위의 일을 맡아 보는 사람, 또는 절에서 사무를 담당하는 소임을 가진 승려를 집사라고 한다. 그리고 선가(禪家)에서는 집사와 지사(知事)를 혼용한다.

집착(執着)

어떠한 일에 마음이 쏠려서 사로잡힘.

불교 ▽

집착(執著)으로도 쓴다. 어떤 사물에 마음이 쏠려 잊지 못하는 것을 말한다. 어떤 사물이나 도리를 고집하여 잊지 못하고 마음이 사로잡히는 것이다. 집착에는 아집(我執)과 법집(法執)이 있으며, 아집은 나와 내 것이 실재한다고 고집하는 것을 말하고, 법집은 모든 존재는 고정된 실체가 있다는 허망된 생각을 말한다. 그리고 탐욕에 집착하는 것을 염착(染着)이라고 한다.

집행(執行)

일을 잡아 행하는 것, 시행(施行). 법률적으로는 법률이나 행정 따위에 따른 어떤 처분(處分)을 시행하는 일을 말함.

불교 ▽

절에서 서무나 법회(法會)의 일을 맡아 보는 승려의 소임(所任)을 말한다. 보통은 어느 영역의 우두머리로서 여러 가지 일을 처리하는 소임이다. 특히 어떤 종파의 행정사무를 총괄하는 직무를 말한다. 지금은 거의 쓰지 않는다.

차별(差別)

차이가 있게 구별하는 것. 상대를 두고 상(上)·하(下)나 좌(左)·우(右)를 구별하는 것.

불교 ▽

만상(萬象)의 근본 원리나 진리의 본체를 평등이라 함에 대하여, 일체의 나타난 현상이 서로 다름을 말하는 것이다. 구별 · 상위(相違) · 특수(特殊) · 종류 · 다양(多樣)의 의미와 같다.

불교에서는 모든 존재가 본래 공(空)이고 진여(眞如)이지만, 현실에서는 원인과 조건에 따라 서로 다른 모습으로 나타나기 때문에 차별이라고 한다. 따라서 진리의 세계는 평등한 세계이고, 현실세계는 차별이 있기 마련이다.

용례 ▽

차별계(差別界) : 차별이 있는 세상, 곧 이 세상을 말함.

차별관(差別觀) : 차별을 두어 사물을 보는 견해.

차수(叉手)

①두 손을 포개서 마주잡음. ②팔짱을 끼고 있다는 의미로, '관여하지 않음'을 비유적으로 이르는 말.

불교 ▽

두 손을 가슴 근처에 대고 서로 겹쳐 잡는 것으로, 두 손을 펴고 왼손으로 오른손가락 네 개를 감싸듯이 쥐고 가슴 위에 올려놓는 동작을 말한다. 불가 예절의 기본이 되는 동작으로, 절의 경내를 다닐 때나 포행(步行)할 때, 그리고 합장한 뒤에 한다.

용례 ▽

차수당흉(叉手當胸) : 가슴에 두 손을 교차함.

보충 ▽

포행(步行) : 좌선(坐禪)하다 졸음이나 피로한 심신을 풀기 위해 산책하듯 느린 걸음으로 걷는 것. 이때도 화두에 대한 의심을 놓지 않는다. 경행(經行). 행선(行禪).

착안(着眼)

어떠한 일을 할 대상으로서, 어느 점에 눈을 돌림, 또는 눈을 돌린 점. 즉 어떤 일을 눈여겨보았다가 그 일을 성취할 기틀을 잡는 것을 말함.

불교 ▽

어떤 것에 눈을 주의하는 것, 즉 마음을 두는 것이다. 마음이 사물에 집착하여 떨어지지 않는 것을 착(着)이라고 하는데, 이처럼 눈을 떼지 않고 수행에 전념하는 것이 착안이다.

찬송(讚頌)

훌륭한 덕을 칭찬하는 것.

불교 ▽

부처님의 덕(德)을 칭찬하여 노래하는 것이다. 찬(讚)은 찬탄을, 송(頌)은 노래를 말한다. 특히 송은 부처의 덕이나 가르침을 운문(韻文)이나 시구(詩句)로 만든 것으로, 게(偈) 또는 게송(偈頌)이라고 하며, 이것을 외우고 노래하는 것이 찬송이다. 『법화경』「분별공덕품」에도 "이묘음성 가패찬송(以妙音聲歌唄讚頌, 묘한 소리와 노래로 찬송하여)"이라는 구절을 볼 수 있다.

찬탄(讚歎)

깊이 감동하여 찬양하는 것.

불교 ▽

찬탄(讚歎)으로 쓴다. 찬(讚)은 찬양(讚揚), 탄(嘆)은 가탄(歌嘆)이라고 한 것처럼, 게송(偈頌)으로 찬양하고 설교하는 것을 찬탄이라고 한다.

용례 ▽

찬탄정행(讚嘆正行) : 아미타불의 공덕이 훌륭함을 찬탄하는 것.

찰나(刹那)

①순간, 눈 깜짝할 사이와 같이 매우 짧은 시간 동안. ②어떤 일이나 사물 현상이 일어나는 바로 그 순간.

불교 ▽

산스크리트어 크샤나(kṣaṇa)를 음역한 말로, 매우 짧은 시간을 말하는 짧은 시간의 단위다. 생각이 스치는 한 순간처럼 짧다는 뜻으로 염(念) · 염념(念念) · 일념(一念) 따위로 번역한다.

찰나의 길이에 대해서는 손가락을 한 번 튕기는 탄지경(彈指頃) 사이에 65찰나가 흐른다거나, 탄지경의 1/10의 크기라고 한다. 그래서 1/75초(약 0.013초)에 상당한다거나, 그보다도 훨씬 더 짧은 시간이라는 주장이 있다. 그러나 찰나가 무량겁(無量劫)이 되고, 찰나에 900번의 생멸이 존재한다고 한다.

용례 ▽

찰나무상(刹那無常) : 찰나에 생주이멸(生住異滅)의 변화가 일어나서 무상함.

찰나생멸(刹那生滅) : 찰나에 우주가 생성되었다 사라지는 것.

찰나연기(刹那緣起) : 찰나에 십이연기가 이루어지는 것.

보충 ▽

무량겁(無量劫) : 헤아릴 수 없이 긴 시간을 일컫는 말.

참구(參究)

무엇을 참고하여 연구하는 것.

불교 ▽

선문(禪門)에서 화두(話頭)를 참고하여 진리를 깨닫고자 하는 것을 말한다. 즉, 화두(話頭)와 공안(公案)을 타파하고자 공부하는 것을 참구라고 한다.

용례 ▽

공안참구(公案參究) : 다른 망념을 쉬고 오로지 공안의 의심에 몰입하는 일.

참선(參禪)

마음 수련. 명상.

불교 ▽

선법(禪法)을 참구하는 일, 좌선(坐禪)으로 불도(佛道)를 닦는 일을 일컫는다. 선가(禪家)에서 화두(話頭)를 일념으로 참구하는 대표적인 수행법인 간화선(看話禪)은 염불 · 기도 · 간경 · 보살행 따위의 다른 수행법보다 어렵지만 가장 빠르게 깨달음을 얻을 수 있다고 하여 수행법의 으뜸으로 여긴다.

참선은 앉아서 하는 좌선이 일반적이지만 때와 장소를 구분하지 않는다. 다만 동정일여(動靜一如), 오매일여(悟昧一如)가 중요하다. 참선 수행자들이 서로의 수행 정도를 가늠하고 지도받기 위해 주고받는 대화를 선문답(禪問答)이라고 한다.

일반에서도 요가나 명상에서 참선이라는 말을 쓰지만, 화두에 대한 의문에 몰입하는 불교의 참선과는 다르며, 참선은 자세와 호흡에도 크게 구애받지 않는다는 점에서 요가와도 구별된다.

보충 ▽

간화선(看話禪) : 화두(話頭), 즉 공안(公案)을 참구하는 참선 수행법. 중국 송(宋)나라 때, 대혜종고(大慧宗杲, 1088~1163)가 화두를 참구함으로써 평등일여(平等一如)한 경지에 도달할 수 있다고 주장한 데서 비롯되었다. 우리나라의 선종(禪宗)은 이를 따르고 있다. ↔ 묵조선(默照禪).

묵조선(默照禪) : 화두를 들지 않고 고요하고 묵묵히 앉아서 모든 생각을 끊는 좌선법으로 무념무상을 수련하는 선법이다. 무념무상이 지혜작용을 촉진하여 깨달음에 이르게 하는 것이 정도(正道)라고 주장한다.

참회(懺悔)

①뉘우쳐 마음을 고쳐먹음. ②기독교에서, 죄를 뉘우쳐 하느님에게 고백함.

불교 ▽

산스크리트어 크샤마(kṣama)를 음역한 참마(懺摩)를 줄여서 참(懺)이라고 하고, 크샤마(kṣama)를 의역하여 회(悔)라고 한 것을 합한 말이다. 과거의 죄악을 깨달아 뉘우치거나 부처님에게 고백하는 것을 참회라고 한다. 수행자의 경우 자기가 지은 죄를 부처님과 대중(大衆)에게 숨김없이 공개하고 용서를 구하는 참회방식이 있다. 보통은 보름마다 열리는 포살(布薩)과 매년 여름안거가 끝나는 날 열리는 자자(自恣)에서 참회한다. 참회하는 방법에는 지은 죄의 실상을 깨달아 다시는 죄를 짓지 않겠다고 마음으로 다짐하는 이참(理懺)과, 부처님께 절이나 염불을 하거나 참회의 진언을 외우는 따위의 몸으로 하는 사참(事懺)이 있다.

용례 ▽

참회멸죄(懺悔滅罪) : 참회한 공덕으로 지은 죄가 소멸된다는 말.

참회진언(懺悔眞言) : 참회할 때는 외우는 진언. '옴 살바 못자모지 사다야 사바하'라고 함.

천녀(天女)

①하늘에 사는 여인. ②자태가 곱고 기품이 있는 여성을 비유적으로 이르는 말.

불교 ▽

욕계(欲界)의 육천에 사는 여인을 말한다. 하늘 세계는 남녀의 구별이 없기 때문에 여인의 모습이라 하더라도 여성이 아니라고 한다. 용모가 아름답고 노래와 춤을 잘하며, 자유로이 날아다닌다고 하여, 비천(飛天)이라고도 한다.

용례 ▽

천녀산화(天女散華) : 『유마경(維摩經)』에서 나온 말. 천녀가 꽃을 뿌렸는데, 꽃잎이 샤리푸트라(Śāriputra, 舍利弗)의 몸에서 떨어지지 않았다는 일화가 있음.

보충 ▽

샤리푸트라(Śāriputra) : 사리불(舍利弗)이라고 음역한다. 마가다국 라자그리하 출신으로 마우드갈랴야나(Maudgalyāyana, 木蓮)와 함께 외도를 섬기다가 부처님께 귀의하여 십대제자 중 한 명이 되었다. 지혜 제일의 제자.

천당(天堂)

천상(天上)에 있다는 신(神)의 전당(殿堂), 천국(天國).

불교 ▽

'천상의 궁전', '하늘의 세계'라는 뜻으로, 육도(六途)의 하나인 천상(天上)을 말한다. 색계(色界)와 무색계(無色界)의 모든 하늘을 통칭하는 말이다. 정토교(淨土敎)의 극락세계를 천당이라 부르기도 한다. 죽은 이의 영전에서 올리는 「무상게(無常偈)」에도 천당불찰(天堂佛刹)이라고 하여 천상을 천당으로 표현하고 있다.

천사(天使)

①기독교에서, 하느님의 사자(使者). ②마음씨가 곱고 어진 사람을 비유적으로 지칭하는 말.

불교 ▽

염마왕(閻魔王)의 사자로, 스스로의 인연으로 지은 업도(業道)에 따라 나타나 세상을 경책한다고 한다. 천사에는 중생의 늙음 · 병듦 · 죽음에 관여하는 삼천사와, 출생 · 늙음 · 병듦 · 죽음, 그리고 이 세상의 감옥을 관여하는 오천사가 있다.

보충 ▽

염마왕(閻魔王) : 산스크리트어 야마 라자(yama-rāja)의 번역으로, 야마(yama)를 염마라고 음역하고, 라자(rāja)를 왕으로 의역한 말이다. 염라왕(閻羅王)이라고도 한다. 사후세계를 관장하는 왕이다. 지옥세계의 시왕(十王) 가운데 하나이기도 한데, 이것은 중국의 도교(道敎)와 융합된 것이다.

천주(天主)

기독교에서는 하느님, 도교(道敎)에서 하늘나라의 신(神)인 상제(上帝)를 이르는 말.

불교 ▽

하늘 세계의 제왕을 가리킨다. 불교에서는 욕계(欲界) · 색계(色界) · 무색계(無色界)에 모두 열여섯 개의 하늘이 있는데, 이들 천계(天界)를 주재하는 왕을 천주라고 한다.

천주의 실제적인 용례는, 나라를 수호하는 미묘한 경전이라고 하여 고려와 신라에서 특별히 숭상되었던 『금광명최승왕경(金光明最勝王經)』의 「왕법심론(王法心論)」을 천주교법(天主敎法)이라고 한 것에서 볼 수 있다.

천진(天眞)

순진하고 참됨, 자연 그대로 조금도 꾸밈이 없음. 또한 타고난 그대로의 성품. 천진난만(天眞爛漫).

불교 ▽

일반의 의미와 함께, 생기지도 않고 멸하지도 않는 불생불멸(不生不滅)의 참된 마음을 가리키는 말이다. 따라서 어떤 작위(作爲, 꾸밈)도 없는 본래의 마음, 즉 천성(天性) · 본성(本性)이 천진이다.

용례 ▽

천진독랑(天眞獨郎) : 불생불멸인 본성을 찾은 그 자리가 곧 생사열반(生死涅槃)이고 부처라는 뜻.

천진무구(天眞無垢) : 꾸밈이 없는 자연 그대로의 청정함.

천진불(天眞佛) : 일체 사상(事象)이 있는 그대로가 곧 부처라는 뜻으로, 법신불(法身佛)을 말함.

천화(遷化)

①변하여 바뀜. ②자연에서 어떤 식생(植生)의 군락이 다른 종류의 식생으로 바뀌는 일.

불교 ▽

원래는 보살이 이 생의 인연을 마치고 다른 세계의 교화(教化)를 나가는 것을 의미하는 말이었다. 지금은 교화할 장소를 옮긴다는 뜻으로 고승(高僧)의 죽음을 가리키는 말로 쓴다.

청량(淸凉)

맑고 시원하고 서늘함.

불교 ▽

열반(涅槃) 또는 지혜(智慧)를 비유적으로 표현한 말이다. 차가운 물이 맑고 시원한 것이 마치 지혜와 열반의 경지와 같다는 뜻이다.

용례 ▽

청량대(淸凉臺) : 지혜의 상징인 문수(文殊)보살이 항상 계신다는 오대산(五臺山)의 다른 이름. 청량산(淸凉山).

청량삼매(淸凉三昧) : 일체의 번뇌를 여의어 청량한 선정(禪定).

청문(聽聞)

①떠돌아다니는 소문. ②국회나 행정기관이 개인이나 제3자의 의견을 듣기 위하여 마련하는 절차.

불교 ▽

부처님의 가르침을 주의 깊게 듣는다는 뜻이다. 또한 다른 사람이 경을 읽는 것을 존경심을 가지고 듣는 것도 청문이라고 한다.

용례 ▽

청문정법(聽聞正法) : 올바른 가르침을 듣고 그것에 통달하기를 바라는 것.

청정(淸淨)

맑고 깨끗함, 또는 깨끗하여 속됨이 없음.

불교 ▽

나쁜 짓으로 지은 허물이나 번뇌의 더러움이 없는 깨끗한 상태를 말한다. 또한 계행(戒行)이 반듯함을 이르는 말이다.

용례 ▽

청정법신(淸淨法身) : 더러움이 없는 청정한 법신, 곧 비로자나불을

말함.

이구청정(離垢淸淨) : 마음에 번뇌의 때가 없이 깨끗함.

자성청정(自性淸淨) : 자기의 본래 성품이 청정한 진여(眞如)라는 뜻.

보충 ▽

진여(眞如) : '있는 그대로의'라는 의미로, 법성(法性)·법계(法界)·평등·실제(實際)·무상(無相)·여여(如如)·불성(佛性)·여래장(如來藏)·중도(中道)와 같은 뜻이다. 보편적 진리, 존재의 참모습, 만유의 근원, 상주불변의 본체라는 의미이다.

초심(初心)

처음 먹은 마음, 또는 처음의 마음가짐. 무엇을 처음 배우는 사람.

불교 ▽

불교에서는 초발심(初發心)을 초심이라고 한다. 이는 깨닫고자 하는 처음의 마음을 의미한다. 또한 초발심이기 때문에 수행이 얕은 사람이라는 의미도 있다.

용례 ▽

초심만학(初心晩學) : 불도(佛道)에 들어온 지 얼마 되지 않은 후배를 일컫는 말.

초심후심(初心後心) : 불도에 처음 들어온 사람과 오래 된 사람을 아울러 이르는 말.

초야(初夜)

①초저녁. ②혼인한 첫날밤.

불교 ▽

예전에 중국과 우리나라에서는 하루를 십이 등분하여 간지(干支)로 시각의 이름을 정하였다. 그러나 인도에서는 하루를 육 등분하여 각각의 이름을 정하였으며, 이를 육시(六時)라고 한다. 이 육시 가운데 초야는 해가 지는 일몰(日沒) 다음의 시간으로 대략 오후 6시부터 10시까지가 된다. 그리고 그 다음이 중야(中夜)고, 그 다음은 후야(後夜)가 된다.

보충 ▽

육시(六時) : 하루를 여섯으로 등분한 것. 신조(晨朝) · 일중(日中) · 일몰(日沒) · 초야(初夜) · 중야(中夜) · 후야(後夜)로 나눈다.

총림(叢林)

잡목이 우거진 숲.

불교 ▽

잡목이 우거진 숲처럼, 여러 승려가 모여 사는 절을 말한다. 또한 선원(禪院) · 강원(講院) · 율원(律院)이 갖추어진 승려 교육기관을 총림이라고 하는데, 수덕사 · 백양사 · 송광사 · 해인사 · 통도사 · 운문사 등이 총림을 둔 사찰이다. 이를테면 덕숭총림(德崇叢林)은 충남 예산군 수덕사에, 고불총림(古佛叢林)은 전남 장성군 백양사

(白羊寺)에 있다.

한편 총림이라는 말은 많은 풀과 나무가 모여야만 쓸 만한 재목이 나온다는 의미를 함축하고 있다. 이밖에 윤회(輪廻)를 총림이라고도 하는데, 이것은 무수한 잡목처럼 생사가 반복됨을 비유한 말이다.

축생(畜生)

가축.

불교 ▽

산스크리트어 티르야교니(tiryagyoni)의 의역으로, 방생(傍生) · 횡생(橫生)이라고 하며, '남에게 길러지는 산목숨'이라는 뜻이다. 이들은 고통이 크지만 즐거움은 적고, 성질이 나쁘고 식욕이 강하며, 부자 · 형제의 차별이 없이 서로 잡아먹고 서로 싸우는 습성이 있다. 새 · 짐승 · 벌레 · 물고기 따위를 말한다. 또한 축생은 온갖 짐승이나 짐승 같은 사람을 이르는 말로, 육도(六道)의 하나이다.

용례 ▽

축생인(畜生因) : 축생으로 태어나는 업인(業因, 업이 되는 원인).

보충 ▽

육도(六道) : 중생이 업인(業因)에 따라 윤회(輪廻)하는 여섯 가지. 지옥(地獄) · 아귀(餓鬼) · 축생(畜生) · 아수라(阿修羅) · 인간(人間) · 천상(天上). 육도(六途)

출가(出家)

①성자(聖者)가 되기 위해 집을 나가는 것. ②천주교에서, 세속을 떠나 수도원으로 들어가는 것. ③여자가 혼인하여 시집으로 가는 것.
*'집을 나오다'는 뜻이지만 영원히 집을 떠나는 것이 출가이고, 저속한 의미로 단순히 집을 나오는 경우는 가출(家出)이라고 함.

불교 ▽

부처님이 태자의 몸으로 스물아홉 살에 궁궐을 나와 설산(雪山)으로 간 일, 그리고 세속의 잡다한 일상과 번뇌를 떠나서 불문(佛門)에 드는 일, 즉 삭발하고 승려가 되는 일을 말한다. 부처님께 귀의하였지만 출가하지 않은 사람을 재가(在家)라고 하는 데 대하여 수행자인 승려를 지칭하는 말로도 쓴다.

용례 ▽

출가사문(出家沙門) : 출가하여 부지런히 불도(佛道)를 닦는 사람, 곧 승려를 말함.

출가위승(出家爲僧) : 출가하여 승려가 됨.

출생(出生)

①태아가 모체에서 태어남. 탄생(誕生)은 출생의 높임말임. ②사람이 어느 지역에서 태어남. 태생(胎生).

불교 ▽

세상에 나타나는 일을 말한다. 꼭 사람만이 아니라 사물이 나타나는 것, 또 음식을 베푸는 것도 출생이라고 한다.

용례 ▽

『**출생보리경(出生菩提經)**』: 발보리심과 사섭법(四攝法) 따위를 설한 경전. 수나라의 사나굴다 번역. 1권.

출생입사(出生入死) : 부처와 보살이 중생제도를 위해 생사(生死)에 출입하는 일.

출세(出世)

숨어 살던 사람이 세상으로 나오는 것, 또는 사회적으로 높이 되거나 유명해지는 것.

불교 ▽

산스크리트어 우트파다(utpāda)의 의역으로, 출생(出生)·출현(出現)을 뜻한다. 부처와 보살이 중생 교화를 위해 세상에 나타나는 것을 말한다. 또한 선가에서는, 득도(得道)하여 스승으로부터 인가(印可)를 받아 보임(保任)하는 수행자가 대중의 추대를 받아 크고 작은 절에 가서 머무는 일을 가리킨다. 이밖에 세상의 인연[俗緣]을 벗어나 불도(佛道)에 들어가는 것, 즉 출가(出家)를 말한다.

용례 ▽

출세대사(出世大事) : 부처님이 이 세상에 출현하신 하나의 큰 인연, 즉 모든 중생을 성불(成佛)하게 하기 위한 일을 말함.

출세본회(出世本懷) : 부처님이 이 세상에 태어난 본래의 뜻, 또는 사람이 세상에 태어난 본래의 뜻을 말함.

보충 ▽

인가(印可) : 스승이 제자의 득도(得道) 또는 설법(說法)을 점검하여 증명하는 일.

보임(保任) : 보호임지(保護任持)의 준말. 깨달음을 얻은 다음, 이를 지키기 위해 수행에 전념하는 것.

출세간(出世間)

속세(俗世)와의 관계를 끊는 일.

불교 ▽

속세(俗世)의 생사 번뇌에서 해탈하여 깨달음의 세계로 이르는 일을 말한다. 미혹의 세계, 중생의 세계가 세간(世間)이고, 깨달음의 세계, 열반의 세계, 부처의 세계가 출세간이 된다. 또한 세속의 일을 세간이라 함에 대하여, 불가(佛家)의 일을 출세간이라고도 한다.

용례 ▽

출세간도(出世間道) : 속세(俗世)를 버리는 보리도(菩提道)를 말함.

출세간지(出世間智) : 생사 번뇌에서 해탈한 지혜라는 뜻으로, 성문(聲聞)과 연각(緣覺)의 지혜.

보충 ▽

보리도(菩提道) : 깨달음을 말하는 산스크리트어 보디(bodhi)를 음사한 보리(菩提)와 도(道)가 합쳐진 말. 깨달음, 또는 깨달음에 이르는 길.

출신(出身)

태어날 때의 집안이나 지역적, 사회적 신분관계.

불교 ▽

모든 속박을 벗어나 자유자재로 깨달음의 경지에 드는 것, 즉 해탈(解脫)을 얻는 것을 말한다. 또한 자유로운 세계로 나가는 것, 중생을 구하고자 나가는 것도 출신이라고 한다.

용례 ▽

출신활로(出身活路) : 모든 속박을 벗어나 자유로운 경지에 듦.

친절(親切)

사람의 태도가 매우 정겹고 고분고분한 것.

불교 ▽

선문(禪門)에서, 의리(義理)가 서로 딱 들어맞는다는 뜻으로 하는 말이다. 그래서 부지최친절(不知最親切)은 모르는 것이 불도(佛道)의 깊은 뜻과 딱 들어맞는다는 말이다. 그리고 일반적인 의미와 같이 쓰는 경우는 할머니가 손자를 사랑하듯 제자에게 너무 자상하고 친절하게 대하는 것이 공부에 오히려 방해됨을 경계한 노파친절(老婆親切)이 있다.

ㅋ

● 불교에서 유래한 상용어

쾌락(快樂)

①기분이 좋고 즐거움. ②욕망을 만족시키는 즐거움. ③심리학에서는 감성(感性)의 만족과 욕망의 충족에서 오는 유쾌한 감정을 일컬음

불교 ▽

일반적인 뜻과 차이는 없다. 다만 불교의 쾌락은 오감(五感)에 따른 쾌락이 아니라 극락세계에서 가지는 심신의 평온함을 가리키는 말이다. 그리고 정신적으로 즐거운 것을 쾌(快)라고 하고, 육체적으로 즐거운 것을 락(樂)이라고 한다.

용례 ▽

쾌락무퇴락(快樂無退樂) : 극락에 왕생하면 너무도 기쁘고 즐거운 일만 있으므로 그 쾌락이 줄거나 사라지는 일이 없다는 말.

ㅌ

● 불교에서 유래한 상용어

타계(他界)

다른 세계, 저승. 그리고 어른이나 귀인의 죽음을 일컫는 말. 다른 세계로 갔다는 뜻으로 하는 말임.

불교 ▽

다른 세계, 이 세상을 버리고 다른 세계로 들어간다는 뜻이다. 그러나 다른 세계는 인간 밖의 세계로, 천상 · 아수라 · 축생 · 아귀 · 지옥을 포함하여 성문 · 연각 · 보살 · 부처 따위의 세계를 말한다.

용례 ▽

타계연혹(他界緣惑) : 우리가 사는 욕계(欲界)와 다른 세계, 즉 색계(色界)나 무색계(無色界)의 것도 대상으로 하는 미혹(迷惑).

보충 ▽

무색계(無色界) : 삼계(三界)의 하나. 탐욕과 물질을 여읜 정신적 존재의 세계. 이곳에는 오온(五蘊) 가운데 수(受)·상(想)·행(行)·식(識)의 사온만 존재한다고 한다.

타락(墮落)

①품행이 나빠서 못된 구렁에 빠지는 것. ②기독교에서, 죄를 범하여 불신(不信)의 생활에 빠짐.

불교 ▽

죽음을 뜻하는 불교 용어다. 특히 이전의 생존(生存)에서 좀 더 나쁜 생존으로 떨어지는 죽음을 말한다. 이를테면 인간의 세계에서 지옥이나 축생계로 떨어진다든지, 천상계에서 인간세계로 나오는 것이 타락이다. 이와 같이 도심(道心)을 잃고 속심(俗心)으로 떨어진다는 의미가 일반적인 타락의 뜻이 되었다.

타력(他力)

남의 힘.

불교 ▽

부처님의 본원(本願)의 힘을 가리키는 말이다. 이 힘을 중생이 해탈하는 힘으로 삼기 때문이다. 다시 말해서 부처님과 보살의 힘으로 깨달음에 인도되는 가호력을 일컫는다. 특히 정토종(淨土宗)에서는 모든 중생을 극락왕생하게 하여 성불하도록 하겠다는 아미타불의

본원(本願)을 굳게 믿고, 그에 의지하여 해탈에 이르고자 하는 것을 타력이라 한다. ↔ 자력(自力)

용례 ▽

타력문(他力門) : 아미타불의 본원력으로 해탈함을 가르치는 교법. 정토문(淨土門).

타력신심(他力信心) : 아미타불의 본원력으로 해탈할 수 있음을 믿음.

타생(他生)

다른 원인에 따라 생겨나는 것.

불교 ▽

금생 이외에 전세(前世)나 후세(後世)를 가리키는 말이다. 곧, 이생이 아닌 다른 생을 말한다. 그리고 자생(自生)의 반대로, 다른 원인에 따라 사물이 생기는 것도 타생이라고 한다.

용례 ▽

타생연(他生緣) : 전세 또는 후세의 인연.

타생해(他生解) : 과거와 미래세의 일을 이생에서 해명하는 것.

타토(他土)

다른 토지, 딴 흙.

불교 ▽

이 세상이 아닌 다른 땅, 곧 정토(淨土)를 말한다. 사바세계를 차토(此土)라고 하는 데 대하여, 차토 이외의 국토를 타토라고 한다.

용례 ▽

타토득증(他土得證) : 수행에 장애가 많은 사바세계보다는 극락에 왕생하여 그곳에서 신속한 깨달음을 얻는 것.

탁생(托生)

이 세상에 태어나 살아가는 것, 또는 남에게 의탁하여 생활하는 것.

불교 ▽

전세(前世)의 인연으로 중생이 모태(母胎)에 몸을 붙이는 것을 말한다. 또한 극락세계에서 연화(蓮花)에 태어남을 의탁하는 것을 탁생이라고 한다.

용례 ▽

일련탁생(一蓮托生) : 두 사람 이상이 정토에 왕생하여 같은 연꽃에 몸을 의탁하는 것.

탈락(脫落)

어떠한 데에 끼이지 못하고 떨어져 나가거나 빠지는 것.

불교 ▽

해탈(解脫)과 같은 뜻이다. 나무통의 밑이 빠지는 것을 탈(脫)이라고 하고, 손에 쥐었던 것을 떨어뜨리는 것을 낙(落)이라고 한다. 이것은 온갖 번뇌를 부수고, 모든 욕망을 버리고 열반(涅槃)에 이른다는 말이다.

탐욕(貪慾)

무엇을 탐내는 욕심.

불교 ▽

삼독(三毒)의 하나로, 탐(貪) · 탐애(貪愛) · 탐착(貪着)이라고도 한다. 탐욕이란 자기 마음에 드는 일이나 물건을 애착하고 탐내어 만족할 줄 모르는 것이다. 즉, 세간의 온갖 욕망에 집착하여 그칠 줄 모르는 욕심을 말한다.

용례 ▽

탐욕개(貪欲蓋) : 탐욕의 번뇌. 탐욕이 마음을 덮어 착한 마음을 내지 못한다는 뜻.

보충 ▽

삼독(三毒) : 탐욕(貪慾), 진에(嗔恚), 우치(愚癡). 탐내고 성내고 어리석은 마음.

탑(塔)

여러 층으로 높고 뾰족하게 세운 건축물을 통틀어 이르는 말.

불교 ▽

산스크리트어 스투파(stūpa)를 음역한 말로, 탑파(塔婆)라고도 한다. 부처나 승려의 사리(舍利)를 보관해 두는 시설물을 총칭하는 말이다. 본래는 부처님의 사리를 묻고 그 위에 돌이나 흙을 높이 쌓은 무덤을 가리키는 말이었다. 처음에는 사리가 들어 있는 무덤을 스투파(stūpa), 즉 탑파(塔婆), 사리가 없지만 덕을 기리고 공양하는 뜻으로 세운 것을 차이트야(caitya), 즉 지제(支提)로 구분하였으나, 후대에 와서는 그런 구분이 없이 모두 탑(塔)이라고 한다.

용례 ▽

다보탑(多寶塔) : 다보여래(多寶如來)를 상징하여 조성한 탑. 경주 불국사에 있음.

사리탑(舍利塔) : 부처나 승려의 사리(舍利)를 보관해 두는 탑.

칠층탑(七層塔) : 기단(基壇)을 빼고, 일곱 층으로 쌓아 올린 탑.

보충 ▽

사리(舍利) : 산스크리트어 샤리라(śarīra)의 음역으로, 신골(身骨) · 유신(遺身) · 영골(靈骨)이라고 번역한다. 부처나 성자(聖者)의 유골을 말한다. 처음에는 유골이나 주검을 모두 사리라고 하였으나 후대에 이르러는 화장한 뒤에 나오는 구슬 모양의 결정체만을 사리라고 한다.

다보여래(多寶如來) : 동방의 보정세계(寶淨世界)의 교주. 『법화경(法華經)』을 설법하는 곳에 보탑(寶塔)이 솟아나오게 하여 그를 증명하겠다고 서원한 부처의 이름.

통달(通達)

어떠한 일이나 지식 따위에 막힘이 없이 훤히 아는 것. 또는 고하여 알리는 것, 통지(通知).

불교 ▽

'걸어서 건너 감', '꿰뚫고 지나감'이란 뜻으로 경학(經學)에 조예가 깊음을 이르는 말이다. 달통(達通)과 같은 뜻이다.

용례 ▽

통달무애(通達無碍) : 통달하여 걸림이 없다는 뜻.

통달위(通達位) : 분별이 없는 지혜가 열려서 마음의 실성(實性)인 진여(眞如)의 이치를 훤히 아는 지위.

통행(通行)

어떠한 공간을 지나서 다니는 것. 또는 물건이나 화폐 따위가 일반에 유통하는 것.

불교 ▽

'통하여 다니다'는 의미로, 불법(佛法)에 통달하여 열반으로 향하는 것, 또는 그 길[道]을 말한다.

투기(投機)

확신도 없이 기회를 엿보아 큰 이익을 노리고 하는 사행적 행위. 시가(時價) 변동의 차익(差益)을 노려서 하는 부도덕한 매매행위.

불교 ▽

기(機)와 기가 서로 맞는 것처럼, 몸을 던져서 얻는 한 치의 오차도 없는 깨달음이라는 의미로, '크게 깨달아 불조(佛祖)의 심기(心機)에 부합하는 것', '스승의 심기와 제자의 심기가 서로 꼭 맞음'을 뜻하는 말이다.

불교에서 투기는 목숨을 던져서 얻는 깨달음이라는 의미인데, 일반에서는 부도덕하게 이익을 도모하는 것을 뜻하는 말로 사용되고 있다. 기회를 포착해서 이익을 얻는 것이 마치 선문(禪門)의 투기와 비슷하다는 데서 나온 말이다.

용례 ▽

투기문(投機問) : 자기의 생각을 그대로 나타낸 질문.

어불투기(語不投機) : 말로는 투기할 수 없다는 뜻.

파문(破門)

스승과 제자 사이의 의리를 끊고 내치는 것, 또는 종교적 신분이나 자격을 박탈하고 종단(宗團)에서 내쫓는 것.

불교 ▽

잘못한 수행자의 죄를 벌하는 방법 가운데 하나로, 가장 무거운 벌이다. 교단이나 종파에서 추방하거나, 사제 관계를 끊는 것을 파문이라고 한다. 예전에는 수행자가 파문을 당하면 그것은 곧 죽음과도 같은 벌로 여겼다. 요즈음은 스승이 제자를 그의 문인(門人)으로부터 추방 · 제적하는 것을 파문이라고 한다. 기독교에서는 파문을 당한 사람은 신자공동체에서 쫓겨나 교회의 의식이나 성례전에 참석할 권리를 빼앗기지만, 반드시 교인 자격을 잃는 것은 아니다.

파사현정(破邪顯正)

삿됨을 깨부수고 정의를 구현함.

불교 ▽

부처님의 가르침에 어긋나는 사도(邪道)를 배척하고 바른 도리를 드러내는 것을 말한다. 현정이 따로 있는 것이 아니고 파사가 바로 현정이다. 즉, 잘못된 집착을 타파하는 것을 파사라고 하고, 옳은 도리를 드러내는 것을 현정이라고 한다. 따라서 불교에서 하는 모든 논의(論議)는 파사현정을 목적으로 한다.

판사(判事)

법원에서 재판에 관한 일을 맡아 보는 관직.

불교 ▽

조선시대 승려의 법계 가운데 가장 높은 등급을 가리키는 말로, 한 종파의 일을 총괄하는 우두머리를 말한다. 조선 세종 때 불교의 모든 종파가 선종과 교종의 두 가지로 축소·통폐합되었는데, 그때 선종의 모든 일을 총괄하는 법계를 판선종사(判禪宗事) 또는 도대선사(都大禪師)라고 불렀다. 교종의 경우에는 판교종사(判教宗事) 또는 도대사(都大師)라고 불렀다. 판선종사와 판교종사의 법계를 간략히 줄여서 판사(判事)라고 하였다. 판사는 법계 가운데 가장 높은 등급으로 왕사(王師)의 아래, 대선사 또는 대사의 위이다. 종지와 종조, 종전 등 성격이 서로 다른 종파를 강제적인 국가정책으로 통폐합하여 불교를 교세를 위축시켰던 선교 양종 제도는 문정대비의 사후 이마저도 폐지되어 불교에는 종단조차도 존재하지 않는 암흑의 시대가 도래하였지만 여전히 걸출한 인물들이 출현하여 법맥을 이어갔다.

평등(平等)

치우침이 없이 모두가 한결같음, 차별이 없이 동등함.

불교 ▽

만법의 근본이 되는 원리나 진리의 본체가 차별이 없이 한결같음을 이르는 말이다. 무차별(無差別)의 세계, 절대의 진리가 평등이다. 다시 말해서 범부의 눈에 보이는 현상계는 모두가 차별이 있으나, 근원 실상은 오직 공(空)으로 거기에는 부처도 중생도 차별이 없이 만유가 평등하다는 뜻이다. 이것은 태양이 초목을 차별하여 빛을 내리지 않고 모두에게 차별이 없는 것과 같은 것을 바로 평등이라고 한다.

용례 ▽

평등각(平等覺) : 평등의 이치를 깨달은 분이라는 의미로, 부처님의 별칭.

평등대비(平等大悲) : 모든 중생에게 차별이 없는 부처와 보살의 자비심(慈悲心).

평등대왕(平等大王) : 사후세계를 관장하는 염마왕(閻魔王)의 다른 이름이다. 공평하게 상과 벌을 내린다는 의미에서 평등대왕 또는 평등왕이라고 불린다.

포교(布教)

종교를 널리 펴는 것.

불교 ▽

교의(教義)와 경의(經義)를 해석하고 비유하는 방법으로 사람들을 교화(教化)하여 불문(佛門)에 들게 하는 일을 말한다. 홍교(弘教) · 선교(宣教) · 전교(傳教)라고도 한다.

용례 ▽

포교사(布教師) : 교법(教法)과 경의(經義)를 해석하고 비유하여 사람들을 교화하는 것을 임무로 하는 사람. 설교사(說教師).

포교당(布教堂) : 도회지에서 포교를 하기 위해 지은 절.

포대기

어린 아이를 업거나 덮어 줄 때 쓰는 작은 이불. 강보(襁褓).

불교 ▽

포단(蒲團)이 변한 말이다. 포단은 부들과 같은 여러해살이풀을 엮어서 만든 일종의 자리나 방석(方席), 덮개 따위를 지칭하는 말이었다. 스님들이 참선할 때 깔고 앉는 방석을 가리킨다. 또한 절에서는 요나 이불도 포단이라고 부른다.

피안(彼岸)

'저 언덕'이라는 뜻으로 이상(理想)의 세계를 말함.

불교 ▽

우리가 사바세계를 차안(此岸)이라고 하는 데 대하여 깨달음의 세계, 안락의 세계, 정토(淨土)는 피안이다. 차안(此岸)이 미혹의 세계, 고통의 세계, 인토(忍土)이기 때문에 우리는 피안으로 가야 하는데, 피안에 이르는 것을 도피안(到彼岸)이라고 일컫는다.

도피안은 산스크리트어 파라미타(pāramitā), 즉 바라밀(波羅密)을 의역한 말로, '저 언덕에 이르다'라는 뜻이다. 대승불교에서는 피안에 이르기 위한 방법으로 육바라밀 수행을 강조한다.

보충 ▽

육바라밀(六波羅蜜) : 보살 수행의 여섯 가지 덕목(德目). 육도(六度). 보시(布施) · 지계(持戒) · 인욕(忍辱) · 선정(禪定) · 정진(精進) · 지혜(智慧).

필경(畢竟)

마침내, 결국.

불교 ▽

불교에서는 '결국', '결코', '다시 말하면', '요컨대', '절대적인', '끝에서 끝까지' 따위의 다양한 뜻으로 쓰인다. 그리고 궁극의 깨달음을 수식하는 말이다.

용례 ▽

필경각(畢竟覺) : 궁극적인 깨달음.

필경적멸(畢竟寂滅) : 모든 번뇌가 사라진 궁극의 깨달음.

● 불교에서 유래한 상용어

하사(下士)

군(軍)에서 부사관 가운데 가장 아래의 계급을 지칭하는 말.

불교 ▽

범부(凡夫)를 말한다. 사람에는 세 가지 부류가 있는데, 나와 남이 모두 해탈하기를 바라는 사람을 상사(上士)라고 하고, 자신만 해탈하려는 사람은 중사(中士), 나도 남도 해탈을 바라지 않는 범부를 하사(下士)라고 한다.

하품(上品)

낮은 품격.

불교 ▽

'아주 낮은', '최하'의 뜻으로, 극락세계의 아홉 등급 가운데 아랫자리 세 가지를 이르는 말이다. 이곳에 왕생하면 늦게라도 발심하여 성불한다고 한다.

용례 ▽

하품하생(下品下生) : 극락세계에서 하품 가운데 가장 아랫자리. 이곳에 태어나면 나쁜 죄를 지은 사람이라도 십이대겁(十二大劫)을 지나면 발심한다고 함.

학림(學林)

학자들의 모임, 또는 모이는 곳.

불교 ▽

승려가 공부하는 교육기관을 말한다. 학승(學僧)이 한곳에 기숙하면서 불교를 강학(講學)하고 연구하는 일종의 학교로, 학료(學寮) · 강원(講院)이라고도 한다. 그리고 이곳에서 공부하는 사람들을 학생(學生) · 학자(學者) · 학인(學人)이라고 한다.

학생(學生)

①학교에서 공부하는 사람, 학도(學徒). ②학문과 예술을 배우는 사람을 포괄적으로 지칭하는 말. ③유가(儒家)에서, 벼슬하지 못하고

죽은 사람을 높여 부르는 말.

불교 ▽

절에 거주하면서 불법(佛法)이 아닌 다른 공부를 학습하는 사람을 말한다. 또는 불교를 배우는 사람이라는 뜻으로 학장(學匠) · 학자(學者) · 학승(學僧)과 같은 뜻으로 쓴다. 학생이라고 할 때는 특히 나이가 어린 사람을 가리킨다.

용례 ▽

학생사태(學生沙汰) : 학생인 척하며 분별하고 가늠하는 것.

학자(學者)

학문을 연구하는 사람, 또는 학문에 뛰어난 사람을 가리키는 말.

불교 ▽

배우려고 하는 사람, 배우고 있는 사람을 말한다. 곧, 학생과 같은 뜻이다. 불교를 공부하는 사람, 수행하고 있는 행자(行者) · 학인(學人)을 가리킨다.

합장(合掌)

두 손바닥을 마주 합치는 것.

불교 ▽

두 손바닥을 마주 합하여 마음이 한결같음을 나타내는 경례법(敬禮

法)이다. 보통은 두 손바닥과 열 손가락을 모두 합하여야 하며, 그렇지 않은 경우에는 불손한 경례가 된다. 그리고 밀교(密敎)에서는 합장이 선정(禪定)과 지혜(智慧)가 서로 원융(圓融)하고 이치와 지혜가 하나가 됨을 나타내는 것이라고 하여 매우 중요하게 여긴다.

용례 ▽

금강합장(金剛合掌) : 열 손가락을 합하여 그 첫 마디를 교차하여 세우는 방식.

호궤합장(互跪合掌) : 참회나 수계 법회에서 두 무릎을 땅에 대어 꿇고 허리를 편 자세로 하는 합장.

항복(降服)

싸움이나 전쟁 따위에서, 자신이 진 것을 인정하고 상대방에게 굴복하는 것. 조복(調伏).

불교 ▽

원수나 적 또는 악마 따위를 위력으로 눌러서 자기에게 복종시키는 것이다. 일반적인 항복은 항복의 주체가 자신이지만 불교에서는 상대가 된다.

용례 ▽

항복좌(降伏坐) : 오른다리로 왼다리를 누르고 앉는 자세. 마귀를 굴복시키는 자세라 하여 항마좌(降魔坐)라고 함.

악마항복(惡魔降伏) : 부처님이 성불을 방해하는 악마들을 물리친 일.

해탈(解脫)

굴레나 속박에서 벗어남.

불교 ▽

산스크리트어 목샤(mokṣa)의 의역으로, 해방(解放)이라고도 한다. 인도에서 종교가 추구하는 궁극적인 목표로, 인간의 영혼이 윤회의 속박으로부터 벗어나는 것을 의미한다. 그 유일한 방법이 완전한 깨달음에 이르는 것이다.

불교의 해탈도 이와 다르지 않다. 번뇌의 속박에서 벗어나 자유로운 경계에 이르는 것이 해탈이다. 또한 열반(涅槃)의 다른 말로, 여러 가지 속박에서 벗어나 구경(究竟)의 이상(理想)에 이르는 것을 말하기도 한다. 이밖에 선종에서는 속박에서 벗어나 자재함을 얻는 것을 해탈이라고 한다.

용례 ▽

해탈문(解脫門) : 해탈에 이르게 하는 가르침. 여기에는 공(空) 해탈문, 무상(無相) 해탈문, 무작(無作) 해탈문이 있음.

무상해탈(無相解脫) : 모든 법의 무상을 깨닫고 집착과 번뇌의 굴레를 벗어나는 것.

행각(行脚)

어떠한 목적으로 여기저기 돌아다님, 또는 돌아다닌 발자취. 이를테면 사기행각, 애정행각, 범죄행각 따위와 같이 부정적인 의미로 쓰임.

불교 ▽

수행자가 여러 곳을 다니며 수행하는 것을 이르는 말이다. 부처님 당시, 여름 석 달 동안의 우기(雨期)에는 수행자가 한 장소에서 안거(安居)를 하고, 안거가 끝나면 자신의 공부에 맞는 장소나 선지식(善知識)을 찾아 여기저기 떠돌아다닌다. 이것을 행각 또는 만행(漫行)이라고 한다. 지금도 선방(禪房)의 승려들은 하안거(夏安居)나 동안거(冬安居)가 끝나면 다음 안거 때까지 이곳저곳을 돌아다니며 만행을 한다.

용례 ▽

행각승(行脚僧) : 만행 중인 승려. 운수납자(雲水衲子).

운수행각(雲水行脚) : 수행자의 만행(漫行). 구름과 물이 오가는 데에 걸림이 없고, 한 곳에 머무름이 없으며, 조금도 얽매임이 없음을 비유함.

행사(行事)

일을 거행함 또는 거행하는 일.

불교 ▽

절에서 날마다, 달마다 또는 해마다 여는 의식법회(儀式法會)나 일상의 일들을 지칭하는 말이다. 큰일은 물론 작은 일상의 일도 행사라고 한다.

용례 ▽

『행사초(行事鈔)』: 율승(律僧)의 행사와 살림에 요긴한 것들을 수록한 책의 이름. 당나라 때, 도선(道宣, 596~667)이 지음.

행색(行色)

겉으로 드러나는 차림이나 태도, 길 떠나는 사람의 차림새. 이를테면, '행색이 초라하다'고 하면 얼굴과 차림새가 초라하다는 뜻임.

불교 ▽

사람 행동거지의 모양, 또는 그 차림새를 뜻하는 말이다. 행은 행동거지를, 색은 몸뚱이 또는 그 모양을 말한다.

향상(向上)

실력이나 정도 따위가 나아지거나, 높아지거나 또는 좋아지는 것.

불교 ▽

아래에서 위로, 지류(支流)에서 본류(本流)로 향한다는 의미로 무차별, 절대 무한(無限), 깨닫는 끝, 즉 부처의 경계로 나아감을 뜻한다. 또한 그 경계로 향함에 진전이 있다는 의미로도 쓰인다.

한편 향상과 반대로 평등이 아닌 차별로, 위에서 아래로, 근본에서 변견(邊見)으로 향하는 것을 향하(向下)라고 한다. 향상과 향하를 가리켜 생멸문(生滅門)이라고 한다.

용례 ▽

향상일로(向上一路) : 선가(禪家)에서 '위로 향하는 유일한 길'이라는 뜻으로, 언어와 생각이 미치지 못하는 최상의 경지를 의미함.

허공(虛空)

텅 빈 공중(空中). 높은 하늘.

불교 ▽

무엇을 막지 않고 무엇에 막히지도 않으며 일체의 법을 받아들이는 당체(當體), 즉 공간(空間)을 말한다. 또 온갖 물질을 여의어 아무것도 없는 공계(空界)를 말한다.

범부의 눈으로 보는 현상계는 대소(大小)·다소(多少)·생멸(生滅)·진퇴(進退)·동정(動靜) 따위의 변화가 있는 것으로 보이지만, 일체의 모든 법은 스스로 공적(空寂)하기가 마치 허공과 같아 두 법이 존재하지 않는다고 한다.

용례 ▽

허공화(虛空華) : '허공의 꽃'이란 뜻으로, 범부의 눈에 비친 현상계의 모든 것이 실제로는 실체가 없음을 비유한 말.

허공무위(虛空無爲) : 허공이 다른 것을 막지 않고, 다른 것에 막히지도 않는 것과 같은 무위(無爲). 이를 진여(眞如)라고 함.

허망(虛妄)

거짓이 많아 미덥지 않음. 어이없고 허무함.

불교 ▽

실제가 아니고 참모습이 아닌 것, 진실이 아니고 공허한 것을 말한다. 다시 말해서 삼라만상이 그 실체가 없이 조건에 따라 형성되었기 때문에 보이는 모든 것이 참모습이 아니므로 허망하다는 것이다.

용례 ▽

허망법상(虛妄法相) : 사물의 진실하지 않은 모양.

허망총류(虛妄總類) : 진실하지 못한 망상.

현관(玄關)

집 안으로 들어서는 입구의 문간(門間).

불교 ▽

선종(禪宗)에서, 깊고 오묘한 이치에 들어가는 관문(關門), 깊고 오묘한 도(道)에 들어가는 어귀, 이치나 도리가 헤아릴 수 없이 미묘한 뜻에 출입하는 관문이라는 뜻으로 쓴다. 이런 뜻으로 선사(禪寺)에서 방으로 들어가기 전의 작은 문을 '현관'으로 부른다. 일반의 현관은 여기에서 그 의미가 유래하였다.

용례 ▽

『현관장엄론(玄關莊嚴論)』: 현관이 깨달음을 향한 불교적 수행으로서 직관 또는 합일(合一)을 뜻함을 밝힌 논서(論書). 4세기경 인도의 마이트레야나타(Maitreyanātha)가 지음.

현세(現世)

지금 이 세상.

불교 ▽

삼세(三世)의 하나로, 지금의 세상 또는 자기의 일생 동안을 말한다. 모든 중생이 해탈(解脫)하기 전에는 끊임없이 태어남과 죽음을 반복하기 때문에 이생이 다하면 내생(來生)이 있고, 이생 이전에는 전생(前生)이 있다. 여기서 이생을 현세 또는 현재세라고 하고, 전생을 과거세, 내생은 미래세라고 한다.

용례 ▽

현세기도(現世祈禱) : 이 세상에서의 재난을 없애고 행복을 얻기 위해 하는 기도.

현세이익(現世利益) : 이 세상에서 받는 부처와 보살의 은혜.

현신(現身)

지체가 낮은 사람이 높은 사람을 처음으로 뵙는 일.

불교 ▽

부처님과 보살이 중생을 제도하기 위하여 여러 가지 몸으로 나타나 보이는 일, 곧 응화신(應化身)을 말한다. 또는 지금의 몸, 이생의 몸도 현신이다.

용례 ▽

현신불(現身佛) : 육신(肉身)을 이 세상에 나타낸 부처라는 뜻으로, 부처님을 말함.

현신설법(現身說法) : 부처님이 이 세상에 몸을 나타내어 설법하는 것.

현재(現在)

①지금의 시간. ②과거와 미래를 잇는 시간의 경계. ③때를 나타내는 어떤 말 다음에 사용하면서, 기준으로 삼은 그 시점을 말함.

불교 ▽

'지금 이 세상'을 이르는 말로, 유위(有爲)의 모든 법이 기능을 발휘하고 있는 상태를 말한다. 현세(現世)와 같은 개념이다.

용례 ▽

현재유체과미무체(現在有體過未無體) : 모든 법이, 과거는 지나갔으므로 자취가 없고 미래는 오지 않았으므로, 오직 현재에만 실재한다는 주장이다. 대중부 계통의 경량부 등의 설이다.

혈맥(血脈)

①혈통(血統). ②생물학에서, 생체에 순환하는 피의 맥관(脈管), 혈관(血管).

불교 ▽

어느 종파에서 전해지는 종지(宗旨)가 대대로 전승되어 내려가는 것을 사람의 핏줄이 부모로부터 자손에 이어지는 것에 비유한 말이다. 스승으로부터 제자에게 정법(正法)이 상속되는 것으로 사자상승(師資相承)이라고 한다. 또한 정법(正法)이 이렇게 대대로 이어지는 것을 증명하는 계통을 나타낸 도표를 말하기도 한다.

용례 ▽

혈맥론(血脈論) : 종지(宗旨)가 대대로 전해진 계통을 밝혀 기록한 것.

혈맥상승(血脈相承) : 스승과 제자 사이에 법을 상속함. 스승의 뒤를 따라 후진을 가르침.

혜안(慧眼)

사물의 이면을 꿰뚫어보는 눈, 날카로운 눈.

불교 ▽

'지혜의 눈'이라는 뜻이다. 차별이나 망집(妄執)을 버리고 진리를 통찰하는 눈, 사물을 바르게 관찰하는 눈, 일체가 공(空)함을 보는 눈, 그리고 만유(萬有)가 차별이 없음을 보는 눈을 말한다.

용례 ▽

혜안제일정(慧眼第一淨) : 눈 가운데 지혜의 눈이 가장 밝고 깨끗하다는 말.

호사다마(好事多魔)

좋은 일에는 항상 이런저런 장애가 있기 마련이라는 뜻.

불교 ▽

호사(好事)는 예불(禮佛) · 독경(讀經) · 참선(參禪) 등과 같이 수행을 위한 좋은 일을 말한다. 그런데 이런 일에는 장애가 많다는 말이다. 즉 수행에는 장애가 많다는 뜻이다.

불교 수행의 가장 큰 장애는 끊임없이 생성되는 번뇌인데, 이것을 가리켜서 마(魔) 또는 마장(魔障)이라고 한다. 수행이 익어갈수록, 즉 좋은 일일수록, 번뇌가 더욱 극성하기 마련이어서 호사다마라고 하였다.

혼백(魂魄)

넋. 동물의 체내에 있으면서 그를 주재하는 존재.

불교 ▽

원래는 정신과 육체, 즉 혼(魂)과 주검[屍]을 가리키는 말이었다. 이것이 중국의 음양사상과 접목되어 양(陽)의 정기를 혼, 음(陰)의 정기를 백으로 보고, 사람이 죽으면 혼은 하늘로 올라가고, 백은 땅으로 돌아간다고 한다. 또한 혼은 신(神), 백은 귀(鬼)라고도 하고, 혼은 기(氣)의 신, 백은 정(精)이라고도 한다.

화두(話頭)

말머리, 대화의 실마리. 이를 비유하여 풀어야 할 과제나 성취해야 할 목표를 이르는 말.

불교 ▽

선가에서, 참선을 위한 수행의 실마리를 이르는 말이다. 참선하는 이가 참구해서 풀어야 할 의문을 말하며, 이것을 공안(公案)이라고도 한다. 화두는 참선 수행자를 위한 공정한 법칙이어서, 조사(祖師)들이 인정한 이법(理法)으로 정진 수행하면 반드시 깨달음에 이를 수 있다고 한다.

옛 선사의 공안(公案)을 화두로 들어 참구하는 참선법을 간화선(看話禪)이라고 한다. 중국 송(宋)나라 때, 임제종(臨濟宗)의 대혜종고(大慧宗杲, 1088~1163)가 화두를 참구함으로써 평등일여(平等一如)한 경지에 도달할 수 있다고 주장한 데서 크게 보급되었고, 우리나라의 선종(禪宗)도 이를 따르고 있다.

화두는 깨달음에 이르는 수단이고, 깨달음을 열려면 화두를 써서 직접 수행 정진을 해야 한다. 그리고 화두에는 1,700여 개의 공안이 있으나 실제로 우리 일상생활에서도 화두를 발견할 수 있다. 왜냐하면 화두는 큰 의문을 말하는데, 우리의 삶 가운데 의문 아닌 것이 없기 때문이다.

용례 ▽

화두공안(話頭公案) : 스승의 화두에 근거한 공안을 말함.

화두삼매(話頭三昧) : 화두에 대한 의심으로 얻은 선정(禪定).

화상(和尙)

①덕이 높은 승려의 존칭. ②한심한 사람을 두고 비하하는 말.

불교 ▽

원래는 인도 바라문교에서 스승의 의미로 쓰는 말을 불교에서 수용한 것으로, 제자를 둘 만한 자격이 있는 승려라는 뜻이다. 예전에는 수계사(授戒師)를 지칭하는 말이었으나 후세에 이르러 학덕이 높은 승려를 가리키는 말이 되었다.

그런데, 일반에서는 말썽을 피거나 속을 썩이는 사람을 화상이라고 한다. 이를테면, "이 화상아!"라고 하면 한심한 사람을 두고 비하하는 말이다. 이처럼 화상이 본래의 뜻과 다르게 저속한 의미로도 쓰이고 있는 것은 조선시대에 승려가 사회적으로 천대받았던 풍속 때문인 것으로 보인다.

용례 ▽

전계화상(傳戒和尙) : 계를 전하고 그를 증명하는 승려.

화신(化身)

어떠한 인물을 상징적으로 비유하는 말.

불교 ▽

삼신(三身)의 하나인 응신(應身)을 말한다. 중생을 제도하기 위하여 부처가 그에 맞는 대상으로 화현(化現)한 몸으로, 인간의 몸으로 사바세계에 나타난 부처님 또한 화신이다. 그리고 평소에는 없다가 중생의 근기에 따라 갑자기 나타나는 부처의 형상을 가리키기도 한다.

용례 ▽

천백억화신(千百億化身) : 부처님이 무수한 중생의 몸으로 세상에 나와 중생을 구제한다고 하여 부르는 이름.

화신팔상(化身八相) : 화신불이 태어나서 열반하기까지 일생의 여덟 가지 모습.

보충 ▽

삼신(三身) : 불신(佛身)의 본질을 세 가지로 나눈 것. 법신(法身) · 보신(報身) · 화신(化身).

화합(和合)

화목하게 어울리는 것.

불교 ▽

여러 가지 원인이 협동하고 조화하여 작용하고 집합하는 것을 말한다. 또한 다양한 요소가 결합하여 하나가 되는 것, 여러 가지 인연이 합하는 것, 일이 잘 진행되는 것도 화합이라고 한다.

용례 ▽

화합연(和合緣) : 교단(敎團)을 구성하는 인연.

화합중(和合衆) : 승가(僧伽)의 대중이 사이가 좋은 것.

인연가화합(因緣假和合) : 일체가 원인과 조건에 따라 거짓으로 조화하여 작용하는 것이라는 뜻.

환생(還生)

사람이 죽었다가 다시 살아나거나 다시 태어나는 것. 재생(再生).

불교 ▽

미혹한 세계에서 육도 윤회하는 윤회전생(輪廻轉生)을 말한다. 인도 종교가 가진 가장 큰 특징으로, 업(業)에 따라 생사를 반복하는 것을 환생이라고 한다. 한편, 부처가 정한 계율(戒律)을 파한 사람이 잘못을 참회(懺悔)하고 부처의 품으로 다시 돌아가는 것도 환생이라고 한다. 파계(破戒)한 수행자는 마치 죽은 사람과 같기 때문에 잘못을 뉘우치면 다시 살아나는 것과 같다는 의미로 하는 말이다.

환희(歡喜)

즐겁고 기쁨.

불교 ▽

산스크리트어 프라무디타(pramuditā)를 의역한 말로, 심신이 기쁘고 즐거움을 뜻한다. 환(歡)은 몸이 즐거운 것을, 희(喜)는 마음이 즐거운 것을 말한다. 환희의 불교적 의미는 불법을 듣고 신심을 얻는 마음의 기쁨, 또는 죽어서 극락세계에 왕생할 것을 미리 기뻐함을 뜻한다.

용례 ▽

환희광불(歡喜光佛) : 보문(普門)을 밝히는 신통력이 끝이 없다 하여 부르는 아미타불의 다른 이름.

환희지(歡喜地) : 보살 수행의 한 단계. 진여(眞如)의 이치를 알아 자리이타(自利利他)를 행하는 것이 즐거운 단계.

보충 ▽

보문(普門) : 일체의 법이 한 법에 포섭되므로 이 한 법을 보문 또는 일문(一門)이라고 한다. 문호가 넓다는 의미로 관세음보살의 덕을 찬탄하는 말이다.

활구(活句)

시문(詩文)에서 잘 쓰인 글귀를 이르는 말.

불교 ▽

선가(禪家)에서, 의미(義味)가 있고 의로(義路)가 통하는 말을 사구(死句)라고 하고, 그 반대의 말을 활구라고 한다. 따라서 우리가 일상에서 쓰는 말은 모두가 의미와 의로가 있기 때문에 사구이고, 의미와 의로가 통하지 않는 선문답(禪問答)이 활구가 된다. 선가(禪家)에서는 모든 언어와 문자, 이론과 사유의 범주를 초월하여 화두(話頭)를 잡고 활구로 들어가는 것을 강조한다.

회심(回心)

마음을 돌려 먹음, 또는 그 마음.

불교 ▽

사악한 마음을 돌려서 착하고 바른 길로 돌아가는 것 또는 그 마음을 말한다. 또한 정토종에서 자력구제의 마음으로 염불 공덕을 믿고 수행하는 것을 말하기도 한다.

용례 ▽

회심곡(回心曲) : 조선시대 서산(西山) 대사가 백성들에게 선행(善行)을 권하기 위해 지은 노래. 권선가(勸善歌).

회심향도(回心鄕道) : 마음을 바로잡고 바른 길로 들어섬.

회주(會主)

어떤 모임을 열어 주최하는 사람, 주최자(主催者).

불교 ▽

법회를 열고 주관하는 사람인 법사(法師)를 말한다. 최근에는 한 절에서 어른 스님을 높여 부르는 말로도 쓴다.

회향(廻向)

얼굴을 돌려 딴 쪽으로 향하는 것.

불교 ▽

자기가 닦은 공덕(功德)을 남에게 돌려서 나와 남이 모두 불과(佛果)를 성취하기를 바란다는 말이다. 이런 사상은 불교의 근본인 인과 법칙에 어긋나는 것으로 보이지만, 일체 중생을 이롭게 하고 깨달음을 이루게 하는 이타(利他)가 없으면 자리(自利)도 없다는, 즉 이타가 곧 자리라고 하는 대승불교의 정신에서 나왔다. 이것은 '생사가 열반이고, 번뇌가 곧 보리'라는 불이(不二)의 사상과 상통한다. 또한 정토종에서 아미타불의 공덕으로 중생의 왕생극락을 돕는 것을 회향이라고 한다. 자신의 공덕을 중생에게 돌려 함께 아미타불의 정토에 왕생하려는 왕상회향(往相廻向)과 일단 정토에 태어난 뒤에 다시 이 세상으로 되돌아와 중생을 교화하여 정토로 이끈다는 환상회향(還相廻向)으로 구분한다. 한편 불사(佛事)의 하나로, 죽은 사람의 명복을 비는 것도 회향이라고 한다.

용례 ▽

회향문(廻向門) : 자기가 얻은 공덕을 다른 중생에게 돌리어 함께 불도(佛道)로 향하게 하는 가르침.

회향발원(廻向發願) : 자기가 닦은 선근 공덕을 돌려서 극락왕생하고자 하는 발원.

획득(獲得)

얻어내거나 얻어서 가지는 것.

불교 ▽

깨달음을 얻거나 체득(體得)하는 것을 말한다. 처음 신심(信心)을 얻는 것을 '획'이라고 하고, 얻은 신심을 잃지 않는 것을 '득'이라고 한다. 또한, 사바세계에서 얻는 것을 '획'이라고 하고, 정토(淨土)에서 얻는 것을 '득'이라고도 한다.

후광(後光)

어떠한 인물 또는 사물을 더욱 빛나게 하는 배경.

불교 ▽

부처와 보살의 몸에서 나오는 광명의 빛을 가리키는 말이다. 일반적으로 목 뒤에서 나오는 빛을 원광(圓光)이라고 하고, 몸에서 나오는 빛을 신광(身光)이라고 한다. 보통은 몸의 뒤쪽에서 나온다고 하여 후광이라고 부른다. 또한 후광을 형상화하여 불상(佛像) 뒤에 두른 둥근 테도 후광 또는 광배(光背) · 배광(背光) · 원광(圓光)이라고 한다.

후세(後世)

뒤의 세상. 다음에 오는 세대(世代)의 사람, 즉 후손(後孫).

불교 ▽

다음 세상, 즉 내세(來世)를 말한다. 또한 죽은 다음의 극락왕생과 말세(末世)도 후세라고 한다.

용례 ▽

후세보리(後世菩提) : 죽은 다음의 깨달음.

후세수인(後世修因) : 후세에 정토에 왕생하기 위해 선인(善因)을 닦는 것.

희사(喜捨)

남을 위하여 기꺼이 재물을 내놓는 일.

불교 ▽

사무량심(四無量心)인 자(慈)·비(悲)·희(喜)·사(捨)에서 나온 말이다. 어떤 보상을 바라지 않고 남을 위해 재물을 내놓는 일로, 정사(淨捨)·정시(正施)라고도 한다. 다른 이가 즐거워하는 것을 보고 같이 즐거워하는 마음을 희(喜)라고 하고, 다른 이에 대해 사랑하고 증오하고 친근하고 멀게 느껴지는 일체의 마음이 없이 누구에게나 평등한 마음을 사(捨)라고 한다. 따라서 희사에는 어떠한 차별이나 분별이 있어서는 안 되며, 이런 희사를 무주상보시(無住相布施)라고 한다.

보충 ▽

사무량심(四無量心) : 한없는 중생을 어여삐 여기는 네 가지의 마음. ①자무량심(慈無量心)·②비무량심(悲無量心)·③희무량심(喜無量心), ④사무량심(捨無量心).

희유(稀有)

드물게 있음. 흔하지 않은 일.

불교 ▽

고맙고도 드문 일, 아주 드물고 진귀한 것, 그와 같은 전례가 없다는 뜻으로, 부처님이 이 세상에 출현한 것이 그렇고, 부처님의 가르침이 그렇다는 말이다. 또한 경전에 "악행을 짓지 않고, 죄를 지으면 능히 참회하는 사람을 희유하다고 한다."라고 하였다.

용례 ▽

희유세존(稀有世尊) : 부처님을 찬탄하는 이름.

희유인(稀有人) : 염불하는 사람을 칭찬하여 이르는 말. 염불로 극락에 왕생함을 믿는 것이 매우 어려운 일임을 뜻함.

불교에서 유래한 지명

1.

불교용어 유래 지명

2.

사찰 유래 지명

최근 여러 지방자치단체에서 홈페이지에 지명의 유래를 올려놓아 여간 반갑지가 않습니다. 그런데 이들 자료가 향토사 연구를 바탕으로 한 심도 있는 자료가 있는가 하면, 일반 직원이 조사한 허술한 자료를 전문가의 고증도 없이 소개한 경우도 많았습니다. 그래서 이 일을 담당하는 사람이 전문가가 아니거나 편향적인 사고를 가진 사람이라면 쉽게 역사도 바뀔 수 있겠다는 사실에 적지 않게 걱정이 됩니다.

우리는 이미 조선시대 숭유배불(崇儒排佛)의 과정에서 이런 수난을 수없이 겪었습니다. 그리고 일제강점기에 근대적인 행정체계를 도입한다는 명분에서 전통지명을 엄청나게 왜곡하고 말살하였습니다. 그리고 근년에도 행정기구 통폐합이나 주민청원에 따라서 지명이 엉뚱하게 바뀌거나 왜곡되는 경우를 자주 보게 됩니다.

이를테면 절을 뜻하는 사(寺) 자가 들어간 지명에서 '寺'를 沙 · 舍 · 泗 · 司 · 士 · 蓑 따위로 바꾼 것도 모자라 詩로 쓰기도 하고, 무량(無量)을 불교의 말이라고 만수(萬壽)로 고친 경우가 있었습니다. 또, 경북 김천에서는 예로부터 전해오는 멀쩡한 지명이 있었을 테지만 인리 · 의리 · 예리 · 신리로 바꾼 경우도 있습니다. 그뿐만이 아닙니다. 전라북도 익산과 광주에서는 미륵면, 제석면, 극락면 따위의 이름이 일제가 주도한 1914년의 행정개혁에서 흔적도 없이 사라졌습니다. 그리고 최근에도 미륵불이 하생할 때 피울 향을 미리 묻는 매향(埋香) 풍속에서 유래한 지명을 '매향(梅香)'으로 고쳤으니 이제는 매화가 없어도 매화

향기가 가득한 땅이 되었습니다.

조선 후기의 《신증동국여지승람(新增東國輿地勝覽)》에 나타난 불교 관련 지명을 보면 불타, 불암, 불견, 불족, 불대, 불정, 불명, 불모, 불용, 천불, 미타, 문수, 관음, 미륵, 지장, 나한, 가섭, 화엄, 도솔, 반야, 보리 따위로 웬만한 불교 용어는 다 등장합니다. 그리고 근년에 실시된 한 향토민속조사에서 충청북도 단양군 영춘면에서만 '절골'이라는 지명이 80여 개나 발견된 사실을 보면, 이미 온 나라가 불국토였음을 알 수 있습니다.

유형의 문화유산뿐만 아니라 우리의 역사와 전통을 면면히 이어온 지명도 우리가 소중히 간직하고 보전해야 하는 문화재입니다. 그러기 위해서는 우선 지금까지 그 흔적이 남아 있는 불교지명을 찾아내 알리고 보존하는 일이 시급합니다. 이런 뜻에서 이 작업을 서둘렀습니다. 그런 탓에 상당 부분이 누락되고, 잘못 서술되었을지 모른다는 생각이 듭니다. 그러나 이는 앞으로 눈 밝은 후학들이 보완해 주기를 바랍니다.

불기 2555년 7월

박호석

▷ 일러두기

1. 지명의 조사 범위는 제주도를 제외하고 강원도, 경기도, 경상남 · 북도, 전라남 · 북도, 충청남 · 북도의 지명이 중심이 되었다. 지명은 시 · 군, 읍 · 면, 리 · 동의 법정지명을 대상으로 하였다. 다만 과거에 법정지명이었거나 지금의 지명에 근거가 되는 경우 그리고 다른 곳에서는 볼 수 없는 지명인 경우에는 자연마을의 이름도 포함하였다.

2. 지명의 표제어 배열은 사전식으로 하고, 그 지명의 소재지는 특별시 〉 광역시〉 도〉 시〉 군〉 읍〉 면〉 동〉 리〉 자연마을의 순서로 하였다. 표제어별로 대표 지명과 함께, 그 지명에서 파생된 유사 지명을 함께 표시하였다.

예를 들어, 대사(大寺) 항목에서 찾을 수 있는 지명은 대사동(大寺洞), 대사리(大寺里), 대사리(大司里), 인사동(仁寺洞), 대신리(大新里), 사문리(寺門里), 금사리(金寺里), 댓절, 댓절골, 대절(大節), 한절, 한절골, 한적(閑寂), 한적골, 한적동(閑寂洞), 한사(閑寺), 한점(寒店), 대사천(大寺川) 따위이다.

3. 현재 지명을 기준으로 하였으나, 간혹 사람이 살지 않거나, 댐에 수몰되어 없어진 지명도 포함되었다. 또한 미 수복 지역이라도 현행 시 군의 일부일 경우에는 함께 다루었다.

4. 거주지명과 함께 산과 강의 이름도 조사하였다. 다만 산과 강이 여러 지역에 걸쳐 있기 때문에 일일이 소재지를 열거하지 않고 대표적인 한 곳을 표기하였으며, 산봉우리의 이름은 그 봉우리가 속한 지역과

산의 이름을 함께 표기하였다. 따라서 같은 산이라 하더라도 소재지가 다른 경우가 있다.

이를테면, 속리산은 충청북도 보은군, 옥천군, 괴산군, 경상북도 상주시와 접하고 있어 이들 모두를 표기해야 하지만, '충청북도 보은군의 속리산'으로 표기하였다. 그리고 봉우리의 위치에 따라 '전라북도 남원시의 지리산', '전라남도 구례군의 지리산', '경상남도 산청군의 지리산' 따위로 다르게 표기하였다.

5. 사찰의 이름에서 유래된 지명은 따로 수록하였으며, 확인 가능한 한 창건시기와 창건주를 표기하고, 폐사된 경우에는 남아 있는 유물과 유적을 소개하였다. 특히 국보와 보물의 경우에는 지정번호까지 수록하였다.

6. 같은 지명이 여러 곳에 있는 경우에는 시 · 도에 한두 곳 정도만 수록하고 전국적으로 흔하지 않은 지명은 같은 지역이라도 모두 수록하였다.

7. 지명 유래에 대한 다른 소수의 의견까지 함께 소개하여 주관적인 판단을 경계하였다.

8. 주소별로 불교지명을 분류하여 관심 지역의 불교지명 현황을 알기 쉽게 하였다.

불교에서 유래한 지명

1.

불교용어 유래 지명

불교용어 유래지명

가섭(迦葉)

부처님의 십대제자 가운데 한 명인 마하가섭(摩訶迦葉)의 이름에서 유래한 지명.

*두타(頭陀) 제일의 제자로 부처님의 심인(心印)을 받았으며, 부처님 입멸 후 경전 결집을 주도하였다.

충청북도 음성군 음성읍의 가섭산(迦葉山)

강원도 인제군의 설악산 가섭봉(迦葉峰)

경기도 양평군의 용문산 가섭봉

가야(伽倻, 伽耶)

산스크리트어 가야(gaya)에서 유래한 지명.

*산스크리트어 가야는 상(象)으로 표기하는 일종의 소(gaya) 또는 코끼리(gaja)를 지칭하는 말이다. 인도에는 가야, 부다가야, 가야시라스 등 신성하게 여기는 소와 불교의 상징동물인 코끼리를 의미하는 '가야'를 사용하는 지명이 많다.

*3세기경에 한반도 남부에 여섯의 가야국이 있었다고 하지만, 이는 후세의 기록으로 당시에는 가야라는 이름이 없었다. 가야는 수로왕(首露王)이 가야국을 세우면서 나온 이름이다. 가야국이 인도와 밀접한 관계가 있었던 것으로 보아 가야도 인도와 관련된 말로 추정된다.

경상남도 합천군 가야면(伽倻面)

경상남도 함안군 가야읍(伽倻邑)

부산광역시 부산진구 가야동(伽倻洞)

경기도 여주군 강천면 가야리(伽倻里)

▷ 불교와 직접적인 관련은 없으나, '개골', '갯골', '개곡' 따위로 불리던 마을의 이름을 정하면서 가야(伽倻)라고 하였다.

충청남도 예산군의 가야산(伽倻山)

경상남도 합천군의 가야산

전라남도 광양시의 가야산

전라남도 나주시의 가야산

충청남도 예산군의 가야산 가야봉(伽倻峰)

경상남도 합천군의 가야천(伽倻川)

가탑(佳塔) ⇒ 탑(塔)

각화(覺華)

부처님의 세계를 깨닫는다는 의미의 지명.

경상북도 봉화군 춘양면의 각화산(覺華山)

▷ 구룡산(九龍山)이라고도 하며, 신라 때 원효(元曉) 대사가 세운 각화사(覺華寺)가 있다.

강당(講堂)

사찰 내에서 스님이 공부하는 일종의 학교 또는 그 건물에서 유래한 지명.

*큰 사찰에서 강당은 경 · 율 · 론 삼장(三藏)을 학습하고 연구하는 곳으로, 일종의 학교를 가리킨다. 사찰에서 없어서는 안 되는 시설인 칠당(七堂) 가운데 하나로, 건물의 규모가 가장 크다. 지금은 강원(講院)이라고도 한다. 선종 사찰에서 칠당은 불전 · 강당(법당) · 승당 · 고리 · 삼문 · 욕실 · 서정을 말한다.

*향교(鄕校)나 서원(書院)에서 유학(儒學)을 가르치는 큰 건물도 강당이라고 하며, 여기에서 유래한 지명도 있다.

울산광역시 울주군 삼남면 가천리의 강당마을

▷ 마을에 통도사(通度寺) 강당이 있었다고 한다.

충청남도 서천군 마서면 옥산리의 강당마을

▷ 사찰의 강당인지 유학을 강학하는 강당인지는 분명하지 않다.

충청남도 천안시 동남구 광덕면 대덕리의 강당골

▷ 광덕사(廣德寺) 강당이 있었던 것으로 보인다.

충청남도 계룡시 엄사면의 강당산(講堂山)

충청남도 연기군 금남면의 강당산

개사(開寺)

새로 들어선 사찰에서 유래한 지명.

*새로 사찰을 지어서 문을 여는 것을 '개사(開寺)' 또는 '개산(開山)'이라고 한다. 사찰이 없던 곳에 사찰이 들어섰다는 의미다.

전라북도 군산시 개사동(開寺洞)

▷ '구절'로 불리는 지명이 있어 사찰에서 유래한 것이 분명하지만 자세한 정보는 없다. 한편, 원래 '가새말'이라고 했는데, 가위의 사투리인 '가새'를 취음하여 '개사'라고 한 것이라는 주장이 있다. 그러나 이 또한 개사를 '가새'라고 부른 것으로 보인다.

거사(居士)

재가불자(在家佛子)가 모여 산다는 의미의 지명.

충청남도 논산시 양촌면 거사리(居士里)

▷ 예전에 적사(赤寺)가 있었던 적사곡면(赤寺谷面)의 마을인데, 선비들이 많이 살아서 생긴 지명이라는 주장도 있다.

거제(巨濟)

크게 중생을 제도한다는 뜻의 지명.

경상남도 거제시(巨濟市)

▷ 신라 때부터 내려온 지명으로 그 유래가 정확하게 밝혀진 바는 없으나, 중생제도의 원력이 큰 지장보살(地藏菩薩)이 상주하는 곳이라는 의미에서 나왔다는 설이 유력하다. 이와는 달리, '크게 살리다'는 의미가 한국전쟁 당시의 피난민과 포로수용소의 예와 상통한다고 하지만, 이 역시 지장보살과 관련이 있는 것으로 해석된다.

견불(見佛)

부처님을 친견하였다는 설화에서 유래한 지명.

강원도 양양군 현남면 견불리(見佛里)

▷ 꿈에 부처님을 뵙고 과거에 급제하였다는 선비의 전설이 있다. 이와는 달리, 이곳의 지형이 노승(老僧)이 예불(禮佛)하는 모양을 닮은 것에서 유래하였다는 주장도 있다.

경기도 군포시의 견불산(見佛山)

▷ 수리산(修理山)의 다른 이름으로, 불견산(佛見山)이라고도 한다.

견학(見鶴) ⇒ 불견(佛見)

고례(高禮)

고승(高僧)이 예불(禮佛)하는 모양의 지형에서 유래한 지명.

전라북도 순창군 금과면 고례리(高禮里)

▷ 지역에 있는 보록산이 아미산(峨眉山)에게 예불을 올리는 모습과 같다고 한다. 아미산은 부처님에 해당하고, 보록산은 고승에 해당한다.

고사(古寺)

마을에 오래된 절이 있어서 유래한 지명.

전라북도 군산시 회현면 고사리(古寺里)

▷ 예전에 왕봉산(王峰山) 밑에 오래된 절이 있었다고 한다.

경상남도 하동군 적량면 고절리(高節里)

▷ 마을에 있는 절터를 '고절' 또는 '고절터'라고 부르며, 한자로는 '高節'이라 쓴다.

전라북도 남원시 보절면(寶節面)

▷ 보절은 '보현방(寶玄坊)'과 '고절'을 합쳐 지은 이름이고, 여기서 高節은 '옛절'이라는 말이다.

고절(高節) ⇒ 고사(古寺)

공덕(功德)

좋은 일을 한 공덕이나 불도(佛道)를 수행한 덕이 있어서 유래한 지명.

경상북도 문경시 산북면의 공덕산(功德山)

▷ 사불산(四佛山)이라고도 하며, 신라 진평왕 때 창건된 대승사(大乘寺)가 있다.

관불(觀佛)

산의 모양이 부처님을 닮았다고 하여 유래한 이름.

충청남도 공주시 유구읍의 관불산(觀佛山)

▷ 관불산(灌佛山) 또는 관불산(冠佛山)이라고도 한다.

관음(觀音)

관세음보살의 명호 또는 관세음보살을 모신 사찰에서 유래한 지명.

*관세음보살은 부처님의 대자대비(大慈大悲)를 상징하는 보살이며, 우리나라에서 관음신앙이 매우 성행하였다.

충청남도 예산군 광시면 관음리(觀音里)

▷ 관음 마을에 조선시대의 절터가 있다.

경상북도 문경시 문경읍 관음리

▷ 삼국시대의 절터와 석불입상이 남아 있다.

울산광역시 울주군 삼동면 둔기리의 관음곡(觀音谷)

전라남도 장성군 북하면 덕재리의 관음골

강원도 정선군 정선읍 봉양리의 관음동(觀音洞)

강원도 철원군 동송읍 대위리의 관음동

전라북도 영광군 홍농읍 단덕리의 관음말

경기도 포천시의 관음산(觀音山)

경상남도 고성군 개천면의 관음봉(觀音峰)

강원도 인제군의 설악산 관음봉(觀音峰)

강원도 춘천시의 오봉산 관음봉

충청북도 보은군의 속리산 관음봉

충청남도 공주시의 계룡산 관음봉

전라북도 부안군의 능가산 관음봉

전라북도 완주군의 만덕산 관음봉

전라남도 장흥군의 천관산 관음봉

광명(光明)

부처님의 지혜(智慧)가 어린 곳 또는 부처님의 광명이 미친 곳이라는 의미의 지명.

*방광(放光)하는 부처님의 빛이 비친 곳 또는 부처님의 지혜와 자비 광명이 닿은 곳이라는 뜻이다.

충청남도 공주시 탄천면 광명리(光明里)

충청남도 당진군 송악면 광명리

▷ '햇볕이 잘 드는 곳'이라는 주장도 있으나, 그럴 경우에는 '양지(陽地)'나 '양곡(陽谷)' 또는 '양촌(陽村)'이라고 한다.

경기도 광명시의 광명산(光明山)

충청북도 보은군의 광명산

▷ 속리산(俗離山)의 다른 이름이다.

충청북도 충주시 칠금동의 광명산

충청남도 공주시 탄천면의 광명천(光明川)

구래(九來)

자장(慈藏) 율사의 설화에서 유래한 지명.

*자장 율사는 신라 선덕여왕과 진성여왕 때 스님으로, 당나라에 유학하고 돌아와 통도사(通度寺)을 비롯하여 많은 사찰을 짓고, 불법(佛法)을 널리 폈다.

강원 영월군 상동읍 구래리(九來里)

▷ 신라 때 자장 율사가 중국에서 모셔온 부처님의 진신사리(眞身舍利)를 봉안할 길지(吉地)를 찾으려고 이곳을 아홉 번이나 다녀갔다는 전설이 있다.

구룡(九龍)

아홉 마리의 용과 관련된 설화에서 나온 지명.

*부처님이 탄생할 때 아홉 마리의 용이 물을 뿌렸다는 구룡토수(九龍吐水)의 고사에서 유래한 지명이다. 용이 살았다는 전설이 있거나 땅 모양이 용과 같다고 하여 생긴 지명의 경우에도 용의 수가 아홉인 것은 불교적인 표현이다.

대전광역시 유성구 구룡동(九龍洞)

충청남도 천안시 동남구 구룡동

전라북도 정읍시 구룡동

경상북도 포항시 남구 구룡포읍(九龍浦邑)

충청북도 제천시 금성면 구룡리(九龍里)

충청남도 청양군 장평면 구룡리

전라남도 장흥군 부산면 구룡리

경상남도 함양군 함양읍 구룡리

전라북도 남원시 용정동의 구룡동

강원도 정선군 신동읍 조동리의 구룡동

경상북도 경주시 구황동(九黃洞)

▷ 궁궐을 지을 때, 아홉 마리의 용이 승천하므로 그곳에 절을 짓고 황룡사(黃龍寺)라고 했다고 한다. 구황은 '구룡'과 '황룡'을 합쳐 지은 이름이다.

경기도 의왕시의 구룡산(九龍山)

▷ 청계산(靑溪山)의 다른 이름이다.

강원도 동해시의 구룡산

강원도 영월군 상동읍의 구룡산

충청북도 청주시 흥덕구의 구룡산

충청북도 청원군 문의면의 구룡산

경상북도 봉화군 춘양면의 구룡산

▷ 각화산(覺華山)의 다른 이름이다.

경상북도 봉화군 춘양면의 구룡산

▷ 옥석산(玉石山)의 다른 이름이다.

경상남도 창원시 의창구 동읍의 구룡산

전라남도 장흥군의 천관산 구룡봉(九龍峰)
경기도 안산시 상록구의 구룡천(九龍川)
충청북도 청원군 미원면의 구룡천
충청북도 충주시 소태면의 구룡천
충청남도 부여군 부여읍의 구룡천
충청남도 천안시 동남구의 구룡천
경상북도 안동시 예안면의 구룡천

구황(九黃) ⇒ 구룡(九龍)

국사(國師)

국왕의 사표가 되는 스님에게 내린 칭호에서 유래한 지명.
*우리나라에서 가장 흔한 산 이름으로, '國士', '國思', '國司', '國賜'로 쓰는 경우도 있다.

대전광역시 중구 무수동의 국사봉(國師峰)
경기도 안성시 보개면의 국사봉
경기도 연천군 백학면의 국사봉
충청북도 음성군 소이면의 국사봉
충청북도 진천군 문백면의 국사봉
충청남도 태안군 안면읍의 국사봉

경상북도 문경시 동로면의 국사봉
경상남도 진주시 명석면의 국사봉
전라북도 김제시 금산면의 국사봉
전라남도 여수시 율촌면의 국사봉
전라남도 영암군의 국사봉
경기도 남양주시의 수락산 국사봉(國師峰)
경기도 안양시의 삼성산 국사봉
경기도 의왕시의 청계산 국사봉
충청북도 진천군의 덕성산 국사봉
충청북도 제천시의 월악산 국사봉
전라북도 고창군의 선운사 국사봉
전라남도 영암군의 월출산 국사봉

권선(勸善)

'착한 일을 권하다' 또는 '보시(布施)를 청하다'는 의미에서 유래한 지명.

* 권선은 선과(善果)를 얻는 데 필요한 선인(善因)을 짓기 위한 행위로, 인과법(因果法)을 가르치는 불교에서 중요하게 여기는 덕목이다. 조선시대에 서산(西山) 대사는 권선가(勸善歌, 회심곡이라고도 함)를 지어 백성들이 부르게 하였다고 한다.

경기도 수원시 권선구(勸善區)

▷ 탑산(塔山, 지금의 팔달산)에 은거하던 선비가 이곳 주민들에게 착하게 살기를 권했다는 전설이 있다.

극락(極樂)

괴로움이 없고 즐거움만 있는 아미타불의 정토(淨土)에서 유래한 지명.

*극락세계의 교주인 아미타불의 본원(本願)을 믿고 의지하면 극락에 왕생(往生)한다.

광주광역시 서구의 극락천(極樂川)

금사(金寺) ⇒ 대사(大寺)

기솔(基率)

사찰이 많은 곳이 사람 살기가 좋은 터라는 의미의 지명.

경기도 안성시 삼죽면 기솔리(基率里)

▷ 뒷산인 국사봉(國師峰) 주변에 사찰이 많았다고 하며, 지금도 고려 때의 석불이 남아 있다.

길상(吉祥)

좋은 징조, 좋은 일이 가득한 땅이라는 의미로 지은 지명.

*집과 마을, 나라가 안온하고 평화로운 곳, 좋은 일과 축하할 일이 많은 곳, 또 그러기를 바라는 뜻이다.

인천광역시 강화군 길상면(吉祥面)

▷ 전등사(傳燈寺)가 있는 지역이다.

충청북도 보은군 보은읍 길상리(吉祥里)

▷ 인근에 있는 속리산 법주사(法住寺)의 예전 이름이 길상사다.

인천광역시 강화군 길상면의 길상산(吉祥山)

충청북도 진천군 진천읍의 길상산

충청북도 보은군의 속리산 길상봉(吉祥峰)

전라남도 구례군의 지리산 길상봉

충청남도 서천군 시초면의 길상산(吉祥川)

나한(羅漢)

불도(佛道)를 수행하여 깨달음을 얻은 성인(聖人)인 아라한(阿羅漢)에서 유래한 지명.

*아라한은 모든 미혹(迷惑)을 끊고 불도(佛道)를 이루어 존경과 공양(供養)을 받을 수 있는 지위에 이른 수행자의 호칭으로, 줄여서 나한이라고 한다.

경상북도 상주시 함창읍 나한리(羅汗里)

▷ 조선 초기의 절터가 있으며, 오백나한을 모신 나한당(羅漢堂)과 불당(佛堂)이 있었다고 한다. 불교 지명임을 감추기 위해 '羅汗'으로 쓴다.

전라남도 화순군 화순읍의 나한산(羅漢山)

▷ 만연산(萬淵山)의 다른 이름이다.

서울특별시 은평구의 북한산 나한봉(羅漢峰)

강원도 인제군의 설악산 나한봉

강원도 춘천시의 오봉산 나한봉

경상북도 청송군의 주왕산 나한봉

낙가(洛迦)

관세음보살이 상주한다는 보타락가(普陀洛迦)에서 유래한 이름.

인천광역시 강화군 삼산면의 낙가산(洛迦山)

충청북도 청주시 상당구 용정동의 낙가산(洛迦山)

충청북도 청주시 상당구 용정동의 낙가천(洛迦川)

남사(南寺)

마을의 남쪽에 절이 있다는 뜻의 지명.

경상북도 영주시 부석면 노곡리의 남사동(南寺洞)

▷ 마을 남쪽에 예전에 있었다는 사찰에 대한 자세한 정보는 없다. 한편, 용수산(龍首山) 남쪽에서 제일 좋은 터라고 하여 '남제일(南第一)'이라고 한 것이 '남절' → '남사'가 되었다는 주장이 있다.

경상남도 산청군 단성면 남사리(南沙里)

▷ 남쪽에 단속사(斷俗寺)가 있었다고 한다. 그러나 한자로는 '南沙'라고 쓴다.

내사(內寺)

사찰의 안쪽에 있는 마을이라는 의미의 지명.

*사내(寺內)와 같은 뜻이다.

경상북도 영양군 청기면 사리의 내사(內寺)

▷ '절골' 또는 '사곡(寺谷)'이라고 부르던 곳이다.

내탑(內塔)

탑이 있는 곳의 안쪽 마을이라는 의미의 지명.

대전광역시 동구 내탑동(內塔洞)

▷ 탑산(塔山)의 안쪽 마을을 말하며, 마을 위쪽에 돌탑이 있었다고 한다. 지금은 대청댐에 수몰되었다.

노탑(老塔) ⇒ 탑촌(塔村)

능가(楞伽)

부처님이 『능가경(楞伽經)』을 설한 능가산(楞伽山)에서 나온 이름.
*산스크리트어로 랑카(Laṅkā)라고 부르는 능가산은 스리랑카에 있다고 하는데, 이 산에서 석가모니 부처님이 대혜보살에게 『능가경』을 설했다고 한다.

전라북도 부안군의 능가산(楞伽山)

▷ 변산(邊山)이라고도 한다.

다불(多佛)

수많은 부처님이 상주하는 곳이라 하여 붙여진 지명.

충청북도 제천군 수산면 다불리(多佛里)

▷ 경치가 빼어나게 아름다워 많은 부처님이 상주한다는 뜻이다.

충청남도 당진군 면천면의 다불산(多佛山)

달마(達磨)

달마 대사의 이름에서 유래한 지명.

*중국 선종(禪宗)의 초조인 보리달마(菩提達磨) 대사를 말한다. 본래 인도 스님으로 양나라 무제 때 중국으로 건너와 선종(禪宗)을 일으켰다.

전라남도 해남군 송지면의 달마산(達磨山)

▷ 도솔산(兜率山)이라고도 한다.

강원도 속초시의 설악산 달마봉(達磨峰)

충청북도 단양군의 소백산 달마봉

당사(唐寺)

중국의 당(唐)나라와 연관된 사찰에서 유래한 지명.

전남 완도군 소안면 당사리(堂社里)

▷ 예전에 중국 당나라를 왕래하는 배의 무사함을 비는 사찰을 당사(唐寺)라고 하였는데, 나중에는 이 당사(唐寺)가 규모가 작은 불당(佛堂)이라서 '堂寺'로 쓰다가 다시 '堂社'로 바꾸었다고 한다.

당사(堂社) ⇒ 당사(唐寺)

대각(大覺)

큰 깨달음을 얻었다는 설화에서 유래한 지명.

*대각은 스스로 깨닫고 남을 깨닫게 한 부처님을 찬탄하는 말이다.

경상북도 포항시 남구 대송면 대각리(大覺里)

▷ 신라 때 자장(慈藏) 율사가 이곳을 지나면서 고기 말고는 먹을 것이 없어서 배고픔을 참고 굶었는데, 뒤에 계(戒)보다는 건강을 지키는 것이 중요함을 알고 크게 깨달았다는 전설이 있다.

대덕(大德)

부처님이나 고승의 덕을 갖추었다는 의미의 지명.

*원래는 부처님에 대한 존칭이었으나 지혜와 덕망이 높은 스님의 존칭으로 쓴다.

경기도 안성시 대덕면(大德面)

▷ 1914년 행정개편 당시 지어진 이름으로 그 유래를 확인할 수 없다. 다만, 지역에 굴암사(窟巖寺)가 있었고, 석불입상과 마애여래좌상 따위의 불교 유적이 산재하는 것으로 미루어 불교 지명으로 추정된다.

경상북도 김천시 대덕면

▷ 대덕산(大德山)에서 유래한 이름이라고 하며, 부근에 수도산(修道山)과 국사봉(國師峰) 등 불교 관련 지명이 있다.

전라남도 담양군 대덕면

▷ 1914년 행정개편 당시 지은 이름으로, 부근에 금산리(錦山里) 절터와 옥천사(玉泉寺) 터 따위가 있는 것으로 미루어 불교 지명으로 추정된다.

전라남도 장흥군 대덕읍(大德邑)

▷ 지역에 탑산사(塔山寺) 터와 석등 따위의 유적이 있다.

충청북도 괴산군 괴산읍 대덕리(大德里)

▷ 마을 뒤, 대덕산(大德山)에서 따온 이름이다.

충청북도 충주시 노은면 대덕리

▷ 인근에 보련사(寶蓮寺) 터가 있으며, '법동(法洞)', '안락(安樂)', '덕행(德行)' 따위의 지명이 산재한다.

전라남도 영광군 법성면 대덕리

▷ 인도 스님 마라난타(摩羅難陀) 존자가 백제 침류왕 1년(384)에 불교를 처음 전래했던 지역이다.

전라북도 무주군 무풍면의 대덕산(大德山)

강원도 태백시 황지동의 대덕산

경기도 이천시 호법면의 대덕산

충청북도 충주시 산척면의 대덕산

충청남도 청양군의 칠갑산 대덕봉(大德峰)

경상북도 김천시 대덕면의 대덕천(大德川)

대법(大法) ⇒ 법촌(法村)

대불(大佛)

큰 불상(佛像) 또는 부처님의 형상을 닮은 큰 바위에서 유래한 지명.

전라북도 무주군 설천면 대불리(大佛里)

▷ 마을 뒷산인 민주지산 석기봉의 마애불(磨崖佛)에서 유래하였다. 그리고 골짜기 어딘가에 묻혀 있는 부처님이 땅 위로 나올 때, 극락정토(極樂淨土)가 이룩된다는 전설에서 유래하였다고도 한다.

전라북도 진안군 주천면 대불리

▷ 운장산(雲長山) 계곡에 대불바위가 있다.

전라남도 영암군 삼호읍 산호리의 대불(大佛)

▷ 삼호읍에 있는 대아산(大牙山)에 나한(羅漢)을 닮은 바위가 있다고 해서 생긴 이름이다.

전라북도 진안군 주천면의 대불천(大佛川)

대사(大寺)

규모가 큰 사찰이 있어서 유래한 지명.

*절이 크다는 의미로 '한절'이라고 불리며, '대사', '댓절', '한절'을 서로 혼용한다.

대전광역시 중구 대사동(大寺洞)

▷ 한절골에 큰 절이 있었다고 한다.

경기도 연천군 중면 대사리(大寺里)

▷ 미 수복 지역이다.

충청북도 음성군 삼성면 대사리

충청남도 홍성군 갈산면 대사리

경상북도 안동시 길안면 대사리

경상남도 남해군 고현면 대사리

전라북도 정읍시 정우면 대사리

경상북도 문경시 유곡동의 대사동(大寺洞)

경상북도 영주시 풍기읍 창락리의 대사동

전라남도 무안군 무안읍 성동리의 대사동

경상북도 의성군 안평면 대사리(大司里)

▷ 원래 사곡(寺谷)이었으나, 사찰을 뜻하는 寺를 사용하지 않으려고 司로 쓴다.

경상남도 밀양시 하남읍 대사리(大司里)

▷ 마을에 봉선사란 큰 사찰이 있어 '大寺', '절동'이라 하였다.

서울특별시 종로구 인사동(仁寺洞)

▷ '관인방(寬仁坊)'과 '대사동'을 합친 지명으로, 대사는 홍복사(興福寺)를 말한다.

경기도 여주시 가남면 대신리(大新里)

▷ '대사'와 '신문(新門)'을 합쳐 지은 이름이다.

충청북도 충주시 수안보면 사문리(寺門里)

▷ '대사'와 '석문(石門)'을 합쳐 지은 이름이다.

충청남도 부여시 구룡면 금사리(金寺里)

▷ '금동(金洞)'과 '대사'를 합쳐 지은 이름이다.

경기도 여주시 가남면 대신리의 댓절

▷ 한글과 한자 음을 섞어 부른 이름이다.

서울특별시 종로구 인사동의 댓절골

▷ 예전에 흥복사(興福寺)가 있었다.

전라북도 무안군 일로읍 지장리의 대절(大節)

▷ 원래는 대숲에 있는 절이라 '대절'로 불리었는데, 뒤에 큰스님이 수행을 했다는 뜻으로 '큰절[大寺]'이라고 했다고 한다.

충청북도 괴산군 괴산읍 대사리의 한절

대전광역시 중구 문창동의 한절골

경상북도 안동시 풍산읍 하리의 한절골

경상북도 영주시 가흥동의 한절말

경상남도 합천군 대병면 장단리의 한절골

전라남도 함평군 함평읍 함평리의 한절골

전라남도 고흥군 도동면 용동리의 한적(閑寂)

충청남도 연기군 소정면 대곡리의 한적골

경상북도 김천시 부항면 사등리의 한적동(閑寂洞)

▷ 개사(介寺)라는 사찰이 있었다고 하며, 한절을 '閑寂'이라 쓴다.

전라북도 순창군 풍산면 한내리의 한사(閑寺)

▷ 글자의 뜻을 풀어 '신도가 적어 한가한 절'에서 유래하였다고 하지만, '한절골'로도 부르는 것 으로 보아 '한절[大寺]'을 '閑寺'로 표기한 것이다.

경상남도 거창군 남하면 지산리의 한점(寒店)

▷ 대사동이라고도 불리기 때문에 한절을 음역한 것으로 추정된다.

경상남도 남해군 고현면의 대사천(大寺川)

대사(大司) ⇒ 대사(大寺)

대신(大新) ⇒ 대사(大寺)

대안(大安)

크게 편안한 땅이라는 의미의 지명.

강원도 원주시 흥업면 대안리(大安里)

▷ 신라 말에 도선(道詵) 대사가 이곳을 지나며 '大安百川來落公 五峰四隣巨寶水'라고 하였다는 데서 유래한다.

강원도 원주시 흥업면의 대안천(大安川)

대절(大節) ⇒ 대사(大寺)

댓절 ⇒ 대사(大寺)

덕미(德彌) ⇒ 미륵(彌勒)

도개(道開)

도(道)가 열렸다는 뜻으로, 불법(佛法)을 처음 편 곳이라는 의미의 지명.

경상북도 구미시 도개면(道開面)

▷ 신라 때 불교를 처음 전래한 고구려의 아도(阿道) 화상을 보호했던 모례(毛禮) 장자가 살던 곳으로, 이곳에서 불교가 처음 시작되었다고 한다. 신라불교의 초전법륜지(初轉法輪地)로 알려져 있다.

경상북도 구미시 도개면의 도개천(道開川)

도곡(道谷)

수행하는 승려가 많은 곳, 또는 사찰[道場]이 있는 곳에서 유래한 지명.

전라남도 화순군 도곡면(道谷面)

▷ 부근에 사찰과 불교 유적이 산재해 있다.

경기도 평택시 포승읍 도곡리(道谷里)

▷ 마을 앞에 불당산(佛堂山)이 있다.

충청남도 계룡시 엄사면 도곡리

▷ 엄사(奄寺)가 있었던 곳이다.

충청북도 제천시 백운면 도곡리

▷ 지역에 '탑동', '절골', '도장골' 등의 지명이 산재한다.

경상북도 영양군 일월면 도곡리

▷ 불도(佛道)를 닦기 위한 집인 구도실(求道室)이 있던 마을이 있다.

경상북도 구미시 해평면의 도곡천(道谷川)

도봉(道峰)

불도(佛道)를 닦는 사찰과 사람이 많다는 의미의 지명.

서울특별시 도봉구(道峰區)

서울특별시 도봉구의 도봉산(道峰山)

서울특별시 도봉구의 도봉천(道峰川)

도석(道石) ⇒ 전도(傳道)

도선(道詵)

도선(道詵) 대사의 전설에서 유래한 지명.

*신라 말의 스님으로, 음양학(陰陽學)에 조예가 깊고 우리나라 풍수지리의 시조이다. 서울의 도선사(道詵寺) 등, 많은 사찰을 창건하였다 .

서울특별시 성동구 도선동(道詵洞)
▷ 도선 대사가 이곳의 무학봉(舞鶴峯)에서 수도하였다고 하며, 무학(無學) 대사가 조선의 도읍을 정할 때, 도선 대사를 현몽하였다는 전설도 있다.

도솔(兜率)

욕계(欲界)의 여섯 하늘 가운데 하나인 도솔천(兜率天)에서 유래한 지명.
*미륵보살이 여기에 계시며 미래에 하생(下生)한다고 한다.

대전광역시 서구 도마동의 도솔산(兜率山)

강원도 양구군 동면의 도솔산

전라북도 고창군 아산면의 도솔산

전라남도 해남군 송지면의 도솔산
▷ 달마산(達磨山)의 다른 이름이다.

충청북도 단양군 대강면의 도솔봉(兜率峰)

경상북도 영주시 풍기읍의 도솔봉

전라남도 광양시 봉강면 도솔봉

충청북도 단양군의 금수산 도솔봉(兜率峰)

경상북도 문경시의 대미산 도솔봉

전라남도 구례군의 백운산 도솔봉

전라남도 해남군의 달마산 도솔봉

전라남도 해남군의 두륜산 도솔봉

도장(道場)

수도(修道)하는 곳, 즉 사찰에서 유래한 지명.

*불교에서는 '도량'으로 읽음.

인천광역시 강화군 양도면 도장리(都長里)

▷ 솔두채 마을 북쪽에 '가람절터'라고 부르는 터가 있다.

충청북도 제천시 백운면 도곡리의 도장골

경기도 광주시 퇴촌면 관음리의 도장동(都長洞)

▷ 도량[절]에서 유래된 지명이지만 한자로는 '都長'이라고 쓴다.

도장(道藏)

불도(佛道)가 머물고 있다는 의미의 지명.

경상북도 문경시 농암면의 도장산(道藏山)

▷ 신라 때 원효(元曉) 대사가 창건한 심원사(深源寺)가 있다.

도장(都長) ⇒ 도장(道場)

동사(東寺)

마을 동쪽에 사찰이 있다는 뜻의 지명.

경상북도 예천군 하리면 동사리(東沙里)

▷ 예전 홍덕사(興德寺)의 동쪽이라서 '동사(東寺)'라고 하였는데, 한자로는 '東沙'로 쓴다.

동사(東沙) ⇒ 동사(東寺)

두사(豆寺)

사찰을 속되게 부른 데서 유래한 지명.

충청남도 논산시 노성면 두사리(豆寺里)

▷ 예전에 두사 마을에 '팥절'이라 부르는 작은 사찰이 있었다고 한다.

둔사(屯寺) ⇒ 이사(梨寺)

마애(磨崖)

마애불(磨崖佛)에서 유래한 지명.

*마애는 바위나 암벽에 새긴 글자나 불상(佛像)을 가리킨다.

경상북도 안동시 풍산읍 마애리(麻厓里)

▷ 마애불과 함께 석조 비로자나불이 있으며, 한자로는 '麻厓'로 쓴다.

강원도 양양군 강현면 금풍리의 마애골

충청북도 제천시의 월악산 마애봉(磨崖峰)

만덕(萬德)

온갖 덕을 지녔다는 뜻으로 부처님을 찬탄하는 지명.

부산광역시 북구 만덕동(萬德洞)

전라남도 강진군 도암면 만덕리(萬德里)

충청남도 서천군 판교면 만덕리

전라북도 완주군 소양면의 만덕산(萬德山)

▷ 부처산이라고도 한다.

전라남도 강진군 강진읍의 만덕산

▷ 부처산이라고도 한다.

전라남도 담양군 대덕면 만덕산

강원도 강릉시 강동면의 만덕봉(萬德峰)

만수(萬壽)

아미타(阿彌陀)의 원뜻인 무량수(無量壽)에서 유래한 지명.

*무량수가 아미타불을 가리키므로 유가(儒家)의 표현인 '만수'로 고친 지명이다.

충청남도 부여군 외산면 만수리(萬壽里)

▷ 지역에 무량사(無量寺)가 있다.

충청남도 부여군 외산면의 만수산(萬壽山)

매향(埋香)

미륵불(彌勒佛)이 하생(下生)하면 피우려고 바닷가에 미리 향을 묻어 두는 풍속에서 유래한 지명.

*현재 전국적으로 10여 곳의 매향 유적이 남아 있다.

경기도 화성시 우정읍 매향리(梅香里)

▷ 묻을 埋 자가 지명으로 부적합하다고 하여 '梅'로 바꾸었다.

명주(明珠) ⇒ 염주(念珠)

목사(木寺)

숲속의 사찰 또는 많은 사찰이 있다는 의미의 지명.

전라남도 곡성군 목사동면(木寺洞面)

▷ 이곳에 열여덟 개의 사찰이 있었다고 하는데, 한자의 木이 18과 같다고 하여 '木寺'라고 했다고 한다.

충청북도 괴산군 청안면 문당리의 목사동(木寺洞)

▷ '나무절'이라고 부르는 사찰이 있었다고 한다

경상북도 의성군 안사면(安寺面)

▷ 사찰이 우거진 숲속에 있다고 해서 목사동(木寺洞)이라고 한다. 안사면은 '안심리(安心里)'와 '목사동'을 합쳐 지은 이름이다.

무등(無等)

부처님의 다른 이름인 '무유등등(無有等等)'에서 유래한 지명.

*부처님은 중생(衆生)과 같지 않다고 하여 '무유등등' 또는 '무등(無等)'이라고 한다.

경기도 연천군 왕징면 무등리(無等里)

▷ 마을에 흥원사(興原寺)라는 조선시대의 사찰이 있었다고 한다.

경상북도 청도군 청도읍 무등리(舞等里)

▷ 인근에 불교 관련 지명과 유적이 산재하여 불교 지명으로 추정된다. 이와는 달리 '무듬실'을 한자에서 차음하여 '무등(舞等)'으로 썼다는 주장도 있다.

광주광역시 북구의 무등산(無等山)

전라남도 담양군 남면의 무등산

무량(無量)

아미타불(阿彌陀佛)의 다른 이름에서 유래한 지명.

*극락세계의 교주인 아미타불을 무량수(無量壽) 또는 무량광(無量光) 여래라고 한다.

충청남도 홍성군 결성면 무량리(無量里)

▷ 신라 말에 도선(道詵) 대사가 창건한 고산사(高山寺)가 있다.

경상남도 통영시 광도면 황리의 무량골

▷ 절터와 석조 미륵불상이 있었다고 한다. '武良'으로 쓴다.

경상남도 밀양시 상남면 마산리의 무량원(無量院)

▷ 예전에 원(院) 터가 있었다고 하며, 원주(院主)를 승려가 하는 경우가 많았다고 한다.

경상남도 고성군 고성읍 무량리(武良里)

▷ 주위에 불교 유적이 많고, 뒷산이 무량산(無量山)인 것으로 미루어 '無

量'이었을 것으로 추정된다.

경상남도 고성군 고성읍의 무량산(無量山)

▷ 무량산(武良山)이라고도 쓴다.

전라북도 순창군 동계면의 무량산

무량(武良) ⇒ 무량(無量)

무심(無心)

생각과 분별이 없는, 즉 탐욕이 없는 마음의 경지라는 의미의 지명.

충청북도 청주시의 무심천(無心川)

▷ 예전에는 '남석천', '심천', '석교천', '대교천'으로 불렸는데, '무심천'이라고 한 때와 유래는 알 수 없다.

무안(武安)

무력(武力)으로 편안하게 한 곳이라는 의미의 지명.

경상남도 밀양시 무안면(武安面)

▷ 임진왜란 때 사명(泗溟) 대사가 이곳을 무력으로 안전한 피난처가 되게 했다는 전설이 있다. 땀 흘리는 비석으로 유명한 사명대사 표충비가 있는 곳이다.

무진(無盡)

한이 없이 크고 다함이 없다는 의미의 지명.

경상북도 영양군 청기면 무진리(無盡里)

▷ 부근에 '사리(寺里)', '사지곡(寺地谷)'으로 부르는 마을이 있다.

문수(文殊)

부처님의 지혜(智慧)를 상징하는 문수보살의 이름에서 유래한 지명.

*묘덕(妙德), 묘길상(妙吉祥)으로 불리는 문수보살은 부처님의 지혜를 상징하며, 보현보살과 함께 석가모니 부처님을 협시(挾侍)한다.

경상북도 영주시 문수면(文殊面)

▷ 예전에 문수원(文殊院)이 있던 곳이다.

울산광역시 울주군 청량면의 문수산(文殊山)

경기도 김포시 월곶면의 문수산

경기도 용인시 처인구 모현면의 문수산

충청북도 옥천군 청성면의 문수산

충청남도 서산시 운산면의 문수산

충청남도 서천군 판교면의 문수산

경상북도 봉화군 물야면의 문수산

경상북도 포항시의 문수산

전라북도 고창군 고수면의 문수산

전라북도 익산시의 문수산

▷ 천호산(天壺山)의 다른 이름이다.

전라남도 장성군 서삼면의 문수산

▷ 축령산(鷲靈山)의 다른 이름이다.

경기도 용인시 처인구의 문수봉(文殊峰)

충청북도 제천시의 문수봉

경상북도 문경시의 문수봉

서울특별시 종로구의 북한산 문수봉(文殊峰)

강원도 속초시의 설악산 문수봉

강원도 춘천시의 오봉산 문수봉

강원도 태백시의 태백산 문수봉

충청북도 보은군의 속리산 문수봉

경상북도 봉화군의 청량산 문수봉

미남(彌南)

미륵불(彌勒佛) 또는 미륵당(彌勒堂)이 있는 남쪽이라는 지명.

경상남도 통영시 산양읍 미남리(彌南里)

▷ 미륵도(彌勒島)의 남쪽에 위치한다.

전라북도 완주군 화산면 승치리의 미남(彌南)

▷ 미륵산(彌勒山)의 남쪽에 위치하며, 서쪽은 '미서(彌西)', 동쪽은 '미동(彌東)'이라고 한다.

미동(彌洞) ⇒ 미륵(彌勒)

미력(彌力) ⇒ 미륵(彌勒)

미륵(彌勒)

미륵불(彌勒佛)의 이름에서 유래한 지명.

*부처님 입멸 후, 말법시대에 이 세상에 하생(下生)하실 미래의 부처님을 말하며, 미륵숭배는 새로운 세상을 갈망하는 민중 신앙으로 성행하였다.

충청북도 충주시 수안보면 미륵리(彌勒里)

▷ 신라 말의 절터와 석탑, 석불, 석등 등이 남아 있고, 근래에 다시 지은 미륵세계사(彌勒世界寺)가 있다

경상북도 경주시 충효동의 미륵동(彌勒洞)

경기도 광주시 도척면 유정리의 미륵동

전라남도 곡성군 오곡면 미산리의 미륵동

강원도 정선군 신동읍 방제리의 미륵골

전라북도 익산시 함열읍 와리의 미륵리

전라남도 보성군 미력면(彌力面)

▷ 원래 미륵면(彌勒面)이었으나 1919년에 미력면으로 바꾸었다.

경기도 가평군 설악면 미사리(彌沙里)

▷ 마을에 미륵불이 있다.

전라북도 남원시 내척동의 미동(彌洞)

▷ 마을에 석불 입상이 있다.

전라남도 곡성군 오곡면 미산리(彌山里)

▷ '미륵'과 '산수(山水)'를 합쳐 지은 지명이다.

경상북도 의성군 다인면 덕미리(德彌里)

▷ '광덕(光德)'과 '미륵'을 합쳐 지은 이름이다.

강원도 원주시 귀래면의 미륵산(彌勒山)

전라북도 익산시 금마면의 미륵산

경상북도 울릉군의 미륵산

경상남도 통영시 봉평동의 미륵산

경상북도 고령군 다산면의 미륵봉(彌勒峰)

부산광역시 금정구의 금정산 미륵봉(彌勒峰)

경기도 남양주시의 수락산 미륵봉

강원도 원주시의 미륵산 미륵봉

충청남도 금산군의 대둔산 미륵봉

경상북도 울릉군의 미륵산 미륵봉

전라북도 나주시의 월봉산 미륵봉

미륵당(彌勒堂)

미륵불을 모신 법당(法堂)인 '미륵당'에서 유래한 지명.

*미륵당을 '미륵댕이', '미륵정이'라고도 한다.

경기도 이천시 장호원읍 어석리의 미륵당(彌勒堂)

강원도 춘천시 사북면 지촌리의 미륵댕이

충청북도 증평군 증평읍 미암리의 미륵댕이

충청남도 천안시 동남구 병천면의 미륵댕이

경상북도 김천시 어모면 옥계리의 미륵댕이

경상북도 안동시 옥동의 미륵댕이

전라북도 순창군 구림면 안정리의 미륵정이

미륵댕이 ⇒ 미륵당

미륵정이 ⇒ 미륵당

미법(彌法)

미륵불(彌勒佛)에서 유래한 지명.

경상남도 하동군 금남면 송문리의 미법(彌法)

▷ 자세한 유래는 알 수 없으나 금오산(金獒山)의 마애불과 관련이 있는 것으로 보인다.

미사(彌沙)

미륵불(彌勒佛)이 있는 강가의 마을이라는 지명.

경기도 가평군 설악면 미사리(彌沙里)

▷ 미사 마을에 미륵불이 있다.

미산(彌山) ⇒ 미륵(彌勒)

미천(彌川)

미륵불이 있는 개울에서 유래한 지명.

전라북도 무주군 설천면 미천리(美川里)

▷ 마을 이름이 미륵에서 유래하였지만 한자로는 '美川'이라고 쓴다.

미천(美川) ⇒ 미천(彌川)

미타(彌陀)

아미타불(阿彌陀佛)의 이름에서 유래한 지명.

*미타는 아미타의 준말로, 무량광(無量光), 무량수(無量壽)를 뜻한다.

경상남도 의령군 부림면의 미타산(彌陀山)

▷ 조선시대에 무학(無學) 대사가 창건한 유학사(留鶴寺)가 있다.

바랑[鉢囊]

바랑을 진 승려가 많거나 지형이 바랑을 닮은 데서 유래한 지명.

*바랑은 바루[鉢]를 넣는 자루[囊]라는 뜻으로 '걸망'이라고도 한다.

충청남도 공주시 반포면 상신리의 바랑골

▷ 주위에 천년고찰인 신원사(新元寺), 동학사(東鶴寺)와 구룡사(九龍寺) 절터, 그리고 불교 유적이 산재해 있다.

경상남도 진주시 이반성면 용암리의 바랑골

▷ 용암사(龍巖寺) 절터가 있다.

경기도 파주시 광탄면 발랑리(發郎里)

▷ 인근에 위치한 보광사(普光寺) 승려들이 바랑을 메고 탁발을 다녔다는 데서 유래하였다고 하며, 한자로는 '發郎'이라 쓴다.

충청남도 논산시 양촌면의 바랑산

경상남도 거창군 신원면의 바랑산

경상남도 산청군 오부면의 바랑산

전라남도 순천시 승주읍의 바랑산

반야(般若)

혜(慧), 명(明), 지혜(智慧)로 번역되는 산스크리트어 프라즈냐(prajñā)를 음사한 말에서 유래한 지명.

충청남도 논산시 관촉동의 반야산(般若山)

강원도 평창군 진부면의 반야봉(般若峰)

전라북도 구례군 지리산 반야봉(般若峰)

경상북도 봉화군 석포면의 반야천(般若川)

발랑(發郎) ⇒ 바랑[鉢囊]

방광(放光)

부처님의 지혜의 광명이 발현한다는 의미의 지명.

경상북도 청송군 청송읍의 방광산(放光山)

방장(方丈)

'방장처럼 큰 산', 또는 '중심이 되는 산'이라는 의미의 지명.

*원래 방장은 큰 사찰의 주지를 뜻하였는데, 지금은 총림(叢林)의 제일 어른 스님을 말한다.

경상남도 사천시 곤명면의 방장산(方丈山)

▷ 봉명산(鳳鳴山)의 다른 이름이다.

전라남도 구례군의 방장산

전라남도 장성군 북이면의 방장산

전라남도 구례군 마산면의 방장천(方丈川)

백련(白蓮)

불교를 상징하는 흰색의 연꽃에서 유래한 지명.

경상남도 하동군 진교면 백련리(白蓮里)

전라북도 부안군 하서면 백련리

전라북도 임실군 강진면 백련리

전라남도 구례군 구례읍 백련리

전라남도 함평군 대동면 백호리의 백련

서울특별시 은평구 응암동의 백련산(白蓮山)

경기도 안성시의 백련산

경상북도 울진군의 백련산

전라북도 임실군 강진면의 백련산

전라남도 구례군 구례읍의 백련천(白蓮川)

범왕(梵王)

하늘 세계의 하나인 범천(梵天)의 왕에서 유래한 지명.

*부처님 옆에서 정법(正法)을 수호하는 신장(神將)으로, 색계(色界)의 초선천(初禪天)을 관장하는 왕을 말한다. 범왕은 범천왕(梵天王)의 준말이다.

경상남도 하동군 화개면 범왕리(梵王里)

▷ 가야국 수로왕(首露王)의 일곱 왕자가 모두 부처님이 되었다는 칠불사(七佛寺)가 있다.

법곡(法谷)

부처님의 법(法)이 있는 곳 또는 부처님을 모신 불당(佛堂)에서 유래한 지명.

*'법곡'과' 법골'을 서로 혼용한다.

충청남도 아산시 법곡동(法谷洞)

전라남도 해남군 계곡면 법곡리(法谷里)

▷ 마을에 불당(佛堂)이 있기 때문에 '법실(法室)'이라고도 한다.

울산광역시 울주군 서생면 신암리의 법골

경기도 남양주시 진건읍 진관리의 법골

강원도 삼척시 원덕읍 노곡리의 법골

경상북도 봉화군 상운면 구천리의 법골

경상북도 칠곡군 창평면 지천리의 법곡산(法谷山)

법골 ⇒ 법곡(法谷)

법당(法堂)

부처님을 모신 불당(佛堂) 또는 불교를 강학(講學)하는 집에서 유래한 지명.

강원도 강릉시 사천면 산대월리의 법당골

충청남도 공주시 유구읍 명곡리의 법당골

경상남도 진주시 일반성면 운천리의 법당골

전라북도 남원시 서도면 계수리의 법당골

전라남도 해남군 옥천면 영신리의 법당골

법동(法洞)

절 또는 법당(法堂)이 있는 마을이라는 뜻의 지명.

대전광역시 대덕구 법동(法洞)

▷ 지역에 '법천골', '승골' 따위의 지명이 있다.

충청북도 충주시 노은면 법동리(法洞里)

▷ 인근에 보련사(寶蓮寺) 절터가 있으며, '대덕(大德)', '덕행(德行)', '안락(安樂)' 따위의 불교 지명이 산재해 있다.

법산(法山)

불법(佛法)을 수호하는 사찰이 있는 산이라는 뜻으로 지은 지명.

충청남도 태안군 소원면 법산리(法山里)

▷ 예전에 한 스님이 마을 뒤 등대산(登垈山)에 사찰을 세우고 법을 편다고 하여 '법산'이라고 했다고 한다.

법성(法聖)

불법(佛法)이 발현하는 성스러운 곳이란 의미의 지명.

전라북도 영광군 법성면(法聖面)

▷ 인도 스님인 마라난타(摩羅難陀) 존자가 백제에 불교를 처음 전래한 곳이라고 한다.

전라북도 익산시 용안면 법성리(法聖里)

▷ 마을 남쪽 자명산(自明山)에서 불법이 발현한다는 전설이 있다 .

법성(法星)

법당(法堂)과 어울리는 별의 모습에서 유래한 지명.

강원도 화천군 화천읍 동촌리의 법성(法星)

▷ 사찰의 지붕과 뒷산에 걸친 별의 모습이 아름답다고 한다.

법수(法水)

절의 샘물 또는 그곳에서 발원한 냇물에서 유래한 지명.

*불법(佛法)이 솟아나고 흐름, 또는 중생의 번뇌를 씻는 물이라는 뜻이다.

강원도 양양군 현북면 법수치리(法水峙里)

▷ 남대천(南大川)의 발원지를 비유하여, 부처님의 법이 발원한 곳이라는 뜻이다. '峙'는 언덕 또는 고개를 의미한다.

경기도 연천군 청산면 초성리의 법수동(法水洞)

▷ 불법(佛法)이 중생의 마음속 때를 깨끗이 씻는 물이라는 뜻에서, 또 마을 남쪽에 있던 법수사(法水寺)의 이름에서 유래했다고 한다.

충청북도 충주시 수안보면 중산리의 법수골

부산광역시 중구 보수동(寶水洞)

▷ 원래는 법수동(法水洞)이라고 했으나 보수(寶水)로 바꾸었다.

부산광역시 중구의 법수천(法水川)

법수(法守)

사찰이 많아서 불법(佛法)을 수호한다는 의미의 지명.

경상남도 함안군 법수면(法守面)

▷ '절터', '부처골' 따위의 지명이 산재하며, 예전에 사찰이 많았던 곳이다.

법전(法田)

사찰이 있던 터 또는 사찰이 소유한 밭에서 유래한 지명.

경상북도 봉화군 법전면(法田面)

▷ 예전에 법흥사(法興寺)에 속한 큰 밭이 있었다고 한다.

경상북도 성주군 가천면 법전리(法田里)

▷ 예전에 법림사(法林寺)가 있었던 곳이다.

경기도 안성시 미양면 법전리(法典里)

▷ 예전에 용화사(龍華寺)에 속한 밭이 있었던 곳이지만, 한자로는 '法典'이라고 쓴다.

경상북도 봉화군 법전면의 법전천(法田川)

법주(法周)

불법(佛法)을 두루 편 곳이라 하여 지어진 지명.

강원도 횡성군 우천면 법주리(法周里)

▷ 치악산 구룡사(九龍寺) 스님이 이곳에서 법을 폈다는 전설이 있다. 이와는 달리 예전에 가뭄으로 벌어진 물싸움을 공정하게 판결했다는 데서 유래하였다는 주장도 있다.

법촌(法村)

사촌(寺村)과 같은 뜻이지만 교학(敎學)의 의미가 강조된 지명.

경상남도 고성군 영현면 대법리(大法里)

▷ '대촌(大村)'과 '법촌'을 합쳐 지은 지명으로, 원래는 '법이(法耳)'라고 하였다. 마을에 고려시대의 절터가 남아 있다.

법평(法坪)

마을이 화목하고 불법(佛法)이 두루 미친다는 뜻으로 지은 지명.

경상남도 산청군 차황면 법평리(法坪里)

경상남도 산청군 생비량면 가계리의 법평(法坪)

▷ 신라 때의 스님인 비량(比良) 대사가 '법편(法遍)'이라고 했으나 뒤에 여러 성씨가 화목하게 산다고 하여 '법평'으로 고쳤다고 한다.

법현(法峴)

사찰로 가는 길의 고개에서 유래한 지명.

충청남도 태안군 소원면 법산리의 법현(法峴)

▷ 원래 법현리였으나 법산리(法山里)에 통합되었다.

경상북도 예천군 용궁면 송암리의 법현

▷ 법고개 밑에 있는 마을을 말한다.

법화(法華)

불법(佛法)을 널리 편 곳 또는 모든 중생이 성불(成佛)하는 세상이란 의미의 지명.

경상북도 영천시 화북면 법화리(法華里)

▷ 예전에 한 스님이 불법을 펴기 위해 처음 정착한 곳이라 한다.

경기도 용인시 기흥구의 법화산(法華山)

충청남도 공주시 유구읍의 법화산

경상남도 함양군 휴천면의 법화산

법흥(法興)

불법(佛法)이 번창할 곳이라는 의미의 지명.

경기도 파주시 탄현면 법흥리(法興里)

▷ 예전에 사찰이 있어서 불법(佛法)이 크게 번성했다고 한다.

경상남도 밀양시 단장면 법흥리

▷ 지역에 '법귀(法貴)', '법산(法山)', '안법(安法)' 따위의 불교 지명이 산재해 있다.

강원도 영월군 수주면의 법흥천(法興川)

보광(普光)

일체를 비추는 부처님의 자비광명 또는 보광(普光) 국사의 이름에서 유래한 지명.

*보광 국사는 신라 진흥왕 때의 스님이라고 하는데 자세한 기록은 전하지 않는다.

서울특별시 용산구 보광동(普光洞)

▷ 보광(普光) 국사가 세운 절이 이곳에 있었다고 한다.

충청북도 괴산군 사리면의 보광산(普光山)

경상북도 청송군 청송읍의 보광산

경상남도 남해군 상주면의 보광산

강원도 강릉시 성산면의 보광천(普光川)

보련(寶蓮)

불교의 상징인 연꽃을 찬탄한 말에서 유래한 이름.

충청북도 진천군 진천읍의 보련산(寶蓮山)

충청북도 충주시 앙성면의 보련산

보리(菩提)

도(道), 지(智), 각(覺)으로 번역되는 산스크리트어 보디(bodhi)를 음사한 말에서 유래한 지명.

경기도 가평군 설악면의 보리산(菩提山)

▷ 나산(羅山)이라고도 한다.

보문(普門)

관세음보살의 덕을 찬탄하는 의미의 지명.

*일체가 관세음보살의 모습이라는 의미로, 넓은 문호(門戶)를 의미한다.

경상북도 안동시의 보문산(普門山)

경상북도 예천군 보문면의 보문산

대전광역시 중구의 보문산(寶文山)

▷ 원래 보물산(寶物山)을 보문산으로 바꾸었다고 하지만, 예전에 보문사(普門寺)가 있었다.

보수(寶水) ⇒ 법수(法水)

보은(報恩)

부모님 또는 부처님의 은혜에 보답한다는 의미의 지명.

*부처님의 제자인 목련(木蓮) 존자가 지옥에 떨어진 어머니를 구하는 내용의 경전이 『보은봉분경(報恩奉盆經)』이다.

충청북도 보은군(報恩郡)

▷ 자세한 유래는 알 수 없으나, 부근에 법주사(法住寺) 등의 사찰과 불교 유적이 많은 것으로 미루어 불교 지명으로 추정된다.

보절(寶節) ⇒ 고사(古寺)

보현(普賢)

부처님의 행덕(行德)을 상징하는 보현보살의 이름에서 유래한 지명.
*문수보살과 함께 석가모니 부처님을 협시(挾侍)한다.

강원도 강릉시 성산면의 보현산(普賢山)
충청북도 음성군 음성읍의 보현산
경상북도 영천시 화북면의 보현산
서울특별시 종로구의 북한산 보현봉(普賢峰)
강원도 속초시의 설악산 보현봉
강원도 춘천시의 오봉산 보현봉
전라북도 남원시의 만행산 보현봉
경상북도 청송군 현서면의 보현천(普賢川)

부용(芙蓉)

불교를 상징하는 연꽃의 다른 이름에서 유래한 지명.

충청북도 청원군 부용면(芙蓉面)
부산광역시 서구 부용동(芙蓉洞)
경기도 양평군 양서면 부용리(芙蓉里)
충청북도 영동군 영동읍 부용리
충청남도 연기군 금남면 부용리

전라북도 김제시 백구면 부용리

전라남도 완도군 보길면 부용리

강원도 춘천시 북산면의 부용산(芙蓉山)

경기도 양평군 양서면의 부용산

경기도 의정부시 고산동의 부용산

충청북도 음성군 음성읍의 부용산

경기도 양평군 양서면의 부용천(芙蓉川)

경기도 의정부시 금오동의 부용천

전라북도 김제시 백구면의 부용천

부적(夫赤) ⇒ 적사(赤寺)

부절(釜節)

특별한 솥이 있는 사찰에서 유래한 지명.

전라북도 남원시 산동면 부절리(釜節里)

▷ '솥절'로 불리며, 중절 마을에 있었던 사찰이 있었을 것으로 추정된다.

부처

부처님과 같이 덕을 갖추었거나 산 모양이 부처님을 닮았다고 해서 붙인 이름.

전라북도 완주군의 부처산

▷ 만덕산(萬德山)이라고 한다.

전라남도 강진군 강진읍의 부처산

▷ 만덕산(萬德山)이라고 한다.

부처골 ⇒ 불곡(佛谷)

부처댕이 ⇒ 불당(佛堂)

부처샘

사찰의 샘을 높여 부른 데서 유래한 지명.

충청남도 보령시 남포면 읍내리의 부처샘

전라남도 화순군 화순읍 신기리의 부처샘

북암(北庵)

마을 북쪽에 암자가 있어서 붙여진 지명.

강원도 양양군 서면 북암리(北庵里)

▷ 황이리(黃耳里)의 선림원(禪林院) 북쪽에 암자가 있었다고 한다.

불견(佛見)

현신(現身)한 부처님을 친견하였다는 설화에서 유래한 지명.

충청북도 충주시 신니면 견학리(見鶴里)

▷ 견학리는 '불견'과 '학성(鶴城)'을 합쳐 지은 이름이다.

경기도 군포시의 불견산(佛見山)

▷ 수리산(修理山)의 다른 이름으로 견불산(見佛山)이라고도 한다.

경기도 연천군 신서면의 불견산

불곡(佛谷)

부처님을 모신 불당(佛堂), 석불(石佛), 마애불(磨崖佛) 따위가 있는 마을이라는 지명.

*아주 흔한 마을 이름으로 '부처골', '불곡(佛谷)', '불동(佛洞)'을 로

혼용하는 경우가 많다.

경기도 양평군 개군면 불곡리(佛谷里)

▷ 고려 때 세운 것으로 추정되는 석조 미륵불상이 있다.

경상북도 경주시 인왕동의 불곡(佛谷)

경상남도 진주시 대곡면 용암리의 불곡

경상남도 통영시 욕지면 동항리의 불곡

광주광역시 남구 봉선동의 부처골

울산광역시 울주군 웅천면 대대리의 부처골

경기도 광주시 퇴촌면 정지리의 부처골

강원도 강릉시 연곡면 삼산리의 부처골

충청북도 괴산군 소수면 아성리의 부처골

경상북도 청도군 매전면 지전리의 부처골

경상남도 합천군 가회면 오도리의 부처골

경상북도 칠곡군 가산면 석우리의 불동(佛洞)

경상북도 칠곡군 지천면 금호리의 불동

경기도 성남시 분당구 불정동(佛亭洞)

▷ '불곡산'과 '정자동'을 합친 지명이다.

경기도 성남시 분당구의 불곡산(佛谷山)

경기도 양주시 주내동의 불곡산

▷ 불국산(佛國山)이라고도 한다.

불광(佛光)

부처님의 자비의 광명이라는 뜻으로 지은 지명.

서울특별시 은평구 불광동(佛光洞)

▷ 부근에 사찰이 많아서 부처님의 광명이 비춘다고도 하고, 불광사(佛光寺)라는 사찰에서 유래하였다고도 한다.

부산광역시 기장군 장안읍의 불광산(佛光山)

▷ 대운산(大雲山)의 다른 이름이다. 신라 때 원효(元曉) 대사의 마지막 수행지였다고 한다.

서울특별시 은평구의 불광천(佛光川)

불국(佛國)

'부처님의 나라', 즉 불국정토(佛國淨土)를 말하는 지명.

경기도 양주시 주내동 불국산(佛國山)

▷ 불곡산(佛谷山)이라고도 한다.

불단(佛壇)

부처님을 모시는 불단이 있는 곳에서 유래한 지명.

경상북도 봉화군 명호면 북곡리의 불단골

▷ '불장골'이라고도 한다. 마을이 있는 북곡리(北谷里)도 '불단곡'이 '불곡' → '북곡'으로 변한 것이다.

불당(佛堂)

부처님을 모신 전각(殿閣)이 있어서 유래한 지명.

*전국적으로 아주 흔한 지명으로, '불당', '불당골', '부처댕이'를 혼용한다. '부처댕이'는 불당의 향토적 표현이다.

충청남도 천안시 서북구 불당동(佛堂洞)

▷ 예전에 마을 서쪽의 북당골(불당골)에 암자가 있었다고 한다.

경기도 광주시 중부면 불당리(佛堂里)

경기도 안성시 공도읍 불당리

서울특별시 강북구 미아동의 불당골

인천광역시 강화군 불은면 두운리의 불당골

경기도 수원시 장안구 상광교동의 불당골

경상북도 봉화군 춘양면 서벽리의 불당골

경상남도 의령군 칠곡면 도산리의 불당골

경기도 여주군 가남면 태평리의 부처댕이

충청남도 논산시 부적면 반송리의 부처댕이

전라북도 정읍시 소성면 보화리의 부처댕이

경기도 평택시 포승읍의 불당산(佛堂山)

충청북도 진천군 문백면의 불당산

충청남도 예산군 삽교읍의 불당산

경상남도 창원시 성산구의 불당산

경상북도 칠곡군 지천면의 불당천(佛堂川)

불당골 ⇒ 불당(佛堂)

불대(佛臺)

부처님이 계신 자리라는 의미의 지명.

전라남도 장성군 장성읍의 불대산(佛臺山)

▷ 불태산(佛台山)이라고도 한다.

불동(佛洞) ⇒ 불곡(佛谷)

불명(佛明)

부처님의 지혜의 광명이 발현한다는 뜻의 지명.

전라북도 완주군 경천면 가천리의 불명산(佛明山)
▷ 신라 때 일교 국사가 창건한 화암사(花巖寺)가 있다.

불모(佛母)

부처님을 어머니에 비유한 이름의 지명.

경상남도 창원시의 불모산(佛母山)
경상남도 통영시 사량면의 불모산

불몽(佛夢)

잠자는 스님의 형상을 한 바위에서 유래한 지명.

전라남도 완도군 군외면 불목리(佛目里)
▷ 잠자는 스님 형상의 바위가 있다고 하여 '불몽(佛夢)'이라고 했으나 불목으로 변했다.

불문(佛門)

부처님의 가르침 또는 부처님의 품이라는 뜻의 지명.

경기도 연천군 중면 대사리의 불문(佛門)

▷ 불문 마을에 이름을 알 수 없는 큰 사찰이 있었다고 한다. 마을이 미수복 지역에 있다.

불미지(佛彌地)

부처님과 미륵보살을 모신 곳이라는 의미의 지명.

경기도 고양시 덕양구 선유동의 불미지(佛彌地)

▷ 예전에 미륵불을 모신 절이 있었다고 한다.

불석(佛石)

불상(佛像)을 조각한 돌의 산지에서 유래한 지명.

경상남도 거창군 가북면 중촌 불석동(佛石洞)

▷ 예전에 수도사(修道寺)라는 사찰의 불상을 이곳의 돌로 조성했다고 한다.

불암(佛岩)

부처님을 닮은 바위에서 유래한 지명.

경상남도 김해시 불암동(佛岩洞)

▷ 부근에 있는 선바위[仙岩]가 부처님을 닮았다고 하여 불암이라고 한다.

경상북도 문경시 산양면 불암리(佛岩里)

▷ 봉황이 앉았다는 '봉암(鳳岩)'이 부처님을 닮았다고 한다.

광주광역시 서구 서창동의 불암

전라북도 함평군 엄다면 엄다리의 불암

경기도 남양주시의 불암산(佛岩山)

충청남도 논산시의 불암산

전라남도 광양시 진상면의 불암산

전라남도 여수시 화양면의 불암산

경기도 남양주시의 불암천(佛岩川)

불은(佛恩)

부처님의 은혜를 입었다는 전설에서 유래된 지명.

인천직할시 강화군 불은면(佛恩面)

▷ 고려시대 삼별초의 난 때, 사찰의 연못이 핏빛으로 변하여 변란을 미리 알려주었다는 전설이 있다. 이곳에 있었던 자은사(慈恩寺)의 恩 자를 따서 지었다고도 한다.

불정(佛井)

사찰의 샘 또는 사찰의 우물에서 유래한 지명.

경상북도 문경시 불정동(佛井洞)

▷ 예전에 있던 운암사(雲巖寺)의 샘을 말한다.

경기도 의왕시 월암동의 불정(佛井)

불정(佛頂)

'부처님의 이마'라는 뜻으로, 부처님의 자비의 광명이 발현하는 곳이라는 지명.

충청북도 괴산군 불정면(佛頂面)

▷ 지역에 마애불 좌상과 삼층석탑 두 기가 있다.

경상북도 문경시 불정동의 불정산(佛頂山)

불하(佛下)

부처님 아래의 세상이라는 의미의 지명.

강원도 강릉시 강동면의 불하산(佛下山)

▷ 불하산 밑에 시동리(詩東里)가 있다. 원래 '사동(寺東)'이었는데 지명에서 사찰이 연상된다고 시동으로 바꾸었다.

불출(佛出)

부처님이 출현하다는 의미의 지명.

전라북도 정읍시의 내장산 불출봉(佛出峰)

불현(佛峴)

불상이 있는 고개 또는 사찰로 가는 고개에서 유래한 지명.

*산모퉁이나 고갯마루에 석불을 모셔놓고 지나는 사람들이 소원을 비는 풍속이 있었다.

경기도 동두천시 불현동(佛峴洞)

▷ 탑곡(塔谷)으로 가는 길에 부처고개가 있다.

경기도 안성시 보개면 불현리(佛峴里)

▷ 동네 어귀에 돌부처가 있었다고 하여 '부치개' 또는 '부처고개'라고 부른다.

불회(佛會)

여러 부처님을 모신 곳 또는 법회(法會)가 열리는 곳에서 유래한 지명.

경상북도 의성군 춘산면 효선리의 불회동(佛會洞)

▷ 예전에 이곳에 있던 남토사(南土寺)와 교남사(皎南寺)에 고승이 많았다고 한다.

비량(比良)

비량(比良) 대사의 이름에서 유래한 지명.

*신라 때의 스님이라고 하나 자세한 기록은 전하지 않는다.

경상남도 산청군 생비량면(生比良面)

▷ 비량 대사가 사신 곳이라 하여 '생비량(生比量)'이라고 한다.

비로(毘盧)

부처님의 법신(法身)인 비로자나불(毘盧遮那佛)의 이름에서 유래한 지명.

*비로자나 부처님은 지덕(智德)의 빛으로 온 세상을 비춘다고 한다.

대구광역시의 팔공산 비로봉(毘盧峰)

강원도 원주시의 치악산 비로봉

강원도 춘천시의 오봉산 비로봉

강원도 평창군의 오대산 비로봉

충청북도 단양군의 소백산 비로봉

충청북도 보은군의 속리산 비로봉

경상북도 김천시의 황악산 비로봉

경상남도 양산시 하북면의 비로천(毘盧川)

사(寺)

사찰이 있는 곳에서 유래한 지명.

*寺를 사용하지 않으려고 司, 舍, 沙, 泗, 蓑 따위로 쓰는 경우가 있다.

경기도 평택시 서탄면 사리(寺里)

▷ 절골[寺洞] 마을이 있다.

경상북도 영양군 청기면 사리

▷ 사곡(寺谷) 마을이 있다.

경기도 양주시 회암동 사리

▷ 사적 제128호로 지정된 회암사(檜巖寺) 절터가 있는 곳이다. 이곳에 보물 제387호의 선각(禪覺)왕사의 비, 보물 제388호인 무학(無學)대사의 부도와 비, 보물 제389호인 쌍사자석등 따위의 유적이 있다.

경상남도 창녕군 계성면 사리(舍里)

▷ 예전에 대흥사(大興寺)가 있었다고 하며, 석조광배가 남아 있다. '舍里'

로 쓴다.

경상북도 청도군 각남면 사리(舍里)

▷ 예전에 사찰이 있어 '寺里'라고 하였으나 '舍里'로 쓴다. 인근에 '사동', '내사', '외사', '상사', '하사' 따위의 지명도 모두 '沙'나 '舍'로 쓴다.

사(舍) ⇒ 사(寺)

사곡(寺谷)

절이 있는 곳에서 유래한 지명.

* '절골', '사곡(寺谷)', '사동(寺洞)'을 서로 혼용한다.

충청남도 공주시 사곡면(寺谷面)

▷ 신라 때 자장(慈藏) 율사가 창건한 마곡사(麻谷寺)가 있다.

충청북도 청원군 강내면 사곡리(寺谷里)

충청남도 서천군 서천읍 사곡리

경상북도 예천군 상리면 사곡리

경기도 고양시 덕양구 지축동의 사곡(寺谷)

▷ 신라 때 원효 대사가 창건한 흥국사(興國寺) 입구의 마을이다.

경상북도 의성군 사곡면(舍谷面)

▷ 지역에 '대사(大沙)', '탑곡(塔谷)' 따위의 지명이 있는 것으로 보아 '寺谷'인 것으로 추정된다. 그러나 寺를 사용하지 않으려고 舍를 썼다.

충청북도 진천군 이월면 사곡리(沙谷里)

▷ 통일신라 때의 마애석불이 있다.

경상북도 예천군 유천면 사곡리(沙谷里)

▷ 예전에 사찰이 있어 '사곡(寺谷)'이라 했으나 '沙谷'으로 쓴다.

경상남도 진주시 사봉면 사곡리(沙谷里)

▷ 마사(馬寺)라는 사찰이 있었다고 하며, 寺를 사용하지 않으려고 沙로 썼다.

사곡(沙谷) ⇒ 사곡(寺谷)

사곡(舍谷) ⇒ 사곡(寺谷)

사내(寺內)

사찰 안에 있는 동네에서 유래한 지명.

충청북도 보은군 속리산면 사내리(寺內里)

▷ 법주사(法住寺) 안쪽으로, 한동안은 '舍乃'로 썼다.

사당(寺堂)

절의 당(堂)이 있던 곳에서 유래한 지명.

서울특별시 동작구 사당동(舍堂洞)

▷ 신라 말엽에 도선(道詵) 대사가 창건한 관음사(觀音寺)가 있었던 것으로 추정된다.

충청북도 진천군 이월면 사당리(沙堂里)

▷ 마을에 사찰이 있어서 '사당(寺堂)'이라고 하였으나 한자는 '沙堂'으로 쓴다.

사당(舍堂) ⇒ 사당(寺堂)

사당(沙堂) ⇒ 사당(寺堂)

사동(寺洞)

사찰이 있는 곳에서 유래한 지명.

*'절골', '사곡(寺谷)', '사동(寺洞)'을 서로 혼용한다.

충청북도 단양군 대강면 사동리(寺洞里)

▷ 예전에 묘적사(妙寂寺)라는 사찰이 있었다.

강원도 인제군 기린면 방동리의 사동(寺洞)

경기도 안성시 고삼면 쌍지리의 사동

충청북도 영동군 심천면 구탄리의 사동

전라남도 구례군 구례읍 산성리의 사동

전라남도 곡성군 고달면 대사리의 사동

충청북도 진천군 광혜원면 죽현리의 사동(四洞)

▷ 寺를 사용하지 않으려고 四로 쓴다.

전라남도 고흥군 도화면 가화리의 사동(巳洞)

▷ 마을 뒤편 유주산(楡朱山)에 사찰이 있어 사동(寺洞)이라고 했으며, 寺를 사용하지 않으려고 巳로 쓴다.

충청남도 부여군 세도면 동사리(東寺里)

▷ '동곡(東谷)'과 '사동'을 합쳐 지은 지명으로, 고려 때 사찰인 성림사(聖林寺) 터가 있다.

경기도 광주시 도척면 유사리(柳寺里)

▷ '사동'과 '유여동(柳餘洞)'을 합쳐 지은 지명이다.

강원도 홍천군 남면 시동리(詩洞里)

▷ 사찰에서 유래되었지만 寺를 사용하지 않으려고 詩로 쓴다.

강원도 강릉시 강동면 시동리(詩洞里)

▷ 원래 사동(寺洞)이고, 지역에 '승방골', '바랑골', '불하산(佛下山)' 따위의 지명이 있다. 寺를 사용하지 않으려고 詩로 쓴다. 지금은 상시동리와 하시동리로 분할되었다.

충청남도 부여군 세도면의 사동천(寺洞川)

사동(寺東)

사찰의 동쪽에 있는 마을에서 유래한 지명.

충청북도 청원군 남이면 사동리(寺東里)

▷ 안심사(安心寺)의 동쪽 지역이다.

사문(寺門) ⇒ 대사(大寺)

사봉(寺奉) ⇒ 상사(上寺)

사불(四佛)

네 분의 부처님을 새긴 사면불(四面佛)에서 유래한 지명.

경상북도 문경시 산북면의 사불산(四佛山)

▷ 공덕산(功德山)이라고도 하며, 네 면에 부처님을 새긴 바위와 신라 진평왕 때 창건한 대승사(大乘寺)가 있다.

사솔(寺率)

사찰의 주변이 살기 좋은 곳이라는 의미의 지명.

경기도 안성시 삼죽면 기솔리(基率里)

▷ 예전에 국사봉(國師峰) 주위에 큰 사찰이 많았다고 한다. 기솔리는 '기동(基洞)'과 '사솔'을 합쳐 지은 이름이다.

사촌(寺村)

사찰이 있는 마을이라는 의미의 지명.

*'사촌', '절말', '절골'을 혼용하는 경우가 있으며, 사동(寺洞)보다는 큰 마을이다.

경상남도 함안군 군북면 사촌리(沙村里)

▷ 마을 이름이 '절골'임에도 '沙村'으로 쓴다.

경상남도 합천군 가야면 사촌리(蓑村里)

▷ 신라 때 사찰이라 하는 청량사(淸凉寺)가 있어 '절골'이라 하는데, 寺를 사용하지 않으려고 蓑로 쓴다.

전라북도 남원시 보절면 사촌리(沙村里)

▷ 예전에 사찰이 있어서 '사촌(寺村)'이라고 했었다.

충청북도 괴산군 칠성면 쌍곡리의 절말

충청북도 괴산군 장연면 방곡리의 절말

삼불(三佛)

세 분의 부처님이 계신다는 의미의 이름.

*삼불은 비로자나불 · 노사나불 · 석가모니불 또는 아미타불 · 석가모니불 · 제불(諸佛)을 말한다.

충청북도 청원군 미원면의 삼불산(三佛山)

충청남도 서산시 갈산면의 삼불산

대전광역시 유성구의 삼불봉(三佛峰)

▷ 갑하산(甲下山)의 다른 이름이다.

충청남도 공주시의 계룡산 삼불봉(三佛峰)

삼존(三尊)

세 분의 부처님이 계신다는 의미의 이름.

*삼존은 아미타불 · 관세음보살 · 대세지보살, 석가모니불 · 문수보살 · 보현보살 또는 약사여래 · 일광보살 · 월광보살을 가리킨다.

강원도 인제군의 설악산 삼존봉(三佛峰)

상사(上寺)

마을 위쪽에 사찰이 있어 유래한 지명.

경상남도 진주시 사봉면(寺奉面)

▷ 원래 상사면(上寺面)이었으나 하봉면(下奉面)과 합치면서 사봉면이 되었다. 지역에 마사(馬寺)라는 사찰이 있었다고 한다.

경상북도 포항시 북구 죽장면 상사리(上舍里)

▷ 예전에 개운사(開雲寺)라는 사찰이 있었다고 하여 생긴 지명인데, 寺를 사용하지 않으려고 舍로 쓴다.

상왕(象王)

부처님을 코끼리의 왕에 비유한 지명.

충청남도 서산시 운산면의 상왕산(象王山)

경상남도 합천군의 상왕산

▷ 가야산(伽倻山)의 다른 이름이다.

전라남도 완도군 완도읍의 상왕산

강원도 평창군의 오대산 상왕봉(象王峰)

전라북도 순창군의 백암산 상왕봉

새절 ⇒ 신사(新寺)

서곡(西谷)

서곡(西谷) 대사에서 유래한 지명.

*조선시대의 스님으로 추정되나 행적에 대한 기록을 알 수 없다.

강원도 원주시 판부면 서곡리(西谷里)

▷ 서곡 대사는 후리절의 스님이라고 하며, '후리절'로 불리는 곳에 절터가 남아 있다.

강원도 원주시 판부면의 서곡천(西谷川)

서래(西來)

달마(達磨) 대사가 인도에서 중국으로 온 사실, 즉 조사서래(祖師西來)의 뜻으로 붙인 이름.

전라북도 정읍시의 내장산 서래봉(西來峰)

▷ 산봉우리가 펼쳐진 모양이 농사에 쓰는 써레와 같다고 하여 '써레봉'이라 했다는 주장도 있다.

서사(西寺)

마을 서쪽에 사찰이 있어 유래한 지명.

경상북도 예천군 하리면 은산리의 서사(西沙)

▷ 예전에 있었던 홍덕사(興德寺)의 동쪽을 말한다. 서쪽은 동사리(東沙里)라고 하는데, 寺를 사용하지 않으려고 沙로 쓴다.

석가(釋迦)

석가모니 부처님의 이름에서 유래한 지명.

강원도 속초시의 설악산 석가봉(釋迦峰)

석불(石佛)

석불이 있는 마을에서 유래한 지명.

경기도 양평군 지평면 망미리의 석불리(石佛里)

▷ 석불입상이 있으며, 마을을 통과하는 중앙선 철도 역사 이름이 석불역(石佛驛)이다.

전라북도 전주시 완산구 평화동의 석불리

전라북도 익산시 삼기면 연동리의 석불리

▷ 백제 때 창건되었다는 태봉사(胎峰寺)의 석불을 말한다.

석탑(石塔)

석탑이 있는 마을에서 유래한 지명.

경상북도 안동시 북후면 석탑리(石塔里)

▷ 고려 때의 것으로 추정되는 방단형 적석탑(積石塔)이 있다.

경상북도 의성군 안평면 석탑리

▷ 고려시대에 돌을 쌓아 조성한 다층석탑이 있다.

성불(成佛)

도(道)를 닦아 부처가 된다는 의미의 지명.

대구광역시 남구의 성불산(成佛山)

충청북도 괴산군 감물면의 성불산

성주(聖住)

성인이 머물렀다는 의미의 지명.

충청남도 보령시 성주면의 성주산(聖住山)

경상북도 안동시 남후면의 성주산

세존(世尊)

부처님의 별호로, 세상에서 가장 존귀한 분이라는 의미의 지명.

강원도 속초시의 설악산 세존봉(世尊峰)

세탑(細塔) ⇒ 탑동(塔洞)

소요(逍遙)

걸림이 없음 또는 유유자적함을 의미한 지명.

경기도 동두천시의 소요산(逍遙山)

▷ 신라 때 원효(元曉) 대사가 창건한 자재암(自在庵)이 있다.

속리(俗離)

속세(俗世)를 여읜 곳이라는 의미의 지명.

충청북도 보은군 속리산면(俗離山面)

▷ 신라 때 의신(義信) 대사가 창건한 법주사(法住寺)가 있다. 얼마 전까지도 속리면(俗離面)이라고 했다.

경기도 가평군 속리산(俗離山)

▷ 봉미산(鳳尾山)의 다른 이름이다.

충청북도 보은군 속리산면의 속리산

충청북도 음성군 금왕읍 백야리의 소속리산(小俗離山)

충청북도 청원군 미원면의 속리천(俗離川)

손불(孫佛)

할아버지인 부처님께 손자인 스님이 절하는 모양이라는 데서 유래한 지명.

*지형이 고승예불(高僧禮佛)의 형국이라는 의미로, 고례(高禮)와 같은 뜻이다.

전라남도 함평군 손불면(孫佛面)

▷ 부근에 있는 노승산(老僧山)이 부처님께 예불하는 모양이라고 한다.

수덕(修德)

불덕(佛德)을 닦는다는 의미의 지명.

경기도 가평군 북면의 수덕산(修德山)

충청남도 예산군의 수덕산

▷ 덕숭산(德崇山)의 다른 이름이다.

전라북도 익산시 동산동의 수덕산

전라남도 순천시 별량면의 수덕산

수도(修道)

불도(佛道)를 닦기에 좋은 곳이라는 지명.

서울특별시 강남구 삼성동의 수도산(修道山)

대구광역시 중구의 수도산

경상북도 경주시 서악동의 수도산

경상북도 김천시 증산면의 수도산

수리(修理)

불도(佛道)를 닦기에 좋은 곳이라는 지명.

경기도 군포시의 수리산(修理山)

▷ 원래는 견불산(見佛山)이었는데, 산에 있는 수리사(修理寺)의 이름을 따 왔다.

숭진(崇眞)

불교를 숭상하고 진리를 깨우치라는 의미의 지명

*조선시대에 사명(泗溟) 대사가 지은 이름이라고 한다.

경상남도 밀양시 삼량진읍 숭진리(崇眞里)

승곡(僧谷)

스님들이 사는 골짜기라는 의미의 지명.

*'승곡'과 '승골'을 혼용한다.

대전광역시 대덕구 읍내동의 승골

충청북도 옥천군 이원면 강청리의 승골

경상북도 예천군 호명면 직산리의 승곡(僧谷)

경상북도 상주시 낙동면 승곡리(升谷里)

▷ 예전에 승장사(僧長寺)가 있어서 '승곡(僧谷)'이라 했는데도 '升谷'으로 쓴다.

승가(僧伽)

불교에서 삼보(三寶)의 하나인 승가(僧伽)에서 유래한 지명.

전라북도 김제시 흥사동의 승가산(僧伽山)

서울특별시 종로구의 북한산 승가봉(僧伽峰)

승두(僧頭)

산봉우리가 스님의 머리처럼 생긴 데서 유래한 지명.

강원도 평창군 방림면의 승두봉(僧頭峰)

▷ '중갈대봉'이라고도 한다.

승방(僧房)

스님이 기거하던 집[사찰]에서 유래한 지명.

*승방은 사찰에 필요한 일곱 가지 시설인 칠당(七堂) 가운데 하나다.

강원도 원주시 호저면 옥산리의 승방골

충청남도 홍성군 서부면 남당리의 승방골

경상남도 양산시 남부동의 승방골

경기도 광주시 도척면 상림리의 승방터

승법(承法)

불법(佛法)을 받드는 사찰에서 유래한 지명.

전라남도 곡성군 오곡면 승법리(承法里)

▷ 마을에 법당이 있어 불법(佛法)을 이어간다고 한다.

시동(詩東) ⇒ 사곡(寺谷)

식사(食寺)

고려 때, 피난을 온 공양왕(恭讓王)의 전설에서 유래한 지명.

경기도 고양시 일산동구 식사동(食寺洞)

▷ 폐위되어 숨어 지내던 공양왕(恭讓王)에게 몰래 밥을 지어 바친 사찰을 속되게 부른 지명이다. 식사가 '어침사'라고 전하지만 자세한 내용은 알 수 없다.

신구(新邱) ⇒ 탑구(塔邱)

신법(新法)

새롭게 불법을 펼친다는 데서 유래한 지명.

경상남도 밀양시 무안면 신법리(新法里)

▷ 조선시대의 사명(泗溟) 대사 유적지로, 땀 흘리는 비석이 있는 곳이다. 한 선비가 새로운 예법(禮法)을 만든 곳에서 유래했다는 주장이 있다.

신불(神佛)

신령스러운 부처님이란 의미의 지명.

경상남도 양산시 하북면의 신불산(神佛山)

신사(新寺)

새로 지은 사찰이라는 뜻의 지명.

*'신사'와 '새절'을 혼용하는 경우가 많다.

서울특별시 은평구 신사동(新寺洞)

▷ 지역에 '새절말'이 있다.

전라북도 익산시 여산면 태성리의 신사동

강원도 강릉시 주문진읍 삼교리의 새절골

충청북도 옥천군 군북면 증약리의 새절골

경상북도 안동시 풍산읍 매곡리의 새절골

아난(阿難)

부처님의 십대제자 가운데 한 분인 아난(阿難) 존자의 이름에서 유래한 지명.

*다문(多聞) 제일의 제자로 부처님을 가장 오랫동안 시봉하였다. 아난다(阿難多)라고도 한다.

강원도 인제군의 설악산 아난봉(阿難峰)

안락(安樂)

극락(極樂)과 같은 뜻으로, 괴로움이 없는 세계라는 의미의 지명.

충청북도 충주시 노은면 안락리(安樂里)
▷ 인근에 보련사(寶蓮寺) 터가 있으며, '대덕(大德)', '덕행(德行)', '법동(法洞)' 따위의 지명이 산재해 있다.

안림(安林) ⇒ 안심(安心)

안법(安法)

정법(正法)을 안장(眼藏)한다는 의미에서 유래한 지명.

경상남도 밀양시 단장면 안법리(安法里)
▷ 신라 때 원효(元曉) 대사가 창건한 표충사(表忠寺) 인근 지역으로, 마을에 법산(法山)으로 불리는 산이 있다.

안심(安心)

안심입명(安心立命), 즉 대도(大道)를 이루는 곳이라는 의미의 지명.
경상북도 경주시 내남면 안심리(安心里)
경상북도 영주시 안정면 안심리
경상남도 하동군 진교면 안심리
▷ 마을에 미륵불을 모신 미륵정(彌勒亭)이 있다.

전라남도 화순군 이서면 안심리

전라북도 순창군 구림면 안정리의 안심(安心)

충청북도 충주시 안림동(安林洞)

▷ '안심'과 '어림(御林)'을 합쳐 지은 지명이다.

경상북도 의성군 안사면(安寺面)

▷ '안심리'와 '목사동(木寺洞)'을 합친 지명이다.

전라남도 순창군 구림면 안정리(安亭里)

▷ '안심'과 '미륵정(彌勒亭)'에서 유래하였다.

전라남도 여수시 소호동의 안심산(安心山)

전라북도 완주군 운주면의 안심천(安心川)

안양(安養)

정토(淨土) 신앙에서 유래한 지명.

* 안양은 극락(極樂)의 다른 이름이다.

경상남도 김해시 생림면 안양리(安養里)

▷ 남쪽에 명당이 있어 유래한 지명이라 하는데, 그 명당이 안양과 같은 곳으로 추측된다.

전라남도 여수시 화양면의 안양산(安養山)

경기도 안양시의 안양천(安養川)

안정(安靜)

불공(佛供)을 드리면 마음이 편안하다고 하여 유래한 지명.

전라북도 진안군 주천면 운봉리의 안정(安靜)

▷ 마을에 불당(佛堂)이 있어 초파일에 기도하면 심신이 안정되었다고 한다.

안정(安亭) ⇒ 안심(安心)

암사(岩寺)

'바위절[岩寺]'이라는 이름에서 유래한 지명.

서울특별시 강동구 암사동(岩寺洞)

▷ 예전에 아홉 개의 사찰이 있었다고 하여 '구암(九岩)'이라고도 한다.

압사(鴨寺)

기러기가 찾아드는 사찰에서 유래한 지명.

경상남도 진주시 지수면 압사리(鴨寺里)

▷ 예전에, 압재[鴨峴] 넘어 구절에 사찰이 있었다고 한다.

야탑(野塔) ⇒ 탑곡(塔谷)

약사(藥師)

중생의 병이나 재난을 보살피는 약사여래(藥師如來)의 이름에서 유래한 지명.

*동방세계의 교주인 약사유리광불(藥師琉璃光佛)의 준말이다.

충청북도 청원군 오창읍의 약사산(藥師山)

대전광역시의 위왕산 약사봉(藥師峰)

경기도 포천시의 각흘산 약사봉

강원도 홍천군의 공작산 약사봉

경상북도 구미시의 금오산 약사봉

양사(兩寺)

사찰의 양쪽 마을이라는 의미의 지명.

인천광역시 강화군 양사면(兩寺面)

▷ 사찰 북쪽의 '북사면(北寺面)'과 서쪽의 '서사면(西寺面)'을 합친 이름이다. 사찰이 있었을 것으로 추정되는 봉천산(奉天山)에 보물 제615호인 고려시대의 석조여래불이 있다.

어불(於佛)

마을의 지형이 부처님을 닮아서 유래한 지명.

전라남도남도 해남군 송지면 어란리의 어불(於佛)

▷ 마을 뒷산 구라봉이 스님의 삿갓을 닮았다 하여 생긴 이름이라고도 한다.

업(業)

선인선과(善因善果)의 불교 사상에서 유래한 지명.

경상북도 의성군 의성읍 업리(業里)

▷ 마을 뒷산의 용바위에 치성을 드리면 소원을 이룬다는 풍속에서 유래한다.

여래(如來)

부처님의 다른 이름에서 유래한 지명.

충청남도 예산군 신양면 여래미리(如來味里)

▷ 자세한 유래는 알 수 없으나 인근에 '시왕', '연동', '불원', '불목', '국사봉' 따위의 지명으로 보아 불교와 관련이 있는 것으로 추정된다.

경상남도 김해시 진영읍 여래리(余來里)

▷ 진영읍 소재지로 예전에 큰 사찰이 있었다고 한다.

전라북도 고창군의 선운산 여래봉(如來峰)

여의(如意)

뜻대로 이루어지는 곳 또는 용(龍)이 여의주를 가진 곳이라는 의미의 지명.

전라북도 전주시 덕진구 여의동(如意洞)

▷ 마을에 여의주와 같은 바위가 있어 유래한 이름이다.

경상남도 의령군 낙서면 여의리(如意里)

▷ 마을 앞에 연꽃이 피는 늪이 있어서 '여늪'이라고 했는데, 이 말이 여의가 되었다고 한다.

경상남도 하동군 횡천면 여의리

▷ 예전에 마을 불당(佛堂)에서 기도하면 뜻대로 이루어졌다고 한다.

전라북도 진안군 정천면 모정리의 여의곡(如意谷)

▷ 마을이 용의 여의주에 해당하는 지형이라고 한다.

충청남도 태안군 태안읍의 여의천(如意川)

전라남도 장흥군 용산면의 여의천

역탑(驛塔) ⇒ 탑(塔)

연곡(蓮谷)

불교를 상징하는 연꽃에서 유래한 지명.

*지형이 연꽃을 닮았거나, 극락세계와 같다는 의미로 지어진 지명으로 전국에 산재한다.

강원도 강릉시 연곡면(蓮谷面)

경기도 광주시 실촌읍 연곡리(蓮谷里)

경기도 양주시 백석읍 연곡리

충청북도 진천군 진천읍 연곡리

전라북도 부안군 부안읍 연곡리

전라남도 해남군 화산면 연곡리

경상북도 안동시 북후면 연곡리

연담(蓮潭)

강의 여울 모양이 연꽃과 같다고 하여 유래한 지명.

충청북도 진천군 초평면 연담리(蓮潭里)

▷ 마을 앞 미호천(美湖川)의 여울 모양에서 '반여울', '연탄(蓮灘)' 또는

'연화(蓮花)'라고 한다.

연당(蓮塘)

연꽃이 있는 못에서 유래한 지명.

경상북도 영양군 입암면 연당리(蓮塘里)

경상남도 고성군 영오면 연당리

경상남도 창녕군 성산면 연당리

전라남도 해남군 황산면 연당리

연대(蓮臺)

연꽃 형상의 좌대(座臺)와 같은 지형에서 유래한 지명.

경기도 여주군 가남면 연대리(蓮臺里)

▷ 마을에 절터와 고려 때의 마애불이 있다.

연등(蓮燈)

연꽃 모양의 등에서 유래한 지명.

전라남도 고흥군 과역면 연등리(蓮燈里)

▷ 마을을 둘러싸고 있는 연화산(蓮花山)과 옥등산(玉燈山)의 이름에서 유래한다.

경상남도 진주시 집현면의 연등산(蓮燈山)

전라남도 무안군 무안읍의 연등산

전라남도 여수시 문수동의 연등천(蓮燈川)

연봉(蓮峯)

마을 산의 봉우리 모양이 연꽃과 같아 생긴 지명.

강원도 홍천군 홍천읍 연봉리(蓮峯里)

충청남도 서천군 한산면 연봉리

전라남도 영광군 불갑면 우곡리의 연봉(蓮峯)

경상북도 고령군 운수면의 연봉산(蓮峰山)

경상남도 남해군 창선면의 연봉산

연산(蓮山)

연꽃 모양의 산에서 유래한 지명.

부산광역시 연제구 연산동(蓮山洞)

전라북도 남원시 송동면 연산리(蓮山里)

전라남도 장흥군 장흥읍 연산리

부산광역시 연제구(蓮堤區)

▷ 연산과 거제(巨堤)를 합친 지명이다.

충청남도 계룡시 엄사면의 연산천(蓮山川)

연실(蓮室)

연꽃 모양의 터에서 유래한 지명.

전라북도 부안군 부안읍 연곡리의 연실(蓮室)

전라북도 남원시 인월면 자래리의 연실

연암(蓮岩)

연꽃 모양의 바위에서 유래한 지명.

울산광역시 북구 연암동(蓮岩洞)

전라남도 영광군 묘량면 연암리(蓮岩里)

전라남도 함평군 대동면 연암리

연정(蓮井)

연꽃이 피는 샘에서 유래한 지명.

전라남도 해남군 화산면 연정리(蓮井里)

연제(蓮堤) ⇒ 연산

연지(蓮池)

연꽃이 피는 못에서 유래한 지명.

서울특별시 종로구 연지동(蓮池洞)
부산광역시 부산진구 연지동
경기도 안성시 연지동
경상북도 울진군 울진읍 연지리(蓮池里)
전라남도 장흥군 대덕읍 연지리

연화(蓮花)

연꽃 모양의 지세, 또는 연꽃이 많은 마을에서 유래한 지명.

인천광역시 옹진군 백령면 연화리(蓮花里)

부산광역시 기장군 기장읍 연화리

충청남도 부여군 초촌면 연화리

충청남도 서산군 지곡면 연화리

경상북도 김천시 대덕면 연화리

경상북도 칠곡군 지천면 연화리

경상남도 고성군 영현면 연화리

경상남도 통영시 욕지면 연화리

전라북도 고창군 심원면 연화리

전라남도 곡성군 죽곡면 연화리

전라남도 화순군 이양면 연화리

전라남도 영광군 염산면 오동리의 연화(蓮花)

울산광역시 울주군 범서읍의 연화산(蓮花山)

충청남도 서산시 성연면의 연화산

경상남도 고성군 개천면의 연화산

전라남도 고흥군 과역면의 연화산

대구광역시 달성군 다사읍의 연화봉(蓮花峰)

충청남도 천안시 서북구 입장면의 연화봉

경상북도 경주시 천북면의 연화봉

경상북도 구미시 해평면의 연화봉

경상남도 통영시 욕지면의 연화봉

전라북도 고창군 심원면의 연화봉

전라남도 장흥군 장흥읍의 연화봉

강원도 태백시의 태백산 연화봉(蓮花峰)

충청북도 단양군의 소백산 연화봉

경상북도 봉화군의 청량산 연화봉

경상북도 청송군의 주왕산 연화봉

전라남도 해남군의 두륜산 연화봉

전라남도 여수시 율촌면의 연화천(蓮花川)

염불(念佛)

염불하던 곳에서 유래한 지명.

울산광역시 울주군 범서읍 서사리의 염불동(念佛洞)

▷ 예전에 외사(外沙) 마을 북쪽에 염불하는 사찰이 있었다고 한다.

경기도 화성시 서신면 상안리의 염불산(念佛山)

염주(念珠)

마을의 모양이 염주와 같아서 지어진 지명.

광주광역시 서구 화정동 염주동(念珠洞)

▷ 지형이 염주를 닮았다고도 하고, 예전에 염주사(念珠寺)라는 사찰이 있었다고도 한다.

전라남도 강진군 칠량면 명주리(明珠里)

▷ '명동(明洞)'과 '염주동'을 합친 이름으로, 지형이 염주를 든 노승이 예불하는 모양이라고 한다.

광주광역시 광산구의 염주산(念珠山)

경기도 고양시 덕양구 내곡동의 염주산

충청북도 청주시 상당구 명암동의 염주산

서울특별시 구로구 오류동의 염주봉(念珠峰)

충청북도 보은군 수한면의 염주봉

영광(靈光)

아미타불의 신령스러운 빛이란 의미의 지명.

*아무타불을 무량광불(無量光佛)이라고 하며, 영광은 무량광을 뜻한다.

전라남도 영광군(靈光郡)

▷ 백제 때, 인도 스님인 마라난타(摩羅難陀) 존자가 아마타불을 모시고 와서 불교를 처음 전파한 곳이다.

영산(靈山)

고대에, 인도의 마가다국에 있던 산 이름에서 유래한 지명.

*영축산(靈鷲山)을 줄여서 '영산'이라 한다.

경상남도 창녕군 영산면(靈山面)

▷ 지역에 영축산(靈鷲山)이 있다. 영취산이라고 한다.

경상남도 창녕군 영산면의 영산천(靈山川)

영축(靈鷲), 영취(靈鷲)

옛날 인도의 마가다국에 있던 산 이름에서 유래한 지명.

*부처님이 영축산에서 『화엄경(華嚴經)』을 설하셨고, 제자인 가섭(迦葉)에게 연꽃을 들어 법을 전하신 곳이다. 불교에서는 영축으로 읽는다.

경상남도 양산시 하북면의 영축산(靈鷲山)

경상남도 창녕군 영산면의 영취산

전라북도 임실군 강진면의 영취산

▷ 백련산(白蓮山)의 다른 이름이다.

전라남도 여수시 삼일동의 영취산

전라남도 장성군 서삼면의 축령산(鷲靈山)

▷ 영축을 거꾸로 부른 것으로 보이며, 문수산(文殊山)이라고도 한다.

영탑(令塔) ⇒ 탑동(塔洞)

오대(五臺)

문수보살이 상주하는 곳이라는 중국 오대산(五臺山)에서 따온 이름.

강원도 평창군의 오대산(五臺山)

▷ 조선시대 세조와 문수보살의 전설이 있다.

강원도 평창군 진부면의 오대천(五臺川)

오도(悟道)

도(道)를 깨우친 곳에서 유래한 지명.

*'오도'라는 지명이 많으나, 대부분은 '吾道'로 쓴다.

경상남도 합천군 가회면 오도리(吾道里)

▷ 예전에 내원사(內院寺)가 있던 곳이다. 부처골이 있다.

오도(吾道) ⇒ 오도(悟道)

오사(五師)

다섯 분의 도인(道人)이 나왔다는 전설에서 유래한 지명.

경상북도 고령군 개진면 오사리(五士里)

▷ 마을 뒷산 불당골에서 다섯 명의 도인이 배출되었다는 전설이 있으므로 '五師'지만 '五士'로 쓴다.

외사(外寺)

사찰 바깥쪽의 마을이라는 의미의 지명.

*寺를 사용하지 않으려고 沙로 쓴다.

경상남도 합천군 가회면 외사리(外沙里)

▷ 예전에 내원사(內院寺)가 부처골 밖에 있었다.

욕지(欲知)

『화엄경(華嚴經)』에 나오는 '약인욕료지삼세일체불(若人欲了知三世一切佛)'이라는 구절에서 유래한 지명.

경상남도 통영시 욕지면(欲知面)

▷ 부근에 연화도(蓮華島)와 천왕봉(天王峰)이 있다.

용궁(龍宮)

불법(佛法)을 수호하는 여덟 신중(神衆)의 하나인 용왕(龍王)의 궁전이라는 의미의 지명.

경상북도 예천군 용궁면(龍宮面)

충청남도 예산군 신암면 용궁리(龍宮里)

전라북도 남원시 주천면 용궁리

용화(龍華)

미륵불(彌勒佛)이 하생(下生)하여 교주(教主)가 되는 세상에서 유래한 지명.

*미륵불은 부처님의 입멸(入滅) 후 56억 7천만 년에 이 세상에 출현한다고 한다.

전라북도 익산시 왕궁면 용화리(龍華里)

▷ 부근에 신사동(新寺洞)이 있다.

충청북도 영동군 용화면(龍化面)

▷ 용강(龍江)의 물줄기가 용과 같다는 의미라고도 하나 지명의 뜻과는 차이가 있다. 오히려 산세가 깊고 인적이 드물어서 '미래의 땅'이라는 뜻으로 지은 것으로 보인다.

충청남도 금산군 제원면 용화리(龍化里)

▷ 지역에 용화산(龍華山)이 있다.

경상북도 영천시 자양면 용화리(龍化里)

▷ 신라 때 의상 대사가 창건했다는 묘각사(妙覺寺)가 있다.

강원도 원주시 귀래면의 용화산(龍華山)

▷ 미륵산(彌勒山)의 다른 이름이다.

강원도 화천군 간동면의 용화산

▷ 미륵산(彌勒山)의 다른 이름이다.

경기도 용인시 양지면의 용화산

충청남도 아산시 음봉면의 용화산

전라북도 군산시 옥산면의 용화산

전라북도 익산시 금마면의 용화산

▷ 미륵산(彌勒山)의 다른 이름이다.

강원도 춘천시의 삼악산 용화봉(龍華峰)

충청북도 영동군 용화면의 용화천(龍化川)

용화(龍化) ⇒ 용화(龍華)

운당(雲堂)

불당(佛堂)을 찾는 사람이 구름처럼 많다고 해서 지어진 지명.

충청남도 연기군 소정면 운당리

▷ 예전에 불당골의 불당에서 재(齋)를 올릴 때, 사람이 구름처럼 모였다고 한다.

원적(圓寂)

원만한 적정(寂靜)의 상태, 즉 열반(涅槃)을 뜻하는 의미의 지명.

경기도 이천시 백사면의 원적산(圓寂山)

경상남도 양산시 웅상읍의 원적산

▷ 천성산(千聖山)의 다른 이름이다.

원통(圓通)

불보살이 깨달은 경지가 두루 융통하다는 의미의 지명.

* 관세음보살을 원통대사(圓通大師)라고 한다.

충청북도 청원군 내수읍 원통리(源通里)

▷ 예전에 원통사가 있었다고 하여 생긴 지명이므로 '圓通'일 것으로 추정된다.

경기도 포천시 일동면의 원통산(圓通山)

전라북도 남원시 송동면의 원통산

경상북도 문경시의 희양산 원통봉(圓通峰)

전라북도 정읍시의 두승산 원통봉

원효(元曉)

신라 진평왕 때 스님인 원효(元曉) 대사에서 유래한 지명.

서울특별시 용산구 원효로동(元曉路洞)

경상남도 양산시의 원효산(元曉山)

전라북도 순창군 인계면의 원효봉(元曉峰)

부산광역시 금정구의 금정산 원효봉(元曉峰)

경기도 고양시의 북한산 원효봉

충청남도 예산군의 가야산 원효봉

유사(柳寺) ⇒ 사동(寺洞)

율사(栗寺)

밤나무가 많은 사찰에서 유래한 지명.

충청남도 당진군 면천면 율사리(栗寺里)

▷ 예전에 밤나무가 많아서 밤절이라 했다고 한다.

전라남도 곡성군 옥과면 율사리

▷ 밤정골 마을의 모양이 밤톨 같다고 한다.

의상(義湘)

신라 때 의상(義湘) 대사의 이름에서 유래한 지명.

서울특별시 고양시의 북한산 의상봉(義湘峰)

부산광역시 금정구의 금정산 의상봉

경상북도 봉화군의 청량산 의상봉

경상남도 거창군의 우두산 의상봉

전라북도 부안군의 능가산 의상봉

은사(隱寺)

'눈에 잘 띄지 않는 작은 사찰'이라는 의미의 지명.

충청남도 예산군 광시면 은사리(銀寺里)

▷ 사찰이 숨어 있다는 의미로 은절골이라고 하며, 숨을 隱 자가 지명에 부적합하다고 하여 銀으로 쓴다.

은사(銀寺) ⇒ 은사(隱寺)

이사(梨寺)

배나무가 있는 절, 즉 배절에서 유래한 지명.

충청남도 논산시 광석면 이사리(梨寺里)

▷ 봄에 배꽃이 만발하면 온통 흰색이라고 하여 백절이라고 했다.

충청남도 서천시 마산면 이사리

▷ '배저울'이나 '배절'이 이사를 뜻하지만, 이와는 달리 예전에 이곳까지 배가 드나들어 유래한 지명이라고도 한다.

이사(耳寺)

'귀절[耳寺]'이라고 부르는 사찰에서 유래한 지명.

전라남도 구례군 산동면 둔사리(屯寺里)

▷ 이사 마을 뒷산 귀절골에 고려시대에 지어진 '귀절'이 있었다고 한다. 둔사리는 '둔기(屯基)'와 '이사'를 합쳐 지은 이름이다.

이사(伊寺)

이사라고 부르는 사찰에서 유래한 지명.

경상북도 예천군 개포면 이사리(伊泗里)

▷ 이사는 예전에 사곡(寺谷) 마을에 있었다는 서학사를 가리키는 것으로 보인다. 寺를 사용하지 않으려고 泗로 쓴다.

이사(伊泗) ⇒ 이사(伊寺)

인사(仁寺) ⇒ 대사(大寺)

임불(壬佛)

스님이 새벽 예불하기에 좋은 곳이라는 의미의 지명.

경상남도 거창군 남상면 임불리(壬佛里)

▷ 예전에는 '사부랭이[沙佛郎里]'라고 했으며, '남불(南佛)'이라는 마을이 있다.

경상남도 거창군의 임불천(壬佛川)

입실(入室)

불문(佛門) 또는 스승의 문하(門下)에 들어간다는 의미의 지명.

경상북도 경주시 외동읍 입실리(入室里)

▷ 신라 때 불국사와 원원사 사이에 78개의 사찰이 있었는데, 불국사에 가기 위해서는 우선 이 사찰들에 입실하여 미리 몸과 마음을 깨끗이 했다고 한다.

경상북도 경주시 외동읍의 입실천(入室川)

장유(長遊)

장유(長遊) 화상에서 유래한 지명.

*장유 화상은 아유타국의 왕자로, 가락국 김수로왕의 비인 허 왕후의 오빠이다. 수로왕의 일곱 왕자를 데리고 산에 들어가 불도를 닦아서 모두 부처가 되었다고 한다. 후에 장유 화상은 장유산에 사찰을 세우고 입적하여 장유불(長遊佛)이 되었다고 한다.

경상남도 김해시 장유면(長遊面)

▷ 지역에 장유산과 장유사가 있다.

경상남도 김해시 장유면의 장유산(長遊山)

▷ 태정산(胎亭山)이라고도 한다.

재촌(齋村)

재(齋)를 지내는 곳에서 유래한 지명.

경기도 김포시 대곶면 쇄암리의 재촌(齋村)

▷ 예전에, 재(齋)를 지내던 마을이라고 한다.

저(苧)

부처님을 '모시다'는 말을 한자 저(苧, 모시)로 표기한 지명.

충청남도 천안시 서북구 성거읍 저리(苧里)

▷ 예전에 천흥사(千興寺)에 신도가 많았고 한다. 부처님을 모신다는 뜻으로 이 마을을 '모시울'이라 하는데, 이것을 모시를 뜻하는 한자 저(苧)로 차자하였다.

적가(迪加)

'절가'를 음독하여 한자로 표기한 지명.

*사찰 주위의 마을이라는 의미다.

경기도 안성시 보개면 적가리(迪加里)

▷ 마을이 절가, 즉 사찰 근처에 있다고 하여 '절가'라고 했는데, 이를 음역하여 '적가(迪加)'로 쓴다. 이와는 달리 마을을 둘러싸고 있는 보개산(寶蓋山)이 끊어진 곳이 많아서 생긴 지명이라고도 한다.

적곡(赤谷) ⇒ 절골

적(笛) ⇒ 절골

전도(傳道)

불법(佛法)을 전한다는 의미의 지명.

전라남도 화순군 이서면 도석리(道石里)
▷ '전도'와 '석보(石洑)'를 합쳐 지은 이름이다.

절골

절이 있는 마을에서 유래한 지명.
*한자로는 '사곡(寺谷)'으로 쓰고, 서로 혼용한다. 전국적으로 가장 흔한 마을 이름으로, 충북 단양군 영춘면에만 80여 곳이 있었다고 한다.

서울특별시 양천구 신월동의 절골
부산광역시 강서구 지사동의 절골
울산광역시 울주군 온양읍 삼광리의 절골
경기도 양평군 개군면 내리의 절골

강원도 홍천군 서석면 수하리의 절골

충청북도 청원군 강내면 태성리의 절골

충청남도 부여군 구룡면 금사리의 절골

전라북도 익산시 용안면 덕용리의 절골

전라남도 나주시 문평면 국동리의 절골

경상북도 청송군 부동면 이전리의 절골

경상남도 진주시 이반성면 용암리의 절골

경상북도 예천군 지보면 신풍리의 절동(節洞)

▷ 절을 한자로 음역하여 '節'로 쓴다.

강원도 양구군 남면 적리(笛里)

▷ 절을 한자로 음역하여 '笛'으로 쓴다.

전라남도 화순군 남면 절산리(節山里)

▷ '절동(節洞)'과 '고사동(古寺洞)'을 합친 이름이며, 節은 절의 차음이다.

경상북도 의성군 점곡면(點谷面)

▷ 지역에 명고리(明皐里) 절터, 장흥사(長興寺)가 있어서 '절골[寺村]'이라 했으며, 절골을 차음하여 한자로 '점곡(點谷)'이라 했다. 이와는 달리 중국 한나라 때 증자(曾子)의 아버지인 회점(會點)의 이름에서 유래했다는 주장도 있다.

충청남도 청양군 장평면 적곡리(赤谷里)

▷ 절골을 차음하여 한자로 '적곡(赤谷)'이라 표기한 지명으로, 고려 때 사찰이었던 도림사(道林寺) 터와 삼층석탑이 남아 있다.

절동(節洞) ⇒ 절골

절말 ⇒ 사촌(寺村)

절산(節山)

절이 있는 산이라는 의미의 지명.

전라남도 화순군 남면 절산리(節山里)

▷ '절동(節洞)', '절골', '고사동(古寺洞)'으로도 부르며, 節은 절의 차음이다.

절터골

절이 있었던 터, 즉 사지(寺址)에서 유래한 지명.

경기도 가평군 북면 제령리의 절터골

강원도 삼척시 원덕읍 임원리의 절터골

충청북도 괴산군 장연면 오가리의 절터골

점곡(點谷) ⇒ 절골

정각(正覺)

바른 깨달음, 즉 부처님의 깨달음에서 유래한 지명.

경상북도 영천시 화북면 정각리(正覺里)

▷ 마을에 고려 때 세운 삼층석탑이 있다.

경상남도 밀양시 단장면의 정각산(正覺山)

정사(鼎寺)

작은 사찰이라는 뜻으로 지은 지명.

경상북도 안동군 풍산읍 괴정리 정사동(鼎寺洞)

▷ 원래 작은 사찰이라서 '소사(小寺)'라고 한 것이, 송사(松寺) → 정사(鼎寺)로 변했다고 한다.

정토(淨土)

부처님의 땅, 또는 아미타불(阿彌陀佛)이 상주하는 극락정토(極樂淨土)에서 유래한 지명.

경상남도 합천군 적중면 정토리(正吐里)

▷ 정토에서 유래되었다고 하나 한자로는 '正吐'라고 쓴다

충청북도 충주시 동량면의 정토산(淨土山)

충청남도 논산시 가야곡면의 정토산

전라북도 정읍시 정우면의 정토산

정토(正吐) ⇒ 정토(淨土)

정혜(定慧)

마음을 고요히 하여 사리(事理)를 관조(觀照)한다는 의미의 지명.

*정혜는 선정(禪定)과 지혜(智慧)를 말한다.

충청남도 청양군 장평면의 정혜산(定慧山)

▷ 신라 때 혜조(慧詔) 국사가 창건한 정혜사(定慧寺)가 있다.

제보(諸寶)

여러 보배가 다 모인 곳이라는 의미의 지명.

* 여러 보배는 부처님을 말한다.

경상남도 밀양시 생비량면 제보리(諸寶里)
▷ 삼다불(三多佛)이 있다고 한다.

제석(帝釋)

하늘 세계인 제석천(帝釋天)에서 유래한 지명.
*도리천(忉利天)이라고도 하며, 이곳의 왕인 제석은 범천(梵天)과 함께 불법(佛法)을 수호한다고 한다.

충청남도 보령시 남포면 제석리(帝釋里)
경상북도 김천시 아포면 제석리
부산광역시 사하구 당리동의 제석골
광주광역시 남구 봉선동의 제석산(帝釋山)
경상북도 고령군 개진면의 제석산
경상남도 거제시 장목면의 제석산
전라남도 순천시 별량면 금치리의 제석산
전라남도 여수시 낙포동의 제석산
경상북도 김천시 아포읍의 제석봉(帝釋峰)
경상북도 칠곡군의 금오산 제석봉(帝釋峰)
경상남도 산청군의 지리산 제석봉

조계(曹溪)

당나라 때, 혜능(慧能) 대사가 머무르던 산의 이름에서 따온 지명.

*혜능 대사는 중국 당나라 때의 스님으로, 달마(達磨) 대사를 초조로 하는 선종(禪宗)의 제6조로, 조계산 보림사에서 머물렀다.

전라남도 순천시 송광면의 조계산(曹溪山)

조사(祖師)

고려시대의 원각(圓覺) 국사에서 유래한 지명.

경상북도 포항시 북구 송라면 조사리(祖師里)

▷ 고려 때 원각(圓覺) 국사가 태어난 곳이라 한다.

조탑(造塔)

탑을 조성한 데서 유래한 지명.

경상북도 안동시 일직면 조탑리(造塔里)

▷ 보물 제57호인 신라시대의 오층전탑이 있다.

죽사(竹寺)

사찰에 대나무가 많은 데서 유래한 지명.

전라남도 영광군 백수읍 죽사리(竹寺里)

▷ '신탑(新塔)' 또는 '탑동(塔洞)'으로 불리는 마을에 사찰이 있었던 것으로 보인다.

전라남도 함평군 나산면 신평리의 죽사(竹寺)

전라남도 함평군 손불면 죽장리(竹薔里)

▷ '죽사'와 '장동(薔洞)'을 합친 이름이다.

충청남도 부여군 구룡면 죽절리(竹節里)

▷ 예전에 '대절'이라고 부르는 사찰이 있었다고 한다.

죽장(竹薔) ⇒ 죽사(竹寺)

죽절(竹節) ⇒ 죽사(竹寺)

지사(旨寺)

사찰의 창건 설화에서 유래한 지명.

경상북도 김천시 아포읍 예리의 지사(旨寺)

▷ 이곳을 지나던 스님이 손가락으로 사찰을 세울 곳을 가리켰다는 전설이 있다.

지장(地藏)

지장보살의 이름에서 유래한 지명.

*부처님이 입멸한 다음부터 미륵불이 하생(下生)하기 전까지 중생 제도를 부촉 받은 보살이다.

충청북도 괴산군 불정면 지장리(芝莊里)

▷ 부처님의 광명을 뜻하는 불정면(佛頂面)에 있다.

전라남도 무안군 일로읍 지장리(支壯里)

▷ 지장보살이 상주한다는 지장골이 있다.

경기도 포천시 관인면의 지장산(地藏山)

충청북도 영동군 황간면의 지장산

경기도 연천군의 성산 지장봉(地藏峰)

경기도 포천시의 종자산 지장봉

강원도 인제군의 설악산 지장봉

전라북도 부안군의 능가산 지장봉

강원도 정선군의 지장천(地藏川)

지장(智藏)

부처님의 광대한 지혜가 일체를 알아서 그 가운데에 가둔다고 하는 의미의 지명.

전라북도 무주군 부남면의 지장산(智藏山)

지장리(芝莊) ⇒ 지장(地藏)

지장(支壯) ⇒ 지장(地藏)

지족(知足)

만족함을 안다는 의미로, 지족천(知足天)에서 유래한 지명.

▷ 지족천은 도솔천(兜率天)의 다른 이름이다.

경상남도 남해군 삼동면 지족리(知足里)

▷ 예전에 용문사(龍門寺) 육조 스님이 지은 이름이라고 한다.

천당(天堂)

하늘 나라 또는 그와 같은 곳이라는 의미의 지명.

*육도(六度)의 하나인 천상(天上)으로, 색계(色界)와 무색계(無色界)의 모든 하늘을 말한다.

대전광역시 중구 정생동의 천당골

강원도 평창군 대화면 하안미리의 천당골

천불(千佛)

천 분의 부처님, 즉 수많은 부처님이 상주한다는 의미의 지명.

강원도 철원군 김화읍의 천불산(千佛山)

경상남도 양산시 삼호동의 천불산

경상남도 합천군 가야면의 천불산

▷ 매화산(梅花山)의 다른 이름이다.

전라남도 화순군 도암면의 천불산

강원도 속초시의 설악산 천불동(千佛洞)

천성(千聖)

천 명의 스님을 교화했다는 전설에서 유래한 지명.

*신라 때 원효(元曉) 대사가 당나라에서 온 천 명의 스님을 교화했다는 전설이 있다.

경상남도 양산시의 천성산(千聖山)

▷ 원적산(圓寂山)의 다른 이름이다.

천왕(天王)

하늘 세계의 임금에서 유래한 지명.

*보통은 제석(帝釋)이나 범천(梵天) 또는 사천왕(四天王)을 말한다.

서울특별시 구로구 천왕동(天旺洞)

▷ 지역에 '염주봉', '도당골', '천왕골'의 지명이 있으며, 일제강점기부터 한자로 '天旺'으로 쓴다.

경기도 의왕시 초평동의 천왕골

경상북도 청도군의 천왕산(天王山)

경상남도 창녕군 성산면의 천왕산

경상남도 합천군 적중면의 천왕산

전라남도 여수시 돌산읍의 천왕산

경상남도 사천시 좌룡동의 천왕봉(天王峰)

전라북도 완주군 동상면의 천왕봉

광주광역시의 무등산 천왕봉(天王峰)

충청북도 보은군의 속리산 천왕봉

충청남도 공주시의 계룡산 천왕봉

경상남도 산청군의 지리산 천왕봉

전라북도 고창군의 선운산 천왕봉

전라북도 진안군의 구봉산 천왕봉

천왕(天旺) ⇒ 천왕(天王)

천축(天竺)

불교의 발상지인 인도(印度, India)를 의미하는 지명.

경상북도 울진군 근남면의 천축산(天竺山)

▷ 신라 때 의상(義湘) 대사가 창건한 불영사(佛影寺)가 있다.

천태(天台)

천태종에서 유래한 지명.

*천태종은 『법화경(法華經)』과 용수(龍樹)보살의 사상을 종의(宗義)

로 하는 불교의 한 종파를 말한다. 중국 수나라 때 지의(智顗) 대사가 절강성 천태산에서 개창하였고, 우리나라에서는 고려 때 대각(大覺) 국사 의천(義天)이 초조다.

충청남도 홍성군 장곡면 천태리(天台里)

전라남도 화순군 도암면 천태리

충청북도 영동군 양산면의 천태산(天台山)

충청남도 공주시 의당면의 천태산

경상남도 밀양시 삼랑진읍의 천태산

전라북도 정읍시 영원면의 천태산

청량(淸涼)

문수보살(文殊菩薩)이 상주하는 청량산에서 유래한 지명.

*청량은 물이 차고 서늘하여 상쾌한 것처럼, 부처님의 지혜가 그러함을 비유하는 말이다.

울산광역시 울주군 청량면(淸涼面)

▷ 지역에 문수산과 문수사가 있다.

강원도 홍천군 서석면 청량리(淸涼里)

전라북도 무주군 설천면 청량리

▷ 예전에 청량사(淸涼寺)가 있었다고도 한다.

인천광역시 연수구의 청량산(淸凉山)

경기도 광주시 중부면의 청량산

경상북도 봉화군 재산면의 청량산

경상남도 고성군 상리면의 청량산

강원도 홍천군 서석면의 청량천(淸凉川)

청룡(靑龍), 청용(靑龍)

동방(東方)을 지키는 신장(神將)에서 유래한 지명.

*용(龍)은 동쪽을 지키는 신중(神衆)이라고 한다.

부산광역시 금정구 청룡동

▷ 범어사(梵魚寺) 동쪽에 위치한다.

경기도 평택시 청룡동

▷ 예전에 백운산(白雲山)에 무안사라는 큰 사찰이 있었다고 한다.

강원도 횡성군 횡성읍 청용리(靑龍里)

충청북도 괴산군 청안면 청용리

충청남도 공주시 의당면 청룡리

경상남도 하동군 옥종면 청룡리

전라남도 영암군 서호면 청룡리

서울특별시 서초구의 청룡산(靑龍山)

▷ 청계산(淸溪山)의 다른 이름이다.

충청북도 청주시 흥덕구 동막동의 청룡산

충청북도 청주시 흥덕구 평동의 청룡산

충청남도 홍성군 서부면의 청룡산

전라북도 고창군 아산면의 청룡산

경상북도 고령군 우곡면의 청룡산

경기도 광주시의 청룡봉(靑龍峰)

충청북도 음성군 원남면의 청룡봉

경기도 안성시 서운면의 청룡천(靑龍川)

충청남도 공주시 의당면의 청룡천

전라남도 진도군 의신면의 청룡천

칠보(七寶)

불교의 일곱 가지 보물에서 유래한 지명.

*금 · 은 · 유리 · 파려(玻瓈) · 마노(瑪瑙) · 차거(硨磲) · 산호 따위를 말한다.

전라북도 정읍시 칠보면(七寶面)

경기도 수원시 권선구의 칠보산(七寶山)

충청북도 괴산군 장연면의 칠보산

경상북도 영덕군 병곡면의 칠보산

경상북도 울진군 북면 부구리의 칠보산

전라북도 정읍시 북면의 칠보산

전라북도 정읍시 칠보면의 칠보천(七寶川)

칠불(七佛)

일곱 부처님이 계신다는 의미의 이름.

*칠불은 석가모니불을 포함하여 과거에 계셨던 일곱 부처님을 말한다.

경상남도 합천군의 가야산 칠불봉(七佛峰)

칠성(七星)

북두칠성에서 유래한 지명.

*칠성 숭배는 민간신앙의 한 형태지만 일부 사찰에서 보존하고 있다.

충청북도 괴산군 칠성면(七星面)

대구광역시 북구 칠성동(七星洞)

경상북도 영양군 일월면 칠성리(七星里)

전라남도 광양시 광양읍 칠성리

강원도 강릉시 구정면 어단리의 칠성산(七星山)

충청북도 음성군 금왕읍의 칠성산

광주광역시 광산구의 칠성봉(七星峰)

경상북도 영양군 일월면의 칠성봉

경상남도 하동군 악양면의 칠성봉

강원도 속초시의 설악산 칠성봉(七星峰)

경상북도 거창군의 삼봉산 칠성봉

경상남도 통영시의 벽방산 칠성봉

전라남도 고흥군의 팔영산 칠성봉

경상북도 포항시 남구 대송면의 칠성천(七星川)

탑(塔)

탑이 있는 마을에서 유래한 지명.

경기도 수원시 권선구 탑동(塔洞)

▷ 예전에 탑이 있던 마을을 탑골이라고 한다.

충청북도 청주시 상당구 탑동

▷ 신라 때의 오층석탑이 있다.

경상북도 경주시 탑동

▷ 예전에 탑이 있었다고 하며, 단암사(曇岩寺) 터가 있다.

충청북도 청원군 오창읍 탑리(塔里)

▷ 예전에 탑이 있었다고 하며, 고려시대의 절터가 있다.

경상북도 예천군 하리면 탑리

▷ 고려시대에 창건된 흥덕사(興德寺) 터와, 삼층석탑, 오층석탑이 남아 있다.

경상남도 사천시 축동면 탑리

▷ 탑리 마을의 탑을 기준으로 하여 상탑, 중탑, 하탑 마을로 나뉜다.

경상남도 하동군 화개면 탑리

▷ 원래는 탑촌(塔村)으로, 신라 때의 삼층석탑이 있다.

전라북도 순창군 인계면 탑리

충청남도 부여군 부여읍 가탑리(佳搭里)

▷ '가속리(佳俗里)'와 '탑리'를 합친 지명이며, 탑리의 정림사(定林寺) 터에 국보 제9호인 오층석탑이 있다.

충청남도 서산시 음암면 탑곡리(塔谷里)

▷ '탑동'과 '중곡(中谷)'을 합친 이름이다.

충청남도 부여군 임천면 탑산리(塔山里)

▷ '탑리'와 '달산(達山)'을 합친 이름이다.

전라북도 익산시 금마면의 탑천(塔川)

탑곡(塔谷)

탑(塔)이 있는 고을인 '탑골'을 한자로 표기한 지명.

*'탑곡'과 '탑골'을 혼용한다.

충청남도 공주시 유구읍 탑곡리(塔谷里)

▷ 절과 탑을 의미하는 '소리절', '탑서니' 따위의 마을이 있다.

경기도 양평군 양서면 청계리의 탑곡(塔谷)

경상북도 경주시 감포읍 용명리의 탑곡

경상북도 포항시 북구 기북면 탑정리(塔亭里)

▷ '탑곡'과 '정자동(亭子洞)'을 합친 지명이며, 신라 때 법광사(法廣寺) 말사가 있었다고 한다.

서울특별시 종로구 종로2가동의 탑골

인천광역시 강화군 하점면 장정리의 탑골

강원도 횡성군 공근면 삼배리의 탑골

경기도 고양시 일산서구 구산동의 탑골

충청북도 음성군 금왕읍 무극리의 탑골

전라남도 구례군 산동면 탑정리의 탑골

경상북도 봉화군 상운면 운계리의 탑골

경상남도 진주시 일반성면 개암리의 탑골

경기도 성남시 분당구 야탑동(野塔洞)

▷ '탑골'과 '오야소(梧野所)'를 합친 이름이다.

경상북도 경주시 마동의 탑곡천(塔谷川)

탑골 ⇒ 탑곡(塔谷)

탑구(塔邱)

탑이 있는 언덕이란 의미의 지명.

경상북도 울진군 온정면 선구리(仙邱里)

▷ '내선미'와 '탑구'를 합친 이름이다.

경상북도 영양군 입암면 신구리(新邱里)

▷ 탑구들 마을을 '탑구'라고 한다.

탑동(塔洞)

탑이 있는 마을에서 유래한 지명.

경기도 동두천시 탑동동(塔洞洞)

▷ 천보산(天寶山)에 있었던 회암사(檜巖寺)의 말사의 석불과 탑이 있었다고 한다.

강원도 평창군 진부면 탑동리(塔洞里)

▷ 마을에 고려시대의 삼층석탑이 있다.

강원도 고성군 간성읍 탑동리

전라남도 곡성군 오산면 조양리의 탑동(塔洞)

충청남도 당진군 당진읍 채운리의 탑동

경상북도 경주시 탑정동(塔正洞)

▷ '탑동'과 '사정동(沙正洞)'을 합친 이름으로 행정동이다.

전라남도 구례군 산동면 탑정리(塔正里)

▷ '탑동'과 '정산(正山)'을 합친 이름이다.

경상남도 거제시 남부면 탑포리(塔浦里)

▷ '탑동'과 '망포(網浦)'를 합친 이름이다.

충청남도 부여군 초촌면 세탑리(細塔里)

▷ '세동(細洞)'과 '탑동'을 합친 이름이다.

충청남도 예산군 오가면 역탑리(驛塔里)

▷ '역촌(驛村)'과 '탑동'을 합친 이름이다.

충청남도 서산시 대산읍 영탑리(令塔里)

▷ '영전(令田)'과 '탑동'을 합친 이름이다.

탑리(塔里)

탑이 있는 들에서 유래한 지명.

경상북도 의성군 금성면 탑리리(塔里里)
▷ 국보 제77호인 신라 때의 모전석탑이 있다.

탑벌 ⇒ 탑평(塔平)

탑불(塔佛)

탑과 부처님이 있는 마을에서 유래한 지명.

경상남도 거창군 북상면 갈계리의 탑불(塔佛)
▷ 예전에 석불과 석탑이 있었다고 하는데, 지금은 석탑만 있다.

탑산(塔山)

마을 산에 탑이 있어서 생긴 지명.

경상북도 영양군 청기면 기포리의 탑산(塔山)
▷ '탑생이'라고도 한다.

탑산(塔山) ⇒ 탑(塔)

탑선(塔仙)

신령한 탑(塔)이 있는 곳에서 유래한 지명.

경기도 광주시 퇴촌면 도수리 탑선동(塔仙洞)

▷ 기도하면 소원이 성취되는 탑이 있었다고 한다.

충청남도 금산군 금산읍 중도리의 탑선동

▷ 마을에 고려시대의 삼층석탑이 있다.

경상남도 거창군 고제면 봉계리의 탑선동

탑연(塔淵)

탑 옆에 연못이 있어 유래한 지명.

충청북도 청원군 강내면 탑연리(塔淵里)

▷ '탑소(塔沼)'라고도 한다.

탑원(塔院)

탑이 있는 원(院)마을에서 유래한 지명.

*원(院)은 지금의 여관을 말한다.

충청남도 천안시 동남구 병천면 탑원리(塔院里)

▷ '부처당', '절골', '타바골' 따위의 지명이 있다.

탑정(塔正) ⇒ 탑동(塔洞)

탑정(塔亭) ⇒ 탑곡(塔谷)

탑평(塔平, 塔坪)

탑이 있는 들에서 유래한 지명.

*'탑들' 또는 '탑벌'이라고도 한다.

충청북도 충주시 가금면 탑평리(塔坪里)

▷ 국보 제6호인 신라 때의 칠층석탑이 있다. 중앙탑(中央塔)이라고 한다.

경상북도 봉화군 봉화읍 유곡리의 탑평

경상북도 영주시 부석면 소천리의 탑평

충청북도 괴산군 불정면 탑촌리(塔村里)

▷ '탑평'과 '모촌(茅村)'을 합친 이름이며, 탑평에 육층석탑이 있다.

경상남도 거창군 북상면 갈계리의 탑벌

▷ '탑불(塔佛)'이라고도 한다.

탑포(塔浦) ⇒ 탑동(塔洞)

탑촌(塔村)

탑이 있는 마을에서 유래한 지명.

경상북도 경주시 남산동의 탑촌(塔村)

▷ '탑말'이라고도 한다.

경기도 이천시 장호원읍 노탑리(老塔里)

▷ '노평(老坪)'과 '탑촌'을 합친 이름이다.

탑현(塔峴)

탑이 있는 고개에서 유래한 지명.

강원도 고성군 간성읍 탑현리(塔峴里)

▷ 탑고개 아래의 마을이다.

경기도 평택시 오성면 당거리의 탑현

하사(下寺)

사찰의 아랫마을이란 의미의 지명.

경상북도 포항시 북구 죽장면 하사리(下舍里)

▷ 예전에 개운사(開雲寺)라는 사찰이 있었다고 한다. 寺를 피하려고 舍로 쓴다.

하의(荷依)

섬의 모양이 활짝 핀 연꽃을 입고 있는 모양에서 유래한 지명.

전라남도 신안군 하의면(荷依面)

한사(閑寺) ⇒ 대사(大寺)

한적(閑寂) ⇒ 대사(大寺)

한점(寒店) ⇒ 대사(大寺)

한절 ⇒ 대사(大寺)

호법(護法)

불법(佛法)을 수호한다는 의미로 지어진 지명.

경기도 이천시 호법면(戶法面)

▷ 원래 '호법(護法)'이었으나 조선시대에 '戶法'으로 바꾸었다.

호법(戶法) ⇒ 호법(護法)

홍법(弘法)

널리 불법(佛法)을 편다는 의미의 지명.

경기도 화성시 봉담읍의 홍법산(弘法山)

화상(和尙)

덕이 높은 스님의 호칭에서 유래한 지명.

강원도 홍천군 내촌면 화상대리(和尙垈里)

▷ 화상대는 덕이 높은 스님이 수행한 장소로 추정되며, 부근에 절터가 있다.

강원도 양양군 현남면의 화상천(和尙川)

화엄(華嚴)

『화엄경(華嚴經)』에서 나온 지명.

*『화엄경(華嚴經)』은 부처님이 현상계 그대로가 참된 성품이 드러난 세계임을 설한 경전이다.

울산광역시 울주군 청량면의 화엄산(華嚴山)

▷ 현재 도솔암(兜率庵)이 있다.

화장(華藏)

연화장세계(蓮華藏世界)에서 유래한 지명.

*부처님의 진신(眞身)인 비로자나불(毘盧遮那佛)의 정토를 말하며, 화장은 연화장의 준말이고 '花藏'으로도 쓴다.

울산광역시 울주군 언양읍의 화장산(花藏山)

경상북도 의성군 비안면의 화장산(華藏山)

경상남도 함양군 유림면의 화장산

회사(檜寺)

회나무가 있는 사찰에서 유래한 지명.

전라북도 진안군 상전면 주평리 회사동(檜寺洞)

▷ 부근에 많은 사찰이 모여 있다고 하여 유래한 지명이라고도 하며, 고려 때의 삼층석탑이 남아 있다.

후사(後寺)

사찰의 뒤쪽에 있는 마을에서 유래한 지명.

경기도 평택시 청북면 후사리(後寺里)

충청남도 예산군 응봉면 후사리

▷ '밭뒤절', '안뒷절' 마을이 있으며, 예전의 팔봉사(八峰寺) 뒤 마을이라고도 한다.

전라북도 진안군 진안읍 운산리의 후사동(後寺洞)

흥사(興寺)

번창하는 사찰에서 유래한 지명.

전라북도 김제시 흥사동(興寺洞)

▷ 고구려의 보덕(普德) 대사가 창건했다는 흥복사(興福寺)를 흥사라고 부른다.

불교에서 유래한 지명

2. 사찰 유래 지명

사찰 유래 지명

각림사(覺林寺)

강원도 횡성군 강림면(講林面)

*신라 때 창건된 사찰이라고 하며, 사찰의 이름을 따서 '각림(覺林)'이라고 했으나 조선시대에 들어 '강림(講林)'으로 바뀌었다.

간월암(看月庵)

충청남도 서산시 부석면 간월도리(看月島里)

*조선시대 초엽에 무학(無學) 대사가 창건한 사찰이다.

감로사(甘露寺)

경상남도 김해시 상동면 감로리

*예전에 신곡(新谷) 마을에 있었던 사찰이며, 탑이 있다고 해서 탑곡(塔谷)이라고도 한다.

감사(甘寺)

충청남도 논산시 부적면 감곡리(甘谷里)

*예전에 적사암이 있었다고 한다. 이 절을 '감사(甘寺)'라고 하였으며, 감곡은 감사가 있는 마을이라는 뜻이다.

갑산사(岬山寺)

경상북도 경주시 안강읍 갑산리

*신라 때 창건된 사찰이 있었다고 하며, 지금은 터만 남아 있다.

강당사(講堂寺)

충청남도 서산시 운산면 용현리의 강당

*상왕산(象王山) 북쪽에 절터가 남아 있는데, 보원사(普願寺)가 있던 터라고도 한다. 이와는 달리 신라 때 최치원(崔致遠)이 학생을 가르치던 강당이 있었다고도 한다.

계성사(啓星寺)

강원도 화천군 하남면 계성리

*고려 때 창건된 것으로 추정되며, 지금은 석등이 남아 있다.

고등사(高等寺)

충청북도 단양군 적성면 하진리의 고등골

*고등골에 사찰이 있었다고 하며, 인근에도 '사근절이', '염절골' 등 사찰과 관련된 지명이 있다.

고운사(孤雲寺)

충청북도 충주시 수안보면 고운리

*예전에 마을 뒤편의 적보산(積寶山)에 있었다는 사찰이다.

고정사(高亭寺)

경상북도 영천시 청통면 신원리의 고정골

*마을 앞산에 있던 고려 때 세운 사찰이라고 한다.

공덕사(公德寺)

경상북도 영천시 화북면 공덕리

*예전에 탑골 마을에 있던 고려 때의 사찰이라고 한다.

공림사(公林寺)

충청북도 괴산군 청천면 사담리의 공림

*신라 경문왕 때 자정(慈淨) 선사가 창건한 사찰이라고 하며, 공림은 절 입구의 마을을 가리킨다.

관음사(觀音寺)

대구광역시 북구 관음동

*5백여 년 전에 사찰이 있었다고 하는데 지금은 없다.

경기도 광주시 퇴촌면 관음리

*예전에 관음 마을에 있었다는 사찰이다.

강원도 강릉시 성산면 관음리

*예전에 본동 마을에 있었다는 사찰이다.

충청남도 예산군 광시면 관음리

*예전에 관음골에 있던 조선시대의 사찰이라고 한다.

전라남도 곡성군 오산면 선세리의 관음사리

*백제 분서왕 때 성덕(聖德) 처녀가 창건한 사찰이라고 하며, 지금의 건물은 근래에 중건하였다.

관음원(觀音院)

강원도 인제군 인제읍 원대리(院垈里)

*관음원이 있었던 터라는 의미인데, 지금도 삼층석탑이 남아 있다.

관촉사(灌燭寺)

충청남도 논산시 관촉동

*고려 광종 때 혜명(慧明) 대사가 창건한 사찰이며, 은진미륵(恩津彌勒)으로 불리는 보물 제218호 논산 관촉사 석조미륵보살입상이 유명하다.

광덕사(廣德寺)

충청남도 천안시 동남구 광덕면

*신라 진덕여왕 때 자장(慈藏) 율사가 창건한 사찰이다.

광승사(廣昇寺)

경상북도 영주시 휴천동의 광승

*예전에 광승 마을에 있었다는 사찰이다.

굴암사(窟庵寺)

경기도 안성시 대덕면 진현리의 굴암

*예전에 동굴 안에 불상을 모신 사찰이 있었다고 한다.

금강사(金剛寺)

충청남도 부여군 은산면 금공리의 금강(琴江)

*백제 때의 사찰로 추정되는 금강사가 있어서 금강이라고 불리지만, 지명은 한자로 금강(琴江)이라고 쓴다. 마을이 속한 금공리(琴公里)는 1914년 행정구역 개편 때 봉대리, 공동, 금강의 일부를 병합하면서 금강(琴江)과 공동(公洞)을 합쳐서 지은 이름이다.

금강암(金剛庵)

충청남도 보령시 미산면 용수리의 금강말

*양각산(兩角山)에 있는 조선 태종 때 영암(玲巖) 대사가 창건한 사찰로, 처음에는 옥계사(玉溪寺)였으나 뒤에 금강암으로 바뀌었다.

금곡사(金谷寺)

전라남도 강진군 군동면 파산리의 금곡

*예전에 있던 사찰의 이름에서 따온 지명이라고도 하고, 쇠가 많이 나는 마을이라서 '금곡' 또는 '쇠실'이라고 한다는 주장도 있다. 사명(寺名)이 지명이 됐는지, 아니면 지명이 사명이 되었는지는 분명하지 않다.

금영사(今寧寺)

경상북도 영주시 문수면 조제리의 금영골

*예전에 금영골에 있었다고 하는 사찰이다.

금사(金寺)

강원도 원주시 호저면 대덕리의 금사동

*예전에 쇠절[金寺]이라고 불리던 사찰이 있었다고 한다.

금산사(金山寺)

전라북도 김제시 금산면

*백제 법왕 1년(599) 법왕의 자복사찰로 창건되었고, 통일신라시대 진표(眞表) 율사가 크게 중창한 금산사가 있어서 붙여진 이름이다.

금지암(金池庵)

충청남도 부여군 내산면 금지리

*마을 뒤 월명산(月明山)에 조선시대에 건립된 사찰이 있는데, 사찰의 샘에서 금빛 잉어가 나왔다고 하여 금지(金池)라고 불렀다.

금탑사(金塔寺)

전라남도 고흥군 포두면 봉림리의 금사(金砂)

*예전에 천등산(天登山)에 있던 금탑사에 금빛이 나는 탑이 있어서

'금사(金寺)'라고 했다고 한다. 이와는 달리 마을에 모래가 많아서 '금사(金砂)'라고 하였다는 주장도 있다. 지명의 한자는 金砂라고 쓴다.

길상사(吉祥寺)

충청북도 보은군 보은읍 길상리

*신라 법흥왕 때 백제와의 전쟁에서 죽은 병사들을 위로하기 위해 세운 사찰이 있었다고 한다.

김룡사(金龍寺)

경상북도 문경군 산북면 김룡리

*신라 진평왕 때 운달(雲達) 대사가 창건한 사찰이 있는데, 처음에는 운봉사(雲峯寺)라고 했으나 조선시대에 김룡사로 바뀌었다.

난원사(蘭原寺)

경상북도 경주시 현곡면 나원리(羅原里)

*예전에 있던 사찰의 이름을 따서 '난원(蘭原)'이라고 부르다가 뒤에 '나원(羅原)'으로 바꾸었다. 마을에 국보 제39호 경주 나원리 오층석탑이 남아 있다.

남간사(南磵寺)

경상북도 경주시 탑동의 남간

*예전에 마을에 남간사가 있었다고 하는데, '남관'이라고도 부른다.

남장사(南長寺)

경상북도 상주시 남장동

*신라 흥덕왕 때 진감(眞鑑) 국사가 창건한 사찰이 있는데, 처음에는 장백사(長柏寺)라고 불렀다가 고려시대에 남장사로 바꾸었다.

내원사(內院寺)

경상남도 고성군 하이면 봉원리(蜂院里)

*예전에 내원 마을 위쪽에 내원사가 있었고, 인근에 봉암(蜂岩) 등의 자연마을이 있었다. 봉암(蜂岩)과 내원을 합쳐서 봉원리라고 이름을 붙였다.

경상남도 산청군 삼장면 내원리

*내원사에서 유래한 이름이지만, 지명은 한자로 內源이라고 쓴다.

경상북도 김천시 증산면 수도리의 내원

*고려시대에 건립된 사찰인 내원사가 있었는데, 사찰이 없어진 뒤 그 터에 사람들이 모여 살면서 마을이 생겼다고 한다.

내장사(內藏寺)

전라북도 정읍시 내장동

*백제 무왕 때 영은(靈隱) 조사가 창건한 사찰이 있는데, 처음에는 영은사(靈隱寺)라고 했으나 뒤에 내장사로 바뀌었다.

내현사(內玄寺)

전라남도 보성군 보성읍 우산리의 내현

*예전에 마을에 내현사가 있었다고 한다.

노온사(老溫寺)

경기도 광명시 노온사동

*예전에 조선시대에 창건된 노온사가 있었다고 한다.

다천사(茶川寺)

경상남도 남해군 이동면 다정리의 다천

*신라 신문왕 때 원효 대사가 창건한 사찰이 있었는데, 용문사(龍門寺)에 합사(合寺)되었다고 한다. 폐사지에 남은 삼층석탑은 고려시대의 것이라고 한다. 다천(茶川)이 차나무가 많아 유래한 지명이라는 주장도 있지만, 차나무가 많은 곳에 세운 다천사에서 유래되었을 것으로 추정된다.

대각사(大覺寺)

경상북도 포항시 남구 대송면 대각리

*운제산(雲梯山) 망월봉(望月峰) 아래에 사찰이 있었다고 한다.

대광사(大光寺)

전라남도 순천시 주암면 대광리

*예전에 마을에 대광사가 있었다고 한다.

대덕사(大德寺)

충청북도 청원군 미원면 대덕리

*예전에 마을에 대덕사가 있었다고 한다.

대방사(大芳寺)

경상남도 사천시 대방동

*각산(角山) 아래에 창건 연대를 알 수 없는 사찰이 있는데, 지금의 사찰은 근년에 다시 지은 것이다.

대왕사(大旺寺)

경상북도 영천시 화북면 공덕리의 대왕

*일제강점기에는 대왕을 '천상리(川上里)'라고 했는데 이곳에 예전에 대왕사가 있었다. 공덕리도 공덕사(公德寺)에서 유래한 지명이다.

대월사(大月寺)

경기도 양평군 옥천면 옥천리의 대월

*예전에 '양근면 대월리'라고 불렸고, 대월사가 있었다고 한다. 지

금은 고려시대의 것으로 추정되는 양평군 향토유적 제8호 양평 옥천리 당간지주가 남아 있다.

대율사(大栗寺)

경상북도 군위군 부계면 대율리

*신라 때 창건된 사찰이 있었는데, 통일신라시대에 조성된 보물 제988호 군위 대율동 석불입상이 남아 있다.

대자사(大慈寺)

경기도 고양시 덕양구 대자동

*조선 태종의 넷째 아들인 성령대군의 명복을 빌던 사찰이 있었다고 하는데, 지금은 없다.

대흥사(大興寺)

경상북도 울진군 울진읍 대흥리

*예전에 마을에 사찰이 있었다고 하며, 지금은 절터와 부도가 남아 있다.

덕사(德寺)

경기도 화성시 정남면 덕절리(德節里)

*예전에 내리(內里) 마을에 '덕절'이 있었다고 한다. 덕절은 '덕사'를 속되게 부르는 이름이다.

덕주사(德周寺)

충청북도 제천시 한수면 송계리 덕주골

*신라 진평왕 때 창건된 사찰이 있으며, 경순왕의 딸인 덕주공주의 전설과 관련 있다.

도갑사(道岬寺)

전라남도 영암군 군서면 도갑리

*신라 말에 도선(道詵) 대사가 창건한 사찰이다.

도봉사(道峯寺)

전라북도 임실군 관촌면 도봉리

*예전에 북당골에 있었다는 사찰을 말한다.

도솔사(兜率寺)

경상북도 안동시 서후면 대두서리(大豆西里)

*신라 때 창건된 도솔사가 규모가 큰 사찰이라서 마을 이름을 '큰 도솔', '한도솔', '한두실', '대도솔', '대두실'이라고 하였으며, 이것이 '대두서리'가 되었다고 한다. 한편, 고려 공민왕 때 개목산성(開目山城)을 쌓고 이곳에 소를 두어서 '대두소'라고 불렀다고도 한다.

독고사(篤古寺)

경상남도 진주시 금산면 가방리의 독재골

*예전에 독재골에 있었다는 사찰이다.

동관음사(東觀音寺)

경상북도 상주시 화남면 동관리(東觀里)

*예전에 마을에 동관음사가 있었다고 한다. 동관은 '동관음'의 준말이다.

마운사(麻雲寺)

경기도 용인시 기흥구 마북동(麻北洞)

*예전에 상곡 마을에 마운사가 있었는데, 용인읍의 북쪽에 있기 때문에 '마북'이라고 하였다고 한다.

만덕사(萬德寺)

부산광역시 북구 만덕동

*예전에 사기(寺基) 마을에 고려시대의 사찰이 있었다고 한다. 한편, 임진왜란 때 1만 명이 이곳에서 피난하여 전화(戰火)를 면했는데, 1만 명이 덕을 입었다고 하여 생긴 이름이라는 주장도 있다.

만안사(萬安寺)

전라남도 해남군 현산면 만안리

*예전에 만안 마을에 사찰이 있었다고 한다.

만흥사(萬興寺)

전라남도 여수시 만흥동

*예전에 중촌(中村) 마을에 사찰이 있었다고 한다.

망덕사(望德寺)

충청남도 서천군 판교면 금덕리(金德里)

*예전에 만덕 마을에 망덕사가 있었다고, 망덕이 만덕(萬德)으로 바뀌었다고 한다. 만덕 마을과 금단(金壇) 마을을 합쳐서 금덕리(金德里)라고 이름을 붙였다고 한다.

명봉사(鳴鳳寺)

경상북도 예천군 상리면 명봉리

*신라 말엽 헌강왕 때 두운(杜雲) 대사가 창건한 사찰이 동구(洞口) 마을에 있다.

무량사(無量寺)

충청남도 부여군 외산면 만수리(萬壽里)

*신라 말엽에 범일(梵日) 대사가 창건한 사찰이 있는데, 만수(萬壽)는 무량수(無量壽)의 유가적(儒家的)인 표현이다.

문수사(文殊寺)

경상북도 청도군 이서면 문수리(文峀里)

*예전에 있었던 문수사의 이름에서 따온 지명이라고 하는데, 한자로는 '文峀'라고 쓴다.

문수암(文殊庵)

전라남도 구례군 토지면 문수리

*백제 성왕 때 연기(緣起) 조사가 창건한 문수사가 있다.

미대사(彌臺寺)

대구광역시 동구 미대동(美垈洞)

*예전에 있었던 사찰의 이름에서 유래된 지명이라고 하는데, 한자로는 '美垈'라고 쓴다.

미아사(彌阿寺)

서울특별시 강북구 미아동

*예전에 불당골에 미아사가 있었다고 한다.

백담사(百潭寺)

강원도 인제군 남면 용대리의 백담

*신라 진덕여왕 때 자장(慈藏) 율사가 창건한 백담사에서 유래한 백담 마을은 사찰의 동쪽에 있었는데 지금은 없다.

백련사(白蓮寺)

전라남도 구례군 구례읍 백련리

*예전에 백련골에 백련사가 있었다고 한다.

경상북도 포항시 북구 흥해읍 매산리의 백련

*도음산(禱蔭山) 연화봉(蓮花峰) 아래에 신라 때 창건된 사찰이 있었다고 한다. 지금의 사찰은 근년에 다시 지었다.

백암사(伯巖寺)

경상남도 합천군 대양면 백암리

*예전에 상촌(上村) 마을에 백암사가 있어서 유래한 지명이라고 한다. 이와는 달리 백암산의 이름에서 나온 것이라는 주장도 있다.

법궁사(法弓寺)

강원도 영월군 상동읍 구래리의 법궁

*법궁을 법호실이라고도 하는데, 예전에 법궁사가 있었다고 한다.

법림사(法林寺)

경상북도 성주군 가천면 법전리(法田里)

*예전에 법림 마을에 있었다는 사찰이다. 법전은 '법림'과 '아전(蛾田)'을 합쳐 지은 이름이다.

법수사(法水寺)

충청북도 보은군 회남면 법수리

*예전에 법수골 뒤에 사찰이 있었다고 한다.

법천사(法泉寺)

강원도 원주시 부론면 법천리

*신라 말엽에 창건된 법천사가 있었고 한다. 지금은 그 터와 지광국사현묘탑비 등이 남아 있다.

법화사(法華寺)

경기도 연천군 신서면 내산리의 법화동

*불견산(佛見山) 아래에 신라 때 창건된 사찰이 있었다고 한다.

충청북도 영동군 용산면 법화리(法化里)

*예전에 법화 마을에 절이 있었다고 한다.

전라남도 보성군 문덕면 동산리의 법화(法化)

*고구려 스님인 아도(阿道) 화상이 창건한 사찰이 있는데, 처음에는 대원사(大願寺)라고 하였으나 뒤에 법화사로 바뀌었다.

법흥사(法興寺)

강원도 영월군 수주면 법흥리

*신라 선덕여왕 때 자장(慈藏) 율사가 창건한 사찰이다.

경상북도 안동시 법흥동

*신라 때 창건된 사찰이 있었다고 하는데, 지금은 터만 남아 있다.

보각사(寶角寺)

경상남도 함양군 지곡면 보산리의 보각

*마을 뒷산에 있었다는 사찰이다.

보계암(寶溪庵)

경상북도 영주시 부석면 보계리

*예전에 보계실(寶溪室) 마을에 보계암이 있었다고 한다.

보광사(普光寺)

경기도 파주시 광탄면 영장리의 보광골

*신라 말엽 도선(道詵) 대사가 창건한 사찰이 있다.

충청남도 금산군 군북면 보광리

*예전에 보광 마을에 사찰이 있었다고 한다.

보국사(甫國寺)

경상북도 예천군 상리면 보곡리(甫谷里)

*예전에 보국사가 있어서 유래한 지명인데, 마을 이름에는 國을 쓸 수 없어서 보곡(甫谷)으로 바꾸었다고 한다.

보련사(寶蓮寺)

충청북도 충주시 노은면 연하리(蓮河里)

*보련산(寶蓮山)에 절터가 있으며, 연하리(蓮河里)는 보련과 하남(河南)을 합쳐 지은 이름이다.

보리사(菩提寺)

충청북도 괴산군 불정면 탑촌리의 보리촌(菩提村)

*보리촌을 지금은 모촌(茅村)이라고 하는데, 이곳에 사찰이 있었다고 한다.

보림사(寶林寺)

전라남도 보성군 노동면 광곡리의 보림

*예전에 있었던 후백제 때의 사찰이다.

전라북도 정읍시 북면 보림리

*조선시대에 창건된 것으로 알려진 사찰이다.

보문사(普門寺)

경상북도 경주시 보문동

*예전에 보문사가 있었다고 한다.

경상북도 예천군 보문면

*보문면 수계리(首溪里) 학가산(鶴駕山)에 신라 문무왕 때 의상(義湘) 대사가 창건한 사찰이 있다.

서울특별시 성북구 보문동

*고려 예종 때 담진(曇眞) 국사가 창건한 사찰인데, 탑골[塔洞]에 있어서 '탑골승방'으로 알려진 비구니 사찰이 있다.

보안사(寶安寺)

전라남도 화순군 이서면 보산리(寶山里)

*예전에 있던 사찰의 이름을 따서 '보안'이라고 불렀는데 뒤에 보암(寶巖)으로 바뀌었다고 한다. 보산리(寶山里)는 '보암'과 '난산(卵山)'을 합쳐 지은 이름이다. 이와는 달리 화순적벽(和順赤壁)을 보배로운 바위라고 부른 데서 유래하였다는 주장도 있다. 이 지역은 1980년대에 화순 동복댐에 수몰되었다.

보현사(普賢寺)

경상북도 영천시 자양면 보현리

*예전에 사곡(寺谷) 마을에 사찰이 있었다.

강원도 강릉시 성산면 보광리(普光里)

*신라 때 낭원(朗圓) 국사가 창건한 보현사가 절골에 있다. 보광(普光)는 보현보살의 광명이라는 뜻이다.

봉갑사(鳳岬寺)

전라남도 보성군 문덕면 봉갑리

*고구려 스님인 아도(阿道) 화상이 창건한 사찰이라고 한다.

봉림사(鳳林寺)

경상남도 창원시 의창구 봉림동

*신라 때 구산선문(九山禪門) 가운데 하나였으며, 지금은 절터와 삼층석탑이 남아 있다.

봉원사(奉元寺)

서울특별시 서대문구 봉원동

*통일신라 진성여왕 때 도선(道詵) 국사가 창건한 사찰이 있다.

부사(釜寺)

전라북도 남원시 산동면 부절리(釜節里)

*중절 마을의 뒤쪽에 솥절이 있었다고 하는데, 솥절을 한자로 '부사(釜寺)'라고 하였다. 부절리(釜節里)의 '절'은 절[寺]을 차음한 것이다.

부석사(浮石寺)

경상북도 영주시 부석면

*봉황산(鳳凰山)에 있는 사찰로, 신라 문무왕 때 의상(義湘) 대사가 창건하였다.

충청남도 서산시 부석면

*도비산(島飛山)에 있는 사찰로, 신라 문무왕 때 의상(義湘) 대사가 창건한 사찰이다.

북장사(北長寺)

경상북도 상주시 내서면 북장리

*신라 흥덕왕 때 진감(眞鑑) 국사가 창건하였으며, 북장사(北丈寺)라고도 한다.

불갑사(佛岬寺)

전라남도 영광군 불갑면

*모악리(母岳里)에 있는 사찰로 창건 연대가 불분명하다. 백제 침류왕 때 인도 스님인 마라난타(摩羅難陀) 존자가 창건했다는 설도 있고, 백제 문주왕 때 행은 대사가 창건하였다는 설도 있다.

불광사(佛光寺)

서울특별시 은평구 불광동

*예전에 사찰이 있었다고 한다.

불국사(佛國寺)

경상북도 경주시 불국동

*신라 법흥왕 때 창건된 것을 경덕왕 때 김대성이 크게 중수하였다는 설과 신라 눌지왕 때 아도(阿道) 화상이 창건한 것을 경덕왕 때 김대성이 크게 중창하였다는 설이 있다. 1995년에 유네스코 세계문화유산으로 지정되었다.

불암사(佛巖寺)

경기도 남양주시 별내면 화접리의 불암

*신라 흥덕왕 때 지증(智證) 국사가 창건한 사찰이다.

사근사(沙斤寺)

서울특별시 성동구 사근동

*신라 때의 사찰로 알려졌으며, 절이 너무 낡아서 '삭은 절'이라 부른 것이 사근사로 표기된 것으로 추정된다. 지금의 한양대학교 안에 있었다고 한다.

산계사(山溪寺)

강원도 강릉시 옥계면 산계리

*예전에 절골에 있었다는 사찰을 말한다.

삼장사(三壯寺)

경상남도 산청군 삼장면

*예전에, 평촌리(坪村里)에 있었던 신라 때의 사찰이며, 지금은 절터와 당간지주, 삼층석탑이 남아 있다.

삼화사(三和寺)

강원도 동해시 삼화동

*신라 선덕여왕 때 자장(慈藏) 율사가 창건한 사찰인데, 고려시대에 삼화사로 이름이 바뀌었다.

상계사(上桂寺)

경상북도 안동시 풍산읍 계평리(桂坪里)

*예전에 윗절 마을에 있었다는 사찰이다. 계평리(桂坪里)는 '상계'와 '와평(臥坪)'을 합쳐 지은 이름이다.

상운사(祥雲寺)

강원도 양양군 손양면 상운리

*예전에 마을에 있었다는 사찰을 말한다.

서림사(西林寺)

강원도 양양군 서면 서림리

*예전에 있었던 사찰의 이름에서 유래한 지명이다. 이와는 달리 마을이 서면의 서쪽이고, 삼림이 울창하여 서림이라고 했다고도 한다.

서봉사(瑞峰寺)

경기도 용인시 수지구 신봉동(新峰洞)

*예전에 사찰이 있던 '서봉리'와 '신리(新里)'를 합쳐서 신봉리라 했는데, 뒤에 용인시가 되면서 신봉동이 되었다. 고려시대의 현오국사탑비가 남아 있다.

석골사(石骨寺)

경상남도 밀양시 산내면 원서리의 석골

*예전에 사찰이 있었다고 하는 석골을 '서곡', '석곡', '석동'이라고도 한다.

석양사(夕陽寺)

전라남도 보성군 문덕면 용암리의 석양동

*예전에 사찰이 있었다는 석양동을 '시앙골' 또는 '샘골'이라고도 한다.

선불사(仙佛寺)

경상북도 성주군 수륜면 봉양리의 선불(仙佛)

*예전에 있었다는 사찰의 이름을 딴 지명이다. 그러나 선불이 '서 있는 부처'에서 유래한 이름이라는 주장도 있다.

선원사(仙源寺)

인천광역시 강화군 선원면

*고려시대에 오백나한을 모신 사찰이었다고 한다. 지금은 지산리(智山里)에 절터가 남아 있다.

경상남도 남해군 고현면 포상리의 선원

*백련 마을에 있었던 사찰을 말한다. 절터가 남아 있다.

섭제사(攝堤寺)

경상북도 영천시 화산면 당지리의 섭제

*예전에 마을에 있었다는 사찰이다.

성당사(聖堂寺)

충청남도 연기군 서면 쌍류리의 성당

*예전에 마을에 있었다는 사찰이다.

성불사(成佛寺)

전라남도 장흥군 장흥읍 성불리

*사찰이 있었던 성불 마을을 '성불삿골' 또는 '성부동'이라고 한다.

성암사(聖巖寺)

경상남도 고성군 마암면 성전리(聖田里)

*예전에 성암사가 있었던 마을의 모양이 긴 밭[田]과 같다고 하여 '성전(聖田)'이라 한다.

성주사(聖住寺)

충청남도 보령시 성주면

*통일신라 때 구산선문(九山禪門) 가운데 하나였으며, 지금은 성주리(聖住里)에 절터와 탑과 비 따위의 유적이 남아 있다.

경상남도 창원시 성산구 성주동

*신라 흥덕왕 때 왜구를 물리친 무염(無染) 국사를 위해 세운 사찰이라고 한다. 성인이 머무는 사찰이라는 뜻으로 사찰의 이름을 성주사라고 하였다고 한다.

속리사(俗離寺)

전라북도 순창군 구림면 방화리의 속리

*예전에 있었던 고려 때 사찰이라고 한다.

송광사(松廣寺)

전라남도 순천시 송광면

*신라 말엽에 혜린(慧璘) 대사가 산 이름을 송광산(松廣山)이라고 하고 길상사(吉祥寺)를 창건하였는데, 고려 때 보조(普照) 국사가 정혜결사(定慧結社)를 이곳으로 옮기고 사찰을 크게 중창하였다.

전라북도 완주군 소양면 대흥리의 송광

*신라 진평왕 때 도의(度義) 국사가 창건한 사찰로, 처음에는 백련사(白蓮寺)라고 했으나 조선 광해군 때 다시 중창하면서 송광사가 되었다.

수도암(修道庵)

경상북도 김천시 증산면 수도리

*예전에 도선(道詵) 국사가 창건한 사찰이 있었다고 한다.

수리사(修理寺)

경기도 군포시 수리동

*신라 진흥왕 때 창건된 사찰이다. 산의 이름도 원래는 견불산(見佛山)이었으나 사찰의 이름을 따서 수리산이라고 하였다고 한다.

수정사(水淨寺)

경상북도 의성군 금성면 수정리

*신라 경덕왕 때 의상(義湘) 대사가 창건한 사찰이다.

숭각사(崇角寺)

충청남도 부여군 은산면 각대리(角垈里)

*숭각 마을에 있었던 사찰이다. 각대리(角垈里)는 '숭각리'와 '대대리(大垈里)'를 합쳐 지은 이름이다.

식혜사(識慧寺)

경상북도 경주시 탑동의 식혜골

*예전에 사찰이 있던 곳을 '식화곡(識花谷)'이라도 한다.

신당사(神堂寺)

경상북도 경주시 천북면 신당리

*신라 무열왕 때 원효(元曉) 대사가 창건한 사찰이 있었다고 한다.

신안사(身安寺)

충청남도 금산군 제원면 신안리(新安里)

*신라 진덕여왕 때 자장(慈藏) 율사가 창건한 사찰이라고 한다. 신라의 마지막 임금인 경순왕이 쉬고 간 곳이라고 하여 신안사(身安寺)라고 불렀다고 하는데, 지금은 '新安'으로 쓴다.

아림사(娥林寺)

경상남도 거창군 거창읍 상림리의 아림

*상림리와 중앙리의 경계에 절터가 남아 있다. 그리고 상림리(上林里)도 '상동(上洞)'과 '아림'을 합쳐 지은 이름이다.

안국사(安國寺)

강원도 강릉시 성산면 관음리 안곡(安谷)

*예전에 있던 사찰의 이름을 따서 안국이라고 하였으나 마을 이름에 나라 국(國) 자를 쓸 수 없어서 안곡(安谷)으로 바꾸었다고 한다.

안심사(安心寺)

전라남도 화순군 이서면 안심리

*예전에 안심 마을에 있었다는 사찰이다.

전라북도 완주군 운주면 완창리의 안심

*안심 마을 위쪽에 절터와 계단, 탑 따위가 남아 있다.

충청남도 청양군 목면 안심리

*예전에 안심 마을에 있었던 사찰이라고 한다.

안양사(安養寺)

경기도 안양시

*지금 만안구 석수동에 있는 신라 효공왕 때 창건된 사찰이다.

안정사(安精寺)

경상남도 통영시 광도면 안정리(安井里)

*벽방산(碧芳山)에 있었던 신라 때의 안정사에서 유래한 지명지만 한자로는 '安井'이라고 쓴다.

경상남도 합천군 가회면 오도리의 안불(安佛)

*예전에 안정사가 있었는데, 안정사 부처님이라는 뜻으로 '안불(安佛)'이라고 한다.

안흥사(安興寺)

경기도 동두천시 안흥동

*고려시대에 어떤 옹주의 넋을 달래기 위해 지은 사찰이 있었다고 한다.

경기도 이천시 안흥동

*안흥동과 갈산동의 경계에 있었던 신라 때 사찰로, 지금은 터만 남아 있다.

경상남도 거창군 남하면 둔마리의 안흥

*예전에 마을에 있었다는 사찰이다.

양전사(良田寺)

경상북도 예천군 하리면 은산리

*양전 마을에 있었다는 사찰이다.

어복사(魚福寺)

경상북도 안동시 태화동 어복재골

*예전에 마을에 있었다는 사찰이다.

엄사(奄寺)

충청남도 계룡시 엄사면

*엄사리에 절터가 남아 있다.

영전사(靈田寺)

경상북도 영주시 풍기읍 욱금리의 영전

*마을 위쪽에 신라 문무왕 때 의상(義湘) 대사가 창건한 영전사가 있었는데, 근년에 중창하였다가 다시 풍기읍 동부리(東部里)로 이전하였다.

오덕사(五德寺)

충청남도 부여군 충화면 오덕리

*신라 경덕왕 때 원효 대사가 창건한 사찰이다.

오색석사(五色石寺)

강원도 양양군 서면 오색리(五色里)

*신라 말엽에 도의(道義) 국사가 창건한 사찰이다. 이곳에 다섯 가지 빛이 나는 암석이 있다고 해서 오색석사라고 한다.

옥천사(玉泉寺)

경상남도 창녕군 창녕읍 옥천리

*예전에 마을에 있었다는 사찰이다.

외현사(外玄寺)

전라남도 보성군 보성읍 우산리의 외현

*예전에 마을에 있었다는 사찰이다. 인근에 내현사(內玄寺)가 있었던 곳은 내현(內玄)이라고 한다.

용담사(龍潭寺)

전라북도 남원시 주천면 용담리

*신라 말엽에 도선(道詵) 국사가 창건한 사찰이다.

용문사(龍門寺)

경기도 양평군 용문면

*용문산(龍門山)에 있으며, 신라 진덕여왕 때 원효(元曉) 대사가 창건하였다.

경상북도 예천군 용문면

*신라 경문왕 때 두운(杜雲) 대사가 창건한 사찰이다. 처음에는 두운암(杜雲庵)이라고 했는데 고려 태조가 중창하면서 용문사로 바꾸었다고 한다. 용문면 내지리(內地里)에 있다.

용사(龍寺)

충청북도 진천군 이월면 삼용리(三龍里)

*용사 마을에 있었다는 사찰이다. 사찰의 이름에서 '용사리'라고 불렀는데, 행정개편 때, 인근의 '상용(上龍)', '청용(靑龍)', '하용(下龍)'을 합치면서 '삼용리'라고 하였다.

용암사(龍巖寺)

경상남도 진주시 이반성면 용암리

*예전의 절터가 남아 있고, '바랑골'과 같은 지명이 있다. 그러나 마을을 둘러싼 영봉산(靈鳳山)이 마치 용과 같아서 유래한 지명이라는 주장도 있다.

용장사(茸長寺)

경상북도 경주시 내남면 용장리

*금오산(金烏山)에 있었던 신라 때 창건된 사찰이라고 한다.

용화사(龍華寺)

경상북도 영양군 일월면 용화리(龍化里)

*신라 때 창건된 사찰이었다고 한다. 지명은 한자로 '龍化'라고 쓴다.

경상북도 영천시 자양면 용화리(龍化里)

*예전에 있었던 사찰이라고 한다. 지명은 한자로 '龍化'라고 쓴다.

용흥사(龍興寺)

전라남도 담양군 월산면 용흥리

*백제 때 창건되었다고 전하나 자세히는 알 수 없다. 원래는 용구사(龍龜寺)였으나 조선 숙종 때 숙빈 최 씨가 여기서 기도하여 영조를 낳자 이름을 용흥사로 바꾸었다고 한다.

우계사(牛溪寺)

경상북도 영천시 화산면 부계리(富溪里)

*울뱅이 마을에 있었다는 신라 때의 사찰이다. 부계리(富溪里)는 '부곡(富谷)'과 '우계'를 합쳐 지은 이름이다.

우농사(宇農寺)

경상북도 안동시 풍산읍 상리리의 우렁골

*예전에 고려 때 사찰이 있었다고 한다. 우농이 '우렁골'이 되었으며, '우롱' 또는 '우동(宇洞)'이라고도 한다.

운문사(雲門寺)

경상북도 청도군 운문면

*신원리(新院里)에 있는 신라 진흥왕 때 창건된 사찰이다.

운흥사(雲興寺)

경상북도 안동시 운흥동

*예전에 사찰이 있었다고 하며, 지금은 당간지주가 남아 있다.

웅사(熊寺)

충청북도 단양군 가곡면 보발리의 곰절

*예전에 곰절[熊寺]이라고 하는 사찰이 있었다고 한다.

원통사(圓通寺)

충청북도 청원군 내수읍 원통리(源通里)

*예전에 있던 사찰의 이름에서 유래한 지명이지만, 한자로는 '源通'이라고 쓴다.

월광사(月光寺)

경상남도 합천군 야로면 월광리

*예전에 마을에 있었다는 사찰이다.

월남사(月南寺)

전라남도 강진군 성전면 월남리

*예전에 있었다는 사찰의 터와 석비가 남아 있다.

위봉사(威鳳寺)

전라북도 완주군 소양면 대흥리의 위봉

*백제 무왕 때의 서암(瑞巖) 대사가 창건한 사찰이라고 하나 분명하지는 않다.

유금사(有金寺)

경상북도 영덕군 병곡면 금곡리의 유금

*신라 때 자장(慈藏) 율사가 창건한 사찰이 있었다고 한다. 한편으로는 개울에 사금(沙金)이 나서 유래한 이름이라고도 한다.

유마사(維摩寺)

전라남도 화순군 남면 유마리

*백제 무왕 때 중국에서 온 유마운(維摩雲)이 창건한 사찰이라고 한다. 지금의 유마사는 근래에 중창한 것이다.

은사(隱寺)

충청남도 예산군 광시면 은사리(銀寺里)

*예전에 은적골에 '숨은절[隱寺]'이 있어서 유래한 지명인데, 한자로는 '銀寺'로 쓴다.

은적사(隱跡寺)

충청남도 서천군 문산면 은곡리(恩谷里)

*예전에 은적굴에 사찰이 있었다고 한다. 은곡리(恩谷里)는 '은적'과 '대곡(大谷)'을 합쳐 지은 이름이지만 한자로는 '恩谷'으로 쓴다.

이불사(二佛寺)

경상북도 영천시 고경면 동도리의 이불

*예전에 같은 크기의 부처님 두 분을 모신 작은 사찰이 있었다고 한다.

인각사(麟角寺)

경상북도 군위군 고로면 화북리의 인각

*인각사는 신라 선덕여왕 때 원효 대사가 창건했다는 기록과 선덕여왕 때 의상 대사가 창건했다는 기록이 모두 있다. 어느 기록이 맞는지는 분명하지 않지만 현존하는 유물로 볼 때 통일신라시대에 창건된 것은 사실로 보인다. 13세기 고려 충렬왕 때 일연(一然) 국사가 머물면서 『삼국유사』를 집필하였다.

자은사(慈恩寺)

인천직할시 강화군 불은면(佛恩面)

*고려시대에 있었다는 사찰이다. 삼별초의 난 때 사찰의 연못이 핏빛으로 변하여 화를 면하게 했다는 전설이 있다. 이 사실을 두고 부처님의 은혜라는 뜻으로 '불은'이라고 했다고도 하고, 자은사의 恩 자를 따서 '불은'이라고 했다고도 한다.

장곡사(長谷寺)

충청남도 청양군 대치면 장곡리

*신라 문성왕 때 체징(體澄) 국사가 창건한 사찰이다.

장안사(長安寺)

부산광역시 기장군 장안읍

*불광산(佛光山)에 있는 신라 문무왕 때 원효(元曉) 대사가 창건한 사찰이다. 처음에는 쌍계사(雙溪寺)라고 했다가 신라 애장왕 때 장안사로 바꾸었다고 한다.

장연사(長淵寺)

경상북도 청도군 매전면 장연리(長連里)

*예전에 있었다는 사찰의 터와 삼층석탑이 남아 있다. 지명은 한자로 '長連'이라고 쓴다.

장유암(長遊庵)

경상남도 김해시 장유면

*대청리(大淸里)에 있는 가야 때 사찰로, 지금은 장유사라고 한다. 장유(長遊)는 수로왕의 처남으로 인도에서 가야국으로 건너와서 장유산에 장유암을 짓고 장유불(長遊佛)이 되었다고 한다.

장흥사(長興寺)

경기도 여주시 금사면 장흥리(長興里)

*마을에 있었던 큰 사찰이라고 한다.

적사암(赤寺庵)

충청남도 논산시 부적면(夫赤面)

*예전에 비구니들이 수도하던 붉절골에 있었다는 사찰이다. 부적면은 '부처면(夫妻面)'과 적사(赤寺)가 있던 '적사곡면(赤寺谷面)'을 합친 지명이다.

정각사(正覺寺)

충청남도 부여군 석성면 정각리

*윗수골 마을에 있는 조선시대에 창건된 사찰이다.

정림사(定林寺)

경상북도 영주시 풍기읍 교촌리의 정림촌

*예전에 정림촌에 사찰이 있었는데, 조선시대에 주세붕(周世鵬)이 사찰을 옮기고 향교를 지은 후, 교촌(校村)이 되었다. 그러나 정림촌이라는 지명은 아직 남아 있다.

정명사(正明寺)

경상북도 울진군 기성면 정명리

*예전에 정명사가 있었다고 한다.

정불사(淨佛寺)

경상북도 영주시 가흥동의 정불

*예전에 정불사가 있었다고 한다.

정수암(靜水庵)

경상북도 봉화군 법전면 눌산리의 정수암(靜水岩)

*눌미 마을 북동쪽에 암자가 있었다고 하는데, 이곳을 '정수암' 또는 '정삼이'라고 한다.

정암(正庵)

강원도 횡성군 횡성읍 정암리

*예전에 망백 마을에 사찰이 있었다고 하며, 절터가 남아 있다.

죽림사(竹林寺)

전라남도 나주시 남평읍 풍림리의 죽림

*백제 비유왕 때 고구려 스님인 아도(阿道) 화상이 창건한 사찰이다.

중흥사(中興寺)

경기도 고양시 덕양구 북한동 중흥리

*북한산성 안에 있었던 고려시대의 사찰이다. 조선 숙종 때는 여기에 승영(僧營)을 설치하고 팔도도총섭(八道都摠攝)이 주재한 대찰이었으나 지금은 터만 있다. 이곳에 있던 마을도 없어졌다.

지도암(知道庵)

경상북도 예천군 용문면 사부리의 지도실

*예전에 불당골에 있었다는 사찰이다. 이곳을 지도곡이라고도 한다.

지보암(知保庵)

경상북도 예천군 지보면

*예전에 지보리(知保里)에 있던 고려시대의 사찰로, 지금은 석탑이 남아 있다.

지심사(智審寺)

전라남도 보성군 노동면 거석리의 지심(智心)

*예전에 지심사가 있어서 유래한 지명이지만 한자로는 '智心'이라고 쓴다. 이와는 달리 마음씨가 고운 사람들이 대대로 사는 마을이라는 데서 유래한 지명이라고도 한다.

지양사(智陽寺)

강원도 동해시 지흥동(智興洞)

*예전에 지양골에 사찰이 있었다고 하며, '쟁골'로도 불리다가 '지흥'이 되었다.

지장사(地藏寺)

충청북도 진천군 진천읍 지암리의 지장골

*예전에 마을에 있었다는 사찰이며, 지금은 석조여래 입상이 남아 있다.

진관사(津寬寺)

서울특별시 은평구 진관동

*고려 현종이 왕위에 오르기 전에 자신의 목숨을 구해준 진관(津寬) 국사에게 지어준 사찰이다.

진흥사(眞興寺)

경상북도 김천시 구성면 흥평리의 진흥

*예전에 마을에 있었던 신라 때의 사찰이라고 한다.

징광사(澄光寺)

전라남도 보성군 벌교읍 징광리

*예전에 마을에 있었다는 사찰이다.

차양사(遮陽寺)

부산광역시 기장군 일광면 청광리(靑光里)

*예전에 있었던 사찰의 이름을 따서 지명을 차양과 같은 뜻인 '차광(遮光)'이라고 하다가 다시 '청광(靑光)'으로 바꾸었다고 한다.

창락사(昌樂寺)

충청북도 제천시 장락동(長樂洞)

*예전에 있었던 사찰로, 지금은 보물 제459호 칠층모전탑이 남아 있다. '창락'이 변하여 '장락'이라고 한다.

천보사(天寶寺)

충청남도 부여군 내산면 천보리

*마을 뒷산에 사찰이 있었던 것으로 홍산현지(洪山縣誌)에 기록되어 있다. 이와 달리 천보산(天寶山)의 이름에서 따온 지명이라고도 한다.

천왕사(天王寺)

서울특별시 구로구 천왕동(天旺洞)

*예전에 굴봉산(窟峰山)에 있었다는 사찰이며, 지명은 한자로 '天旺'이라고 쓴다.

천흥사(千興寺)

충청남도 천안시 서북구 성거읍 천흥리

*예전에 마을에 있었다는 사찰이다.

청계사(淸溪寺)

경기도 의왕시 청계동

*신라 때 창건되어 고려 충렬왕 때 평양부원군 조인규가 중창한 사찰이라고 한다.

청량사(淸涼寺)

서울특별시 동대문구 청량리동

*신라 말엽에 창건된 사찰로 원래는 홍릉 영휘원 자리에 있던 것을 대한제국 때인 1897년 명성황후를 홍릉에 초장하면서 지금의 자리로 옮겼다.

전라북도 무주군 설천면 청량리

*예전에 청량산(淸涼山)에 있었다는 사찰이다.

청룡사(靑龍寺)

경기도 안성시 서운면 청룡리

*고려 원종 때 명본(明本) 국사가 대장암(大藏庵)으로 창건하였는데, 공민왕 때 나옹(懶翁) 화상이 중창하면서 청룡사로 바꾸었다고 한다.

청평사(淸平寺)

강원도 춘천시 북산면 청평리

*고려 광종 때 승현(承賢) 대사가 창건한 사찰로 오봉산(五峰山)에 있다. 처음에는 백암선원(白巖禪院)이라고 불렀는데, 보현원(普賢院) 또는 문수원(文殊院)이라고 하다가 조선시대에 청평사로 바꾸었다고 한다.

칠성사(七星寺)

경상북도 영덕군 축산면 칠성리

*예전에 있었다는 사찰의 이름에서 따온 지명이다. 이와 달리 마을을 둘러싸고 있는 칠봉산(七峰山)에서 유래한 이름이라고도 한다.

칠장사(七長寺)

경기도 안성시 죽산면 칠장리

*창건 연대는 확실하지 않으나 고려 현종 때 혜소(慧炤) 국사가 중건한 사찰이라고 한다.

태화사(太和寺)

울산광역시 중구 태화동

*예전에 학성동(鶴城洞)에 있었던 신라 때 창건된 사찰이다. 지금은 절터와 보물 제441호 십이지상부도가 남아 있다.

학암사(鶴岩寺)

전라북도 임실군 운암면 학암리

*고려 원종 때 명본(明本) 국사가 창건한 사찰이다.

항사사(恒沙寺)

경상북도 포항시 남구 오천읍 항사리

*신라 진평왕 때 창건된 사찰로, 운제산(雲悌山)에 있다. 처음에는 항사사로 불렀는데 뒤에 오어사(吾魚寺)로 바뀌었다.

해인사(海印寺)

경상북도 김천시 부항면 해인리

*삼도봉(三道峰)에 있었던 신라 때의 사찰이라고 한다.

향산사(香山寺)

충청북도 단양군 가곡면 향산리

*신라 눌지왕 때 묵호자(墨胡子)가 창건하였다고 하며, 지금은 절터와 보물 제405호인 삼층석탑이 남아 있다.

향천사(香泉寺)

충청남도 예산군 예산읍 향천리

*백제 의자왕 때 의각(義覺) 대사가 창건한 사찰이다. 임진왜란에 전소된 것을 중건하였다.

홍법사(弘法寺)

경기도 화성시 서신면 홍법리

*조선 광해군 때, 홍 씨 문중에서 세운 사찰이라고 한다.

화양사(華陽寺)

전라남도 담양군 창평면 장화리(長華里)

*예전에 화양 마을에 있었다는 사찰이다. 장화리(長華里)는 '장전(長田)'과 '화양'을 합쳐 지은 이름이다.

황령사(黃嶺寺)

경상북도 상주시 은척면 황령리

*예전에 마을에 있었다는 사찰이다.

황용사(黃龍寺)

경상북도 경주시 황용동

*예전에 있었던 사찰로, 구황동(九黃洞)의 황용사와는 다른 사찰이다.

경상북도 영양군 영양읍 황용리

*예전에 사찰이 있었다고 하며, 지금은 절터만 남아 있다.

회암사(檜巖寺)

경기도 양주시 회천읍 회암리

*고려 충숙왕 때 지공(指空) 화상이 인도의 아라난타사를 본떠 창건한 사찰이라고 한다. 조선 초기에 소실되어 지금은 절터와 유적이 남아 있다. 절터 뒤에 있는 회암사는 조선 순조 때 세운 것이다.

흑석사(黑石寺)

경상북도 영주시 이산면 석포리의 흑석

*신라 때 의상(義湘) 대사가 창건한 사찰이었는데 폐사되었다가 근래에 다시 지었다.

흥복사(興福寺)

전라북도 김제시 흥사동(興寺洞)

*백제 의자왕 때 고구려 스님인 보덕(普德) 대사가 창건한 사찰이다. 원래는 승가사(僧伽寺)였는데, 조선 선조 때 정유재란으로 불탄 것을 인조 때 중창하면서 흥복사(興福寺)로 바꾸었다고 한다. 흥복사를 흥사라고 부른다.

찾아보기

찾아보기

불교에서 유래한 상용어

ㄱ

ㄴ

ㄷ

ㅁ

ㅂ

ㅈ

불교에서 유래한 지명

1. 불교용어 유래 지명

ㄱ

ㄴ

ㄷ

ㅁ

ㅂ

ㅅ

ㅇ

ㅈ

ㅊ

ㅌ

ㅎ

2. 사찰 유래 지명

ㅁ

ㅂ

ㅊ

ㅌ

ㅎ

감수 정병조

금강대학교 총장.

동국대 인도철학과를 졸업하고, 영남대에서 철학석사, 동국대에서 철학박사학위를 받았다. 동국대 윤리문화학과 교수로 재임하면서 인도 네루대학교 겸임교수, 동국대학교 교무처장과 부총장 등을 역임하였다. 현재는 불교학연구회 회장, 학교법인 금강대학교 이사, 금강대학교 총장의 직무를 맡고 있다.

감수 최명환

공주교육대학교 명예교수.

공주교대를 졸업한 뒤 국제대학에서 국어국문학을 전공하고, 동국대에서 석사, 명지대에서 박사학위를 받았다. 공주교대 국어교육과 교수를 역임하였다. 공저로 『문학교육론』 『국어교육학의 이론화 탐색』, 『국어교육학 개론』이 있고, 저서로 『글쓰기의 원리 탐구』가 있다.

편자 **박호석**

전(前) 농협대학 교수.

충북대 농공학과를 졸업하고, 동 대학원에서 석사와 박사학위를 받았다. 농촌진흥청 농업기계화연구소 농공연구사, 농협대학 농공기술과 교수, 프랑스 국립 파리농학연구원 객원연구원 등을 역임하였고, 한국농업사학회와 한국과학사학회 회원이다. 「동서양 쟁기의 발달과정」 등 30여 편의 논문과 『한국의 농기구』, 『바로 지금뿐, 따로 때가 없다』 등의 저서가 있다. 육군 제1공병여단 법왕사와 육군 군수지원사령부 제11보급대대 관음사의 지도법사로 활동하고 있다.

불교에서 유래한
상용어·지명 사전

2011년 7월 21일 초판 인쇄
2011년 7월 28일 초판 발행

▽
감수 정병조, 최명환
편저 박호석
펴낸이 박상근(至弘)
주간 류지호
편집 사기순, 이상근, 정선경, 이기선
책임편집 정선경
디자인 김소현
제작 김명환
홍보마케팅 허성국, 김대현, 김영수
관리 윤애경

▽
펴낸 곳 불광출판사
110-140 서울시 종로구 수송동 46-21, 3층
대표전화 02) 420-3200
편집부 02) 420-3300
팩시밀리 02) 420-3400

▽
출판등록 제1-183호(1979. 10. 10)

▽
ISBN 978-89-7479-762-1(01220)
값 30,000원

▽
독자의 의견을 기다립니다. 잘못된 책은 바꾸어드립니다.
www.bulkwang.co.kr